Jens-Jürgen Ventzki

Seine Schatten, meine Bilder

Jens-Jürgen Ventzki

Seine Schatten, meine Bilder

Eine Spurensuche

StudienVerlag
Innsbruck
Wien
Bozen

Die Drucklegung dieses Werkes wurde freundlicherweise unterstützt durch das Bundesministerium für Wissenschaft und Forschung in Wien, die Magistratsabteilung 7 – Wissenschafts- und Forschungsförderung – der Stadt Wien und das Land Salzburg.

© 2011 by Studienverlag Ges.m.b.H., Erlerstraße 10, A-6020 Innsbruck
E-Mail: order@studienverlag.at
Internet: www.studienverlag.at

Buchgestaltung nach Entwürfen von Kurt Höretzeder
Satz: Studienverlag/Ines Kuscher
Umschlag: Kurt Höretzeder, Büro für grafische Gestaltung, Scheffau/Tirol.
Umschlagbild: © Autor
Autorenfoto (Umschlagrückseite): © Marzena Martynek
Registererstellung durch den Autor

Gedruckt auf umweltfreundlichem, chlor- und säurefrei gebleichtem Papier.

Bibliografische Information Der Deutschen Bibliothek
Die Deutsche Bibliothek verzeichnet diese Publikation in der Deutschen Nationalbibliografie; detaillierte bibliografische Daten sind im Internet über <http://dnb.ddb.de> abrufbar.

ISBN 978-3-7065-4961-5

Alle Rechte vorbehalten. Kein Teil des Werkes darf in irgendeiner Form (Druck, Fotokopie, Mikrofilm oder in einem anderen Verfahren) ohne schriftliche Genehmigung des Verlages reproduziert oder unter Verwendung elektronischer Systeme verarbeitet, vervielfältigt oder verbreitet werden.

Inhalt

Editorische Notiz	9
Dank	10
Statt eines Vorwortes	13
Der Marschierer	14
„Hapü"	16
„Mitläufer"	17
Hahn im Korb	24
NSV (Nationalsozialistische Volkswohlfahrt) – Stettin	28
Das Dokument	32
Lodz – die Unbekannte	38
Polen zu Gast in Frankfurt	45
Die Tabelle	49
Die erste Reise nach Lodz	50
„Der Fotograf"	62
Posen (Poznań)	63
Amtseinführung als Oberbürgermeister am 8. Mai 1941	66
Die Verwaltung der Stadt unter deutscher Besatzung	71
Die „Gettoverwaltung Litzmannstadt"	79
Im Ghetto	82
„Eindeutschung"	83
Ortstermin	85
Jerusalem 1961	87
Eine Stimme	91
Bonn, Bachstraße	93

Oberstdorf 1956	95
Berlin	97
Das Kuvert	105
Bonn, Koblenzer Straße	106
Reichsredner	111
Einsatz von Emotionen	118
Ehrenpatenschaften für „erbtüchtige deutsche Familien"	119
„Argo" und „Peter von Litzmannstadt"	120
Rheinschiffe	121
Elterngespräche	124
Sternenhimmel	125
Der Schreibtisch	128
Eine Brücke zu falschen Ufern	130
„Der Pole als Knecht gehorcht"	131
Wrocław (Breslau)	135
Drei dunkle Punkte	138
Der kleine Junge im Ghetto	139
Radogoszcz/Radegast	141
Hamburger Kunsthalle	142
„Kennen Sie das Plakat?"	143
Anton Bruckner/Eugen Jochum	146
Die SS als ideologische und spirituelle Steigerung	148
März 1944	152
„Die Ludwigsburger"	154
Bücherverbrennung?	159
Die Ostjuden	161

Arthur Rubinstein	163
Onkel Greiser	165
Beim „Führer" zu Gast	166
Eine Wiederholung mit umgekehrtem Vorzeichen	167
Hindelang einkreisen	168
Auskünfte?	170
„Der doppelte Blick"	171
„Nicht-wissen-Wollen"	173
Hosenträger	174
Das Foto	176
„Jagen 77"	180
Botschafter für die Jugend	184
… nächstes Jahr in Jerusalem	186
Warschau	197
Grand Hotel	199
„Fest stehen immer, still stehen nimmer"	201
Statt eines Epilogs	203
Anmerkungen	204
Quellen und Literatur	213
Abkürzungen	218
Bildnachweis	219
Personenregister	220

Editorische Notiz

Auf einige für dieses Buch gewählte terminologische Zuordnungen sei an dieser Stelle explizit hingewiesen. Um eine Abgrenzung zur Sprache der Täter deutlich zu machen, sind Begriffe aus deren Vokabular in Anführungszeichen gesetzt (z.B. „Aussiedlung", „Judenaktion"). Zitate aus Dokumenten und Veröffentlichungen werden so wiedergegeben, wie sie im Original erscheinen. Das gilt auch für die Orthographie. Die Bezeichnung „Litzmannstadt" wird nur dort benutzt, wo die historische Faktenlage es notwendig werden lässt. Auf keinen Fall bedeutet dies, dass der Autor sich in irgendeiner Weise mit dem Namen „Litzmannstadt" identifiziert. Für ihn ist Łódz seine Geburtsstadt. Wegen der besseren Lesbarkeit für ein breiteres Publikum im deutschsprachigen Raum hat sich der Autor entschieden, im Fließtext die deutsche Bezeichnung „Lodz" zu benutzen, andere Ortsnamen aus der Besatzungszeit erhielten ergänzend ihren polnischen Namen (z.B. „Kulmhof"/Chełmno). Das Wort „Juden" bezieht sich auf den historischen Kontext der nationalsozialistischen Gewaltherrschaft und gibt allein die damit verbundene – oft auch willkürlich gebrauchte – Definition der Täter wieder.

Jens-Jürgen Ventzki

Dank

Ein einfaches „Danke" reicht nicht aus für das, was ich gegenüber den an erster Stelle zu nennenden Menschen, Überlebenden des Ghettos in meiner Geburtsstadt, empfinde: Professor Dr. Michael Moshe Checinski (Haifa/Israel), Marian Turski (Warschau), Dr. Leon Zelman s.A. (Wien). Sie haben mir viel Vertrauen geschenkt und damit den Weg bereitet für viele wunderbare, freundschaftliche Begegnungen. Sie haben mir Mut gemacht und meinem Leben Schätze gegeben, die ich nicht erwarten konnte, deren Weitergabe an die nächste Generation ich mich – auch mit diesem Buch – verpflichtet fühle.

Es war Dr. Marianne Enigl, Redakteurin beim österreichischen Nachrichtenmagazin „profil", die mir mit großer Sensibilität die erste Begegnung mit einem Überlebenden des Ghettos Lodz, mit Dr. Leon Zelman, ermöglichte und meine daraus entstandenen Projekte mit viel Zuspruch und Sympathie begleitete. Ihr gilt mein besonderer Dank. Karl Dedecius, Ehrenbürger der Stadt Lodz, Friedenspreisträger des Deutschen Buchhandels 1990 und unermüdlicher Mittler zwischen der deutschen und polnischen Kultur, danke ich herzlich für seine anspornenden Worte, nicht nur einmal in seine und meine Geburtsstadt Lodz zu reisen. Seine Persönlichkeit als „Europäer aus Lodz" hat bei mir vieles in Bewegung gesetzt. Dr. Florian Freund und Dr. Bertram Perz vom Institut für Zeitgeschichte der Universität Wien waren die ersten Historiker, die mir von ihren Recherchen im Staatsarchiv in Lodz eindrucksvoll berichtet haben. Dafür meinen herzlichen Dank. Dr. Sascha Feuchert, Professor Dr. Erwin Leibfried und Dr. Jörg Riecke von der Arbeitsstelle Holocaustliteratur der Universität Gießen, Nomi Halpern, Yad Vashem (Jerusalem), Ernst Klee, Dr. Andrea Löw, Joanna Podolska (Lodz), Dr. Michal Unger, Yad Vashem (Universität Jerusalem) und Adam Krzeminski (Warschau) danke ich sehr für die intensiven Gespräche, aus denen sich viele Anregungen für dieses Buch ergaben. Sehr gern habe ich das Angebot der Historiker Dr. Michael Alberti und Dr. Peter Klein angenommen, das Manuskript kritisch durchzusehen und mich auf Fehler aufmerksam zu machen. Ihnen beiden bin ich für eine Reihe von sachlichen Hinweisen und Korrekturen, aber auch für die Beantwortung so mancher Fragen im historischen Kontext und für ihre engagierte Begleitung meines Buchprojektes sehr zu Dank verpflichtet.

Ein solches Buch kann nicht ohne Unterstützung in einer Partnerschaft entstehen. Ich bin meiner Frau Katharina, die sich lange vor mir mit der Thematik auseinandergesetzt hat, und unseren Töchtern Nina und Saskia für ihr nie in Frage gestelltes Vertrauen, für ihre Geduld, für weiterführende Diskussionen am Familientisch und für ihre Liebe ganz besonders dankbar.

Maishofen/Zell am See, im Frühjahr 2011
Jens-Jürgen Ventzki

„*Die Geschichte kann ja nicht verfälscht werden, sie kann lange Zeit verschmiert werden, vieles kann vertuscht werden, aber dann eines Tages lichtet sie sich, und sie steht da, wie sie ist, wenn die Verschmierer und die Vertuscher und die Verfälscher nicht mehr da sind. Das dauert immer viele Jahrzehnte.*"

Thomas Bernhard, „Vor dem Ruhestand", 3. Akt

Statt eines Vorwortes

Im Dickicht der Sprache

Lieber Jens, **Berlin, 23. September 2009**

Ja, so dachten wir uns das auch: dieses Ringen ins Vorwort. Auch wenn angemessene Begriffe nicht immer beigebracht werden können. Aber auch in diesen Fällen sind wenigstens die „Schwierigkeiten beim Schreiben der Wahrheit" benannt, gibt es zumindest ein Innehalten, das auf die Wichtigkeit der Genauigkeit aufmerksam macht. Oft sind es auch Begriffe im besten Wohlwollen, die daneben gehen. Ohnehin nimmt man es mittlerweile mit der Sprache nicht so genau. Unentwegt wird einem für das Verständnis gedankt, ohne dass der Bedankte die Gelegenheit hatte, sein Verständnis kund zu tun. Vorderhand muss man um dieses Verständnis bitten. Der Dank gebührt einzig dem erfolgten Verständnis, nicht dem erhofften. Es ist vertrackt: Auch hier gehen Indikativ und Konjunktiv durcheinander […].

Herzlich Dir und Katharina
Dein Jan

Wenige Tage vor seinem Tod saß ich mit Jan Robert Bloch in seiner schönen Berliner Altbauwohnung zusammen, wir arbeiteten gemeinsam an den Gedankengängen für ein Vorwort, das Jan so gerne für dieses Buch schreiben wollte. Erst kurz vor Beginn meiner Reise nach Berlin erfuhr ich von einem besonders schönen Geschenk: eine Einladung zu einem wunderbaren Konzert der Berliner Philharmoniker in der Philharmonie am Kemperplatz. Ich war Gast von Anne und Jan, beide wussten, womit sie mir eine große Freude bereiten konnten. Beim Gang durch das Foyer erzählte Jan von seinem ersten Besuch in der Philharmonie. Jans Mutter, Karola Bloch, 1905 in Lodz geboren, hatte als Architektin eine direkte Verbindung zu Hans Scharoun, nach dessen Plänen der Konzertsaal errichtet wurde. Kurz vor der offiziellen Einweihung der Philharmonie kam es zu einem Ortstermin, von dem Jan freudestrahlend berichtete: Hans Scharoun führte seine Mutter und ihn durch den großen Baukörper, erklärte, zeigte gestalterische und technische Besonderheiten und beantwortete jede Frage mit großem Sachverstand und meisterhaften Erläuterungen seiner Ideen zur Architektur des Hauses.

> „Lieblingsort in Berlin ist die Philharmonie Hans Scharouns. Eine für mich ingeniöse Architektur – man sitzt gleichsam in einem offenen, hellen demokratischen Zelt (da jeder Platz annähernd gleich gut ist), bildet mit den Zuhörern und dem Orchester eine gleich gestimmte Gemeinschaft",

so Jan in einem Interview mit der Studentenzeitung „Der Babelsberger" (01/2003) der Universität Potsdam. Ich durfte an diesem für mich unvergesslichen Abend an seiner ansteckenden Begeisterung teilhaben.

In der Konzertpause drängte es Jan ein paar Schritte in den schönen Frühlingsabend vor die Türen der Philharmonie. Wir sprachen über Musik, ich berichtete von einem Jahre zurückliegendem Konzert im Salzburger Dom am Vorabend der alljährlichen Festspiele. Mozarts „Requiem" wurde aufgeführt, ich suchte nach dem Namen des damaligen Dirigenten, versuchte seine Erscheinung zu beschreiben. Fast gleichzeitig fiel uns der Gesuchte ein: Carlo Maria Giulini. Der in meiner Erinnerung stets etwas zurückhaltend und vornehm wirkende Dirigent besaß eine Aura, die mir immer sehr sympathisch war. Viele italienische Besucher füllten den Dom. Kaum dass die letzten Töne im imposanten Kirschenschiff verklungen waren, brach großer Jubel los. Viele Menschen standen bereits auf den Kirchenbänken, italienisches Temperament beherrschte die Szene. Davon erzählte ich Jan und Anne. Die Musik hatte uns alle drei fest im Griff. – Splitter der Erinnerung.

Jan Robert Bloch starb völlig unerwartet am 13. Mai 2010 in Berlin. Ihm, meinem Freund, ist das Kapitel „Der doppelte Blick" gewidmet.

Jens-Jürgen Ventzki

Der Marschierer

„Ich wurde im Haus Nr. 18 von der Piwna Straße 49 geboren. Entschuldigung, es wird kein gutes Beispiel sein. Aus der Piwna Straße 49 haben sie uns rausgeschmissen, dort entstand dann das Ghetto. Wir wurden in die Łąkowa Straße verlegt. Mein Vater war ein Maurer, er ist aus der Łąkowa-Straße rausgekommen, um Berlinek zu bauen. Uns haben sie zur Arbeit in Lodz geschickt. In der ganzen Zeit der Besatzung war ich in Lodz und habe oft Ihren Vater marschieren sehen vom Heinzl-Palast zum Poznański-Palast. Ich bin in der ganzen Zeit des Krieges in Holzschuhen gegangen und hatte kein Brot. Wie die Juden wohnte ich in der Północna Straße 11. Ich sah, wie das Ghetto zu Ende ging, wie alle abtransportiert worden sind. Ich arbeitete in einer Fabrik, und sonntags holte ich Brot und Kartoffeln. Wenn mich die Deutschen in einer Straßenbahn erwischt haben, haben sie mir alles was ich hatte weggenommen".

Mir zugewandt und den Blick fest auf mich gerichtet, berichtete Wieslaw Piotrusiak während einer Diskussionsveranstaltung am 6. September 2007 in Lodz mit wenigen Worten von seinen Erinnerungen und Leiden während der Besatzung meiner Geburtsstadt durch die Deutschen. Er, der meinen Vater in seiner Funktion als Oberbürgermeister von Litzmannstadt (so wurde die Stadt von den Nazis umbenannt) von seinem Amtssitz in der Piotrkowska-Straße 104 (damals Adolf-Hitler-Straße) zum Poznański-Palast (Sitz des Regierungspräsidenten) hat marschieren sehen, hat seinen Schmerz über das Regime der Herrenmenschen wie so viele andere bis heute nicht überwinden können.

Die Worte von Wieslaw Piotrusiak trafen mich unvorbereitet, obwohl ich mit derartigen Reaktionen hätte rechnen müssen. Ich fühlte mich nicht wohl in meiner Haut, war sehr konzentriert und angespannt. Unverkennbar auf den Fotos, die von diesen Augenblicken existieren. Es muss einen Moment gedauert haben, bis ich deutlich spürte, zwar persönlich angesprochen worden zu sein, doch ohne den geringsten Anschein einer Schuldzuweisung. Das direkte Zusammentreffen mit einem Nachkommen eines maßgeblichen Täters der „Herrenmenschen" in dieser Stadt riss alte Wunden für alle Anwesenden im Raum in aller Deutlichkeit wieder auf. Nach den letzten mir zugedachten Worten konnte es für mich nur eine Antwort geben: Schnell erhob ich mich, eilte ein paar Schritte auf Wieslaw Piotrusiak zu. Mehr als sechzig Jahre mussten vergehen, bis es zu einem bewegenden und symbolträchtigen, von beiden Beteiligten dankbar angenommenen Handschlag kommen konnte.

Immer wieder habe ich mir diese Szene vor Augen geführt. Ich habe gelernt, als Sohn eines Nazi-Täters im direkten Gegenüber mit der Vergangenheit meines Vaters jederzeit und überall, ganz besonders in meiner Geburtsstadt, konfrontiert zu werden.

Meine Tochter und ich waren von der Stadt Lodz zu dieser Veranstaltung eingeladen worden, die im Rahmen des jährlich stattfindenden „Festivals der vier Kulturen"[1] im Institut Europa einen besonderen Aspekt der Geschichte der Stadt beleuchten sollte. Überschrieben war dieser Tag mit dem Titel „Kinder der Täter, Kinder der Opfer – Die Generation der 1940er". Teilgenommen hatten Schülerinnen und Schüler zweier Lodzer Gymnasien sowie Überlebende des Nazi-Terrors und ihre Angehörigen.

Nach Beendigung des offiziellen Teils überreichte mir ein polnischer Historiker eine Original-Ausgabe der „Litzmannstädter Zeitung" vom 14. März 1944, in der meine Eltern eine Anzeige zu meiner Geburt aufgegeben hatten. Er hatte mir dieses Exemplar der Zeitung aus seiner umfangreichen Sammlung zum Geschenk gemacht. Aber auch einen kleinen Zettel drückte er mir in die Hand, vermerkt war die Telefonnummer des Archivs, das ich am Vortag besucht hatte. Man teilte mir mit, dass man soeben eine Art Testament meines Vaters gefunden habe. Enthalten waren diese Dokumente in einem großen braunen Kuvert mit der Aufschrift „Der Oberbürgermeister von Litzmannstadt (Reichsgau Wartheland)" und dem handschriftlichen Vermerk: „Nur zu öffnen im Falle des Heldentodes von Herrn Oberbürgermeister Ventzki, 7.4.1944, Vorzimmer Oberbürgermeister".

Ich wusste, dass mich meine Spurensuche noch lange beschäftigen würde. Es fehlten noch wichtige Steine in einem erhellenden Mosaik.

„Hapü"

Blitzartig öffnete sich der Deckel der goldenen Taschenuhr. Mein Vater, der diese Uhr als Geschenk von seinem Vater erhalten hatte, hatte kurz vorher ein geheimes Zauberwort, das so klang wie „Hapü", ausgesprochen und schon schnellte der Deckel der Taschenuhr nach oben und gab den Blick auf das römische Ziffernblatt frei. Mit staunenden Augen sah ich dem Schauspiel zu, fasziniert von dem schnellen Auf- und Zuklappen des Uhrendeckels. Als mein Vater mich aufforderte, ebenfalls das Zauberwort „Hapü" zu sagen und ich dies auch befolgte, öffnete sich der mysteriöse goldene Deckel natürlich nicht. Schließlich wusste ich noch nichts über die Mechanik einer Taschenuhr, über die allein mein Vater die Herrschaft besaß, während ich auf seinen Knien saß und jeden Tag neue Entdeckungen machte. Es muss etwa im Jahr 1948 oder 49 gewesen sein. Damit beginnen meine ersten Erinnerungen an meinen Vater.

Im September 1944 verließ meine Mutter mit mir und meinen drei Geschwistern Lodz – vermutlich auf Anweisung der NS-Behörden und der Partei –, um vorerst auf einem Gut in der Nähe von Posen (Poznań) die weitere militärische Entwicklung der vorrückenden Roten Armee abzuwarten. Wir galten als privilegierte Familie, die deutsche Bevölkerung durfte die Stadt erst im Januar 1945 Richtung Westen verlassen. Mein Vater versah unterdessen seinen Dienst in der Waffen-SS an der Westfront. Eine Verwundung brachte ihn im Januar 1945 in ein Lazarett nach Iglau in Böhmen. Dort erwirkte er wegen des plötzlichen Todes seines Vaters die Entlassung. Es gelang ihm, auf verworrenen Wegen Mecklenburg zu erreichen und dort seine Familie ausfindig zu machen, die sich weiter westwärts durchgeschlagen hatte. Nach den einzigen uns verbliebenen Aufzeichnungen des Vaters konnte meine Mutter mit uns Kindern im letzten Augenblick auf einem offenen Lastwagen die Grenze zum britisch besetzten Schleswig-Holstein passieren. Aber die Familie war noch nicht vollständig. Erst einige Zeit später stand mein Vater vor der Tür unserer neuen provisorischen Unterkunft auf dem Lande. Meine Schwester öffnete und der „fremde" Mann in zerschlissener Kleidung und mit rötlichem Bart konnte seine Familie in die Arme schließen. Es dauerte nicht lange, bis zwei britische Soldaten erschienen und meinen Vater verhafteten. Nach der Schilderung meiner Schwester stellte sich die Szene so dar: Meine Mutter hatte eine Fotografie, die meine Eltern neben dem Gauleiter Arthur Greiser zeigte, in ihrem Gepäck aus Lodz mitgenommen und in unserem neuen Quartier aufgehängt. Als die beiden britischen Soldaten den Raum betraten, ergriff meine Mutter blitzschnell das Foto, warf es auf das Bett und setzte mich einjähriges Kind in höchster Eile auf dieses Bilddokument. So wurde ich bereits als Kleinkind zum unfreiwilligen Werkzeug der Verschleierung und der Vertuschung.

Die flache schleswig-holsteinische Landschaft, das kleine Dorf Tarbek im damaligen Landkreis Bad Segeberg, schwarz-weiß gescheckte Kühe, die regelmäßig von den umliegenden Weiden mit ungeheurem Gebrüll ausbrachen, und leicht verwilderte Obstbäume an den Weg- und Straßenrändern waren meine ersten eindrucksvollen Begegnungen mit unserer neuen Lebenswelt, die wir in dieser und ähnlicher Weise wie Tausende von vertriebenen Familien aus den östlichen

Gebieten erlebten. Mein Vater wurde nach einem Jahr aus einem britischen Internierungslager entlassen und musste zunächst das ungeübte Handwerk des Landarbeiters ausüben, um die Familie wenigsten mit dem Notwendigsten versorgen zu können. Unvergessen die Nachbarsfrau, die laut pfeifend, den Kloschlüssel lässig um ihren Zeigefinger schleudernd, über den Hof dem einzig zur Verfügung stehenden Häuschen, einem primitiven Plumsklo, zueilte. Man war auf dem Lande einquartiert, oft auf engstem Raum. Es war die Zeit des Kohlen- und Kartoffelklaus rechts und links des Bahndamms, der nächtlichen Geräusche tobender Mäuse im Gebälk und am Ofenrohr und die Zeit phantastischer Geschichten über das Leben von Klaus Störtebeker, die uns der Vater abends am Bett erzählte. Es war aber auch die Zeit der Care-Pakete und der sehnsuchtsvoll erwarteten Weihnachtspäckchen, die der beste Freund des Vaters aus Schweden schickte. Von besonderem Reiz empfand ich die mitgelieferte bittere Schokolade, deren intensiv-herber Duft mir beim Öffnen der Stanniolverpackung entgegenströmte und mir heute noch aus der Erinnerung so vertraut und angenehm ist.

„Mitläufer"

Als mein Vater am 20. Juli 1946 das britische Internierungslager in Bad Segeberg verlassen konnte, standen seine Chancen gut, den Freibrief bald in der Tasche zu haben. Das Entnazifizierungsverfahren in der britisch besetzten Zone verlief wie in den übrigen Westzonen nach einem fünfstufigen System zur Eingruppierung ehemaliger Nationalsozialisten, je nach Schwere ihrer Beteiligung am Nazi-Regime. Die Briten stuften Kriegsverbrecher und Mitglieder verbrecherischer Organisationen im Sinne des Nürnberger Hauptkriegsverbrecherprozesses nur in die ersten beiden Kategorien I und II ein, gingen bei ihren Überprüfungen der Fakten allerdings wesentlich lässiger vor als ihre amerikanischen Kollegen in deren Zone. Die übrigen Festgenommenen wurden entlassen und sollten von deutschen Entnazifizierungsausschüssen beurteilt werden. Hierfür standen die Gruppierungen III (Minderbelastete), IV (Mitläufer) und V (Entlastete) zur Verfügung. Nicht alle Entnazifizierungsverfahren wurden von Amts wegen durchgeführt. Viele Betroffene mussten sich selbst um den Nachweis einer erfolgreichen Entnazifizierung bemühen.[2]

Nach Äußerungen meiner Mutter gegenüber meinen Geschwistern soll „ein Hamburger Jude zu Gunsten meines Vaters vor dem deutschen Entnazifizierungsausschuss ausgesagt haben", offenbar erfolgreich. Die Angaben meiner Mutter bleiben verwunderlich, sie konnten leider nicht verifiziert werden. Noch zwei Jahre vor seinem Tod empörte sich mein Vater, dass er „nur als Mitläufer" (Gruppe IV) eingestuft worden sei, schließlich sei er immer überzeugter Nationalsozialist gewesen.

Dass die Entnazifizierung oft ein realitätsfernes Bild zeichnete, wird besonders durch ein Beispiel aus Schleswig-Holstein aus dem Jahre 1948 deutlich: 0,5% der Betroffenen wurden als „Schuldige", jedoch 99,5 % als „Mitläufer" oder sogar

"Entlastete" eingestuft.[3] In anderen Bundesländern gab es ähnliche Ergebnisse. Es dürfte kein Zufall gewesen sein, dass der Weg meines Vaters bald nach Kiel führen sollte.

Die ersten Jahrzehnte der Biographie meines Vaters lesen sich wie vorprogrammiert für die Empfänglichkeit der nationalsozialistischen Weltanschauung. 1906 in der pommerschen Kleinstadt Stolp in einem bürgerlich-konservativen, national gesinnten Elternhaus des mittleren Beamtentums als ältestes von drei Kindern geboren, erlebte er im Alter von acht Jahren die Verabschiedung seines Vaters zum Waffendienst an der Front im Ersten Weltkrieg. Zutiefst enttäuscht zeigte sich sein Vater über das Ergebnis dieses Krieges: Der Versailler Vertrag wurde als bittere Schande und Schmach für Deutschland empfunden. Zudem fiel die Stadt Posen, Zentrum des Gebiets, aus dem die Familie väterlicherseits stammte, an Polen. Mein Urgroßvater, Oskar Ventzki, geboren 1836 als Sohn des Bürgermeisters der kleinen Stadt Obornik (Oborniki), trat nach langen Dienstjahren erst Anfang 1909 als Polizeiinspektor und Kommandeur der Posener Schutzmannschaft mit dem Titel „Polizeirat" in Posen in den Ruhestand. Zu diesem Zeitpunkt galt er als der älteste königliche Polizeiinspektor der preußischen Monarchie. Nach einem Zeitungsbericht[4] erwarb sich mein Urgroßvater „in der Einwohnerschaft Posens ungezählte Freunde durch sein stets freundlich vermittelndes Wesen und die Milde, mit der er viele vor der Schärfe des Gesetzes zu bewahren verstand". Ob damit auch Polen gemeint waren, lässt sich nicht klären.

Durch die Entstehung des polnischen Staates gehörte mein Großvater nicht zu den durch diese Entwicklung Geschädigten, er konnte nicht als „Vertriebener" und Opfer der Kriegsfolgen gelten. Er lebte schon Jahre vor Beginn des Ersten Weltkrieges in Pommern, 1904 heiratete er dort in dem Städtchen Rügenwalde meine Großmutter. Der Zollamtmann Oskar Eugen Ventzki ließ seine Verbitterung über die politische Entwicklung seinen Sohn Werner mehr oder weniger deutlich spüren. Der besuchte inzwischen als junger Gymnasiast die humanistische Lehranstalt seiner Geburtsstadt Stolp und zeigte sich bereits in diesen Jahren empfänglich für die Ideale der völkischen Jugendbewegung. Noch als Schüler engagierte er sich im Großdeutschen Jugendbund (Admiral von Trotha) und avancierte zu dessen Landesleiter in Pommern. Die Gedankenwelt des Admirals a.D. Adolf von Trotha schien meinem Vater nicht nur bekannt und vertraut, sondern auch zukunftsweisend und daher höchst attraktiv zu sein. Von Trotha, Reichswehroffizier, gehörte während des Kapp-Putsches 1920 zu denjenigen Militärs, die sich gegen den Vorschlag des Reichswehrministers Noske wandten, Regierungstruppen gegen die Putschisten einzusetzen. Er hatte starken Einfluss auf den Großdeutschen Jugendbund durch die Ideologie der „Wehrertüchtigung in Geist und Körper", dem „Führerprinzip" und einer ausgeprägten Gegnerschaft zum Parlamentarismus. Zwei Begriffe aus der Bündischen Jugend fanden schon früh die Sympathie meines Vaters: „Führer" und „Gefolgschaft". Begriffe, die seinen Lebensweg entscheidend bestimmen sollten.

Pommern – das heiß geliebte Heimatland meiner Eltern – bildete nach einer wechselvollen, von Slawen, Preußen und Schweden bestimmten Geschichte seit dem Ersten Weltkrieg einen reichen Nährboden für Gegner der parlamentarischen Regierungsform und der Weimarer Republik. Die Deutschnationale Volkspartei (DNVP), die als parlamentarische Rechtspartei galt und konservative Gruppierungen des Kaiserreichs versammelte, wurde bereits bei der Reichstagswahl 1924 stärkste Partei Pommerns. Und 1933 kam die „Harzburger Front" aus DNVP und NSDAP in Pommern sogar auf über 70% der Stimmen. Damit wurde das reichsweite Ergebnis von 51% erheblich übertroffen. Am Ende des Ersten Weltkrieges als „Vaterlandspartei" gegründet, stand die DNVP in harter Opposition zur Weimarer Republik. Die „Schmach von Versailles" lastete die DNVP deren Repräsentanten an. Hinzu kam ein weiterer Faktor, der mir auch aus dem Elternhaus nicht unbekannt ist: die Abscheu vor den Slawen, vor den Polen trieb nicht wenige Pommern in die Arme der Rechten. Pommern war ein Grenzland und wurde gern als „Bollwerk gegen das Slawentum" gesehen. Ab 1933 begann dann – wie überall im Deutschen Reich – die Alleinherrschaft der NSDAP, andere Parteien wurden systematisch verdrängt und verboten. Nicht die Provinzhauptstadt Stettin, sondern die Universitätsstadt Greifswald – Studienort meines Vaters – gilt als Ausgangspunkt der pommerschen NSDAP. Die ersten Ortsgruppen der Partei wurden in Klein- und Mittelstädten der pommerschen Provinz gegründet, unter anderem auch in Stolp, dem Geburtsort meines Vaters. Ursprünglich eine Kleinstadt, entwickelte sich Stolp, das heutige polnische Slupsk, im 19. und 20. Jahrhundert zur zweitgrößten Stadt Pommerns und beherbergte in seinen Mauern eine kleine jüdische Gemeinde mit fast 400 Mitgliedern. Sie leisteten auf vielen Gebieten einen beachtlichen Beitrag zur Entwicklung der Stadt.

Einen guten Ruf genossen die jüdischen Textilwarengeschäfte, die bekannte Möbelfabrik Decker & Blau und die jüdischen Anwälte und Ärzte. Mit Beginn des nationalsozialistischen Terrors gegen Juden gelang es einer Reihe von ihnen, die Stadt und das Land zu verlassen. Ihre Ziele waren Argentinien, die USA und Palästina. Der Stolper Rabbiner Dr. Max Joseph erreichte mit anderen Flüchtlingen die Hafenstadt Haifa. Wie hoch die Anzahl derer ist, die von den Nazis deportiert und ermordet worden sind, ist vermutlich nicht mehr festzustellen.

Unwissend über die Juden in seiner Heimatstadt konnte mein Vater kaum sein. Ein Name könnte ihm später sogar sehr nützlich gewesen sein für seine nationalsozialistische Agitation: Otto Freundlich, der 1878 in Stolp geborene jüdische Maler, Graphiker und Bildhauer, einer der frühesten Vertreter der abstrakten Kunst, dessen berühmte Gips-Skulptur „Der neue Mensch" von 1912 im Vorraum der Nazi-Ausstellung „Entartete Kunst" zu sehen war und als Titelmotiv für den Ausstellungskatalog diente. Otto Freundlich, der mit der internationalen Avantgarde vor dem Zweiten Weltkrieg in Berlin, Köln, Hamburg und Paris tief verwurzelt war, wurde 1943 im Konzentrationslager Majdanek ermordet.

Mein Vater berichtete immer wieder von seiner Stolper Kindheit, doch mehr als ein paar Fotos ehrwürdiger hanseatischer Backsteinbauten seiner Geburtsstadt und regelmäßige Anspielungen der Verwandtschaft auf den Begriff „Stolper Jungchen" (eine in der Stadt produzierte Käsesorte) ist mir nicht in Erinnerung geblieben.

Als am 24. Juni 1922 die tödlichen Schüsse auf Walther Rathenau, den Außenminister der Weimarer Republik, abgefeuert wurden, stand mein Vater kurz vor Vollendung seines 16. Lebensjahres. In seinem Elternhaus wurde dieses Attentat vermutlich genauso erschrocken aufgenommen wie in weiten Kreisen der Bevölkerung. Gleichzeitig dürfte man jedoch im Hause Ventzki in Stolp erleichtert darüber gewesen sein, dass die noch junge Demokratie empfindlich getroffen worden war, zu sehr misstraute man dem Parlamentarismus, dass er die Probleme nach dem verlorenen Weltkrieg lösen und vor allem die als Unrecht empfundenen Folgen dieser Entwicklung beseitigen würde. Zweifelsohne erfolgte die Weichenstellung für die langsam aufkeimende politische Ausrichtung des jugendlichen Werner Ventzki noch unter familiärer Obhut.

1926 legte mein Vater das Abitur ab und begann das Studium der Jurisprudenz. Greifswald, Königsberg und Heidelberg waren die Stationen seines Studentenlebens, das er schon früh mit der aktiven hochschulpolitischen Arbeit verband. In diesen Jahren erlebte er zum ersten Mal Adolf Hitler. Auf einer Kundgebung der NSDAP, zu der man ihn eingeladen hatte, hörte er mit großer Begeisterung den späteren Diktator. Wo und wann dieses für meinen Vater prägende Erlebnis stattfand, lässt sich nicht mehr feststellen. Ich empfand seine enthusiastische Erwähnung dieses Fixpunktes seiner Biographie zu abstoßend, um genauer nachzufragen. Der junge Jurastudent war, so erzählte er später, begeistert, innerlich aufgewühlt und nicht nur von den „völkisch-germanischen Visionen" Hitlers, sondern auch von seiner Rhetorik und seinem ganzen Auftreten „hingerissen". Es war für ihn das Schlüsselerlebnis für alle weiteren beruflichen Entscheidungen der nächsten Jahrzehnte und ließ – vielleicht noch etwas schattenhaft – seine Perspektive erkennen. Er trat dem „Verein Deutscher Studenten" (VDSt) bei, wo er seine noch junge politische und weltanschauliche Überzeugung bestätigt fand und der Verbindung auch noch als „Alter Herr" angehörte. Zu den Vätern dieser im August 1881 auf dem ersten Kyffhäuserfest gegründeten Studentenvereinigung zählte der protestantische Hofprediger der Hohenzollern, Adolf Stoecker (1835 – 1909) und der Berliner Geschichtsprofessor Heinrich von Treitschke (1834 – 1896), dessen von den Nationalsozialisten süchtig aufgesogener Satz „Die Juden sind unser Unglück" ein weit verbreitetes Stimmungsbild des ersten Antisemitismusstreits in der deutschen Geschichte beschrieb. Helmut von Gerlach, Antisemit und Mitarbeiter von Adolf Stoecker, distanzierte sich später:

„Der V.d.S. war antisemitisch, weil man das Judentum für undeutsch [...] hielt. Hofprediger Stoecker und Professor von Treitschke waren die beiden Götter des V.d.S. Der Antisemitismus meiner ersten 30 Jahre war in erster Linie damit begründet: Ich kannte kaum einen einzigen Juden. Was sollte ich mich mit den Vertretern einer minderwertigen Rasse abgeben? [...] So hörte ich es täglich im „Verein deutscher Studenten" und bei meinen Standesgenossen und antisemitischen Versammlungen"[5].

Abbildung 1: Mein Vater als Korpsstudent in Heidelberg (1926)

Auch ein anderer Vorreiter des Antisemitismus, Paul de Lagarde, wurde in den „Akademischen Blättern", dem Verbandsorgan des VDSt, als Prophet des aufstrebenden Deutschtums gepriesen und war davon überzeugt, „dass dem deutschen Volk eine besondere metaphysische Aufgabe bei der Erlösung der Menschheit zukomme".[6] Auch der Satz, dass „das Hauptziel der deutschen Politik die allmähliche Germanisierung Polens sein müsse", den de Lagarde 1875 in seiner Schrift „Über die gegenwärtige Lage des deutschen Reichs" formulierte, dürfte meinem Vater bekannt gewesen sein.[7] Er nahm später gerne Bezug auf frühere Wegbereiter kommender Entwicklungen, vermutlich auch als Rechtfertigung für den Sinngehalt der eigenen Überzeugung.

1930 legte mein Vater die Erste Juristische Staatsprüfung ab. Eine einjährige Mitarbeit bei der „Gaubetriebszellenorganisation" Pommern schloss sich an. Dort war er als Arbeitsrechtsreferent für alle arbeitsrechtlichen Streitigkeiten zuständig und hielt Kurse zur Schulung von Betriebsleitern. Am 1. Dezember 1931 erfolgte schließlich der offizielle Eintritt in die NSDAP.[8] Er war gerade einmal 25 Jahre alt, und bis zu seinem Tod im Jahre 2004 ist er innerlich nie aus der Partei ausgetreten.

Tatsächlich begann mein Vater seine berufliche und seine Parteikarriere, was so gut wie das Gleiche war, ganz unten. Als „Blockleiter" betrat er die unterste Stufe innerhalb der Parteihierarchie, um sehr bald zum „Zellenleiter" aufzusteigen und in dieser Funktion bereits für bis zu acht Blockleiter die nächste Instanz zu repräsentieren. Das sind für mich Begriffe, die mich mit einem zunächst unüberwindbaren Automatismus hin zu einem „Überwachungs- und Polizeistaat" führen. Dem Planquadrat und dem immer dichter werdenden Netzwerk der Nazis sollte kein „Volksgenosse" entkommen. In „Unser Wille und Weg", dem monatlich erscheinenden Informationsblatt des Reichspropagandaministers Dr. Joseph Goebbels, werden die Aufgaben der Zellen- und Blockleiter genau definiert: „Ihre vornehmste Aufgabe besteht darin, die Parteigenossen ihrer Zelle und ihres Blockes fester und fester mit der Partei zu verwurzeln und die außerhalb der Partei stehenden [...] mehr und mehr der nationalsozialistischen Gedankenwelt zu gewinnen".[9] Block- und Zellenleiter galten als „politische Leiter" und wurden, um ihre Bedeutung noch drastisch zu untermauern, als „politische Seelsorger" für die Volksgenossen bezeichnet. Propagandistisch nicht ungeschickt, doch ein wenig zu offensichtlich wurden die Block- und Zellenleiter angehalten, auch einmal selbst zu investieren: „Der Zellen- und Blockwart zeige sich mithin stets als wahrer Kamerad des armen Mannes. [...] Er betreue ihn gelegentlich aus eigenen Mitteln mit kleinen Gaben. Spenden wie eine Quantität Speck oder etwas Margarine, vielleicht sogar etwas „gute Butter" oder einige Eier oder etwas Fleisch, etwas Tabak [...]"[10] 40 bis 60 Haushalte hatte mein Vater als Blockleiter zu betreuen, er tat es gerne und höchst engagiert.

Doch war das mein Vater, der immer so viel von gegenseitigem Vertrauen als Basis des mitmenschlichen Zusammenlebens sprach? Nein, es war mein „anderer" Vater, dem ich noch oft beggnen sollte, der hier auch als politischer Spitzel von Tür zu Tür ging und sich zum begeisterten Gehilfen des „Führers und Trommlers" Adolf Hitler machte.

Im Oktober 1929 – mein Vater war noch Student im 7. Semester in Greifswald – begegnete er auf einem Ball der Stettiner Zollbeamten einem hübschen, jungen Mädchen, dass auffallend gut tanzen konnte und nicht nur deshalb von der männlichen Jugend umschwärmt wurde. Es war die 20-jährige Erna-Maria Brandenburg aus Stettin, Tochter aus gut bürgerlichem Hause. Die Liebe zur Landwirtschaft, zu Tieren und zur Natur führte sie beruflich zu einer Ausbildung in der Geflügelzucht. Der Funke schien übergesprungen zu sein, das Paar machte erste lange Spaziergänge, Briefe wechselten zwischen Greifswald und einem kleinen Ort nahe Chemnitz, wo die junge Frau mit Begeisterung ihrem erlernten Beruf nachging. Die Liebe wuchs auf einem stabilen Fundament und im Juni 1933 konnte im fröhlichen Freundeskreis die Verlobung gefeiert werden.

Über meine Großeltern mütterlicherseits, die ich nie kennen gelernt habe – beide starben relativ früh – weiß ich wenig.

Außer ihrem Namen ist mir kaum etwas bekannt. Sie waren nur höchst selten Gesprächsthema, und wenn, dann nur – zumindest in meiner Wahrnehmung – marginal. Bekannt ist mir allerdings, dass der Vater meiner Mutter in Stettin als Kaufmann und später als Privatier lebte und das Einkommen der Familie überwiegend durch Mieteinnahmen bestritt. Gustav Emil Brandenburg, geboren 1863, und Elisabeth Hedwig Auguste Baerwald, geboren 1872, heirateten 1906 in Stettin. Meine Mutter hatte erst das siebente Lebensjahr erreicht, als ihr Vater an den Folgen einer Darmoperation verstarb. 1938 traf der durch eine Lungenentzündung verursachte Tod ihrer Mutter sie und ihre Schwester hart. Warum wir Kinder in den späteren Jahren nicht nach den Großeltern fragten, ist mir nur dadurch erklärbar, dass sie unseren Vorstellungen viel zu weit entrückt waren, als dass unsere Neugier geweckt werden konnte. Anders verhielt es sich mit den Großeltern väterlicherseits, sie waren präsenter. Die Mutter meines Vaters habe ich noch bewusst viele Jahre erlebt. Sie besuchte uns regelmäßig in Berlin und Bonn und brach für diese Reisen von ihrem norddeutschen Wohnort meist zur Spargel- und Erdbeerzeit auf. Oskar Eugen Julius Ventzki, Zollamtmann, 1873 in Posen geboren, mit dem familiären Kosenamen „Opchen" bedacht, und Margarethe Bertha Elisabeth Grosse, geboren 1883 (in Pommern, der genaue Geburtsort ist in den vorhandenen Dokumenten nicht eindeutig auszumachen), liebevoll „Mimchen" genannt, gingen in dem kleinen pommerschen Städtchen Rügenwalde im Jahr 1904 die Ehe ein. Während „Opchen", mein Großvater, im Januar 1945 in Stettin verstarb, bestand mein einziger Großelternbezug durch die mir vertraute Persönlichkeit von „Mimchen", meiner Großmutter. Als Kind war ich natürlich davon überzeugt, dass es nur eine Großmutter dieses Namens auf der Welt geben könne. Doch später fand ich in der Literatur eine Variante, die mich mehr belustigte, als dass sie mich wegen ihres konkurrierenden Auftretens enttäuschte: „Verehrte Gäste, erschrecken Sie nicht, ich will mich kurz fassen, bitte Sie nur, zuzuhören: Mumme, Pumme, Miemchen, Fink und Fey – hoch."

Thomas Mann brachte während der Feier seiner Hochzeit mit Katja Pringsheim einen Toast auf die Großeltern Katja Manns aus. Katjas Großmutter Hedwig Dohm und Katjas Eltern stammten aus Berlin. Mit „Miemchen" ist Hedwig Dohm gemeint.[11] Zur Goldenen Hochzeit meiner Eltern war die Familie aus allen Richtungen angereist. Beim festlichen Mittagessen zu Ehren des Jubelpaares erzählte ich von meiner erst kurz zuvor als solche wahrgenommenen literarischen Entdeckung. Dies fand bei meinem Vater keinen besonderen Anklang, sein sauertöpfischer Gesichtsausdruck ließ auf eine Fehleinschätzung meinerseits schließen. Es war nicht der Kosename „Mimchen", der meinen Vater zu einer eindeutigen Reaktion veranlasste, er hatte schließlich zu seiner Mutter ein besonders inniges Verhältnis, nein, der Name Thomas Mann musste ihn gestört haben. In seinen Augen galt der deutsche Literaturnobelpreisträger als „vaterlandsloser Geselle", dessen Gesinnung nicht in Einklang mit dem Weltbild meines Vaters stehen konnte.

Hahn im Korb

Zwei Kleinbildaufnahmen aus dem Jahre 1933 vermitteln einen Eindruck, welcher der Stellung meines Vaters in seinem Elternhaus wohl sehr nahe kommt. Das eine Foto zeigt ihn mit seinen Eltern in Stettin, meine Großmutter hatte auf einem Sessel Platz genommen, zur Rechten und Linken eingerahmt von den beiden Männern. Mein Vater blickte mit leicht gesenktem Kopf in die Kamera, seitlich ein wenig zur Mutter hinuntergebeugt und die Linke in die Hüfte gestemmt. In seiner passgenauen Parteiuniform, die seine schlanke, hoch gewachsene Figur vorteilhaft zur Geltung brachte, strahlte er Selbstbewusstsein aus. Unverkennbar der mürrische, ein wenig gequälte Ausdruck meiner Großmutter, während ein zufriedenes Lächeln die Mundpartie meines Großvaters bestimmte. Das andere Foto entstand in Leipzig einige Monate später: Wieder präsentierte sich mein Vater in Uniform, zu seiner Rechten und Linken seine beiden Schwestern, die sich bei ihm untergehakt hatten und mit jugendlich-fröhlichem Gesichtsausdruck auf ihre Art Zuspruch dem älteren Bruder zu signalisieren schienen.

Seine Schwester Ilse, eine ausgebildete Bibliothekarin, arbeitete in der Stadtbibliothek Stettin und wechselte am 1. April 1938 in die Zentralbücherei der DAF (Deutsche Arbeitsfront) nach Berlin, was mit einer noch größeren Nähe zum Weltbild des Nationalsozialismus verbunden war:[12]

Auf der Rückseite des Fotos finde ich den handschriftlichen Hinweis „friedlich vereint, Leipzig, Oktober 33". Über das Verhältnis meines Vaters zu seinen Schwestern sind mir nur Bruchstücke bekannt, die aber zu wenig zu einem genaueren Bild beitragen können.

Streit zwischen den Geschwistern hat es wie in allen Familien sicherlich gegeben, doch als unzweifelhaft habe ich den Stolz der Familie auf den erfolgreichen Sohn, dessen Karriere sich so blendend in Gang setzte, und seine Position als „Hahn im Korbe" wahrnehmen können. Was sich später durch meine Erinnerung und Aussagen aus dem Familien- und Freundeskreis meines Vaters bestätigte, zeichnete sich schon früh durch solche Momentaufnahmen ab: Er genoss es sichtlich, das Wort zu führen, im Mittelpunkt zu stehen, da war er in seinem Element. Das führte manchmal zu etwas peinlichen Situationen, half andererseits aber gut über so manche Schweigsamkeit hinweg. Das Selbstbewusstsein meines Vaters war sichtbar ausgeprägt. Eine Reihe von Fotos lässt durch seine Körpersprache diesen Schluss in Verbindung mit seinem Auftreten, seiner Sprache und seinen rhetorischen Fähigkeiten zu. Ein weiteres Foto aus den Parteiunterlagen zeigt meinen Vater wiederum mit klarem, strengen Blick, beide Arme demonstrativ in die Hüften gestemmt, er schien nur darauf zu warten, etwas „anpacken" zu können.

Im April 1933 – noch vor der Ablegung der Zweiten juristischen Staatsprüfung – erfolgte die Berufung des Vaters zum Magistratsrat der Stadt Stettin auf Veranlassung des damaligen Oberbürgermeisters von Stettin und späteren Staatssekretärs im Reichsinnenministerium, Dr. Wilhelm Stuckart, der zusammen mit Hans Globke in der Literatur als Verfasser des „Kommentars zur deutschen Rassengesetzgebung" auftaucht und im Januar 1942 an der Wannsee-Konferenz teilnahm. Der junge Magistratsrat Werner Ventzki war zunächst persönlicher Referent des Oberbürgermeisters, wurde anschließend mit Sonderaufgaben der städtischen Wohlfahrtsverwaltung betraut, um dann für knapp ein Jahr das Personalreferat der Stettiner Hafengesellschaft zu übernehmen. Als besonderen Auftrag hatte er in dieser Position das Gesetz zur „Bereinigung des Berufsbeamtentums" (Gesetz zur Wiederherstellung des Berufsbeamtentums vom 7. April 1933) umzusetzen.

Dr. Wilhelm Stuckart, der Mann, der meinen Vater zu seinem engsten Mitarbeiter im Stettiner Rathaus machte, war nur eine paar Monate im Jahr 1933 als kommissarischer Oberbürgermeister tätig, bevor er von Stettin als Staatssekretär ins Preußische Kultusministerium nach Berlin wechselte. Auffallend ist – nicht nur in dieser Stelle – das jugendliche Alter der Protagonisten, Stuckart war erst 31 Jahre alt, mein Vater 27. Die Partei hatte stets ein Auge für junge, begeisterungsfähige und überzeugte Anhänger der NS-Ideologie. Der Jurist und seit 1944 SS-Obergruppenführer Stuckart[13] gilt als einer der wichtigsten Interpreten des NS-Staates und dessen rassistischer Ziele. Dies zeigt sich in aller Deutlichkeit in seinem Wirken ab 1935 als Staatssekretär im Reichsinnenministerium, wo er zum Kreis der wichtigsten Gestalter der NS-Rassenpolitik gehörte. Im Frühjahr 1941 kam es in Verbindung mit den Verhandlungen zur Besetzung der Position des Oberbürgermeisters in Litzmannstadt erneut zu einem Kontakt zwischen Stuckart und meinem Vater, der von den beiden Staatssekretären Pfundtner und Stuckart zu einem Gespräch ins Ministerium geladen wurde.[14] Zwei dieser drei Herren kannten sich gut.

Auch in der Provinzhauptstadt Stettin kam es ab 1933 zu antisemitischen Aktionen und Ausschreitungen. Die „Pommersche Zeitung" spielte dabei keine unbedeutende Rolle, hetzte sie doch verstärkt im Sommer 1935 gegen Juden. Es wurde sogar eine Extrabeilage mit dem Titel „Der Judenspiegel" herausgegeben, die jüdische Bürger namentlich denunzierte.[15] Wir wissen von Ausschreitungen im Winter und Demonstrationen im Sommer 1935 in der Stadt, bei denen sich die ganze Wut und der Hass gegen Juden entladen konnten. Etwa 5000 aufgehetzte Menschen versammelten sich am 28. Februar nach Berichten der Stapostelle (Gestapo) Stettin und des Oberpräsidenten, um gegen den jüdischen Inhaber eines Schuhgeschäftes zu demonstrieren, der wegen der Boykottmaßnahmen jüdischer Geschäfte in wirtschaftliche Schwierigkeiten geriet und eine nichtjüdische Mitarbeiterin entlassen musste. Eine johlende Menge von 700–1000 Menschen schleifte

Fritz Lindner, den in Bedrängnis geratenen jüdischen Geschäftsmann, zusammen mit seiner Frau durch die Straßen, bis nach langer Zeit die Polizei einschritt und Fritz Lindner in „Schutzhaft" nahm.[16] Die judenfeindlichen Maßnahmen und Ausschreitungen in Stettin erreichten ein solches Ausmaß, dass sogar die Gestapo im Spätsommer 1935 zu verstehen gab, „dass man der Partei energischen Einhalt gebieten müsse".[17] Eine solche Entwicklung konnte in einer Stadt mit etwa 350.000 Einwohnern keine Randerscheinung sein. Mein Vater, der damals erst 29 Jahre alt war, aber bereits den Posten eines Magistratsrats bekleidete und sich im Zentrum der ausübenden Macht innerhalb der Stadt befand, musste über diese Vorgänge bestens informiert gewesen sein.

Mit hoher Wahrscheinlichkeit nahm mein Vater inmitten der „politischen Soldaten des Führers" an der großen Kundgebung auf dem Stettiner Paradeplatz am 11. November 1938 teil. Während im ganzen Reich die Synagogen brannten, SA-Horden jüdische Geschäfte zerstörten, Juden verfolgt wurden, marschierten in Stettin Zehntausende unter der Losung „Die Zeit der Juden in Deutschland ist aus".[18]

In Stettins ältester Kirche, „St. Peter und Paul", fand die Trauung meiner Eltern statt, 60 Hafenarbeiter bildeten vom Portal bis zum Altar das Spalier. Es war der 1. Dezember 1933, und ob Zufall oder Absicht, genau seit zwei Jahren besaß mein Vater das Parteibuch der NSDAP. Meine Mutter hatte diesen Schritt nur vier Monate nach meinem Vater im April 1932 getan.[19] Sicher nicht ohne Stolz und mit einkalkuliertem Überraschungseffekt präsentierte sie auf dem zurückgeschlagenen Revers ihrer Kostümjacke meinem Vater bei einem Rendezvous ihr Parteiabzeichen. So berichtete mein Vater später über die Freude, die ihm seine junge Verlobte damit bereitete. Sie war erst 23 Jahre alt und wenig später auch als BDM-Führerin im Sinne der nationalsozialistischen Ideologie aktiv. Eine Altbauparterrewohnung wurde das erste gemeinsame Heim der Jungvermählten.

In der Partei erkannte man wohl ziemlich schnell, dass in diesem jungen Nationalsozialisten mehr steckte. Eine steile Karriere kündigte sich an. Bereits Ende April 1934 übertrug man meinem Vater die Leitung des Gauamtes Pommern der NSV (Nationalsozialistische Volkswohlfahrt). Dieses Amt bekleidete er insgesamt sieben Jahre lang, später dann in Posen, Warthegau. Mit fast Schwindel erregendem Tempo vollzog sich der weitere Aufstieg auf der Karriereleiter in der Verwaltung. Im Januar 1936 erfolgte durch den pommerschen Gauleiter Franz Schwede-Coburg die Berufung zum Landesverwaltungsrat in die Provinzialverwaltung, dicht gefolgt von der Beförderung zum Oberlandesverwaltungsrat im März des gleichen Jahres. Die Beförderung zum Landesrat im Oktober 1937 ließ nicht lange auf sich warten, und im Frühjahr 1938 erreichte ihn die Bestätigung im Amt durch den Reichsminister des Innern, Wilhelm Frick. Im weiterführenden Lebenslauf des Vaters lese ich dann den Satz: „Als Landesrat Leiter der Volkspflegeabteilung der Provinzialverwaltung von Pommern, des Landeswohlfahrts- und Jugendamtes. In dieser Zeit Betätigung durch Vorträge, Aufsätze und Schriften aller Art auf dem Gebiet der Wohlfahrtspflege." Gern hätte ich mehr von den Texten gelesen, die mein Vater damals zu Papier gebracht hat. Doch bisher bin ich in den Archiven und in der Literatur auf der Suche nach solchen Beispielen nur langsam vorangekommen. In seiner Funktion als Landesrat unterstanden ihm sämtliche Fürsorgeeinrichtungen und Anstalten. Dienstreisen führten ihn kreuz und quer durch die pommersche Provinz. Auch die Nervenheilanstalt in dem kleinen Städtchen Lauenburg musste ihm vertraut sein. Die Patienten dieser Heilanstalt wurden im Herbst 1939 nach Westpreußen abtransportiert und dort im Piasnitzer Wald nordwestlich von Gdingen erschossen. Der Gauleiter von Pommern, Franz Schwede-Coburg, hatte sich von Heinrich Himmler hierfür die Zustimmung mit der Zusage geholt, die frei werdenden Gebäude der Waffen-SS zur Verfügung zu stellen.

Viereinhalb Jahre später absolvierte der SS-Panzergrenadier Werner Ventzki in der ehemaligen Nervenheilanstalt Lauenburg, jetzt Kaserne der Waffen-SS, seinen Dienst.

Wie hat mein Vater – in der Uniform der Waffen-SS – seine Rückkehr an diesen ihm wohl vertrauten Ort empfunden? Spürte er Regungen des Gewissens, Gleichgültigkeit oder billigte er – politisch motiviert – die Vernichtung „lebensunwerten Lebens"? Ich versuche mir darüber mehr Klarheit zu verschaffen und richte meine Aufmerksamkeit auf das „Gau-Amtsblatt" des Reichsgaus „Wartheland" vom 1. Mai 1940, wo ich folgende, vom Leiter des Gauamts für Volkswohlfahrt, Werner Ventzki, verfasste Sätze finde:

„Wir wollen unsere künftige Arbeit noch wertvoller gestalten. Es kann ja nicht Inhalt unserer sozialen Arbeit sein, Tausenden von Menschen lediglich Nahrung und Kleidung zu geben. Wir wollen nicht für den Tag, sondern für die Ewigkeit unseres Volkes schaffen. Deshalb sind wir glücklich, wenn wir nach Behebung der dringendsten Not uns nun von der reinen Fürsorge mehr und mehr einer auf weite Sicht planenden Volkspflege zuwenden zu können.

Wir wollen ja nicht entstandene Schäden mühsam heilen, sondern wir wollen ihre Entstehung für immer verhindern. Je weniger unsere Volksdeutschen zur Befriedigung der einfachsten Lebensbedürfnisse unserer materiellen Hilfe bedürfen, desto mehr können wir die Kraft unserer volkspflegerischen Arbeit auf die Ewigkeitswerte unseres Volkes lenken."

Was hier – im Frühjahr 1940 – bereits unverhohlen zum Ausdruck kommt, wird sich auch in den nächsten Jahren bestätigen.

NSV (Nationalsozialistische Volkswohlfahrt) – Stettin

Mein Vater war nicht der Typ eines unauffälligen, ruhigen preußischen Staats- oder Kommunalbeamten, der sich gern hinter Aktenbergen versteckte. Nein, er wollte „raus", mit Menschen zu tun haben und seine Fähigkeiten auf anderen Gebieten als den in kargen Amtsstuben vorherrschenden beweisen. Da kam der klassische Bereich der Wohlfahrtspflege seinen Neigungen in Verwaltung und Parteiämtern sehr entgegen, allerdings nach strenger Ausrichtung der auch von ihm mit Begeisterung vertreten Parteilinie.

> „Kaum ein Dutzend Nationalsozialisten waren es, die im Jahre 1932 die NS-Volkswohlfahrt gründeten. Anfang 1933 waren es einige 100 Mitarbeiter geworden – am Ende desselben Jahres gehörten dieser Organisation bereits 112 000 Mitglieder an – heute ist die NS-Volkswohlfahrt zu einer Riesenorganisation angewachsen mit einer Mitgliederzahl von über vier Millionen, einem Helfer- und Helferinnenstab, der längst die Million überschritten hat, und mit einer Gliederung, die auch das kleinste Dorf und das letzte Gehöft unseres Vaterlandes erfasst. Damit ist die NSV zur zahlenmäßig größten Wohlfahrtsorganisation auf der ganzen Welt geworden mit einer organisatorischen vorbildlichen Gliederung."[20]

Seine umfassenden Erfahrungen als Landesleiter des Großdeutschen Jugendbundes in Pommern, als Blockleiter, Zellenleiter und Ortsgruppenobmann der NSBO bildeten dafür eine gute Basis. So zog sich seine Tätigkeit für und innerhalb der NSV wie ein roter Faden durch seine Jahre in Stettin und später in Posen. Mit großem Einsatz betrieben die Nazis eine Strategie, die ihnen zunächst die Kontrolle über die freien Wohlfahrtseinrichtungen der Kommunen, Verbände und der Kirchen garantierte, um diese dann mit möglichst geringem Widerstand ganz in die parteieigene NSV zu integrieren. Die komplexen Vorgänge, die von der NSDAP aggressiv artikulierten Zielrichtungen und letzten Endes ihre Umsetzungen gehen sehr deutlich aus Äußerungen meines Vaters hervor. Als Landesrat in Stettin hatte er die Leitung der Volkspflegeabteilung der Provinzialverwaltung von Pommern und des Landeswohlfahrts- und Jugendamtes übernommen.

Anlässlich einer Tagung und Mitgliederversammlung des „Deutschen Vereins für öffentliche und private Fürsorge" (am 23. und 24. Mai 1938 in Würzburg), in dessen Beirat mein Vater berufen wurde, erschien die Festschrift „Arbeitseinsatz und Arbeitserziehung durch Fürsorge". Dort lese ich den Aufsatz „Die Neuformung der Jugendhilfe durch die NSV unter besonderer Berücksichtigung der NS-Jugendheimstätten",[21] verfasst von Gauamtsleiter Landesrat Werner Ventzki, Stettin. Ein paar Sätze daraus genügen: „[...] Ich schicke dabei als selbstverständlich voraus, daß sowohl die öffentliche als auch die freie Wohlfahrtspflege nach unserer aller Auffassung eine gemeinsame, in die Zukunft unseres Volkes weisende Zielsetzung hat: Erhaltung der rassischen Substanz unseres Volkes." Über die Jugendhilfearbeit, auf die sich weite Passagen seines Referats konzentrieren, heißt es u. a. „[...] weil es sich gerade bei diesem Arbeitsgebiet um eine ganz besonders weitgehende Möglichkeit handelt, den Anspruch der NSDAP auf die Menschenführung zu verwirklichen [...]." So weit wie irgend möglich sollten die Pflöcke der Indoktrination, besonders Erfolg versprechend eben bei der Jugend, gesteckt werden. Noch deutlicher und schärfer die folgenden Sätze meines Vaters:

„[...] Es erübrigt sich, über den grundsätzlichen Wandel in der Zielsetzung der Jugendhilfe zu sprechen, die in den Mittelpunkt ihrer Verantwortung nicht mehr den in § 1 RJWW *[Reichsjugendwohlfahrtsgesetz, JJV.]* festgelegten Anspruch des Jugendlichen auf Erziehung zur leiblichen, seelischen und gesellschaftlichen Tüchtigkeit stellt, sondern ausschließlich das Recht und die Pflicht der Volksgemeinschaft an der Erhaltung und Förderung eines gesundes Nachwuchses" *(Hervorhebung im Original, JJV)*. Das Individuum sollte gänzlich ausgeschaltet werden zu Gunsten eines von der Partei kontrollierten „gesunden Volkskörpers."

Immer wieder ist in diesem von meinem Vater gehaltenen Referat die Rede von „Zucht und Ordnung" und von dem Alleinvertretungsanspruch der NSDAP in allen Erziehungsfragen durch eine „nationalsozialistische und daher richtige (!) Auffassung". Dies führte sogar so weit, dass sich mein Vater rühmte, in seinem Gauamtsbereich Pommern sei in engster Zusammenarbeit mit der SA, der SS, HJ, dem BDM, den Fachverbänden der Gastwirte und des ganzen Apparates der NSV durch den Oberpräsidenten eine Polizeiverordnung erlassen worden, die jegliche „öffentliche Tanzlustbarkeiten für Jugendliche" verbiete.

Die totale, menschenverachtende Ausgrenzung dessen, was nicht in das Weltbild der Nazis passte, zeigt folgende Passage aus dem Vortrag meines Vaters: „[...] Ein zweites nicht minder wichtiges Problem in der geschlossenen Jugendhilfe ist nun die Frage der Scheidung von erbkranken bezw. nicht vollwertigen Jugendlichen von den förderungswerten, erbgesunden und erziehbaren Minderjährigen [...]."

Eine Dechiffrierung dieses Satzes erübrigt sich, der Weg weist ohne Zweifel zur Definition der Nazis vom „lebensunwerten Leben", und damit in der letzten Stufe zur Durchführung von Mordaktionen an körperlich und geistig Behinderten durch Euthanasie. Was mein Vater davon wusste? Über seinen gezielten Informationsstand wird noch zu reden sein. Der „gesunde Volkskörper" galt meinem Vater als ein unabdingbares Ziel der Politik, für das er sich einsetzte.

„Wenn einer sagt, der Mensch habe kein Recht zu töten, so sei ihm erwidert, dass der Mensch noch hundertmal weniger Recht hat, der Natur ins Handwerk zu pfuschen und etwas am Leben zu erhalten, was nicht zum Leben geboren wurde [...] Die Natur würde dieses lebensunfähige Geschöpf verhungern lassen. Wir dürfen humaner sein und ihm einen schmerzlosen Gnadentod bereiten. Das ist die einzige Humanität, die in solchen Fällen angebracht ist, und sie ist hundertmal edler, anständiger und menschlicher als jene Feigheit, die sich hinter der Humanitätsduselei verkriecht und dem armen Geschöpf die Last seines Daseins, der Familie und der Volksgemeinschaft die Last des Unterhalts aufbürdet."[22]

Mit dieser Begründung aus dem SS-Organ „Das Schwarze Korps" wurde das Töten von körperlich und geistig behinderten Menschen in den Rang einer moralischen Tat gehoben und galt als Legitimation für das Handeln, auch für meinen Vater. Das steht für mich außer Zweifel.

Erich Hilgenfeldt, Leiter des Hauptamtes für Volkswohlfahrt (NSV) der NSDAP, lud für den 8. bis 10. März 1939 sämtliche NSV-Gauamtsleiter zu einer Tagung nach Weimar ein. Auch hier übernahm mein Vater die Rolle einer der drei Fachreferenten. Mit gleicher Vehemenz wie bereits im Jahr zuvor stellte er den Anspruch der Partei auf völlige Unterordnung der Wohlfahrtseinrichtungen in den Vordergrund seiner Rede.[23]

Der 12. Juni 1938 war für Stettin ein großer Tag, auch für meinen Vater. Für vier Tage stand die Stadt ganz im Mittelpunkt des Gaues Pommern, das große Gautreffen der NSDAP stand vor der Tür. Mit 54 Sonderzügen, vielen Bussen, sogar mit Fahrradkonvois erreichten Tausende die fahnen- und blumengeschmückte Gauhauptstadt, um an zahlreichen Großveranstaltungen der Partei teilzunehmen. Alle Parteigliederungen und -organisationen waren aufmarschiert, alle Register der Propaganda wurden gezogen. Es sollte ein ungetrübtes nationalsozialistisches „Volksfest" werden, jeder „Volksgenosse" sollte daran teilhaben. Den Höhepunkt dieser Tage bildete der ziemlich überraschende Besuch des „Führers" zum Abschluss des Massentreffens am 12. Juni. Diesen Tag wird mein Vater wohl nie vergessen haben, dürfte es doch an diesem Frühsommertag mit großer Wahrscheinlichkeit zur ersten persönlichen Begegnung mit Adolf Hitler gekommen sein. Zwar hielt Hitler in Stettin keine Rede – das überließ er seinem Stellvertreter Rudolf Hess –, doch nach einem Zeitungsbericht nahm Hitler am Nachmittag des 12. Juni in Anwesenheit des Gauleiters Schwede-Coburg und sämtlicher Gauamtsleiter und politisch Verantwortlichen des Gaues den Vorbeimarsch der Formationen der Partei vor der Hakenterrasse ab.[24] Mein Vater gehörte als Gauamtsleiter der NSV und als Landesrat der Provinzialverwaltung zum pommerschen Führungskorps. Weder er noch andere in ähnlicher Position, so ist zu vermuten, konnten und wollten die Gelegenheit, Hitlers unmittelbare Nähe zu erleben, nicht versäumen. Ein Händedruck Hitlers und ein paar kurze Worte dürften bei meinem Vater einen inneren Höhenflug ausgelöst haben. Vermutlich hatte jemand Hitler auf den jungen, strebsamen und begabten Gauamtsleiter aufmerksam gemacht. Gut ein halbes Jahr später, am 30. Januar 1939 erhielt mein Vater vom „Führer" das Goldene Parteiabzeichen *(Ehrenzeichen, JJV)* mit der Gravur „A.H. 30.1.39" verliehen. Zwei Jahre später – so entnehme ich es den Dokumenten – geschah meinem Vater wahrscheinlich ein Missgeschick, er verlor das bedeutendste Parteiabzeichen oder er hatte es verlegt. Plötzlich war das äußere Erkennungszeichen der NS-Elite nicht mehr auffindbar. Oder wollte er einfach nur ein zweites Exemplar für seinen Zivilanzug besitzen, während die Erstausführung seine Uniform „schmückte"? Im Januar 1941 beantragte er über die Gauleitung Wartheland beim Reichsschatzmeister der NSDAP in München ein Ersatz-Ehrenzeichen in kleiner und großer

Ausfertigung. Diese wurden bereits am 5. Februar geliefert.[25] Ein ganz normaler Vorgang, würde man heute dazu sagen. Dennoch, ich kann solche Details nicht ignorieren. Noch ein weiteres Detail:

In der „Pommerschen Zeitung" entdecke ich einen kuriosen Fehler: Da sind die „führenden Männer des Gaues Pommern" namentlich in Verbindung mit der Straßensammlung für das „Winterhilfswerk" genannt. Der Gauleiter an der Spitze und seine verantwortlichen Mitarbeiter nahmen selbst die Sammelbüchsen in die Hand.

„Gauamtsleiter Pg. *Dr.* Ventzki" lese ich da.[26] Jetzt wird mir auch klar, woher der Fehler bei einigen Historikern und ihren Publikationen stammen könnte. Mehrfach habe ich den Namen meines Vaters mit dem Zusatz „Dr." wahrgenommen. Einen akademischen Grad hatte mein Vater jedoch nie besessen.

Das Menschenbild der Nazis wurde für meinen Vater immer stärker zu einem unumstößlichen Gesetz, dem er mit absolutem Gehorsam folgen wollte. Denn es war seine unerschütterliche Überzeugung, die ihn antrieb. Da gab es keine Bedenken, Zweifel oder Gewissenskonflikte. Das gesamte „soziale Gemeinwesen" war ausschließlich auf den „deutschen Volksgenossen", auf die Zukunft des „gesunden, deutschen Volkskörpers" ausgerichtet, dem allein die ganze Aufmerksamkeit und soziale Zuwendung zusteht. Da lese ich dann vom Dank meines Vaters an die Einheiten der pommerschen SA für die tatkräftige Mithilfe bei der Sammlung für das „Winterhilfswerk", bei den großen Erfolgen des Hilfswerks „Mutter und Kind", bei der „NSV-Jugendhilfe", beim Ausbau von „NSV-Schwesternstationen" und dem „NSV-Ernährungshilfswerk".[27] Ich sehe Fotos meines Vaters in Uniform, lese Berichte der Presse und zwinge mich, meinen „anderen Vater" wahrzunehmen, der mir aus einer faschistischen Welt entgegenkommt. „[…] *Kein Haus des Wissens* soll es sein, sondern es ist dazu da, Mädel und Menschen heranzuziehen, die ihrem Führer auf schwierigen Posten zu dienen bereit seien" *(Hervorhebung im Original, JJV)*. Das sind Worte meines Vaters, die er in seiner Begrüßungsansprache zur Einweihung des „Grenzland Kindergärtnerinnen- und Hortnerinnen-Seminars in Radawnitz (Radawnica) in Anwesenheit des Gauleiters von Pommern und des Hauptamtleiters der NSV, Hilgenfeld, sprach.[28] Sichtbar wird hier das Frauenbild, das auch das Denken und Handeln meiner Eltern wesentlich beeinflusste. Am 12. Mai 1938 empfing mein Vater auf dem Stettiner Hauptbahnhof mit Unterstützung der angetretenen HJ und der SS-Standarte 9 619 Kinder und Jugendliche aus Kärnten zu einem Erholungsaufenthalt – wie es in einem Pressebericht heißt – mit den Worten „Die Jugend, die hier steht, grüßt Euch" und einem anschließenden „Sieg Heil" auf Adolf Hitler.[29] Aus Freude über die „Vereinigung" mit Österreich hatte der Gau Pommern an den Reichskommissar für die Wiedervereinigung Österreichs mit dem Deutschen Reich, Josef Bürckel, ein Telegramm gesandt und 2000 bedürftige Kinder für ein paar Wochen nach Pommern eingeladen. Der Zeitungsartikel endet mit den Worten:

> „Wartet nur, ihr kleinen Freunde, eure Pflegeeltern werden ihre ganze Ehre darein setzen, euch rund und wohlgenährt wieder nach Hause zu schicken. Manch ein Kleidchen oder ein Anzug wird wohl hie und da noch

übrig sein, ja, vielleicht sogar eine Pimpfenuniform! Das wäre natürlich am schönsten, wenn ihr als Pimpfe wieder nach Hause kommt? „Pimpfe sind wir", wird uns da von den Jungen stolz geantwortet, und „Uniform kriegen wir schon noch."[30]

Was hat mein Vater später empfunden, als er in Posen und Litzmannstadt direkt mit dem Elend, der Not, dem Hunger, den Krankheiten und dem Sterben der verfolgten Juden und Polen konfrontiert wurde, als er mitverantwortlich wurde für deren Schicksal? Die Nähe meines Vaters zu den lebensnotwendigen Bedürfnissen der Menschen verleihen dieser Frage für mich ein großes Gewicht. Ich habe es versäumt, eine Antwort von ihm einzufordern.

Wahrscheinlich hatte sich in den entscheidenden Jahren wieder einmal eine dieser unüberwindbaren Barrikaden aufgebaut: Verdrängung einerseits, ein noch kaum beschädigtes Vertrauen andererseits, als dass ich meinem Vater kritisch gegenübertreten hätte können. Der Glaube, dass für meinen Vater *alle* Menschen gleichermaßen ein Recht auf Leben, auf ein menschenwürdiges Leben hätten, schwand von Jahr zu Jahr immer mehr, doch es brauchte Zeit bis zur Akzeptanz der historischen Fakten.[31]

Das Dokument

Frankfurt am Main, Jüdisches Museum, Frühjahr 1990. Schon von weitem erblickte ich das ehemalige Rothschild-Palais auf dem Untermainkai, wo heute das Museum einen würdigen Platz gefunden hat. Das im klassizistischen Stil erbaute Haus veranschaulicht den Wohnstil einer großbürgerlichen jüdischen Familie des 19. Jahrhunderts. Beim Näherkommen lese ich das große Plakat der gerade gezeigten Ausstellung: „Unser einziger Weg ist Arbeit – Das Getto Lodz 1940–1944, Eine Ausstellung des Jüdischen Museums Frankfurt am Main in Zusammenarbeit mit Yad Vashem, dem Staatsarchiv Lodz u.a., 30. März bis 10. Juni 1990." Ich betrat die Eingangshalle und folgte mit einem dumpfen Gefühl der Vorahnung dem empfohlenen Rundgang durch die in relativer Dunkelheit gehaltenen Ausstellungsräume. Noch konnte ich nicht wissen, dass dieser Tag im Frühjahr 1990 mit persönlichen Veränderungen verbunden war, die erst viele Jahre später sichtbar wurden.

Die Ausstellung zeigte eine umfangreiche Dokumentation in Form von Bild- und Texttafeln, Dokumenten, Tagebuchaufzeichnungen über die Geschichte des Ghettos, die nicht erst mit der Einzäunung und strengster Bewachung des „Wohngebiets der Juden" im April 1940 begann. Ein sensationeller Fund in einem Wiener Antiquariat im Jahre 1987 förderte mehrere hundert Diapositive in leicht grünblau- oder rotbraunstichiger Farbe zu Tage, aufbewahrt in einem einfachen Holzkoffer. Walter Genewein, Buchhalter aus Saalfelden im Salzburger Land, NSDAP-Mitglied, kam auf eigenen Wunsch 1940 zur deutschen Ghettoverwaltung nach Litzmannstadt und übernahm dort die Leitung der Finanzbuchhaltung. Er war der Fotograf dieser Dias, die er im amtlichen Auftrag in den Jahren 1940 bis 1944 anfertigte. Die deutsche Ghettoverwaltung legte Wert auf eine fotografische Dokumentation der Leistungsfähigkeit des Ghettos. Die Motive eines beträchtlichen Teils der Aufnahmen richteten sich deshalb auch auf die Fabriken und Produktionsstätten des Ghettos. Aber auch eine Vielzahl anderer Motive, Straßenszenen, die berühmte „Hohensteiner Brücke", die Ghetto-Feuerwehr, Himmlers Besuch im Ghetto Anfang Juni 1941, Szenen der „Ghetto-Einsiedlung", „Ghetto-Aussiedlung", riesige Berge „gebrauchter" Kleidungsstücke der ermordeten Juden, Mitarbeiter der deutschen Ghettoverwaltung wie Hans Biebow, Walter Genewein beim Geldzählen, Transportarbeiten, Fäkalienabfuhr waren in Farbe zu sehen. Was Walter Genewein überwiegend fotografierte, war nur die eine Seite, die andere Seite des Ghettolebens wurde durch eine ganze Anzahl heimlich von Juden aufgenommener Schwarz-Weiß-Fotos dokumentiert. Auch einige Fotos einer SS-Propagandakompanie, die die Erniedrigung und Verhöhnung der Juden durch SS-Männer im Ghetto dokumentieren, waren in der Ausstellung zu sehen.

Große Texttafeln, an Stellwänden vergrößerte Dokumente, Bekanntmachungen des von den Nazis eingesetzten Ältesten der Juden, Mordechai Chaim Rumkowski, Straßenpläne, persönliche Papiere von Juden, Quittungen, Aussiedlungslisten und andere Urkunden gaben detailliert Auskunft über die Geschichte des Ghettos, die Hungerkatastrophen, Krankheiten, Hinrichtungen, über die Zwangsarbeit und das Leiden und Sterben der Juden innerhalb des Ghettozaunes und in den Vernichtungslagern Kulmhof (Chełmno) und am Ende in Auschwitz. Plötzlich stand ich vor einer Stellwand, die eine etwa 60 x 85 cm große Abbildung eines Briefes der NSDAP, Gauleitung Wartheland, Posen, zeigte, gerichtet an „Herrn Oberbürgermeister Ventzki, Litzmannstadt". Da war der Augenblick, der meinen zweiten Vater aus dem bisherigen nebulösen Bild mit aller Deutlichkeit in meine Wirklichkeit hervortreten ließ. Das war der Schlag, von dem ich hoffte, nie getroffen zu werden, verschont zu bleiben, meinen Vater in diesem Kontext nicht entdecken zu müssen.

Es ist ein Schreiben vom 8. Mai 1942 und trägt im „Betreff" den Vermerk: „Abgabe von gebrauchten Textilien an die NSV", es heißt dann weiter: „Lieber Gauamtsleiter! In nachstehender dienstlicher Angelegenheit erlaube ich mir heute, an Sie heranzutreten und möchte Sie bitten, nach Ihrer Überprüfung der NSV nach Möglichkeit zu helfen.

Es handelt sich um die Abgabe von gebrauchten Textilien, die im Zuge der Judenaktion, insbesondere im Kreise Warthbrücken (Kulmhof), frei werden und zur Verfügung der Ghettoverwaltung Litzmannstadt liegen […]."[32]

Das Dokument endet mit dem Satz: „Ich verbinde mit meinen heutigen Zeilen die besten Wünsche für Sie sowie für Ihre sehr geschätzte Familie und verbleibe mit Heil Hitler! Ihr Karl Zeitler, Leiter der Hauptstelle Organisation." Am linken, oberen Rand dieses Briefes ist klar die großzügige Linienführung der Handschrift meines Vaters zu erkennen, er notierte:

„zur Rücksprache mit Herrn Biebow, 11.5.", abgezeichnet durch sein markantes Kürzel mit dem schwungvollen „Ve". Wie vertraut sind mir diese Schriftzüge seit meiner Kindheit, als ich die ersten Briefe meines Vaters, der beruflich viel abwesend war, zum Geburtstag oder zum bevorstehenden Ferienbeginn erhielt. Hans Biebow war als Leiter der deutschen Ghettoverwaltung direkt meinem Vater unter-

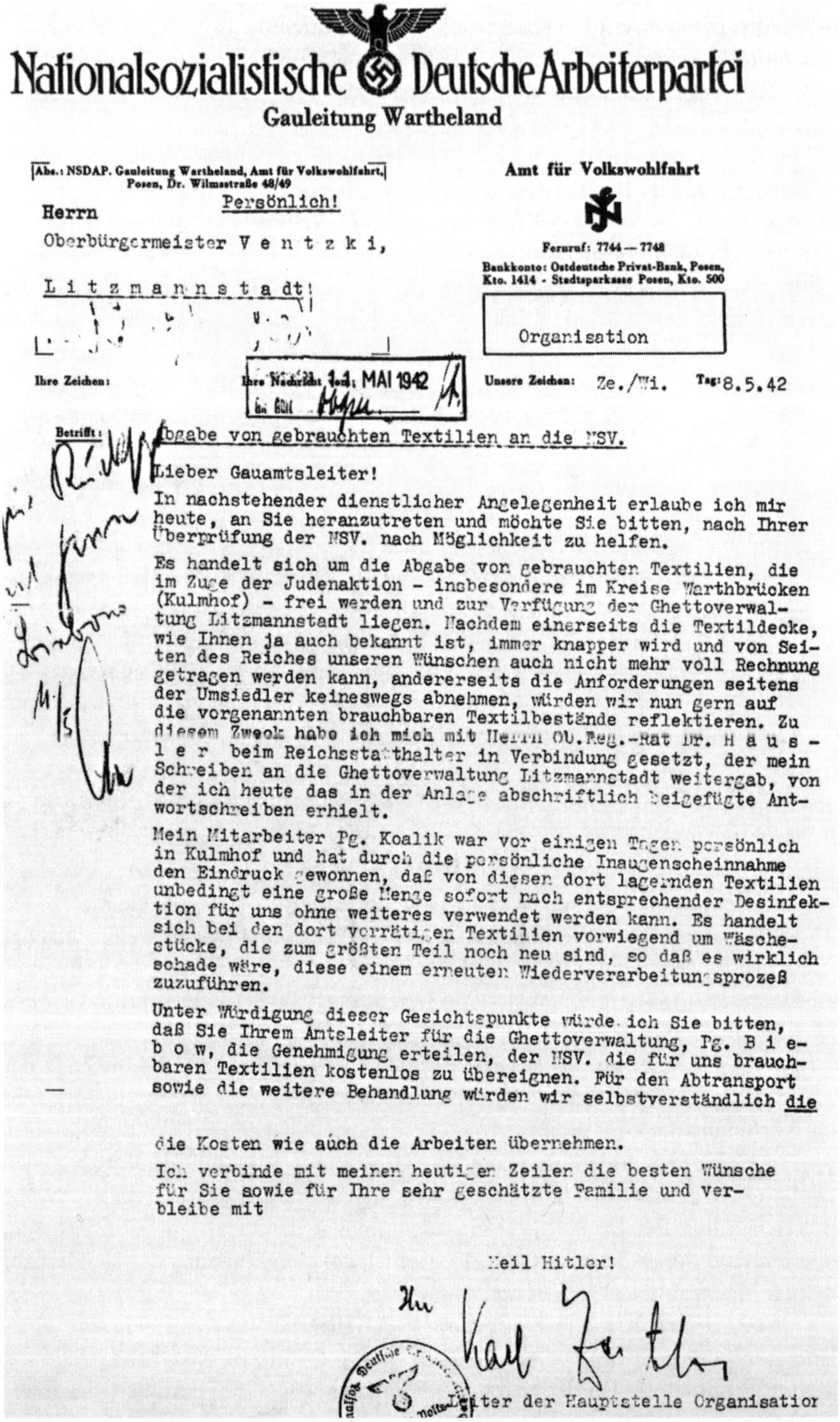

Nationalsozialistische Deutsche Arbeiterpartei
Gauleitung Wartheland

Abs.: NSDAP. Gauleitung Wartheland, Amt für Volkswohlfahrt, Posen, Dr. Wilmsstraße 48/49

Amt für Volkswohlfahrt

Herrn **Persönlich!**
Oberbürgermeister V e n t z k i ,
L i t z m a n n s t a d t !

Fernruf: 7744 — 7748
Bankkonto: Ostdeutsche Privat-Bank, Posen, Kto. 1414 - Stadtsparkasse Posen, Kto. 500

Organisation

Ihre Zeichen: Ihre Nachricht vom: 11. MAI 1942   Unsere Zeichen: Ze./Wi.   Tag: 8.5.42

Betrifft: Abgabe von gebrauchten Textilien an die NSV.

Lieber Gauamtsleiter!

In nachstehender dienstlicher Angelegenheit erlaube ich mir heute, an Sie heranzutreten und möchte Sie bitten, nach Ihrer Überprüfung der NSV. nach Möglichkeit zu helfen.

Es handelt sich um die Abgabe von gebrauchten Textilien, die im Zuge der Judenaktion - insbesondere im Kreise Warthbrücken (Kulmhof) - frei werden und zur Verfügung der Ghettoverwaltung Litzmannstadt liegen. Nachdem einerseits die Textildecke, wie Ihnen ja auch bekannt ist, immer knapper wird und von Seiten des Reiches unseren Wünschen auch nicht mehr voll Rechnung getragen werden kann, andererseits die Anforderungen seitens der Umsiedler keineswegs abnehmen, würden wir nun gern auf die vorgenannten brauchbaren Textilbestände reflektieren. Zu diesem Zweck habe ich mich mit Herrn Ob.Reg.-Rat Dr. H ä u s l e r beim Reichsstatthalter in Verbindung gesetzt, der mein Schreiben an die Ghettoverwaltung Litzmannstadt weitergab, von der ich heute das in der Anlage abschriftlich beigefügte Antwortschreiben erhielt.

Mein Mitarbeiter Pg. Koalik war vor einigen Tagen persönlich in Kulmhof und hat durch die persönliche Inaugenscheinnahme den Eindruck gewonnen, daß von diesen dort lagernden Textilien unbedingt eine große Menge sofort nach entsprechender Desinfektion für uns ohne weiteres verwendet werden kann. Es handelt sich bei den dort vorrätigen Textilien vorwiegend um Wäschestücke, die zum größten Teil noch neu sind, so daß es wirklich schade wäre, diese einem erneuten Wiederverarbeitungsprozeß zuzuführen.

Unter Würdigung dieser Gesichtspunkte würde ich Sie bitten, daß Sie Ihrem Amtsleiter für die Ghettoverwaltung, Pg. B i e b o w, die Genehmigung erteilen, der NSV. die für uns brauchbaren Textilien kostenlos zu übereignen. Für den Abtransport sowie die weitere Behandlung würden wir selbstverständlich die

die Kosten wie auch die Arbeiter übernehmen.

Ich verbinde mit meinen heutigen Zeilen die besten Wünsche für Sie sowie für Ihre sehr geschätzte Familie und verbleibe mit

Heil Hitler!

Karl Zastrow(?)
Leiter der Hauptstelle Organisation

Abbildung 2: Brief an meinen Vater vom 8. Mai 1942: „Abgabe gebrauchter Textilien"

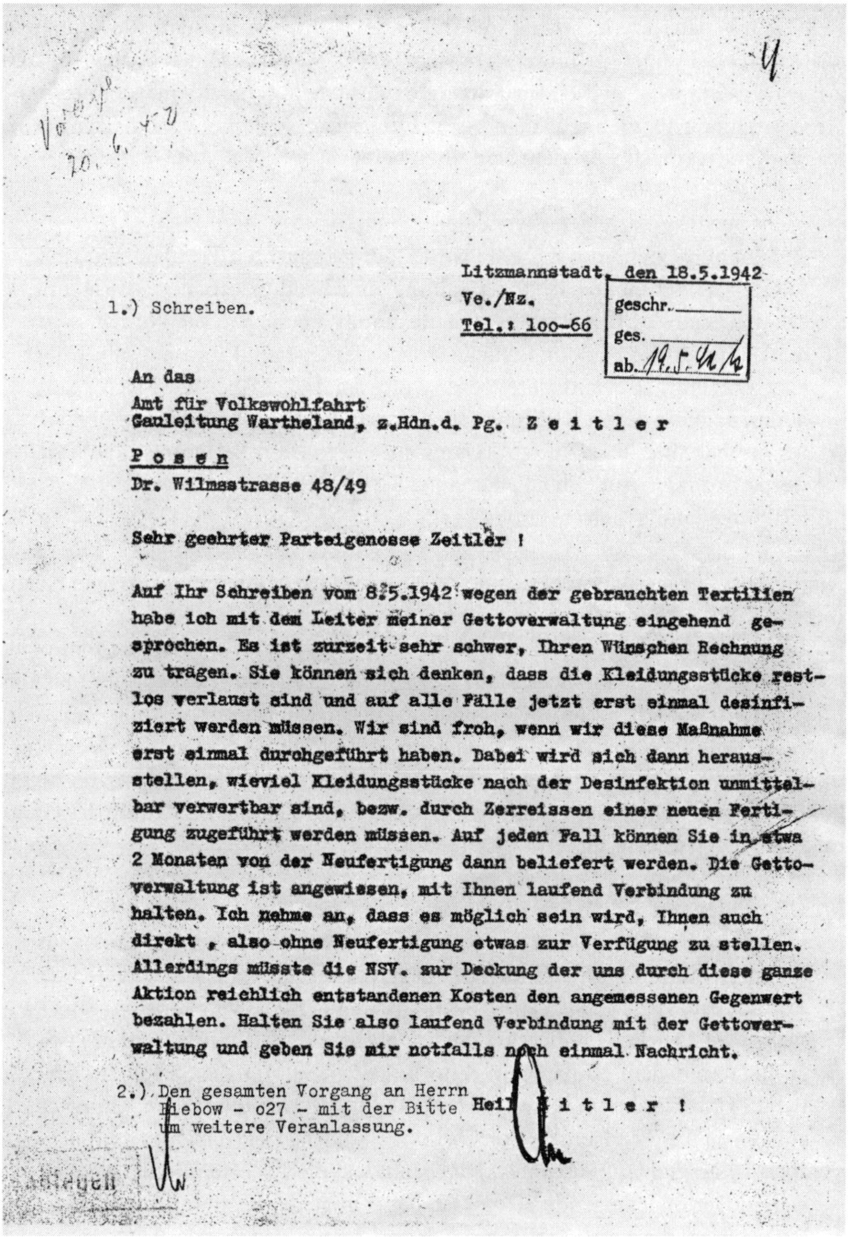

Litzmannstadt, den 18.5.1942
Ve./Nz.
Tel.: 1oo-66

geschr. _____
ges. _____
ab. 19.5.42/2

1.) Schreiben.

An das
Amt für Volkswohlfahrt
Gauleitung Wartheland, z.Hdn.d. Pg. Z e i t l e r
P o s e n
Dr. Wilmsstrasse 48/49

Sehr geehrter Parteigenosse Zeitler !

Auf Ihr Schreiben vom 8.5.1942 wegen der gebrauchten Textilien habe ich mit dem Leiter meiner Gettoverwaltung eingehend gesprochen. Es ist zurzeit sehr schwer, Ihren Wünschen Rechnung zu tragen. Sie können sich denken, dass die Kleidungsstücke restlos verlaust sind und auf alle Fälle jetzt erst einmal desinfiziert werden müssen. Wir sind froh, wenn wir diese Maßnahme erst einmal durchgeführt haben. Dabei wird sich dann herausstellen, wieviel Kleidungsstücke nach der Desinfektion unmittelbar verwertbar sind, bezw. durch Zerreissen einer neuen Fertigung zugeführt werden müssen. Auf jeden Fall können Sie in etwa 2 Monaten von der Neufertigung dann beliefert werden. Die Gettoverwaltung ist angewiesen, mit Ihnen laufend Verbindung zu halten. Ich nehme an, dass es möglich sein wird, Ihnen auch direkt , also ohne Neufertigung etwas zur Verfügung zu stellen. Allerdings müsste die NSV. zur Deckung der uns durch diese ganze Aktion reichlich entstandenen Kosten den angemessenen Gegenwert bezahlen. Halten Sie also laufend Verbindung mit der Gettoverwaltung und geben Sie mir notfalls noch einmal Nachricht.

2.) Den gesamten Vorgang an Herrn
    Biebow - o27 - mit der Bitte Heil Hitler !
    um weitere Veranlassung.

Abbildung 3: Das Antwortschreiben meines Vaters

stellt. Jahre später entdeckte ich im Archiv des Jüdischen Museums in Frankfurt das Antwortschreiben meines Vaters vom 18. Mai 1942 an seinen Parteigenossen Zeitler, in dem er – wie ich im Katalog der Ausstellung nachlesen konnte – die „freiwerdenden Textilen" aus dem Vernichtungslager Kulmhof generös dem Winterhilfswerk vermachte. In dem Schreiben heißt es:

> „Sehr geehrter Parteigenosse Zeitler!
> Auf Ihr Schreiben vom 8.5.1942 wegen der gebrauchten Textilien habe ich mit dem Leiter meiner Gettoverwaltung eingehend gesprochen. Es ist zurzeit sehr schwer, Ihren Wünschen Rechnung zu tragen. Sie können sich denken, dass die Kleidungsstücke restlos verlaust sind und auf alle Fälle jetzt erst einmal desinfiziert werden müssen [...] Dabei wird sich dann herausstellen, wieviel Kleidungsstücke nach der Desinfektion unmittelbar verwertbar sind bezw. durch Zerreissen einer neuen Fertigung zugeführt werden können. Auf jeden Fall können Sie in etwa 2 Monaten von der Neufertigung dann beliefert werden [...]."

Am Ende des Briefes befindet sich der Vermerk: „Den gesamten Vorgang an Herrn Biebow – 027 – mit der Bitte um weitere Veranlassung". [33]

Lange starrte ich auf das in der Ausstellung gezeigte großformatige Dokument. Jetzt wurde es zur Gewissheit: Mein Vater hatte nicht nur genaue Kenntnis vom Massenmord an den Juden im Vernichtungslager Kulmhof (Chełmno), sondern in seinen Kompetenzbereich fiel eben auch die Verteilung der „gebrauchten" Textilien der Ermordeten. Noch einmal wurde ich später mit dieser Thematik direkt konfrontiert. Bernard Ostrowski, einziger Überlebender, der im Archiv des Ghettos gearbeitet hat, berichtete:

> „Die Juden aus Pabianice, die kürzlich im Ghetto untergebracht wurden, sahen, daß im Dorf Dobrowa, das etwa drei Kilometer von Pabianice, in Richtung Lodz, entfernt ist, kürzlich Lagerhäuser für Altkleider eingerichtet worden sind [...]. Jeden Tag bringen Lastwagen Berge von Paketen, Rucksäcken und Päckchen aller Art nach Dobrowa [...]. Täglich werden etwa 30 Juden aus dem Pabianice-Ghetto hingeschickt, um die Sachen zu sortieren. Unter anderem haben sie festgestellt, daß sich unter dem Altpapier einige von unseren Rumkis *[im Ghetto verwendetes Geld, benannt nach dem Ältesten der Juden, Rumkowski, JJV]* befanden, die aus Brieftaschen gefallen waren. Der nahe liegende Schluß ist, dass einige der Kleidungsstücke Leuten gehören, die aus diesem Ghetto deportiert worden sind [...]."[34]

In einem Schreiben meines Vaters vom 18. Januar 1943, verfasst von Hans Biebow, an den Regierungspräsidenten von Litzmannstadt heißt es:

> „Es haben schon des öfteren zwischen der Gettoverwaltung und dem Ansiedlungsstab Verhandlungen stattgefunden, und zwar dahingehend, daß die Instandsetzung von Altkleidern in dem mir unterstellten Lager in

Pabianice vorgenommen werden sollte [...]. Die zu verarbeitende Bekleidung muss genau auf Wertsachen untersucht und erst dann kann mit den Reparaturarbeiten begonnen werden. Hierfür stehen in meinem Lager in Pabianice 180 geschulte Arbeitskräfte zur Verfügung, die unter strenger polizeilicher Bewachung stehen; damit ist die Garantie gegeben, daß keinerlei Verlust von Werten oder sonstige Unregelmäßigkeiten eintreten. [...]"[35]

So erhielten das Ausrauben, das Morden und das Vernichten ihren bürokratischen Anstrich. Nach dem Krieg leugnete mein Vater seine Beteiligung an der Verwaltung des Massenmordes, oft mit Ausflüchten.

„[...] Solange ich Oberbürgermeister in Lodz war, habe ich weder dienstlich noch außerdienstlich etwas von Ausrottungsmaßnahmen gegen Juden erfahren [...]".[36]

So lese ich es in einer protokollierten Aussage meines Vaters vor dem Amtsgericht Bonn im Frühjahr 1968. Es ist nicht seine einzige Falschaussage. In voller Kenntnis der Beraubung und der physischen Vernichtung der Juden stand mein Vater hier am Ende einer Kette, indem er über die Verteilung der Kleider der ermordeten Menschen entschied. Nicht einmal das, was die Opfer auf ihrer eigenen Haut trugen, blieb von dem Raubzug der Nazis verschont. Mein Vater hat skrupellos an diesem teuflischen Werk mitgewirkt.

Wie betäubt wandte ich mich den weiteren Darstellungen des Ghettos zu und nahm noch mehrfach den Namen meines Vaters oder die Bezeichnung „Der Oberbürgermeister Ghettoverwaltung" in anderen Dokumenten wahr. Der Rundgang der Ausstellung endete, ich erreichte den Ausgang. Dort lag auf einem kleinen Tischchen das aufgeschlagene Gästebuch, in das sich die Besucher mit ein paar Zeilen eintragen konnten. Ich war zu feige, ich brachte es einfach nicht fertig, etwas hineinzuschreiben. Wie hätte ich mich auf diesen schneeweißen Seiten mit meinem, unserem Namen „Ventzki" eintragen können? Ich wollte weg von diesem Ort, flüchten, Ruhe suchen. An der Kasse, wo Eingang und Ausgang eines aufwühlenden Höhlenganges zusammentrafen, erwarb ich den umfangreichen, bebilderten Katalog der Ausstellung. Schwer trug ich dieses Druckwerk nach Hause. Dort landete es – nachdem ich mehrfach darin blätterte, ein Foto meines Vaters und auf etlichen Seiten wiederum seinen Namen entdeckend – im Bücherregal. Zehn Jahre lang unbenutzt und nicht gelesen. Immer noch nicht wollte ich die Rolle meines Vaters in Lodz wirklich akzeptieren, ich spürte in dieser langen Zeit Widerstände, mehr über die volle Wahrheit zu erfahren. Ich glaubte, wenn ich mich in dieses dunkle, abgründige Loch fallen ließe, den Vater zu verraten und den Belastungen, die im Verhältnis zum Elternhaus damit verbunden wären, nicht standhalten zu können. Und doch schwelte da ein Brand, schmerzte da eine nicht bedrohliche, aber spürbare Eiterwunde nach dem Eindringen eines Holzsplitters in die Fingerkuppe.

Ich stellte mir oft die Frage und stelle sie mir immer wieder, warum es zehn Jahre gedauert hat, bis ich den Entschluss fassen konnte, aktiv zu werden. Das relativ einfache Hinschauen auf etwas, was ja bereits vorhanden, greifbar war, war nicht möglich. Mir fehlte noch der richtige Blick, der zum Handeln zwingt. Ich verstand mich darauf, die Nähe der Fakten instinktiv zu umschiffen. Wenn Ernst Bloch als Metapher einen Gebrauchsgegenstand zur Befriedigung menschlicher Neugierde ins Spiel bringt, erkenne ich einen mir bewusst gewordenen Prozess: „So ist das längste Fernrohr vonnöten, um das Nächste, wohl gar im Stern der Erde, zu entdecken."[37]

Lodz – die Unbekannte

Meine Geburtstadt war viele Jahre für mich eine Unbekannte, die mich nicht besonders interessierte. Was wusste ich von einer polnischen Stadt mit dem Namen „Lodz"? Nichts, absolut nichts, außer dem Namen, der auf Polnisch „Wudsch" ausgesprochen wird, und der Tatsache, dass diese Stadt einmal als „Litzmannstadt" unser familiäres Domizil war. Als Kind und Jugendlicher war mir das alles sehr fremd, es war der europäische Osten, sehr weit weg und in einen scheinbar undurchdringlichen Nebel gehüllt, den ich als allzu grau und abweisend empfand. Ich war noch nicht so weit, Fragen zu stellen. „Lodz" war auch kein Thema in der Familie, die Eltern sprachen, wenn von dieser Zeit, dann immer nur von „Litzmannstadt" und meinten damit irgendwelche nachbarschaftliche Kontakte oder Harmlosigkeiten, die meine Aufmerksamkeit nicht besonders herausforderten. Als dann in der Bundesrepublik der 1960er Jahre eine aus Griechenland stammende Sängerin mit dem Namen Vicky Leandros die deutschen Bühnen mehr und mehr eroberte und mit dem Song „Theo, wir fahr'n nach Lodz", die sehr vereinfachte Form des Schmonzes *(jiddisch)* „Itzek, komm mit nach Lodz" dem breiten Publikum präsentierte, hörte ich aus dem Kreis der Verwandten und Bekannten meiner Eltern nur beiläufig die Bemerkung: „Ach ja, das ist ja deine Geburtsstadt". Damit war alles gesagt, ich erinnere mich noch daran, dass mein Vater hinzufügte: „Eine hässliche Industriestadt in Polen." Damit war mein mögliches Interesse, mehr über meinen Geburtsort zu erfahren, im Keim erstickt. Schließlich konnte ich bei meinen Klassenkameraden nicht mit einem imposanten Namen als Ort der Geburt glänzen, im Gegenteil, etwas verschämt musste ich Farbe bekennen und konnte allein mit der Größe der Stadt punkten. Eine genaue Vorstellung von Lodz hatten weder meine Mitschüler noch ich selbst. Dass es sich allerdings um eine polnische Stadt handelte, kam ihnen doch ein wenig suspekt vor. Sie fragten nicht weiter, die Sache war zu uninteressant. Ich selbst lebte bis weit ins Erwachsenenalter in einer Art Beziehungslosigkeit zu der Stadt, die in meinen Papieren mit dem bedeutsamen amtlichen Siegel eine topographische Zuordnung meiner ersten Stunden im Leben dokumentiert.

„*Lodz*", in großen Lettern entdecke ich diesen Schriftzug neben „Auschwitz, Bergen-Belsen, Mauthausen, Theresienstadt" an einer Wand der Exil- und Holocaustachse im Untergeschoß des Jüdischen Museums in Berlin. Lange stehe ich im schmalen Gang, lasse meinen Blick nach rechts und links entlang der großen Buchstaben hin und her wandern. Zum ersten Mal nehme ich visuell in einer auf ein Mindestmaß reduzierten Form die Gleichsetzung meiner Geburtsstadt mit den anderen Stätten des Vernichtens durch die Nazis wahr. Eine Reflexion, die sich in den folgenden Monaten mehr und mehr bestätigt. Das Vordringen zu bisher verdrängten, vergangenen und gegenwärtigen Fixpunkten steht noch ganz am Anfang, ist aber immer weniger aufzuhalten.

Ich stehe im Foyer des Berliner Ensembles am Bertolt-Brecht-Platz, unweit des Bahnhofs Friedrichstraße. Bevor ich den Spielplan der nächsten Tage studieren kann, wird meine Aufmerksamkeit auf folgenden Satz gelenkt: „16., 17., 18. Oktober 1941 – Beginn der Deportation der Berliner Juden nach *Litzmannstadt (Lodz)*." Mein Vater sitzt bereits seit fast einem halben Jahr auf dem Sessel des Oberbürgermeisters der Stadt Litzmannstadt. Vor meinen Augen tauchen diese bürokratisch-nüchternen Meldungen der Gestapo und der deutschen Ghettoverwaltung über den „Eingang" dieser Transporte auf, Meldungen, die als „normale" Vorgänge auf dem Schreibtisch meines Vaters landen.

Ortswechsel. Wien, Kärntner Straße, die berühmte Flanier- und Einkaufsmeile der ehemaligen Kaiserstadt, kurz vor dem Stephansplatz: Passanten eilen ihrem Ziel entgegen, einige tragen unverkennbar zeitgemäße Geschenk- und Einkaufstüten teurer und exklusiver Geschäfte bei sich und verschwinden an der nächsten Ecke in einer der gepflegten, winkligen Seitengassen, andere benutzen diesen Straßenzug als Möglichkeit einer schnellen Querung von einem in das nächste Viertel der City. Touristen konzentrieren ihren Blick, aufgefordert von kompetenten Fremdenführerinnen, wie sie meist mit weit sichtbaren bunten Schirmen ausgestattet in jeder touristischen Hochburg zu finden sind, auf den sich öffnenden, vom mächtigen Stephansdom beherrschten Raum. Doch niemand senkt den Blick auf das Pflaster, wo Gedenkornamente für große Musiker eingelassen sind. So auch für den weltberühmten Pianisten Arthur Rubinstein, der am 28. Januar 1887 im damals unter russischer Verwaltung stehenden Lodz geboren wurde. Nur einige wenige Schritte trennen mich vom Mahnmal für die österreichischen Opfer der Shoah am Judenplatz. Es ist ein ruhiger, milder Herbsttag, an dem ich diesen Ort zum ersten Mal betrete und auch hier mit dem Schriftzug *Lodz* konfrontiert werde. Noch mehrfach werde ich diese vier Buchstaben L. O. D. Z. als Zeichen der Erinnerung an das Schicksal der von den Nazis verfolgten und ermordeten Juden, Polen, Sinti und Roma im öffentlichen Raum wiederfinden. So auch an der Außenmauer der Frankfurter Paulskirche, die symbolhaft für die deutsche Demokratie steht und in deren Innenraum ich mehrfach Zeuge sein konnte von bedeutenden Reden zur Verleihung des Friedenspreises des Deutschen Buchhandels, dessen Stiftungsziel es ist, „dem Frieden, der Menschlichkeit und der Verständigung der Völker" durch die jährliche Auszeichnung einer Persönlichkeit zu dienen, „die in hervorragendem Maße vornehmlich durch ihre Tätigkeit auf den Gebieten der Literatur, Wissenschaft und Kultur zur Verwirklichung des Friedensgedankens beigetragen hat." Ein Ort, an dem der Philosoph mit jüdischen Wurzeln, Ernst Bloch, im Jahre

1967 den Friedenspreis in Empfang nehmen konnte. Sein Verhältnis zum Judentum erklärt Ernst Bloch so:

„Mein Vater war königlich-bayerischer Beamter, der keinerlei Beziehung zum Judentum hatte, und ich selbst wuchs ohne jegliche Bindung an das Judentum auf. Erst später, als ich in Würzburg eine zionistisch eingestellte Studentin kennenlernte, entdeckte ich diese Welt. Über sie lernte ich auf langen, ausgedehnten Spaziergängen den Judaismus erst richtig kennen [...]. Wie ich dem Botschafter Israels anlässlich seines Besuchs an der Tübinger Universität sagte, habe ich mich an den Judaismus lediglich assimiliert. [...] Daß ich von Geburt Jude bin, ist Zufall".[38]

Unter den Ehrengästen in der Paulskirche weilte auch Blochs Ehefrau Karola, 1905 in Lodz geboren. Ein Teil ihrer Angehörigen überlebte das Ghetto Lodz und das Ghetto Warschau, nicht aber das KZ Treblinka. Dreizehn Jahre später erhielt Karl Dedecius, ebenfalls in Lodz geboren, den Friedenspreis als unermüdlicher Mittler zwischen der deutschen und polnischen Literatur vor dem Hintergrund eines lange Zeit belasteten Verhältnisses der beiden Länder. Aber auch Martin Walser hielt 1998 als Preisträger an dieser Stätte seine, wie ich meine, zurecht vielfach kritisierte Rede.

„Warszawa – Lodz – Berlin – Hannover – Cöln – Aachen – Paris. N.", so lautet die Beschilderung eines Waggons der polnischen Staatsbahnen P.K.P, es ist der Nord-Express, der gerade im Bahnhof Friedrichstraße in Berlin Zwischenstopp hält. Der (jüdische) Fotograf Fritz Eschen, erfolgreicher Bildjournalist der 30er Jahre und Porträtist von Max Liebermann, Richard Strauß, Max Pallenberg, Bruno Walter, Otto Klemperer u.a., hält diese Szene um 1930 fest. Beim Betrachten dieser Schwarz-weiß-Aufnahme tauche ich in eine Welt ein, die meine Geburtsstadt noch in einem anderen Licht erscheinen lässt.

Bereits im 13. Jahrhundert existierte das kleine Dörfchen Lodz (Lodza) auf dem Terrain der späteren zweitgrößten Stadt Polens. Der genaue Zeitpunkt, an dem der Ort das Stadtrecht verliehen bekam, ist nicht eindeutig geklärt, es gibt widersprüchliche Aussagen. Auf Beschluss der russischen Regierung durfte sich die Stadt ab 1821 „Fabrikstadt" nennen. Das Interesse von Zar Alexander I. an der Textilindustrie für sein Land und der Elan der zuständigen polnischen Behörden beflügelten den Aufschwung von Lodz.

Die Geschichte der kleinen Stadt Lodz begann interessant zu werden, als sich herausstellte, dass sich durch die vorhandene natürliche Wasserkraft die Region mehr und mehr zur Ansiedlung von Industrieanlagen anbot. Baumwoll- und Leinenfabrikanten aus Preußen, Sachsen, dem Rheinland, aus Böhmen und aus dem Elsaß kamen ins Land, gefolgt von Tuchmachern aus Schlesien. Schritt für Schritt entwickelte sich erst eine kleine, dann eine rasant wachsende Textilindustrie. Es entstanden große und kleine Manufakturen und Fabriken. 1829 lebten 4000 Menschen in der Kleinstadt, zehn Jahre später waren es bereits 20.000. Schnell sprach sich dieser Erfolg in industriellen Kreisen herum und zog Unternehmen aus dem Westen an.

Kurz vor dem Ersten Weltkrieg zählte die Textilindustrie in Lodz schon 100.000 Beschäftigte, die Einwohnerzahl war auf 500.000 angestiegen.

Die Halbmillionen-Stadt Lodz expandierte zu einem bedeutenden Wirtschaftszentrum mit vielerlei Verflechtungen ins europäische Ausland. Ursprünglich wurde der größte Teil der Bevölkerung von Deutschen gestellt, dieser Anteil sank bis etwa 1914 rapide auf nur noch zwölf Prozent, Polen und Juden zogen zu. Gut die Hälfte der Einwohner waren zu diesem Zeitpunkt Polen, etwa ein Drittel der Einwohner Juden. Lodz wurde wegen der rasant wachsenden Textilindustrie sehr bald schon als „Manchester des Ostens" bezeichnet und erhielt durch die drei Bevölkerungsgruppen Polen, Juden und Deutsche einen multiethnischen Charakter. Der jüdische Fabrikant Israel Kalman Poznanski ließ für die in seiner Fabrik beschäftigten Arbeiter preiswerte Wohnungen errichten, eine Initiative mit Weitsicht. In der Stadt erschienen zwei jiddischsprachige Tageszeitungen, auch zwei polnische und deutsche Zeitungen fanden ihre Leser. Mehrere hebräische Gymnasien, eine Reihe von jüdischen Theater- und Sportvereinen und jüdische Bibliotheken waren Ausdruck für ein reges jüdisches Leben in der Stadt.

„Lodz erwachte. Der erste schrille Pfiff einer Fabrik zerriss die Stille des frühen Morgens. Aus allen Enden der Stadt begannen andere immer greller sich loszureißen und gellten mit ihren heiseren, ungebändigten Stimmen wie ein Chor von ungeheuerlichen Hähnen, aus deren metallenen Kehlen sich der Ruf zur Arbeit losringt." Das sind die ersten Worte des berühmten Romans „Lodz – das gelobte Land" des 1867 geborenen polnischen Literaturnobelpreisträgers Wladyslaw Stanislaw Reymont. Das 1897 erschienene Werk schildert die Geschichte des Polen Karol Borowiecki, der zusammen mit dem Juden Moryc Welt und dem Deutschen Max Baum eine Fabrik gründet, die trotz aller Anstrengungen vor dem Ruin nicht gefeit und somit auch ein Synonym für die brüchige Gesellschaft der Stadt vor dem Hintergrund einer Klassengesellschaft und nationaler und religiöser Gegensätze ist. Spannungen und Konflikte blieben trotz wirtschaftlicher Erfolge nicht aus, die polnische Mehrheitsgesellschaft fühlte sich durch eine Dominanz der Juden und Deutschen auf der Kapitalseite benachteiligt.

In den 30er Jahren des 20. Jahrhunderts nahm der Antisemitismus in Polen stetig zu. Oft genug ging man sich wegen spürbarer Schwierigkeiten der drei Bevölkerungsgruppen einander aus dem Weg. Auf der *ul. Piotrkowska*, der wichtigsten Einkaufs- und Flaniermeile, benutzten die jüdischen Passanten die eine Straßenseite, die andere diente den polnischen, teilweise auch den deutschen Einwohnern. Als die Nationalsozialisten in Deutschland die Macht ergriffen, regte sich in Lodz Protest von jüdischer und polnischer Seite. Die Vertreter der nationalistisch gestimmten Deutschen griffen auf verschiedenen Ebenen, besonders unterstützt durch den *Deutschen Volksverband (DVV)* die antisemitische Propaganda der Nationalsozialisten auf. Am 9. April 1933 fanden sich in Lodz Juden und Polen zu Demonstrationen gegen die Nazipolitik in Deutschland zusammen. Ausschreitungen gegen deutsche Einrichtungen waren die Folge, wobei es bei Sachschäden blieb. Aber auch das deutsch-polnische Verhältnis verschlechterte sich im Laufe der von Deutschland bestimmten Entwicklung beträchtlich.

Bereits am 8. September 1939, also eine Woche nach dem deutschen Überfall, fiel die Stadt in die Hände der 8. Armee der deutschen Wehrmacht. Vielfach wird in den überlieferten Dokumenten berichtet, dass die jüdische und polnische Bevölkerung in Angst und Schrecken verfiel, während die Minderheit der Deutschen die Soldaten meist mit Freude und Blumensträußen empfingen. Hakenkreuzfahnen waren überall in der Stadt reichlich zu sehen.

Anders als im Ersten Weltkrieg, als Lodz vier Jahre lang von den Deutschen besetzt war, hatten die Nazis – wie sich kurze Zeit nach dem Einmarsch 1939 zeigen sollte – etwas anderes im Sinn: die Eingliederung der westlichen polnischen Gebiete in das Deutsche Reich. Am 9. November 1939 wurde „Lodsch" – wie die neuen Machthaber den Namen der Stadt auf ihre Weise zunächst „eindeutschten" – dem Reichsgau Posen zugeschlagen, der Anfang Oktober ins Reichsgebiet eingegliedert worden war und ab Januar 1940 unter der Bezeichnung „Reichsgau Wartheland" geführt wurde.

In welcher Richtung sich die Verhältnisse in der Stadt nach dem Willen der Nazis verändern sollten, geht ohne Umschweife aus einer Rede des Kalischer *(später Litzmannstädter, JJV)* Regierungspräsidenten Friedrich Uebelhoer am gleichen Tag hervor:

> „[…] Der Pole ist hier Knecht und hat nur zu dienen. Mit den Juden werden wir auch fertig werden, ohne viel zu sprechen, denn wir wurden ja schon mit ganz anderen Problemen fertig. Nötig ist, dass wir dabei blind gehorchen und die notwendigen Weisungen rücksichtslos durchführen. Es darf da keine Sentimentalitäten geben, keine Rücksichtnahme auf irgendwelche uns nahe stehende Polen. Eine Spritze Eisen ins Rückgrat und keinen Gedanken, dass hier Polen jemals wiederkehrt […]."[39]

Das deutsche „Lodsch" anstelle des polnischen Łódź schien den Nazis nicht deutsch genug zu sein. Also rief die „Lodscher Zeitung" am 14. Januar 1940 ihre Leser unter der Überschrift „Wie soll Lodsch heißen" auf, Vorschläge für einen neuen Namen der Stadt anzubieten. Beispielhaft bot die Zeitung, anknüpfend an die Geschichte der Textilmetropole, engstirnige und spießige Hilfestellung: „Webern", „Webstadt" oder „Spinnstadt" wären doch geeignete Namen. Kurze Zeit später gab es eine klare Entscheidung. „Auf Befehl des Führers" – wie es in den offiziellen Dokumenten heißt – wird die Stadt am 11. April 1940 in „Litzmannstadt" umbenannt. Damit erwies Hitler dem „Löwen von Brzeziny", Karl Litzmann, der als General in der Nähe der kleinen Stadt Brzeziny, etwa 20 km von Lodz entfernt, im Ersten Weltkrieg den Vormarsch der russischen Truppen gestoppt hatte, eine besondere Ehre. Litzmann, 1850 im Kreis Ruppin, Brandenburg, geboren, begann als 80-Jähriger die NSDAP zu unterstützen, wurde nach Parteieintritt Reichstagsabgeordneter und somit auch Alterspräsident des Reichstages und blieb dies bis zu seinem Tod im Jahr 1936.

Der Gauleiter des Warthelandes, Arthur Greiser, der anlässlich der Umbenennung der Stadt vom 10. bis zum 13. April 1940 mit seiner Tochter Ingrid den dort ansässigen Regierungspräsidenten Friedrich Uebelhoer besuchte, verkündete während einer Großveranstaltung den neuen Namen der Stadt. Seine damals 20-jährige Tochter, die ihren Vater zu der Kundgebung begleitete, hatte darüber ihrem Verlobten berichtet:

„Zum Schluss sprach Vati, und er war unerhört in Form, ich war wieder mal ganz schrecklich stolz auf meinen Vati, überhaupt war ja das Schöne an Lodz, dass Vati ein bisschen wieder mal mir gehörte. Er hatte die Leute sofort in der Hand und bekam natürlich sehr viel Beifall. Er taufte während dieser Rede Lodz in Litzmannstadt um, dieser neue Name stammt von Frau Übelhör und der Führer hat ihn gleich genehmigt, das ist doch sehr schön für sie, nicht wahr?"[40]

Zuvor unternahm die Tochter des Gauleiters einen Einkaufsbummel durch die Hallen der Lodzer Warenhandelsgesellschaft, von dem sie begeistert schwärmte „[…]man wusste einfach nicht, was man zuerst kaufen sollte […] dazu unwahrscheinlich billige Preise […]."[41] Die Lodscher Warenhandelsgesellschaft verwaltete und verwertete in großem Ausmaß den Juden und Polen geraubte Werte jeder Art. Offiziell ging diese von den Nationalsozialisten gegründete Einrichtung später in der HTO, der Haupttreuhandstelle Ost, auf. Das Ganze spielte sich als gigantische Vermarktung von konfiszierten Gütern durch die Deutschen ab und war Anziehungspunkt für ausgesprochen billige Einkäufe der volks- und reichsdeutschen Bevölkerung. Auch die Umsiedler aus den osteuropäischen Gebieten wurden bedacht.

An Rechtfertigungen für ihre Eroberungspolitik mangelte es den Nationalsozialisten nicht, wie ich später bei meinen Recherchen häufig feststellen konnte. So leiteten sie ihren Anspruch zur Einverleibung der Stadt und des Landes in das Deutsche Reich vor allem aus dem deutschen Anteil am Aufbau der Textilindustrie in Lodz ab. Hinzu kam ihr missionarischer Eifer zur „Germanisierung" der nun okkupierten Gebiete. Sehr schnell wurde der neue Reichsgau zum „Mustergau" erklärt mit der klaren Zielsetzung, bei der Anwendung von Germanisierungsmaßnahmen besonders strenge Maßstäbe anzulegen. Viele Juden und Polen waren kurz vor dem Einmarsch der deutschen Soldaten aus der Stadt geflohen, andere Juden drängten aus kleineren Städten der Region und einigen Gebieten Polens in die Anonymität der Großstadt Lodz.

Sie glaubten, hier sicherer zu sein. So auch Leon Zelman, der 1928 in dem polnischen Stetl Szczekociny, nicht weit von Czestochowa, geboren wurde und mit seiner Mutter und seinem Bruder nach dem Angriff der Deutschen nach Lodz floh, wo sie hofften, bei einem Onkel Zuflucht zu finden. Leon Zelman, von dem ich noch berichten werde, überlebte das Ghetto Lodz, Auschwitz, Mauthausen und das KZ-Ebensee. Die Nationalsozialisten inszenierten von Anfang an in Lodz gewaltige Umsiedlungs- und später Ansiedlungsmaßnahmen („Volksdeutsche", Balten-, Wolhynien- u. Russland-Deutsche), von denen noch die Rede sein wird. Zunächst konzentrierte man sich darauf, Juden und Polen möglichst schnell in das Generalgouvernement abzuschieben und sie dort ihrem Schicksal zu überlassen, was sich allerdings als äußerst schwierig erwies. Als man erkannte, dass die ursprünglichen Pläne nicht umgesetzt werden konnten, blieb den deutschen Besatzern nichts anderes übrig, als eine innerstädtische Lösung zu suchen. Die konkrete Bildung eines Ghettos in Lodz ist das erste Mal durch ein geheimes Rundschreiben des Regierungspräsidenten Friedrich Uebelhoer vom Dezember 1939 dokumentiert.[42] Das Schreiben über die „Bildung eines Ghettos in der Stadt Lodsch" endet mit den oft zitierten Sätzen: „Die Erstellung des Ghettos ist selbstverständlich nur eine Übergangsmaßnahme. Zu welchem Zeitpunkt und mit welchen Mitteln das Ghetto und damit die Stadt Lodsch von Juden gesäubert wird, behalte ich mir vor. Endziel muß jedenfalls sein, dass wir diese Pestbeule restlos ausbrennen."

Polen mussten ihre Wohnungen im nördlichen Stadtteil Baluty räumen, um Platz für die Juden zu machen, dafür konnten sie teilweise in deren Wohnungen einziehen. Straße um Straße, Häuserblock um Häuserblock wurde einerseits geräumt, andererseits wieder neu bezogen. Zuvor hatten die Deutschen Mordechai Chaim Rumkowski, den Leiter eines jüdischen Waisenhauses, zum „Ältesten der Juden" ernannt und ihn mit der Durchführung der Umsiedlung der Juden in das für sie bestimmte Gebiet beauftragt. Am 30. April 1940 wurde das Ghetto hermetisch von der Außenwelt abgeriegelt und von der deutschen Schutzpolizei bewacht. Knapp 170.000 Juden waren auf einer Fläche von 4,13 qkm (einschließlich des jüdischen Friedhofs) in etwa 32.000 Wohnungen, größtenteils ohne Kanalisation und fließendem Wasser, eingepfercht.

Aus der „Frankfurter Zeitung", Frankfurt am Main, 19. Mai 1940:

„Die Juden in Litzmannstadt. Berlin, 18. Mai. Die Absonderung der Juden von den Nichtjuden ist in Litzmannstadt, dem früheren Lodsch, durch die Schaffung eines mit allen Einrichtungen versehenen G h e t t o s vollzogen worden. Das Ghetto ist polizeilich gesperrt, es bildet die jüdische Wohn- und Arbeitsstätte. Die Juden sind in keiner Weise darauf angewiesen, das Ghetto zu verlassen, sie leben hier untereinander und mit einer eigenen jüdischen Verwaltung und unter deutscher Polizeiaufsicht. Zum Austausch der jüdischen Produktion mit anderen Waren ist im Ghetto eine Durchgangsstation, ein Güterbahnhof, errichtet worden. Die für die Juden bestimmten Lebensmittel werden dem „Judenhof" dieser Durchgangsstation zur Verfügung gestellt, die Juden haben dafür den Gegenwert in Waren dem „Arierhof" auf der anderen Seite der Durchgangsstation zu übermitteln. Die Verrechnung besorgen Beamte des Wirtschafts- und Ernährungsamtes. Es findet also kein Handel zwischen Juden und Ariern statt. Die von den Juden gelieferten Waren passieren eine Desinfektionskammer. Auch eine eigene Post hat das Ghetto; es wird nicht mehr durch die Reichspost bedient. Die jüdische Post besitzt ein eigenes Postgebäude und eigene Briefkästen"[43] (*Hervorhebung im Original, JJV*).

Ein Jahr später, am 8. Mai 1941, empfing Werner Ventzki aus den Händen des Reichsstatthalters und Gauleiters Arthur Greiser seine Ernennungsurkunde zum

Oberbürgermeister der Großstadt Litzmannstadt. Er wusste, in welche Stadt er kam, was sein Auftrag war.

Über die Stadt Lodz ist immer wieder in polnischer, jiddischer, russischer und deutscher Sprache geschrieben worden, und das aus den unterschiedlichsten Blickwinkeln.

Der österreichische Schriftsteller Joseph Roth hat in seinem bekannten, 1924 erschienenen Roman „Hotel Savoy" das zeitgemäße Bild einer gestrandeten Gesellschaft um den Kriegsheimkehrer Gabriel Dan im Sommer 1919 geschildert. Das heute noch in Lodz existierende Hotel „Savoy" mit seinen vielen Zimmern bildet vermutlich die Bühne hierfür, der Autor gewährt Einblick in das nachrevolutionäre Leben und Treiben verschiedener Charaktere, die das Hotel zum Ausgangspunkt ihrer Jagd nach dem großen Glück gewählt haben.

Es muss im Jahr 1978 oder 1979 gewesen sein, als mein Vater glaubte, mir ein besonderes Geschenk zu machen. Er überreichte mir ein Buch mit dem viel versprechenden Titel „Lodz – die Stadt der Völkerbegegnung im Wandel der Geschichte".[44] Zunächst war ich erfreut und dachte, mehr über die wirkliche multikulturelle Geschichte meiner Geburtsstadt zu erfahren. Allerdings stellte sich sehr schnell eine Ernüchterung ein. Handelt es sich doch bei diesem Bildband um eine sehr einseitige Darstellung des „Deutschtums". Das Regime der deutschen „Herrenmenschen" über die Stadt wird fast gänzlich ausgeklammert, von „Völkerbegegnung" kann kaum die Rede sein, wenn die polnischen und jüdischen Einflüsse auf die Stadtentwicklung, die wirtschaftliche, kulturelle und politische Leistung anderer als der deutschstämmigen Bevölkerung weitgehend ignoriert werden. Besondere Skepsis ist auch dann angebracht, wenn – wie bei dieser Publikation – bereits bei der Einführung von „Zerrbildern" und „vereinfachenden" Geschichtsdarstellungen anderer Veröffentlichungen gesprochen wird, im folgenden Text- und Bildteil z.B. aber über die nationalsozialistischen Verbrechen in der Stadt, die Deportationen der jüdischen Bevölkerung in das Vernichtungslager Kulmhof (Chełmno), das Leiden im Ghetto nicht ein einziges ernstzunehmendes Wort fällt. Wenn anstelle einer auch 1978 längst jedermann zugänglichen korrekten Stadtchronik nur erschreckende „Deutschtümelei" begegnet, dann musste es zwangsläufig das falsche Buch sein, das mein Vater mir überreichte.

Polen zu Gast in Frankfurt

Oktober 2000, Buchmesse Frankfurt/Main. Der Pavillon des Gastlandes Polen. Es ist lange Tradition, dass die Frankfurter Buchmesse jedes Jahr ein anderes Land einlädt, seine Kultur, vor allem seine literarische Vergangenheit und Gegenwart auf der weltgrößten Messe für das geschriebene Wort zu präsentieren. Im ersten Jahr des neuen Jahrtausends richtete sich dass Interesse der vielen Messebesucher, der Verleger, Buchhändler und Autoren besonders auf die polnische Literatur und ihre Rezeption im Ausland. Die Neugier der Fachbesucher und des Publikums auf die literarische Szene in unserem Nachbarland war groß, es bestand Nachholbedarf im Kennenlernen und am Entdecken polnischer Autoren und ihrer Werke. Ich erinnere mich, dass der mit der berühmten polnischen Sichtweise für Graphik und Plakatkunst ausgestatte Pavillon während der gesamten Messe sehr gut besucht war und eine von polnischer Gastfreundschaft geprägte und sehr anregende Atmosphäre herrschte. Mehrmals hielt ich mich hier auf und entdeckte an einem der Stände Karl Dedecius, Friedenspreisträger des deutschen Buchhandels 1990, Initiator des Deutschen Polen-Instituts in Darmstadt, vor allem Übersetzer polnischer Literatur ins Deutsche und unermüdlicher Mittler zwischen beiden Kulturen. Ich wusste, dass Lodz die Geburtsstadt von Karl Dedecius war, er dort seine Jugend verbrachte und er neben vielen anderen Auszeichnungen die Ehrenbürgerschaft von Lodz erhalten hatte. Mein Entschluss stand fest. Ich sprach Karl Dedecius an und in wenigen Augenblicken war die Gesprächsbasis gegeben. Ein offenes und sehr waches Gesicht begegnete und vermittelte mir sofort das Gefühl einer menschlichen Wärme. Es war nur ein kurzes Gespräch, der Termin einer unmittelbar bevorstehenden Veranstaltung mit Karl Dedecius diktierte den Zeitplan. Es dauerte nicht lange und ich hielt von ihm einen sehr liebenswürdigen und verständnisvollen Brief mit Ratschlägen in Händen, an wen ich mich in Lodz wenden könne, um Unterstützung bei einem Besuch dort zu finden. Karl Dedecius war der erste Außenstehende, den ich in dieser Offenheit mit meinem Erbe konfrontierte. Zehn Jahre waren seit meinem Besuch der Ausstellung über das Ghetto Lodz im Jüdischen Museum in Frankfurt vergangen. Es kam Bewegung in die Geschichte.

Einige Male habe ich Karl Dedecius in Frankfurt während der Buchmesse treffen können und jedes Mal war ich sehr beeindruckt von seiner warmen, menschlichen Herzlichkeit, die kennzeichnend ist für eine nicht alltägliche Persönlichkeit. Wenn wir auch nicht viel Zeit miteinander hatten, so habe ich doch durch seine Ausstrahlung, sein Wissen um die polnische Literatur und Kultur, seine mitreißende Begeisterung für polnische Schriftsteller und Künstler und durch seine Offenheit viel von ihm lernen können. Sein wunderbares Buch „Ein Europäer aus Lodz" ist eines der wichtigsten Bücher meiner Bibliothek. Seine viel und zurecht gelobten Übersetzungen polnischer Lyrik gelten als Türöffner für polnische Autoren in der Bundesrepublik. In seinen Erinnerungen schildert Karl Dedecius seine und meine Geburtsstadt als faszinierenden, neugierig machenden Schmelztiegel polnischer, jüdischer, deutscher und russischer Kultur. Der mehrfach ausgezeichnete Ehrenbürger von Lodz wischt mit seinem Lebenswerk jede gelegentlich noch spürbare Engstirnigkeit als Relikt aus früheren Zeiten vom Tisch.

Für viele Menschen aus den westlichen Regionen Europas galt meine Geburtsstadt als ziemlich abstoßende Industriestadt mit rauchenden Fabrikschloten, veralteten und unbequemen Kopfsteinpflaster und wenigen Attraktionen. Selbst die am 22. Januar 1905, dem „blutigen Sonntag", in Lodz geborene Karola Piotrkowska, die spätere Ehefrau des Philosophen Ernst Bloch, beschreibt den Ort ihrer Geburt als „eine besonders hässliche Stadt".[45] Ihr Vater, Maurycy Piotrkowski, wohlhabender Fabrikant, besaß in Lodz eine Textilfabrik. Anders als das Urteil seiner Tochter Karola fiel jenes des polnischen Literaten und Satirikers Stanisław Jerzy Lec, Schöpfer der legendären *Unfrisierten Gedanken*, aus: „Ich verstehe nicht, wie man Lodz nicht mögen kann. Diese Stadt hat einen Charme, den man nirgendwo sonst findet."[46]

Die Architektin Karola Bloch emigrierte 1938 mit ihrem Mann Ernst und dem noch nicht einjährigen Sohn Jan Robert in die USA. Am 1. September 1939 begann der Überfall der Deutschen auf Polen. Aus Lodz kam die Nachricht, dass in der Stadt für Juden ein Ghetto eingerichtet werde, Karola Bloch war verzweifelt. Ihre Eltern, ihr Bruder Izio, seine Frau Andziula, geborene Tagelicht, und ihr kleiner Sohn Jerzyk waren gezwungen worden, in das Ghetto umzusiedeln. Sie alle überlebten zunächst die Hölle im Ghetto Litzmannstadt. 1940 wurden sie in das Ghetto Warschau deportiert und später im KZ Treblinka ermordet. Nur Karolas Schwester Maryla gelang mit ihrer Familie rechtzeitig die Flucht nach Palästina. Karola Bloch erfuhr erst nach vielen Jahren von einer Cousine aus Warschau vom tatsächlichen Schicksal ihrer Familie. 1955 reiste sie zum ersten Mal wieder nach Polen, zunächst von Leipzig aus nach Warschau und anschließend in ihre Geburtsstadt:

„Mit klopfendem Herzen kam ich in meiner Vaterstadt an, die ich seit 1934 nicht mehr gesehen hatte. Auf den ersten Blick schien nicht viel verändert. Allerdings hatte ich nicht genügend Zeit, um mir die neuen Wohnviertel anzusehen, sondern ging sofort in die Piotrkowska-Straße, fand das Haus, in dem meine Eltern zuletzt gewohnt hatten. Die Wohnung gab es noch, aber es wohnten mehrere Familien in ihr. Die großen Räume waren in kleinere aufgeteilt worden. Erschüttert dachte ich an den Weg, den meine Eltern aus dieser Wohnung ins Getto und dann ins Vernichtungslager angetreten hatten."[47]

Im Sommer 2010 tauchten im Nachlass von Karola Bloch mehrere Briefe auf, die sie von ihren Angehörigen aus dem Ghetto Warschau erhalten hatte. Erstmals nach fast 70 Jahren haben nun Irene Scherer und Welf Schröter diese Dokumente ediert und als Erstveröffentlichung in dem Band „Karola Bloch – Architektin – Sozialistin – Freundin"[48] zugänglich gemacht. Die Briefe unterlagen der NS-Zensur, müssen als solche gelesen werden. Mit der nötigen Sensibilität für Wortwahl und Formulierungen lassen sich aber deutlich die Ängste und Sorgen der Familienangehörigen von Karola Bloch nachempfinden. Zwischen den Zeilen lesend, erfahren wir Wesentliches über die wahren Empfindungen und Gefühle der Menschen hinter den Ghettomauern. Die Autorinnen und Autoren der Briefe wählten eine Sprache, die nicht die Wirklichkeit ihres Daseins im Ghetto wiedergab, doch die Wahrscheinlichkeit erhöhte, dass die Briefe tatsächlich das Ghetto verlassen und damit zu Karola Bloch gelangen konnten. An einen relativ schnellen Postweg war nicht zu denken. Im Ghetto musste die Familie oft aus Sicherheitsgründen ihre Adressen ändern, so dass sich die regelmäßige Korrespondenz besonders schwierig gestaltete.

Karola Blochs Schwägerin, Andziula Piotrkowska, schrieb im Juni 1941:

„Warschau, 12.6.(19)41
Teure Karola,
wir wollen alle Deinen letzten Brief beantworten, d.h. den vom 15. Mai. Ich will diesmal Dich schnell wissen lassen, daß Fr. Pittmann uns schrieb am 27. Mai. Sie schickte uns die Kopie des Affidavits an den Konsul in Berlin. Wir freuten uns sehr natürlich, wenngleich die Chancen nicht sehr groß sind. Aber das Gefühl alleine, daß es jemanden gibt, so wie Ihr [und] Eva, die so an einen denken und helfen wollen, ist schon sehr beglückend. Na, und hoffen darf man doch! […] Ich lasse Platz für Elterns eigenhändige Grüsse. Viele innige Küsse
Eure Andziula

Meine liebe Karola,
Dein ausführliches Schreiben hat uns viel Freude verschafft, und wünschen wir uns, dass es Dir möglich sein soll für die Dauer an uns zu schreiben. Ich danke Dir auch für die Pakete und für Deine Aufmerksamkeit. Bitte sende uns eine gute Aufnahme von Deinem lieben Jungen es wird uns viel Freude machen. Von Maryla haben wir keine Nachricht, wir bedauern jetzt schon, dass sie zu Leon gefahren ist. Der einzige Wunsch ist, Euch und die lieben Kinder noch zu sehen. Ich grüsse und küsse Euch alle recht herzlichst.
Maurycy

Meine Allerliebsten,
große Freude hast du uns verschafft mit Deiner und Jasios Bild. Ich schaue täglich die lieben Gesichtchen an, und flehe zu Gott, um Euch sehen zu können. Von Maryla keine Nachricht. Hoffentlich hast Du inzwischen etwas erhalten. […]
Küsse Euch herzlich und Danke für Alles
Helena".[49]

Zwei Wochen später schrieb ihr Bruder Izio an Karola Bloch:

„Warschau, 24.6.1941
Meine liebe Karola,
wir haben beinahe gleichzeitig Deinen Brief und den Brief von Frau Pittman erhalten. Aus der beigefügten Abschrift des Gesuchs an den Konsul in Berlin ersehe ich, dass sich Frau P für uns sehr eingesetzt hat. Das Weitere muss selbstredend den behördlichen Weg gehen. Bis jetzt haben wir nur eine Bestätigung der Eintragung auf die Emigrationsquote vom Konsul erhalten unter der No. 046819,20,21. Die Eltern sind unter No. 046817.18 eingetragen. […] Wir haben uns sehr über Deine Schilderungen des Lebens auf der Farm gefreut und ich bitte Dich noch weitere Einzelheiten über die Menschen, die Landschaft und vor allem über Ernst uns mitzuteilen. […]

Wir alle haben das Essen in den Restaurants so über alle Massen satt und eine Suppe schmeckt zu Hause noch einmal so gut, zumal man hinterher mit einer Tasse richtigen Thee, Euch zu danken, trinken kann. Ich grüße Euch vielmals und herzlich
Euer Izio".[50]

Die Briefe ihrer Schwägerin Andziula, die Botschaften ihres Vaters Maurycy Piotrkowski und ihrer Mutter Helena Piotrkowska (geb. Engelmann) und die Briefe ihres Bruders Izio haben Karola Bloch in den USA in höchste Unruhe über das weitere Schicksal ihrer Familie versetzt. Hoffnungen auf ein baldiges Ende des Leidens im Ghetto und auf tatsächliche Einreise ihrer Familie in die USA, um die sich Karola Bloch bemühte, erwiesen sich als Illusion.

Die Tabelle

Berlin, Werderscher Markt, Januar 2001. Im Gebäudekomplex der ehemaligen Deutschen Reichsbank hat heute das Auswärtige Amt seinen Sitz. Es herrschte ein reges Treiben im Empfangsbereich der Behörde, Besucher aus vielen Ländern standen in Gruppen zusammen und warten darauf, zu den für sie zuständigen Beamten geleitet zu werden. Kurz vor der Sicherheitsschleuse wurde ich im Tausch mit einer Besuchermarke gebeten, meinen Personalausweis zu hinterlegen. Ich hatte telefonisch beim zuständigen Referat für Ostmitteleuropa einen Termin erbeten, um fundierte Auskünfte über das aktuelle deutsch-polnische Verhältnis zu erhalten. Vor allem interessierte mich aus einer gewissen Unsicherheit heraus, wie die augenblickliche Lage der wechselseitigen Präsenz der nationalsozialistischen deutschen Besatzung Westpolens eingeschätzt wurde. Schon seit längerem wusste ich, dass in den 1960er und 1970er Jahren in der polnischen Presse Artikel über meinen Vater in seiner Funktion als Oberbürgermeister von Lodz und seine Verbindungen zum dortigen Ghetto erschienen waren. Später erfuhr ich, dass sich auch die polnische Justiz mit meinem Vater beschäftigt hatte und versuchte, ihn mittels eines Auslieferungsverfahrens in Polen vor Gericht zu stellen. Zwei überaus höfliche Beamte empfingen mich in der Lobby, ließen mir an jeder Ecke, an jeder Tür selbstverständlich den Vortritt und erklärten mir bereits auf dem langen Weg durch die Flure die Geschichte des Hauses. Ich erhielt die gewünschten Auskünfte, die mit einem pragmatischen und überzeugenden Vorschlag abgeschlossen wurden: „Fahren Sie doch einmal inkognito nach Lodz." Diese spontane Empfehlung bestätigte zwar mein inneres Drängen, nicht mehr lange mit einer Reise in die Vergangenheit zu warten, doch erst die Nüchternheit, mit der meine Unsicherheit diplomatisch geschickt entschärft wurde, ließ meinen ersten Polenbesuch in greifbare Nähe rücken. Als wertvolle Anlaufstelle nannte man mir noch die Adresse des Deutschen Historischen Instituts in Warschau, das mir jederzeit behilflich sein würde. Einer meiner Gesprächspartner fragte mich noch kurz vor der Verabschiedung, ob ich das Buch „Die Vernichtung der europäischen Juden" von Raul Hilberg kennen würde. Ich musste ihm gestehen, dass mir der Titel zwar bekannt sei, ich aber außer einem gelegentlichen Blättern das Buch nie gelesen hatte. Insgeheim habe ich dies als Indiz meiner erst spät einsetzenden Bereitschaft erkennen müssen, mich intensiver als bisher um Kenntnis der Shoah zu bemühen. Nach einem kurzen Gang in die Bibliothek des Amtes kehrte der junge Beamte zurück und überreichte mir eine Fotokopie aus dem erwähnten Buch:

„Tabelle 31: Deutsche Aufsicht über das Lodzer Ghetto",[51] so lautet die Bezeichnung einer graphischen Darstellung der Struktur- und Weisungsstränge der für das Ghetto verantwortlichen Funktionsträger. An dritter Position nach Reichsstatthalter und Gauleiter Greiser und Regierungspräsident Uebelhoer wird Oberbürgermeister Ventzki genannt. Noch nie zuvor hatte ich diese Tabelle zu Gesicht bekommen, obwohl es ein Leichtes gewesen wäre. Die Verknappung auf das Wesentliche, die schnörkellose, durch keinen weiteren Text behinderte Eindeutigkeit, die keinen Platz für Zweifel bot, beschäftigte mich in den folgenden Stunden und Tagen mit großer Intensität. Es war wieder eine Entdeckung, die mit heutigen für solche unmissverständliche Darstellung als Organigramm geschulten Augen wahrgenommen wurde. Die einprägsame Plakativität sorgt für ständige Präsenz eines historischen Sachverhalts. Schon seit vielen Jahren habe ich die Angewohnheit, in Bibliotheken und Buchhandlungen am Schluss einschlägiger Publikationen in das Personenregister zu schauen. Oft bin ich dabei auf den Namen meines Vaters gestoßen, doch fehlte mir auch die Kraft und Entschlossenheit, zielgenauer, systematischer nach Informationen zu suchen. Das sollte sich mehr und mehr ändern.

Die erste Reise nach Lodz

Mai 2001, Flughafen München, Cafeteria: Viel zu früh saß ich dort, hatte die Nacht fast gar nicht geschlafen und war innerlich sehr angespannt und aufgeregt. Ich fragte mich, ob das alles so richtig sei, was ich vorhatte. Erst in der kleinen Maschine der polnischen Airline LOT wurde ich ruhiger, jetzt gab es kein Zurück mehr. Um mich herum überwiegend Geschäftsleute, die sicher ganz andere Gedanken verfolgten, als sie mir durch den Kopf gingen. Sie waren mit der Gegenwart, vielleicht sogar mit der Zukunft beschäftigt, während ich mich auf einer Reise in eine mir fremde Vergangenheit befand.

Noch bevor die Maschine auf dem Rollfeld des Warschauer Flughafens aufsetzte, spürte ich den emotionalen, vielleicht etwas naiven Wunsch eines für mich bedeutungsvollen „Souvenirs" meines ersten Besuchs in meinem Geburtsland. Ich hoffte bei der Einreisekontrolle auf einen besonders schönen Sichtvermerk in meinem Reisepass. Doch weder das polnische Hoheitszeichen noch der Ort der Einreise „Warszawa" leuchteten nun in meinem Pass. Der Stempel war zwar lesbar, doch nicht in der erhofften Brillanz.

In Warschau zog es mich in die nördlichen Regionen der Altstadt und weiter dorthin, wo früher das jüdische Leben blühte. Die vielen, oft mit rot-weißen Schleifen geschmückten Erinnerungstafeln an den Häusern gaben mir deutliche

Zeichen, wie unvergessen die Täterschaft der Deutschen im Zweiten Weltkrieg im Bewusstsein der Warschauer Bürger ist. Nach wenigen Schritten erreichte ich das Mahnmal des Warschauer Aufstandes von 1944. Der Wahnsinn und die Brutalität, mit der die Nazis diese Stadt nach dem Muster der verbrannten Erde auszulöschen versuchten, ist für immer als unerlässliche Erinnerung präsent. Um mehr als das Doppelte aller französischen Opfer während des Zweiten Weltkrieges übersteigt die Zahl der durch die Nazis getöteten Einwohner Warschaus.[52]

Einige Zeit später stand ich vor dem Mahnmal des Warschauer Ghetto-Aufstandes vom April 1943. Auf dem Wege dorthin kaufte ich bei einer am Straßenrand sitzenden alten Frau zwei Maiglöckchensträußchen, um sie unterhalb der Figurengruppe des Mahnmals niederzulegen. Über einige Stufen kehrte ich zurück auf den großen, fast menschleeren Platz und sah mich plötzlich einem amerikanischen Ehepaar gegenüber, das mich fragte, warum ich das getan hätte, warum ich Blumen dorthin gelegt hätte, ob ich ein Jude sei. Ich antwortete: „No, I am not Jewish, my father was a Nazi." Wir standen uns etliche Sekunden schweigend gegenüber, ich spürte, sie hatten den Augenblick verstanden.

Nach einem kurzen Gespräch verabschiedeten sie sich und stiegen wieder in ihr Taxi. Ich war froh, jetzt allein zu sein, nur in der Ferne waren Passanten zu sehen. Lange noch saß ich auf einer Bank am Rande des Platzes und spürte, wie sich immer mehr die so menschenverachtende Gleichung der Nazis festsetzte, die auch in den folgenden Tagen nicht aus meinem Kopf verschwand: Deutsche = Herrenmenschen, Polen = Untermenschen, Juden = Unmenschen.

Achtundfünfzig Jahre vor meinem Aufenthalt in dieser Stadt hatte mein Vater seinen Dienst bei einem SS-Ausbildungsbataillon in Warschau angetreten. Er hatte sich im Sommer 1943 zur Waffen-SS gemeldet und wurde kurze Zeit später zur Grundausbildung in die besetzte polnische Hauptstadt geschickt. Im Bewusstsein dieses Faktums erreichte ich das Ende des großen Platzes und stieß auf einen Gedenkstein, der an ein Ereignis erinnert, das zu einem weltweit bedeutenden Symbol wurde: der Kniefall von Willy Brandt am 7. Dezember 1970 hier an diesem Ort, den niemand vergessen kann, der ihn einmal besucht hat. Ein Foto aus dem Jahre 1948 hat sich mir wie zur Verstärkung der mit meinem augenblicklichen Standort verbundenen Empfindungen besonders eingeprägt: Es zeigt keine „normale" Trümmerlandschaft der von den Deutschen zerstörten Stadt Warschau, sondern ein riesiges Feld übersät mit Stein- und Schutthaufen als Zeugnis eines unfassbaren Vernichtungs- und Zerstörungspotentials. Als einzige aufrechte Struktur in den Warschauer Schutthaufen ist auf dem Bild das eindrucksvolle Monument zum Gedenken an den Ghetto-Aufstand und die vielen jüdischen Opfer wahrzunehmen.

Dass Ende der 1950er Jahre Willy Brandt und mein Vater sich in Berlin begegneten – ich werde darauf noch zurückkommen – ist für mich damit verbunden, was man am besten mit „Zwischen-den-Zeilen-Lesen" beschreibt. Oder sollte ich „kurios", „paradox" sagen? Nein, es war politischer Alltag im Berlin zur Zeit des Kalten Krieges.

Es dauerte nicht lange und ich erreichte den „Umschlagplatz", von dem so viel Grauen ausging und dessen Bezeichnung das besonders Perfide der Sprache des

Dritten Reiches veranschaulicht. Im deutschen Sprachgebrauch wird mit dem Begriff „Umschlagplatz" ein im wahrsten Sinne unmenschlicher Ort beschrieben, ein Ort, an dem Waren und Güter umgeladen, verladen, logistisch bearbeitet werden. Die Nazis jedoch transportierten von ihrem „Umschlagplatz" die Juden aus dem Warschauer Ghetto in die Vernichtungslager, vor allem nach Treblinka.

Lodz! Wie werde ich meine Geburtsstadt wahrnehmen? Ein seltsames Gefühl machte sich bemerkbar, als ich nach fast zweistündiger Bahnfahrt ein Taxi am Lodzer Hauptbahnhof bestieg, um mich zunächst ins Hotel bringen zu lassen. Jetzt war ich in „meiner" Geschichte angekommen, die 1944 in dieser Stadt begann.

Es war früher Nachmittag, ein sonniger Frühlingstag und langsam spürte ich, wie die Unsicherheit, die Angst vor der Vergangenheit verschwanden und Platz machten, für die ersten Eindrücke einer neuen Welt. In der nahen City erreichte ich nach wenigen Minuten die berühmte Haupt- und Einkaufsstraße, die Piotrkowska, die schnurgerade und mehrere Kilometer lang mit teilweise prächtigen Jugendstilfassaden und imposanten Villen ehemaliger Fabrikanten der relativ jungen Industriestadt ihr Gesicht gibt. Ich ließ mich vom Strom der Passanten treiben und erreichte nach einiger Zeit eine Seitenstraße, die ich mir notiert hatte. Vor Reisebeginn erhielt ich die Adresse eines deutsch sprechenden Mitarbeiters der Stadtverwaltung und der Wojewodschaft (Regierungsbezirk) Lodz, an den ich mich jederzeit wenden könne und dessen Aufgabe es auch sei, deutschen Besuchern behilflich zu sein. Einen Augenblick zögerte ich noch, doch dann steuerte ich entschlossen sein Büro an, ich dachte, es könnte nützlich sein. Als auf mein Klopfen an der Türe zu seinem Arbeitszimmer ein mir zwar unverständlicher, aber freundlich klingender Sprachfetzen zu hören war, betrat ich den Raum. Zwei Herren waren anwesend, von denen der eine tatsächlich der von mir gesuchte war. Bereits kurz nachdem ich meinen Namen genannt hatte und gerade beginnen wollte, zu erklären, warum ich hier sei, unterbrach mich mein Gegenüber, nannte den Namen „Ventzki" und erwähnte im gleichen Atemzug „Greifswald", „Heidelberg", „Königsberg". Man muss mir mein Erstaunen, meine spontane Unsicherheit angesehen haben, denn sogleich bot man mir einen Stuhl an, den ich jetzt gut gebrauchen konnte. Ich begriff, dass mein Gesprächspartner die Biographie meines Vaters wohl sehr gut kennen musste, denn die genannten Städte waren die Studienorte meines Vaters. Später dann bei meinen weiteren Begegnungen in Lodz, in Warschau, Berlin, Wien, Tel Aviv und Jerusalem wurden mir immer wieder schon kurz nach der Begrüßung Details aus der Biographie meines Vaters genannt. Oft entstanden daraus Gespräche, deren Essenz zu bleibenden Kontakten führte.

Wie war das möglich, dass mir in einer unscheinbaren Amtsstube der Lodzer Verwaltungsbehörden jemand in Sekundenschnelle Daten aus dem Lebenslauf meines Vaters nannte? Die Antwort war natürlich eindeutig, doch ich hatte nicht mit dieser Situation gerechnet. Schnell hatte ich mich gefasst, denn mir war klar, dass ich offen reden und meinen Wunsch äußern konnte, den Spuren meines Vaters zu folgen. Vorsichtshalber hatte ich mir vom Deutschen Historischen Institut in Warschau ein Empfehlungsschreiben zum Besuch des Staats- und Stadtarchivs in Lodz geben lassen, dort hatte ich mich nicht angemeldet und auf unbürokratischen Zugang vertraut. Mit einer beeindruckenden Selbstverständlichkeit und Hilfsbereitschaft setzte nun mein polnischer Ansprechpartner alle Hebel in Bewegung, telefonierte mit verschiedenen Kollegen der Stadtverwaltung und in Kürze war für meine drei Aufenthaltstage in Lodz ein Programm aufgestellt, das am nächsten Morgen mit einem für mich so wichtigen Besuch im genannten Archiv meiner Geburtsstadt begann.

Nach einer sehr freundlichen Begrüßung durch die Direktorin des Archivs und ihres Stellvertreters – ich war von anderen Voraussetzungen ausgegangen und war von diesem Empfang angenehm überrascht – wurde ich in die eigentlichen Archivräume geführt. Hier herrschte die übliche Atmosphäre. Verhaltene Stille, leises Gemurmel der Studenten, die für ihre wissenschaftlichen Arbeiten Archivunterlagen studierten, viele besetzte Arbeitstische.

Die folgende Szene werde ich nicht so leicht vergessen: Direkt vor mir saß ein Student mit mehreren Aktendeckeln, die mit der Aufschrift „Getto" versehen waren. Ein unangenehmes Gefühl beschlich mich bei der Vorstellung, dieser Student könnte in den Akten auf den Namen meines Vaters stoßen, sich entsprechende Notizen machen, ohne zu wissen, dass nur eineinhalb Meter hinter ihm der Sohn des Mannes sitzt, mit dem er sich gerade beschäftigt. Ein weiteres, sehr privates Problem wurde deutlich: Ich musste lernen, damit umzugehen, dass andere Menschen, in erster Linie Historiker, sich berechtigterweise mit meinem Vater kritisch beschäftigten und auseinandersetzten. Ich musste lernen, meinen Vater auch als Figur der Zeitgeschichte zu akzeptieren.

Beim Sichten der ersten Ordner und Dokumente der NSDAP in Verbindung mit meinem Vater war meine wellenartige innere Angespanntheit wieder da. Ich war sehr vorsichtig, hatte mir zuerst Akten über die Parteitätigkeit meines Vaters und später seine Personalunterlagen erbeten, noch hatte ich keine genaue Vorstellung vom tatsächlichen für mich wichtigen Dokumentenbestand. Heute habe ich Kenntnis darüber, dass im Lodzer Archiv noch viele Regalmeter Ordner mit Dokumenten aus dem Tätigkeitsbereich meines Vaters aufbewahrt werden, vor allem aus dem damaligen Oberbürgermeisteramt. Umfangreiches Material liegt dort, es war den Nationalsozialisten nicht mehr möglich, vor dem Eintreffen der Roten Armee alle Spuren ihres Wirkens zu vernichten. Zum ersten Mal hielt ich nicht nur Kopien, sondern Originaldokumente auf gelb-bräunlich verfärbten Papieren mit entsprechenden Nazi-Emblemen in Händen, häufig mit der mir sehr vertrauten Unterschrift meines Vaters. Zunächst konnte ich mich nicht genug konzentrieren, ohne System nahm ich relativ schnell ein Blatt nach dem anderen in die Hand. Es dauerte eine Weile, bis ich in der Lage war, mir zu einzelnen Dokumenten Notizen zu machen.

Neben ganz lapidaren Reisekostenabrechnungen, Hotelreservierungen von Dienstreisen meines Vaters und Dokumenten zu Parteiveranstaltungen erhielt ich Einblick in Personaldokumente unserer Familie. Plötzlich entdeckte ich meine Geburtsurkunde, die ich noch nie zuvor zu Gesicht bekommen hatte. Jetzt erfuhr ich auch den Grund, warum mir dieses Dokument unbekannt war: Bei der Nennung meiner Eltern auf der Geburtsurkunde stand unterhalb des Namens meines Vaters der ergänzende Vermerk: „z.Zt. bei der Waffen-SS". Zwar hatte mein Vater nach dem Tod meiner Mutter während eines Familientreffens etwa zwei Jahre vor meiner Reise nach Lodz berichtet, dass er seinen Waffendienst im Zweiten Weltkrieg bei der Waffen-SS abgeleistet hätte, doch das Thema wurde bei diesem familiären Ereignis nicht weiter vertieft. Später fand ich dann weitere Dokumente der SS-Zugehörigkeit meines Vaters. In meinen eigenen Unterlagen existierte lediglich ein „Geburtsschein", den meine Mutter mir irgendwann einmal übergab und der einen Tag nach meiner Geburt im Jahre 1944 vom zuständigen Standesbeamten ausgestellt wurde, ohne dass hier meine Eltern angegeben sind. Ich kann mir gut vorstellen, dass meine Mutter im September 1944, als wir unsere Villa in Lodz Richtung Posen/Poznań verlassen mussten, Vorsorge getroffen und für nützliche Dokumente gesorgt hat. Kurz nach meiner Rückkehr aus Lodz tauchte im Nachlass meiner Mutter meine Geburtsanzeige im Original auf, die – wie es der Brauch war – an Freunde, Bekannte, Verwandte und politische Weggefährten des Vaters verschickt wurde. Auch der SS-Obergruppenführer Werner Lorenz wurde über meine Geburt informiert. Am 1. April 1944 schrieb mein Vater an Lorenz:

> „mit Ihrem Glückwunsch zur Geburt unseres 4. Kindes haben Sie meiner Frau und mir eine ganz besondere Freude gemacht. Wir danken Ihnen dafür sehr herzlich. Leider wird Sie Ihr Weg ja noch nicht in absehbarer Zeit mal nach Litzmannstadt führen, damit Sie sich selbst von dem prächtigen Gedeihen unseres Kleeblattes überzeugen können. Ich bin schon seit 7 Monaten Soldat, habe gerade einen Unterführerlehrgang auf der SS-Unterführerschule in Lauenburg in Pommern hinter mir und trage seit 14 Tagen mit besonderem Stolz die Uniform der SS-Unterscharführer. Morgen früh rücke ich ab zum Fronteinsatz beim 3. Pzg. TV. *(3. SS-Panzer-Division „Totenkopf", JJV)* in den Osten, wohin mich der Reichsführer *(Heinrich Himmler, JJV)* großmütig versetzt hat, als ich vor einigen Wochen in Posen bei einer Tagung der Oberbürgermeister mit ihm zusammen war. Hoffentlich können wir Sie, Obergruppenführer, wenn ich wieder im Amt bin, einmal bei uns haben. Mit einer Empfehlung an Ihre verehrte Gattin und mit freundlichem Gruß von meiner Frau und mir bin ich Ihr stets ergebener Ventzki. Die anliegende Anzeige *(meine Geburtsanzeige, JJV)* bitte ich Ihrer Gattin weiterzuleiten, die ja unsere Kinder kennt und vielleicht Freude an dem Bildchen hat."[53]

Werner Lorenz, 1891 in Grünhof in Pommern geboren, SS-Obergruppenführer und General der Polizei, Chef des SS-Hauptamtes *Volksdeutsche Mittelstelle (VOMI)* und Reichsführer *Volksbund für das Deutschtum im Ausland (VDA)*[54], heiratete im September 1919 die wohlhabende und gesellschaftlich angesehene Charlotte Ventzki aus Graudenz, Westpreußen.[55] Die Braut stammte vermutlich aus der Familie des Landmaschinenfabrikanten August Ventzki, der 1882 in Graudenz sein Unternehmen „Ventzki Pflugbau" gründete, das zu seiner besten Zeit etwa 800 Mitarbeiter beschäftigte. 1907 wurde das Zweigwerk im Württembergischen Eislingen (Fils) als Pflug- und Landmaschinenfabrik aufgebaut. Nach dem Ersten Weltkrieg erfolgte die Wiederbelebung der Firmentätigkeit in Stolp (Pommern).

Der Sohn von August Ventzki, Rudolf Ventzki, der inzwischen in die Geschäftsleitung des Zweigwerks in Eislingen eingetreten war, gehörte zu den Mitunterzeichnern der oft genannten und zitierten Eingabe führender Persönlichkeiten aus Wirtschaft, Banken, Finanzkapital und Großgrundbesitz vom 19. November 1932 an Reichspräsident von Hindenburg für die Berufung Adolf Hitlers zum Reichskanzler.

Eine direkte verwandtschaftliche Linie zwischen der Familie Ventzki aus Graudenz und der Familie meines Vaters aus der Region Posen ist mir nicht bekannt.

Allerdings gibt es gute Gründe, die darauf hinweisen, dass es zwischen dem Ehepaar Lorenz und meinen Eltern freundschaftliche Kontakte gab. Nicht nur der gleiche Familienname, sondern auch die gleichen topographischen Verbindungen wie „Pommern" und „Stolp", die Übereinstimmung in den Zielen der nationalsozialistischen Politik, die gemeinsame SS-Zugehörigkeit und nicht zuletzt ihr besonderer Einsatz zur „Heimführung" deutschstämmiger Minderheiten im Ausland lassen diesen Schluss plausibel erscheinen.

Werner Lorenz und mein Vater vertraten die Volkstumspolitik der Nationalsozialisten mit voller Überzeugung, sie waren beide auf diesem Gebiet besonders engagiert und aktiv. Das „Deutschtum" und das „deutsche Volk" galten meinem Vater als ganz besonders hoch stehende und schützenswerte Ziele. Immerhin ging man von rund zehn Millionen Angehörigen deutscher Minderheiten im europäischen Ausland aus. Diese Menschen galt es – oft unter dem Deckmantel rein materieller Hilfe – politisch zu beeinflussen. Darum kümmerten sich eine Reihe von Organisationen und Einrichtungen, überwiegend konservativ-nationalistischer Ausrichtung, sodass die Nationalsozialisten eine Zersplitterung der Aktivitäten befürchten mussten. Die *VOMI* unter Werner Lorenz verstand sich als „oberste Befehlsstelle für sämtliche Volksdeutsche Angelegenheiten"[56] und erhielt im Juli 1938 von Hitler den Auftrag zur einheitlichen Ausrichtung sämtlicher Staats- und Parteistellen in der Volkstumspolitik.

Ich erinnere mich deutlich, dass mein Vater noch als über 90-Jähriger regelmäßig eine kleine Zeitschrift zur vermeintlich immer noch „ungelösten" Südtirolfrage bezog. Er wollte nicht wahrhaben, dass die Zeit längst über ihn hinweggegangen war.

Auf der Vorderseite meiner Geburtsanzeige prangt das Zeichen einer Rune, die „Z-Rune ALGIZ", während im Innenteil unter dem Namen meines Vaters zu lesen ist: „Oberbürgermeister, z.Zt. auf einer SS-Unterführerschule". Nie zuvor hatte ich mich mit dem Thema „Runen" beschäftigt. Jetzt wurde ich aber doch neugierig. Ich wollte wissen, warum meine Eltern mir gerade dieses germanische Schriftzeichen mit auf den Lebensweg gaben. In der Bibliothek besorgte ich mir ein einschlägiges Werk und las dort unter dem Stichwort „meiner" Rune folgende, mir sehr fremd wirkende Sätze: „ALGIZ ist eine anziehende Macht, die den individuellen spirituellen Geist mit dem menschlichen Wesen verbindet, das auf der Ebene der Erde ins Leben gerufen wird und die die vier Aspekte schützt, die in diesem höchsten Akt der Schöpfung eingeschlossen sind – den Körper, den mentalen Geist, die Seele und den spirituellen Geist. Die Form der Rune ist mit dem kosmischen Baum vergleichbar, dessen Zweige in die obere Welt des Überbewussten reichen." Dieses

Runenzeichen soll sowohl Schutz vor einer fehlenden Verwurzelung als auch die Verbundenheit mit den eigenen „höheren" spirituellen Quellen symbolisieren. Ich habe den Verdacht, dass die Hoffnungen, die meine Eltern noch im Frühjahr 1944 bei meiner Geburt mit diesem Symbol artikulierten, die waren, die sich ein Jahr später beim Zusammenbruch des Dritten Reiches endgültig zerschlugen. Groß müssen die Hoffnungen meiner Eltern an das Überleben ihrer Ideale gewesen sein. Noch einige Jahre vor seinem Tod hörte ich von meinem Vater eine drastisch formulierte Enttäuschung über der Verlauf der Geschichte: „...aber dann kam der Scheißkrieg dazwischen." Er hätte sich noch gerne bis 1953 auf dem Stuhl des Oberbürgermeisters der „deutschen Großstadt" Litzmannstadt gesehen. Ansatzweise fielen während unseres kurzen Dialogs einige Bemerkungen zur Politik in Europa nach dem Zweiten Weltkrieg, zu einem wirklichen Gespräch fehlte sowohl ihm als auch mir die Kraft.

Mehrmals bin ich noch auf Ungereimtheiten der familiären Daten gestoßen. An einem Sonntag im Sommer 1944, identisch mit dem Geburtstag eines Familienangehörigen, soll ich angeblich getauft worden sein. Meine Mutter baute sich gerne Eselsbrücken mit familienbezogenen Zahlen. Im Archiv in Lodz las ich dann erstaunt eine Erklärung meines Vaters aus dem Jahre 1941, die er vor Antritt seines Oberbürgermeisteramtes als Nationalsozialist in entsprechender Funktion abgeben musste und bestätigt, „dass kein Familienangehöriger einer konfessionellen oder religiösen Gruppierung angehöre." Eine durchaus ganz normale Erklärung und Absicherung, die von der Partei gefordert wurde.

Vieles weist darauf hin, dass ich, mein Vater war seit Herbst 1942 Mitglied der SS, anstelle der christlichen Taufe die „Namensweihe" der SS erhalten habe. Ort des Geschehens war vermutlich die von unserer Familie bewohnte, großzügige Leonhardt-Villa in der Ostpreußenstraße 15 (heute Bednarska 15), mein Geburtshaus. Seit November 1936 hatte Reichsführer-SS Heinrich Himmler die Devise ausgegeben, dass Geburts- und Ehefeiern mehr einen privaten Charakter erhalten und im Familienkreis begangen werden sollten.[57] Nach den Regeln des SS-Ordens fanden solche okkulten Zeremonien wie folgt statt: Der Säugling wurde in ein mit Hakenkreuz und SS-Runen geschmücktes Wolltuch gehüllt und vor einem mit der Naziflagge bedeckten Altar gelegt. In Anwesenheit der Eltern wurden Weihe- und Segenssprüche verlesen, der Vorgesetzte des Vaters berührte mit einem SS-Dolch das Baby, das zum Abschluss einen Silberbecher, einen Silberlöffel und ein blaues Seidentuch als Geschenk erhielt. Ob ich die Kälte eines solchen SS-Dolches tatsächlich auf meiner zarten Babyhaut zu spüren bekam, ist ungewiss. Allein die Vorstellung eines solchen Rituals lässt mich erschaudern. Der Leiter der Zeremonie, der „Weihende", sprach für die Anwesenden eine Art Glaubensgrundsatz: „Wir glauben an den Gott im All/Und an die Sendung unseres deutschen Blutes/ Das ewig jung aus deutscher Erde wächst. Wir glauben an das Volk, des Blutes Träger/Und an den Führer, den uns Gott bestimmt."[58] Mit diesen schauerlichen Worten wurde ich in das weitere Leben entlassen. Für das vierte Kind erhielt die Mutter einer SS-Familie einen silbernen Leuchter, in dem die Zugehörigkeit zur „Sippe" eingraviert war. Ob sich dieser Leuchter später noch im Hausstand meiner

Eltern befand, ist mir nicht bekannt. Aber „mein Silberlöffel", über dessen genauen Ursprung ich jahrzehntelang nichts wusste, befindet sich noch heute in meinem Besitz.

Als aus dem Familienkreis dann doch einmal die Frage gestellt wurde, von wem ich diesen Silberlöffel als Geschenk erhalten hatte, nannte meine Mutter gegenüber meinen Geschwistern den Namen des besten Freundes meines Vaters, für uns Kinder ein „Nennonkel". Eine für mich unglaubwürdige Auskunft. Mir hatte sie nie etwas davon erzählt.

Mehrmals äußerten meine Eltern sich nach dem Krieg zu ihrer früheren Familienplanung. Sie wünschten sich, dass es nicht bei vier Kindern bliebe, „sechs könnten es ruhig werden". Sie vertrauten noch ganz auf ein Weltbild, dem sie sich beide eng verbunden fühlten.

Bereits 1936 schrieb Himmler als „Mindestkinderzahl einer guten und gesunden Ehe" vier Kinder vor.[59] Der „Fruchtbarkeitsbefehl"[60] von Heinrich Himmler, der es jedem SS-Mitglied auferlegte, in Zeiten des Krieges für zahlreiche Nachkommenschaft und damit für Nachschub an „gutem Blut" zu sorgen, könnte durchaus ein verstärkendes Argument meiner Eltern für meine Existenz gewesen sein. Die spezifischen familienpolitischen Grundsätze der SS konnten ihnen nicht unbekannt gewesen sein, sie entsprachen ihren Überzeugungen. Nein, ein Ort des Zufalls für meine Geburt war Lodz sicher nicht, diese Überzeugung hat sich mir von Beginn meiner Recherchen an, als ich in die Geschichte meines Elternhauses eintauchte, immer stärker manifestiert.

Für meine Eltern lag die Zukunft der Familie in dieser Stadt. Mein Vater bekleidete eine hohe politische und als Beamter gesicherte Position an der Spitze einer „zu germanisierenden" Industriegroßstadt, für die er bis Mai 1953 [!] von Gauleiter und Reichsstatthalter Greiser und durch die kurze Zeit später erfolgte Bestätigung seitens des Reichsinnenministerium ernannt worden war. Beste Voraussetzungen für eine Familienplanung auf dem Nährboden einer für meine Eltern „bestechenden" Weltanschauung.

Als ungetaufter Christ stand ich im April 1960 vor dem Altar der Kreuzkirche in Berlin-Schmargendorf und wurde nach zwei Konfirmandenjahren mit dem mahnenden Bibelvers „Wachet, stehet im Glauben, seid männlich und seid stark"[61] verabschiedet. Mein Geburtsort erscheint in alten Schulzeugnissen der 1950er Jahre in zwei Varianten: einmal als „Posen", das andere Mal als „Litzmannstadt". Dass meinen Eltern, die als Erziehungsberechtigte die Schulzeugnisse unterschreiben mussten, meine unterschiedlichen Geburtsorte nicht aufgefallen sind, kann ich mir nicht vorstellen. Die Schulakten vermerkten „Posen", das erschien meinen Eltern in schwierigen Jahren unverfänglicher als die Nennung von „Lodz"/"Litzmannstadt". Die Gefahr kritischer Nachfragen schien ihnen realistisch in einer Zeit, als in westlichen Zeitungen und auch in DDR-Medien der Name meines Vaters in Zusammenhang mit dem Ghetto Lodz mehrfach genannt wurde. Aus diesen Erfahrungen heraus ist ein Misstrauen gegenüber früheren Angaben der Eltern geblieben, die sie zum Zweck der Verschleierung in die Welt setzten, um sich selbst und die ganze Familie vor unliebsamen Fragen zu schützen.

Hier im Archiv in Lodz setzte ich den Punkt, an dem meine mehrjährige Recherchearbeit ihren Anfang nahm.

Nach einigen aufwühlenden Stunden beim Betrachten der Dokumente im Archiv wurde ich zum Mittagessen in die Kantine der Stadtverwaltung eingeladen, im Gebäudekomplex des ehemaligen Heinzel-Palais in der Piotrkowska 104, zur NS-Zeit „Adolf-Hitler-Straße 104". Es war der Amtssitz meines Vaters, auch heute ist es der offizielle Sitz des Stadtpräsidenten von Lodz. Ich erinnere mich, dass mir mein Begleiter im Gebäude die Richtung wies, wo sich die Amtsräume des obersten Repräsentanten der Stadt befinden. Doch es ging alles sehr schnell, wegen der bald schließenden Kantine mussten wir uns beeilen. Erst später wurde mir dann bewusst, dass ich wahrscheinlich bis auf wenige Meter am ehemaligen Amtszimmer meines Vaters vorbeigegangen war. Bei meinen Nachforschungen entdeckte ich als weiteres winziges Mosaiksteinchen ein Foto des Amtszimmers des Oberbürgermeisters im „neuen Rathaus in der Adolf-Hitler-Straße 104", abgedruckt in der „Litzmannstädter Zeitung" vom 7.2.1942.

Das imposante Gebäude wurde als Palais 1874 für den Textilfabrikanten Julius Heinzel erbaut und dokumentierte die Zugehörigkeit seines Besitzers zur Gesellschaft der Industriellen der Stadt.

Auch in Lodz sah ich mir die Ausstellung über das Ghetto an, die ich bereits in Frankfurt im dortigen Jüdischen Museum besucht hatte und die jetzt in meiner Geburtsstadt ziemlich notdürftig auf einem alten Dachboden präsentiert wurde. Ich erinnere mich an eine Szene, deren Bedeutung mir erst später bewusst wurde: Ich stand hier in den abseits gelegenen Ausstellungsräumen vor einem großen Foto deutscher Uniformträger. Zu meinem Begleiter gewandt, stellte ich die Frage, ob auf diesem Foto mein Vater zu sehen sei. Seine Antwort war ein wenig ausweichend, es könne wohl sein, doch wenn dies zuträfe, dann sei er aber kaum erkennbar. Mit dieser sehr rücksichtsvollen und einfühlsamen Bemerkung wollte er mich vermutlich zunächst vor der bildlich wiedergegebenen Realität schützen, die mir erst nach meiner Rückkehr aus Lodz die Gewissheit gab, dass auf diesem Foto tatsächlich mein Vater abgebildet war.

Im Museum für Stadtgeschichte im ehemaligen Palais des jüdischen Fabrikanten Poznański versuchte ich auf andere Gedanken zu kommen, mich ein wenig abzulenken. Wunderschöne Räume umgaben mich, ich fühlte mich nach der spürbaren Kälte menschlicher Vernichtungskraft, die die ganze soeben besuchte Ausstellung überschattete, hier in diesen Räumen von einer angenehmen Wärme umfangen. Als ich die Aufzeichnungen, Bücher, Dokumente und Briefe aus dem Nachlass von Arthur Rubinstein betrachtete und Aufnahmen seiner Interpretationen vom Band erklangen, war das Unfassbahre wieder gegenwärtig: Arthur Rubinstein, der weltberühmte Pianist und hoch verehrte Sohn der Stadt, in Sichtweite von diesem Ort, an dem ich mich gerade befand, der südliche Teil des ehemaligen Ghettos, stadteinwärts Richtung Süden der ehemalige Amtssitz meines Vaters und noch 2,3 Kilometer weiter unsere Villa, Dienstvilla des Oberbürgermeisters, mein Geburtshaus – wie passte das alles zusammen?

Am Morgen meines letzten Besuchstages in meiner Geburtsstadt führte mich mein Weg durch die Piotrkowska-Straße zu den noch vorhandenen Wohnblöcken und Häuserzeilen des früheren Ghettos. Diese unmittelbaren Eindrücke am Ort des Geschehens, dort wo Juden – wie von den Ermordeten in später entdeckten Tagebuchaufzeichnungen und von Überlebenden mehrfach so beklemmend beschrieben wurde – „die Hölle erlebten", überwiegend in einer Zeit, als mein Vater Oberbürgermeister dieser Stadt war, sind unvergesslich. Ich stand lange am Straßenrand, ließ mir Zeit, folgte ein paar Schritte der vorgegebenen Geraden, um mich mit der Topographie vertraut zu machen. Von Süden her kommend befand ich mich am Beginn der Zgierska-Straße, von den Nazis in Hohensteinerstraße umbenannt, durch die damals wie heute noch eine Straßenbahnlinie führte. Wie ein trauriges Symbol des Ghettos Lodz sind die großen, steilen Holzbrücken, die einen Teil des Ghettos mit dem jenseits der Hohensteinerstraße liegenden Bereich miteinander verbanden, in die visuelle Wahrnehmung eingegangen. Um von einem Gebiet in ein anderes des Ghettos zu gelangen, mussten die Ghettobewohner – oft mehrmals täglich – diese Holzbrücken mühsam erklimmen. Sie waren wegen der Durchfahrt der Straßenbahnen besonders hoch und steil, für viele ältere, durch Hunger und Krankheit geschwächte Menschen, besonders in den Wintermonaten bei Eis und Schnee, ein unüberwindbares Hindernis. Sie starben noch auf den Stufen der Holzbrücken.

Ich folgte dem Straßenverlauf und erreichte in wenigen Minuten den Platz Baucki Rynek (Baluter Ring). Hier fand der „Austausch" von Waren statt: Die deutsche Ghettoverwaltung lieferte – meist minderwertige – Lebensmittel und nahm als Gegenleistung die in Zwangsarbeit von den Bewohnern des Ghettos zum großen Teil für die deutsche Wehrmacht, aber auch für reichsdeutsche Unternehmen gefertigte Ware. An diesem Ort erfolgte aber auch die Übergabe der Wertsachen der Juden an die Deutschen. Noch heute verraten die weitgehend erhaltenen Gebäude den Charakter eines ärmlichen Viertels. Und gerade diese kaum veränderte Optik, diese unmittelbare Gegenwart einer Topographie aus der Zeit der ersten Hälfte des 20. Jahrhunderts lässt vieles zu Tage treten und zumindest in Umrissen mit einer Deutlichkeit erahnen, die die Fotos der Ghetto-Ausstellung allein nicht vermitteln können.

Jetzt stand ich mitten auf einem Areal, wo das Konkrete greifbarer wurde und durch das sich mein Vater mehrfach in seiner braunen Uniform zu Fuß oder mit dem Dienstwagen bewegt hatte. Ja, er musste jede Häuserzeile, jede Ecke ziemlich genau gekannt haben. Die umfangreichen Dokumente, der Schriftwechsel innerhalb der Stadt- und Ghettoverwaltung und die Korrespondenz mit dem Regierungspräsidenten und anderen Behörden zeugen von der genauen Ortskenntnis meines Vaters.

Erst nach der Rückkehr aus Lodz erfuhr ich, dass sich mein Vater in seiner Funktion als Oberbürgermeister mehrfach direkt im Ghetto aufgehalten hatte und ich mich im ehemaligen Ghetto unmittelbar auf seinen Spuren befand. So lese ich in der Ghetto-Chronik, die im Auftrag des Ältesten der Juden, Mordechai Chaim Rumkowski von der Statistischen Abteilung des Ghettos verfasst worden war, den folgenden Tageseintrag:

„Tagesbericht von Donnerstag, den 15. Juni 1944 Tageschronik Nr. 166
Das Wetter: Tagesmittel 19–26 Grad, sonnig
Sterbefälle: 10/6 M., 4 Fr. /, Geburten: 3/1 m., 2 w. /
Festnahmen: Verschiedenes: 3
Bevölkerungsstand: 76.507
Aussiedlung: 30 Mann zur Arbeit ausserhalb des Gettos

Tagesnachrichten
Kommission im Getto. Das Getto ist wieder einmal in höchster Erregung. In den späten Vormittagsstunden traf eine Kommission im Getto ein u. zw. Oberbürgermeister Dr. Bradfisch, der frühere Bürgermeister Wentzke,[62] Reg. Präsident Dr. Albers und ein höherer Offizier/Ritterkreuzträger, wahrscheinlich vom Luftschutz-Wart. Die Kommission begab sich in's Büro des Aeltesten, wo Dr. Bradfisch mit Präses Rumkowski eine Unterredung von wenigen Minuten hatte. Unmittelbar darauf erschienen die Gestapo-Kommissare Fuchs und Stromberg bei Frl. Fuchs. Die ersterwähnte Kommission begab sich sodann zu Fuss durch die Hanseatenstrasse in das Schneiderressort, Hanseatenstr. 36 und fuhr dann im Auto, Richtung Polenlager, Marysin, ab. Die Unterredung Fuchs – Stromberg mit Frl. Fuchs und de[m] vorher verständigten Kommandanten L. Rosenblatt dauerte ebenfalls nur ganz kurze Zeit.
Soweit chronologische Folge der Tatsachen. Knapp nach diesen Besuchen war das Getto voll der wildesten Gerüchte. Aber alle liefen in einer Richtung: Aussiedlung! […]"[63]

Tatsächlich forderten die Nazis vom Präses Chaim Rumkowski mehrere tausend Ghettobewohner für eine „Aussiedlung" zu rekrutieren, angeblich zu Arbeiten außerhalb des Ghettos, „da man große Arbeitsgruppen für Aufräumarbeiten in den bombengeschädigten Gebieten benötige". Der erste Transport mit 562 Menschen verließ am 23. Juni morgens um 8 Uhr den Bahnhof Radegast, aber nicht mit dem Ziel bombengeschädigte deutsche Städte, sondern in das Vernichtungslager Kulmhof, das noch einmal „in Betrieb" genommen wurde.
Bis zum 14. Juli wurden insgesamt 7.196 Bewohner des Ghettos in dieser letzten Phase der Mordaktion in Chełmno (Kulmhof) umgebracht. Auf Befehl von Himmler war bereits die Räumung des Ghettos in vollem Gange. Ohne Hans Biebow, meinem Vater direkt unterstellter Leiter der deutschen Ghettoverwaltung, erschienen der kommissarische Oberbürgermeister Bradfisch, mein Vater und der Polizeipräsident Albert beim Ältesten der Juden, um ihn mit den bevorstehenden Aussiedlungen zu konfrontieren.[64]
Dass mein Vater trotz seines Einsatzes bei der Waffen-SS das Feld nicht allein seinem zu dieser Zeit eingesetzten Kriegsvertreter überlassen wollte, zeigte nicht nur seine Anwesenheit bei diesem verbrecherischen Ortstermin im Ghetto. Sein Selbstbewusstsein war ausgeprägt genug, um Präsenz zu zeigen. Schließlich ging es um die Zukunft „seiner" Stadt, um freiwerdende Grundstücke und Flächen nach der Vernichtung des Ghettos, die in das Eigentum der Stadt übergehen sollten.

Hierzu war vermutlich seine Einschätzung gefragt, die er in aller Deutlichkeit artikulierte. Gleichzeitig ließ er sich noch bereitwilliger in die Komplizenschaft des Massenmordes mitreißen.

Ich befand mich also nicht sehr weit von der Stelle, die die damalige NS-Kommission im Ghetto zu Fuß zurücklegte, kurz vor Baucki Rynek (Baluter Ring), wo sich das Büro des Ältesten der Juden befand, und der Straße Lagiewniecka (Hanseatenstraße). Was ich in Lodz aufgenommen habe, hat sich später durch die Nacharbeit mit Hilfe von älteren und aktuellen Stadtplänen, von Fotos, Literatur und Dokumenten nicht nur gefestigt, sondern auch oftmals erst den Zugang zur Topographie der Geschichte ermöglicht.

Die letzten Stunden in Lodz gingen schnell zu Ende. Vom Hotel ließ ich mich mit dem Taxi zum Bahnhof bringen, um pünktlich den Zug zurück nach Warschau zu erreichen.

Nur wenige Minuten bis zur Abfahrt. Ich hatte das Fenster geöffnet und ließ meinen Blick über die umliegenden Häuser meiner Geburtsstadt schweifen. Plötzlich entdeckte ich meinen liebenswürdigen, deutsch sprechenden Begleiter den Bahnsteig entlang laufen. Er trug eine prall gefüllte Plastiktüte mit sich. Ich gab ihm ein Handzeichen, er kam die letzten Meter tatsächlich im Laufschritt und reichte mir schnell diese schwere Tasche. Herzliche Abschiedsworte wurden gewechselt mit dem Versprechen meinerseits, möglichst bald wiederzukommen, aber nicht allein, sondern mit meiner Frau, schließlich müsse sie doch meine Geburtsstadt kennen lernen. Ruckartig setzte sich der Zug in Bewegung, ein letztes Winken, nur noch wenige Augenblicke dauerte mein erster Besuch in Lodz. Schnell glitten auch die letzten Gebäude und Fabrikanlagen der Stadt an mir vorüber und ließen der flachen, weiten Landschaft wieder den Vortritt. Jetzt hatte ich Zeit, öffnete die Plastiktüte und entnahm ihr ein Bündel frisch gedruckter Hochglanzbroschüren über das heutige Lodz, das 2001 die zweitgrößte Stadt Polens (ca. 800.000 Einwohner) war und wo sich ein reges Geschäftsleben nach westeuropäischem Muster zu entfalten begann. Ich sollte auch etwas über die Gegenwart meiner Geburtsstadt erfahren. Es war ein abruptes Wechselbad, das ich dankbar annahm.

In der Cafeteria des Warschauer Flughafens – umgeben von fröhlichen und schwatzenden Urlaubern – versuchte ich ruhiger zu werden, um die letzten Tage zu ordnen. Es gelang mir nicht. Als die Maschine vom Rollfeld in Richtung München abhob, hatte sich eines tief in meinem Bewusstsein verankert: Meine Reise war notwendig, überfällig und ein wichtiger Stützpfeiler. Die Gegenwart der Vergangenheit ließ sich nicht länger verleugnen oder auch nur beiläufig übergehen.

Ein von einem Geschoßhagel durchsiebter menschlicher Körper drehte sich etwa einen Meter über dem Boden um seine eigene Achse, immer schneller und schneller, bis ich aufwachte. Es müssen Sekunden gewesen sein, die meine Traumwelt mit dieser Szene in den ersten Wochen nach meiner Rückkehr aus Lodz beherrschten. Meine handschriftlichen Aufzeichnungen, gleichzeitig als Kladde, Tagebuch und stenogrammartige Gedankenwelt geführt, geben darüber Auskunft.

„Der Fotograf"

Mittwoch, 27. Juni 2001, nur wenige Wochen nach der Rückkehr von meiner ersten Reise in meine Geburtsstadt. Das Fernsehprogramm des Kultursenders „arte" wies für den Abend ein Filmdokument aus, das meine ganze Aufmerksamkeit in Anspruch nehmen würde: „Der Fotograf – Fotografien vom jüdischen Ghetto in Lodz" war der Titel. Erzählt wurde die Geschichte, durch die Walter Genewein, Leiter der Finanzabteilung der deutschen Ghettoverwaltung in Litzmannstadt, aus dem Schatten eines Oberbuchhalters in die Wahrnehmung einer thematisch interessierten Öffentlichkeit trat. Er war der Fotograf, der nach Vorgaben seiner Vorgesetzen Szenen des Ghettolebens mit der Kamera auf Farbfilm festhielt. So wie ich es bereits in der Ausstellung 1990 im Jüdischen Museum in Frankfurt und kurz vor Ausstrahlung des Films im Fernsehen am Ort des Geschehens, in einer Abteilung des Stadtmuseums in Lodz, gesehen hatte, wurde ich an diesem Abend vor dem Fernsehgerät zum dritten Mal mit diesen Farbdias konfrontiert. Der polnische Regisseur Dariusz Jablonski setzte anhand eines Teils des 1987 entdeckten Materials eine filmische Darstellung um, die vielfach sehr gelobt, aber auch teilweise heftig kritisiert wurde. 1999 wurde der Film mit dem renommierten Adolf-Grimme-Preis ausgezeichnet, Kritik kam in erster Linie verständlicherweise von der Opferseite der Nazi-Willkür in Lodz. Viele Überlebende bemängelten eine gewisse Einseitigkeit, reklamierten die Schönfärberei ihres Daseins im Ghetto durch oft gestellte Szenen auf den Farbfotos. Doch konnte dieser Film, dessen zugrunde liegendes Bildmaterial mehr den Zwecken der Nazis als der Darstellung der tatsächlichen Realität diente, diesen teils unterschiedlich hohen Anforderungen gerecht werden?

Arnold Mostowicz, 1914 in Lodz geboren, Überlebender des Ghettos, wo er als Arzt arbeitete, begleitete die Filmdokumentation mit seinen Erinnerungen und eingeblendeten Berichten vom Leben und Sterben im Ghetto. Er, der nach dem Krieg als Journalist, Schriftsteller und Chefredakteur der bedeutenden polnischen Satirezeitschrift „Szpilki" (Stecknadel) tätig war, fand für die Jahre seines Ghetto-Daseins eine sehr persönliche Antwort: „Nach dem Krieg konnte ich nicht mehr als Arzt arbeiten. Ich konnte keine Kranken mehr sehen. Ich suchte das Lachen." Sein Buch „Der blinde Maks oder Passierschein durch den Styx"[65] gibt Aufschluss über seinen Drang zur oft bitteren Satire.

Mit höchster Konzentration und einer spürbaren Anspannung verfolgte ich, was auf dem Bildschirm erschien, hörte das einprägsame, klappernde Geräusch von tausenden Holzpantinen der im Ghetto zusammengepferchten Juden auf dem Lodzer Kopfsteinpflaster, von dem Arnold Mostowicz gerade erzählte, versuchte, jedes Detail zu speichern. Und wurde jäh aus diesem Prozess herausgerissen: Wentzki an Reichsstatthalter Greiser: „1942 begann dann die Freimachung des Gettos von nichtarbeitsfähigen Juden." Wie versteinert saß ich da, konnte mich kaum noch auf den letzten Teil des Films konzentrieren. Die Stimme des Sprechers war klar und deutlich, der erste Buchstabe des Namens, „W" wird mit einer etwas stärkeren Betonung gesprochen. „Wentzki", war damit mein Vater gemeint? Ja, es besteht kein Zweifel, er musste gemeint sein, denn im Polnischen existiert der Anfangsbuchstabe unseres Namens, das „V", nicht, es wird ersetzt durch das „W" und eine andere Person mit diesem oder ähnlichem Namen ist mir im thematischen Zusammenhang nicht bekannt.

Unruhig erwartete ich das Ende der Dokumentation, das Aufnahmegerät war für die Video-Aufzeichnung eingeschaltet. Ich schaltete die bespielte Kassette auf Wiedergabe und gelangte durch Vorlauf schnell zu der Stelle, an der dieser Satz gesprochen wurde. Mehrmals schaltete ich die Handbedienung auf Vor- und Rücklauf, ließ die Szene immer wieder über den Bildschirm laufen, griff nach Papier und Bleistift, um die kurze Textpassage zu notieren. Es musste sich um ein Zitat aus einem Bericht meines Vaters an Reichsstatthalter und Gauleiter Greiser, einem entsprechenden Protokoll oder aus einem Aktenvorgang handeln. Der kurze Satz: „1942 begann dann die Freimachung des Gettos von nichtarbeitsfähigen Juden" prägte sich mir wie einige andere, prägnante Aussagen und Formulierungen aus Dokumenten ein.

Auch hier wurde der Massenmord an den Juden mit der Sprache der Schreibtischtäter verwaltungstechnisch-bürokratisch mit einem Begriff umschrieben, der den Nazis als Kürzel ihres Handelns galt. Aus dem Postwesen stammt der Begriff „Freimachung", ein Brief wird durch das Aufkleben einer Briefmarke „freigemacht", aber auch das Freimachen im Sinne von „Platz schaffen" – was ja auch wohl gemeint war – kommt hier zum Ausdruck. Ab Januar 1942 begann tatsächlich der systematische Mord an der jüdischen Bevölkerung des Ghettos Lodz mit Hilfe zu diesem Zweck umgebauter Gaswagen in der Vernichtungsstätte Kulmhof (Chełmno). Nichts anderes hatte mein Vater seinem Gauleiter berichten wollen.

Am nächsten Morgen nach der Ausstrahlung des Films im TV sprach mich ein Nachbar an und fragte, ob der im Film erwähnte „Ventzki" mein Vater gewesen sei. Als ich seine Frage bejahte, entwickelte sich ein langes Gespräch, das ihn und mich für den Rest des Tages noch intensiv beschäftigte. Das Wissen über das jüdische Ghetto in meiner Geburtsstadt war zu diesem Zeitpunkt in der breiten Öffentlichkeit in Deutschland noch sehr gering. Erst in den letzten Jahren hat sich dies teilweise geändert, allerdings ist die Kenntnis über diese Jahre in Lodz immer noch sehr lückenhaft.

Posen (Poznań)

„Was hat er eigentlich in Posen gemacht?" Diese Frage stellte meine Schwester vor wenigen Jahren während eines Winterspaziergangs in Oberstaufen im Allgäu. Wieder bildete diese typische alpine Hügellandschaft des Allgäus mit ihren weiten, steilen Hängen den topographischen Rahmen, der mehrmals im Focus meiner archäologischen Bemühungen stand. Die letzten Sonnenstrahlen erreichten uns, kurz bevor der gegenüberliegende Bergrücken alle wärmende Kraft nahm und das Licht immer mehr der jahreszeitlichen Kälte entsprach. Wir stapften durch das verschneite Parkgelände des Ortes, aber die Frage konnte ich nicht beantworten, nur ganz vage gab ich den Hinweis auf eine Position des Vaters beim Gauleiter

Arthur Greiser in Posen. Das war alles, Genaueres wusste ich noch nicht. Schon mehrfach hatte ich Ansätze unternommen, Klärung zu schaffen, blieb dabei immer wieder stecken und nahm schließlich die Suche nach den anderen Teilchen meines Puzzles auf, nicht ohne Gewissheit, das fehlende Stück bald finden zu können.

Für meinen Vater bedeutete die neue Aufgabe eine Art Rückkehr der Familie, stammten doch seine Vorfahren väterlicherseits aus dieser Stadt. Oft hatte er erzählt, wie stolz und beeindruckt er war, als er am 9. September 1939 aufgrund seiner Dienstverpflichtung unmittelbar nach den ersten Erfolgen des deutschen Militärs nach Posen kam. Zu den schönsten Erinnerungen seines Lebens gehörte es, laut seinen wenigen schriftlichen Äußerungen, wie sein Vater ihn durch seine Heimatstadt führte und ihm alle Stätten seiner Jugend, die Schule, das Elternhaus und das Polizeipräsidium, wo sein Vater gewirkt hatte, zeigte. Vater und Sohn schienen sich der Bedeutung dieser Stunden bewusst zu sein.

„Die Verfolgung und Vernichtung der Juden im Reichsgau Wartheland 1939–1945",[66] so der Titel eines umfangreichen Buches, das ich kurz nach seinem Erscheinen auf der Leipziger Buchmesse zum ersten Mal in der Hand hielt. Mit einer fast reflexartigen Bewegung, die ich mir schon seit vielen Jahren angewöhnt hatte, schlug ich sofort den hinteren Registerteil auf und fand im Personenregister das, was mich nicht überraschte, den Namen meines Vaters: Ventzki, Werner (Oberbürgermeister Litzmannstadt). Zwar hatte ich im Lebenslauf meines Vaters und in weiteren Dokumenten immer wieder gelesen, dass mein Vater in Posen ab April 1940 Mitglied der Gauselbstverwaltung des Reichsgaus Wartheland war, doch eine genaue Vorstellung, in welcher Funktion und mit welchem Verantwortungsbereich er dort tätig war, hatte ich nicht. Erst in Zusammenhang mit den Bezeichnungen „Reichsstatthalter und Gauleiter" erklärte sich mir das, was ich bis dahin nie richtig einordnen konnte. Die Strukturen der diktatorischen Verwaltung waren mir noch zu fremd. Mit Arthur Greiser, seit Herbst 1939 in der Position des Reichsstatthalters und Gauleiters des Warthelandes (oft auch als *Warthegau* bezeichnet), verband sich für mich zunächst eine unklare Doppelfunktion: Reichsstatthalter *und* Gauleiter.

Ich musste nachlesen, um mir Klarheit zu verschaffen, stieß das ein oder andere Mal auf verschwommene Formulierungen und fand schließlich die eindeutige Erklärung. Das Amt des Reichsstatthalters wurde nach der Machtübernahme der Nationalsozialisten per Gesetz geschaffen und gehörte zum Einflussbereich des Reichsinnenministeriums. Die ab 1934 direkt von Hitler zum Reichsstatthalter ernannten Gauleiter fungierten als ständige Vertreter des Reichskanzlers und bildeten entsprechende Aufsichtsorgane über die Landesregierung (Reichsstatthalterei). Daneben wurden häufig Selbstverwaltungen der einzelnen Gaue installiert, die reine Parteiinstitutionen waren. Die Gauselbstverwaltung des Warthelandes galt als von Gauleiter Greiser beherrschtes zweites Standbein der Verwaltung. So waren also in Personalunion beide Positionen vereint und mit entsprechender Machtfülle ausgestattet, was nicht automatisch bedeutete, dass es keine Reibereien zwischen Berlin und Posen gab.

Es gibt viele Beispiele, wo genau das Gegenteil zu Tage trat. Eine Besonderheit stellte der Status der annektierten polnischen Westgebiete als neue Reichsgebiete dar. Man war bestrebt, einen neuen Typus der Reichsverwaltung einzuführen, der später für das ganze Reichsgebiet gelten sollte. Als Grundlage diente die Überzeugung von der „Einheit von Partei und Staat". Nach diesen Prinzipien wurde es möglich, dass Partei und SS im Warthegau Funktionen von einem Ausmaß besetzen konnten, wie das bisher nicht möglich war. So verloren die zentralen Stellen in Berlin mehr und mehr an Einfluss in der Region.[67]

Beim Studium der Literatur und der Dokumente war ich unter anderem auf zwei Namen fixiert: auf den meines Vaters und den des Gauhauptmanns und SS-Oberführers Robert Schulz. Als Leiter der Gauselbstverwaltung erhielt er seine Weisungen unmittelbar von Greiser. Im Bundesarchiv Ludwigsburg fand ich einen mit Maschine geschriebenen, von meinem Vater unterschriebenen, ohne Datumsangabe (vermutlich Frühjahr 1941) verfassten Lebenslauf, in dem es heißt: „[...] Innerhalb der Gauselbstverwaltung wiederum *(wie bereits in Stettin, JJV)*. Übernahme des Fürsorgereferates, zugleich aber auch auf persönliche Anordnung des Gauleiters allgemeiner Vertreter des Gauhauptmannes. Bei dessen Einberufung zur Wehrmacht selbständige Leitung der Gauselbstverwaltung."[68] In einem staatsanwaltschaftlichen Vernehmungsprotokoll vom 23. April 1963 las ich dagegen etwas ganz anderes, die gegenteilige Aussage meines Vaters: „Der Gauhauptmann in Posen, Robert Schulz, hatte meines Wissens keinen offiziellen Vertreter."[69] Noch einmal traf ich auf eine direkte Verbindung der Person meines Vaters zur Position des Gauhauptmanns: „[...] Staatssekretär Dr. Stuckart hat mir auf Befragen erklärt, dass er Ventzki für den Posten des Oberbürgermeisters in Litzmannstadt für durchaus geeignet erachte, wenn er auch gehofft hätte, dass Ventzki eines Tages Gauhauptmann in Posen werden würde", schrieb der Staatssekretär Hans Pfundtner im Reichsinnenministerium am 17. März 1941 in einem Fernschreiben an Gauleiter Greiser.[70] Robert Schulz, SS-Brigadeführer, und mein Vater waren sich nicht unbekannt: Schulz war vor seiner Funktion in Posen stellvertretender Gauleiter Pommern und ab 1936 Landeshauptmann von Pommern mit Dienstsitz in Stettin. Vermutlich aufgrund seiner Erfahrungen im Fürsorgewesen und in der NSV während seiner Stettiner Jahre konnte mein Vater bei der Gauselbstverwaltung in Posen dann die Leitung der Abteilung III (Volksfürsorge) übernehmen, zu deren Verantwortungsbereich auch die „Fürsorge für geistig und körperlich Gebrechliche: a) Geisteskranke, b) Taubstumme, c) Blinde, d) Krüppel" gehörte.[71] Zudem vertraten sowohl Gauhauptmann Robert Schulz als auch mein Vater den „Reichsgau Wartheland (Gauselbstverwaltung)" als Mitglied in der „Kaiser-Wilhelm-Gesellschaft zur Förderung der Wissenschaften",[72] die nach dem Zweiten Weltkrieg den Namen Max Plancks erhielt.

Dass mein Vater von den zahlreichen Mordaktionen an für „lebensunwert" eingestuften Menschen, an Kranken und Behinderten angesichts seiner Einbindung in das gesamte System, seiner fachspezifischen Ausrichtung und seines Informationsstandes und über die Räumung der pommerschen und wartheländischen Heilanstalten nichts gewusst haben will, erscheint nicht nur unglaubwürdig, sondern auch höchst unwahrscheinlich.

„Ich habe weder beim Landeshauptmann in Stettin noch beim Gauhauptmann in Posen etwas über die Räumung der pommerschen bzw. polnischen Heilanstalten gehört […] Mein Oberinspektor in Stettin war ein Herr Knüppel, der also ebenfalls nur über Fürsorgefragen und nichts über Heilanstalten würde sagen können, jedenfalls für den Zeitraum meiner Tätigkeit dort. Ich habe indessen gehört, dass Herr Knüppel noch in Stettin gefallen sein soll […] Einen Herrn Hube kenne ich. Er war Gauamtsleiter bei der NSV in Stettin, ursprünglich war er Lehrer […]."[73]

Durch Recherchen und Forschungsergebnisse der letzten Jahrzehnte komme ich allerdings – nicht überraschend – zu einem ganz anderen Ergebnis:

„[…] Insbesondere war Parteigenosse Hube vom Gauleiter mit der Räumung der für Unterkünfte der Waffen-SS freigemachten Heilanstalten Stralsund und Lauenburg beauftragt und hat sich weitgehend für die Belange der Schutzstaffel eingesetzt."[74] So lautet es im Bericht, den der Höhere SS- und Polizeiführer Emil Mazuw in seiner Eigenschaft als Führer des SS-Oberabschnitts Nord mit Sitz in Stettin an das SS-Personalhauptamt sandte. Hube galt als eine der Hauptfiguren bei der Umsetzung der Mordpläne an kranken Menschen aus den pommerschen Heilanstalten. Der frühere Oberinspektor meines Vaters, Knüppel, avancierte zur „rechten Hand" von Hube.[75]

Auch nach seinem Wechsel in die Gauselbstverwaltung nach Posen (Poznań) hielt mein Vater seine Kontakte nach Stettin aufrecht, es gab nicht den geringsten Anlass, diese abzubrechen. Laut einer „Dienstreisenotiz"[76] hielt sich mein Vater am 7. Oktober 1942 in Stettin auf und logierte im Hotel „Preußenhof".[77] Später rückte er in die „freigemachte" Kaserne der Waffen-SS, der ehemaligen Heilanstalt in Lauenburg (Pommern), ein. Er kannte die Verhältnisse vor Ort. Er war zu dicht dran an der Vernichtungspolitik der Nationalsozialisten und kannte auch hier deren Ausführende.

Beim winterlichen Spaziergang mit meiner Schwester deckte noch eine dicke Schneeschicht das Kapitel „Posen" zu, das jetzt offen vor uns liegt und eine weitere Etappe eines zeitgeschichtlich aufschlussreichen Weges offenbart.

Amtseinführung als Oberbürgermeister am 8. Mai 1941

„Herrliche Blumen und Grüngewächse bildeten im Verein mit den Farben des Reiches den harmonischen festlichen Schmuck des großen Sitzungssaals des Regierungsgebäudes in der Gartenstraße 15, in dem die Amtseinführung des neuen Oberbürgermeisters stattfand. Lange vor Beginn der Feier war der Saal von Vertretern der Partei, des Staates, der Wehrmacht und der Stadt sowie von geladenen Gästen aus der Bürgerschaft bis auf den letzten Platz gefüllt. Wenige Minuten vor 11 Uhr erklang draußen Musik: der Gauleiter war mit seiner Begleitung vor dem Regierungsgebäude eingetroffen und schritt die Front der Ehrenformation der Schutzpolizei Litzmannstadt ab. Gleich darauf betrat er mit seiner Begleitung den Festsaal. Vom Städtischen Sinfonieorchester unter der Stabführung Adolf Bautzes gespielt, ertönten die feierlichen Klänge der Ouvertüre zum Oratorium „Der Feldherr" von Händel."

So berichtet der Korrespondent „A.K."[78] der „Litzmannstädter Zeitung" am 9. Mai 1941. Zum ersten Mal las ich diese Zeilen im Jahre 2002 am Bildschirmgerät in der Bibliothek des Hauses der Wannseekonferenz in Berlin. Dort ist die „Litzmannstädter Zeitung" fast komplett auf Mikrofilm archiviert. Heute geht es mir nicht anders als bei meinen Recherchen vor einigen Jahren: Der Text lässt mich nicht mehr los, Zeile für Zeile öffnet sich mir eine Szene, in deren Mittelpunkt mein Vater steht. Es ist kein gutes Theaterstück. Und weiter lese ich im gleichen Zeitungsbericht aus der Rede des Gauleiters Arthur Greiser:

„Als nun die Zeit reif wurde, hier an der Spitze der Stadt einen neuen und damit einen endgültigen Oberbürgermeister zu stellen, habe ich mich wohlweislich in meinem eigenen Mitarbeiterkreis umgesehen. Ich habe dann den Gauamtsleiter Pg. Ventzki ausgesucht und ihn gefragt, ob er das Amt annehmen will […] Ich glaube, dass gerade die Volksdeutschen und die Umsiedler davon berichten können, wie notwendig und segensreich die NSV-Arbeit des Pg. Ventzki sich hier entwickelt hat. Er kommt aus einem Lebenskreis, der dem ihrigen vollkommen entspricht. Seine Eltern, die heute ebenso wie seine Frau als Ehrengäste unter uns weilen und die ich besonders herzlich begrüßen möchte, haben sich einst an der früheren preußischen Grenze gegenüber dem früheren Russland bei Kempen und Kalisch genauso gefunden wie meine Eltern. Allein das verbindet schon. Er selbst ist ein Kind des Ostens aus Stolp in Pommern. Er kennt die Probleme des Grenzlandkampfes, er kennt auch die Probleme des polnischen Volkstums, und während seines Studiums, das er auf den Universitäten des Reiches absolviert hat, hat er als junger Referendar bereits die großen Zusammenhänge einer wohlgeordneten Stadtverwaltung kennen gelernt, indem er Jahre hindurch als persönlich Beauftragter und Referent des heutigen Staatssekretärs im Reichsinnenministerium, Dr. Stuckart, tätig war, der damals Jahre hindurch Oberbürgermeister der Gauhauptstadt Stettin gewesen ist. Und dann erst rief ihn die Partei auf dieses verantwortungsvolle Amt in der NSV, das er seit sieben Jahren, erst in Pommern und dann hier im Wartheland innehat."

Der Gauleiter wies nun darauf hin, dass an die Spitze unserer Stadt ein Mann komme, der sowohl Jurist als auch Verwaltungsbeamter ist. Pg. Ventzki habe als alter Marschierer und Gardist des Führers in vorderster Front bewiesen, dass sein Denken klar geblieben ist. Er sei Nationalsozialist geblieben.

„Ich glaube", fuhr der Gauleiter fort, „auf diesem Posten ist es richtiger, daß ein politisch Aktivierter als verbissen marschierender Nationalsozialist an der Spitze steht als ein routinierter Verwaltungsfachmann. Wenn er dazu noch ein Mann ist, der beides in sich vereinigt, dann, glaube ich, meine sehr verehrten Gäste, hat die Stadt Litzmannstadt das Große Los gezogen."

Nach dem Zeitungsbericht ergriff anschließend Bürgermeister Dr. Marder das Wort und sagte zu Oberbürgermeister Pg. Ventzki gewandt:

„Ihnen, Herr Oberbürgermeister übermittle ich die besten Glückwünsche der Gefolgschaft der Stadtverwaltung und zugleich auch das Gelöbnis, dass wir alle besessen sind von der Aufgabe, die wir zu erfüllen haben. [...] Sie haben eine außerordentliche Aufgabe zu erfüllen, die Aufgabe, aus Litzmannstadt eine deutsche Stadt zu machen und[79] – zum anderen- ihr auch innerhalb des Reiches das Ansehen zu verschaffen, das diese Stadt dank ihrer historischen Entwicklung verdient."

Mein Vater wird in dem gleichen Bericht mit den folgenden Worten seiner Antrittsrede zitiert: „Was kann es im Leben eines Nationalsozialisten, insonderheit eines jungen Menschen für eine schönere Stunde geben, als eine große neue Aufgabe übertragen zu bekommen! Ich darf wohl sagen, daß in dieser Stunde für mich selbst ein seit Jahren heiß gehegter Wunsch in Erfüllung geht. Seit Jahren wünsche ich mir, mich einmal einer selbständigen großen Aufgabe widmen zu können. Ich glaube, dass die Menschen, die hierher kommen, an Jahren und an Herzen nicht jung genug sein können. Wir brauchen Menschen, die frei sind von allzu viel Erfahrung, die frei sind von allzu viel fachlichen, sachlichen und beruflichen Hemmungen, denn sonst sind sie den Aufgaben dieses Landes und dieser Stadt nicht gewachsen."

Ich muss mich in diese Zeitungstexte vertiefen, um den Spuren meines Vaters zu folgen, um vor Augen zu haben, welche Sprache von ihm benutzt wurde und sein ganzes Wirken, sein ganzes berufliches und privates Umfeld bestimmten. Seine Begeisterung für das Hitler-Regime war unverkennbar und trat völlig unverfälscht in all seinen Äußerungen zu Tage. Er verkündete die Nazi-Propaganda aus tiefster Überzeugung und verband sie immer wieder geschickt mit seinem persönlichen Pathos. Wie einen spürbaren Stoß empfinde ich seine späteren Worte in einem persönlichen Dokument nach 1945, demzufolge er nur einer „Weisung des Gauleiters folgte und die Position des Oberbürgermeisters trotz gewichtiger persönlicher Gegengründe habe übernehmen müssen". Das Angebot, das Amt des Oberbürgermeisters der sechstgrößten Stadt des Reichs zu übernehmen, konnte mein Vater aus seiner Sicht gar nicht ablehnen. Zu groß waren die Verlockungen, zu groß sein Ehrgeiz, um tatsächlich „gewichtige persönliche Gegengründe" anzuführen. Schließlich bot sich meinem Vater die Gelegenheit eines erheblichen Karrieresprungs und sich aus der fachlichen Enge seines bisherigen Aufgabengebiets einer „größeren Sache" – wie er es einmal selbst formulierte – zu widmen und mehr in der Öffentlichkeit präsent zu sein. 2001 entdeckte ich im Staatsarchiv Lodz die offizielle Ernennungsurkunde meines Vaters zum Oberbürgermeister für eine 12-jährige Amtszeit bis zum 7. Mai 1953 [sic!].

„Aus Litzmannstadt eine deutsche Stadt zu machen", das war es wohl, was meinen Vater begeisterte, was ihn politisch motivierte und zum Handelnden machte. Ein Ziel, dem er sich mit ganzer Kraft widmete und von dessen historischer Notwendigkeit er überzeugt war. Das Stichwort hieß „Eindeutschung", was so viel bedeutete wie Auslöschung des jüdischen und polnischen Lebens und als allein gültiges Maß das absolute „Deutschtum" gelten zu lassen.

Wer war mein Vater? War er der Vater, den ich aus meiner Kindheit, meiner Jugend oder auch als den von seinen Enkeln geliebten Großvater in Erinnerung habe, war er eine mir fremde Person, die sich später selbst als „Figur der Zeitgeschichte" bezeichnete und einem Regime kalter Verbrecher willfährig diente oder symbolisierte er für mich in erst fortgeschrittenem Alter eine erschreckende Gespaltenheit, die mit großer Wucht auf mich herabstürzte? Wer waren meine zwei Väter? Der eine, der so witzig und ausgelassen sein konnte, der in der Familie immer dafür sorgte, dass auch Albernheiten ihren Platz hatten, und der sein preußisches Beamtenverständnis pflegte wie ein rohes Ei? Oder der andere, der überzeugte Nationalsozialist, der sich gerne und nicht ohne Stolz in brauner Uniform der Partei und später in jener der Waffen-SS zeigte, am Schreibtisch saß, Dokumente der ihm unterstellten Ghettoverwaltung als Teil der kommunalen Verwaltung unterzeichnete, der voll involvierte politische NS-Beamte und Reichsredner, der zu Besprechungen ins Reichsinnenministerium und anderen NS-Dienststellen nach Berlin reiste und mit Hitler am gleichen Tisch saß?

Ich bin mir sicher, dass mein Vater von der nationalsozialistischen Idee der „Umvolkung", der Vertreibung und anschließenden Neuansiedlung von Volksdeutschen als Akt der „Germanisierung" der durch die Wehrmacht eroberten westpolnischen Gebiete fasziniert war.

Die Historikerin Isabel Heinemann weist darauf hin, dass den Nazis „angesichts des vorausgesetzten ‚Höherwerts der nordischen Rasse' und der vermeintlichen Notwendigkeit, das ‚deutsche Volk' durch strikte Selektion der ‚Fremdvölkischen' vor den Gefahren ‚blutlicher Vermischung' zu schützen, die ‚negativen Folgen' der Auslese, also Vertreibung, Umsiedlung und schließlich Völkermord, als prinzipiell gerechtfertigt erschienen".[80] Dieser Grundsatz der NS-Weltanschauung hatte sich bei meinem Vater, aber auch bei meiner Mutter, die ich nicht ausschließen kann, so stark manifestiert, dass ein Unrechtsbewusstsein gar nicht erst aufkommen konnte.

Zunächst wohnte die Familie Ventzki in Litzmannstadt in der Deutschlandstraße 14, bevor sie am 15. November 1941 die umgebaute und renovierte ehemalige Fabrikanten-Villa Leonhardt in der Ostpreußenstraße 15, jetzt Bednarska 15, bezog. Die Stadt Lodz nutzt dieses Gebäude mit seinen vielen Räumen heute als „Generationenhaus", Waisenhaus und Sozialstation für alte Menschen unter einem Dach. In einigen Räumen im Erdgeschoß wurde ein Dokumentationszentrum und eine Dauerausstellung über das Schicksal polnischer Zwangsarbeiter aus der Woiwodschaft Lodz während der Nazi-Diktatur eingerichtet. Ich spürte starke Emotionen, als mir und unserer Tochter vom Vorsitzenden des Vereins der ehemaligen Zwangsarbeiter und Opfer der Nazi-Diktatur, Mirosław Olejniczak, und von einer Reihe von Menschen, die zur Zwangsarbeit meist ins Reich (Henningsdorf b.

Abbildung 4: Mein Geburtshaus in der Ostpreußenstraße 15 (heute: Bednarska 15, das „Haus der Generationen")

Berlin, Hamburg, Ulm, Hannover und andere Städte) verschleppt worden waren, in meinem Geburtshaus ein sehr herzlicher, offener Empfang bereitet wurde. Wir saßen bei Tee und Gebäck in dem großen Raum, der sich an der Terrassenseite der ehemaligen Villa befindet und dessen kunstvolle Holzdecke mir von alten Fotos sehr vertraut ist. Viele Dokumente, Fotos, leicht vergilbte Arbeitskarten, Papiere, Ausweise und andere Erinnerungsstücke, die hier ausgestellt sind, und die oft sehr traurigen und bedrückenden Berichte, die wir zu hören bekamen, hinterließen einen bleibenden Eindruck. Wir verließen das Haus mit dem Versprechen, das auch für die Zukunft geltende, herzliche „Willkommen" bald einzulösen. Die heutige Nutzung meines Geburtshauses, in dem sich der Gauleiter Arthur Greiser und meine Eltern in einem privaten Umfeld trafen, wodurch sich so manche „Herrenmenschen-Szenen" abgespielt haben dürften, stellt für mich eine besonders gelungene und mich mit Genugtuung erfüllende Brücke aus der Vergangenheit in die Gegenwart und Zukunft dar.

Für mich als Kind und teilweise auch noch als Jugendlicher – die Wissensvermittlung in der Schule über die NS-Zeit entpuppte sich als mangelhaft und aus dem Elternhaus erfuhr ich mehr Verschleierung als Aufklärung – hatte die Bezeichnung „Oberbürgermeister" nichts Erschreckendes an sich. Vielleicht empfand ich sogar noch etwas Stolz, dass mein Vater „Chef einer Großstadtverwaltung" war. Auf welchem Fundament er damals wirklich bauen konnte, erfuhr ich erst Stück für Stück in späteren Jahren. Ein Blick in die 1935 eingeführte Deutsche Gemeindeordnung besagt alles: Gemeindeparlamente wurden abgeschafft und parlamentarische Mehrheitsbeschlüsse „demokratischer Prägung" damit als verachtenswert angesehen. Durch die Berufung einer „geeigneten Persönlichkeit", die „Autorität nach unten und uneingeschränkte Verantwortung nach oben nach den Grundsätzen des nationalsozialistischen Staates" zu beweisen hatte, fand auch hier das Führerprinzip Eingang. Damit war auf kommunaler Ebene eine gewisse Machtfülle erreicht, die meinem Vater zu verlockend erscheinen musste, als dass er sie hätte ignorieren wollen. Der „Führer" einer solchen politisch bedeutsamen, „zu germanisierenden" Großstadt im neuen Reichsgau Wartheland zu sein, das musste eine große Faszination auf ihn ausgeübt haben. Als Oberbürgermeister war mein Vater ebenso Dienstvorgesetzter aller städtischen Beamten, Angestellten und Arbeiter. So auch für Hans Biebow, den Leiter der kommunalen Ghettoverwaltung.

Die Verwaltung der Stadt unter deutscher Besatzung

Sommer 2007. Ich sitze im Bildarchiv Preußischer Kulturbesitz in Berlin-Mitte. Vor mir liegen mehrere prall gefüllte Mappen mit tausenden von Kontaktabzügen aus dem Nachlass des Fotografen Alfred Kiss, der in der Zeit der deutschen Besatzung von Lodz u.a. für die dortige „Litzmannstädter Zeitung" tätig war. Eine stundenlange, konzentrierte Arbeit steht mir bevor. Nur ca. 4,0 x 2,8 cm ist das Maß jedes einzelnen Fotos der DIN A4-großen Kontaktabzüge. Da helfen nur eine gute Lupe und ein entsprechender Zeitaufwand, um jedes Motiv auf das zu prüfen, wonach ich suche. Alles, was in Verbindung mit der Biographie meines Vaters stehen könnte, zieht meine Aufmerksamkeit auf sich. Ich recherchiere ohne Pause, bin am späten Nachmittag ermüdet und verlasse das Archiv mit einem nicht vermuteten, reichen Fund an fotografischen Entdeckungen. Meine letzte Auswahl fällt auf 25 Motive, von denen ich Vergrößerungen bestelle. Zwei davon stellen eine Szenerie dar, die mit großer Wahrscheinlichkeit eine Sitzung der Verwaltungsspitze der Stadt unter Leitung meines Vaters, eine Dezernentensitzung festhält. Ein anderer Auftritt meines Vaters, zum Beispiel anlässlich einer Ratsherrensitzung, von der gelegentlich in der Presse berichtet wurde, die aber nur selten stattfand, scheint hier nicht vom Fotografen anvisiert worden zu sein. Diese Veranstaltungen fanden meist im großen Sitzungssaal der Industrie- und Handelskammer statt, während das mir vor liegende Motiv eine Sitzung oder Dienstbesprechung im kleineren Rahmen dokumentiert. Der Ort des Geschehens könnte jedoch der gleiche gewesen sein. Die Teilnehmer sitzen in einem Halbrund vor dem lang gestreckten Tisch des Stadtoberhaupts, der zu seiner Rechten und Linken die für den Anlass wichtigsten Beamten gruppiert hat. Als Vortragende hat sich in ihrer Mitte der Oberbürgermeister Werner Ventzki von seinem Platz erhoben. Er trägt seine braune Dienstuniform mit Hakenkreuzbinde am linken Arm, mit beiden Händen stützt er sich an der Tischkante und trägt den Versammelten Punkt für Punkt die einzelnen Positionen der Tagesordnung vor. Je nach zu behandelnder Thematik fungieren die einzelnen Fachdezernenten als Berichterstatter. Rechts neben meinem Vater hat sein Stellvertreter, Bürgermeister Dr. Marder, Platz genommen. Eine Stufe tiefer direkt vor meinem Vater sitzen zwei Protokollantinnen bei ihrer Schreibarbeit. Bewusst oberflächlich und kurz lasse ich meinen Blick über die beiden Fotos

Abbildung 5: Mein Vater (Mitte, stehend) leitet eine Sitzung, vermutlich im Sitzungssaal der Industrie- und Handelskammer Litzmannstadt, links vor ihm sein Stellvertreter, Bürgermeister Dr. Marder, undatiert

gleiten. Irgendwie könnte hierbei der Eindruck einer unspektakulären, „normalen" und bürokratischen Sitzung von städtischen Beamten entstehen, die vor sich Papiere, ob Finanz- oder Wirtschaftspläne, Vorschläge für neue Verordnungen und Verwaltungsbestimmungen ausgebreitet haben. Doch zu deutlich sind die sichtbaren Insignien der Nazi-Machthaber. An der Rückwand, direkt hinter meinem Vater prangt das mit Girlanden umkränzte neue Hakenkreuz-Stadtwappen, unübersehbar ist neben meinem Vater ein weiterer Uniformträger zu erkennen und vor dem Oberbürgermeister liegt auf dem Tisch eine dicke Akte, dessen Titelblatt ebenfalls das Stadtwappen zur Schau stellt. Sogar ein Blumenstrauß ziert den Platz des Oberbürgermeisters.

Alfred Kiss, der diese Szenen mit seiner Kamera festhielt, 1904 in Lodz geboren, verdiente sich seinen Lebensunterhalt in der Textilbranche. Aber seine ganze Leidenschaft galt der Fotografie. Gern fotografierte er für den deutschen Schul- und Bildungsverein (SBV) in Lodz, Nazi-Aufmärsche und Motive des Deutschtums. Aber auch etwa 120 andere Bilder beinhaltet sein Nachlass, jeweils mit einem „J" gekennzeichnet: Fotos der Zerstörung jüdischen Lebens in der Stadt, Sprengung von Synagogen und der Umzug der jüdischen Bevölkerung ins Ghetto im Winter 1940.

Wie kam es eigentlich dazu, dass mein Vater im Mai 1941 den Platz des Oberbürgermeisters einnehmen konnte? Welche Dinge spielten für diese Entscheidung der politischen Führung in Berlin und der in den okkupierten polnischen Gebieten eine Rolle? Nach dem Überfall der deutschen Wehrmacht auf Polen im September

1939 befand sich das Gebiet der Stadt Lodz zunächst im neuen Reichsgau „Posen",
im Januar 1940 erfolgte dann die Umbenennung in Reichsgau „Wartheland", im
allgemeinen Sprachgebrauch auch als „Warthegau" bezeichnet. Hier sollte nach
dem Willen der Nazis ein „Mustergau" entstehen, der nationalsozialistische Weltanschauung noch konsequenter als im so genannten „Altreich" umzusetzen hatte.
Das galt auch für die Strukturen der Verwaltung, deren Neuerungen man nach
Kriegsende auch im gesamten Reichsgebiet übernehmen wollte. Es sollte mehr das
Prinzip „Einheit von Partei und Staat" gelten.[81] Doch es waren Differenzen zwischen den zentralen Ressorts und den örtlichen Instanzen im neuen Reichsgau
vorprogrammiert. Wie sich zeigen wird, gab es zwischen Berliner Ministerien und
Posen immer wieder Spannungen, in deren Verlauf sich regelmäßig die SS unter
Heinrich Himmler einschaltete. Die Besetzung des Oberbürgermeistersessels in
Lodz/Litzmannstadt stellte sich vor diesem Hintergrund als höchst kompliziert
heraus. Nach der damaligen Rechtslage oblag die Berufung zum Oberbürgermeister dem Reichsinnenministerium in Berlin. Auf der unteren Verwaltungsebene,
der Kommunalverwaltung galt ab 1. Januar 1940 auch im Reichsgau Wartheland
die Deutsche Gemeindeordnung.[82] Der erste Oberbürgermeister, Franz Schiffer
wurde bereits nach nur wenigen Monaten im Amt auf Betreiben des Gauleiters
Greiser am 10. Mai 1940 wieder verabschiedet.[83] Nun begann ein regelrechtes Tau-
ziehen, dokumentiert durch einen intensiven Briefwechsel, um die Neubesetzung
des OB-Postens. Obwohl die Zeit drängte, dauerte es noch ein ganzes Jahr, bis
wieder ein Stadtoberhaupt sein Amt antreten konnte. Bis dies geschah, führte der
Stadtkämmerer und Bürgermeister Dr. Marder die Verwaltungsgeschäfte. Sowohl
vom zuständigen Leitenden Staatssekretär im Reichsinnenministerium Pfundtner
als auch vom Gauleiter Greiser und vom Regierungspräsidenten Uebelhoer wurden immer wieder verschiedene Namen für den OB-Posten genannt Eine Einigung
kam erst einmal nicht zu Stande. Später schaltete sich auch Reinhard Heydrich ein,
denn ihm konnte es nicht gleichgültig sein, wer an der Verwaltungsspitze einer
„deutschen" Großstadt mit einem Ghetto stand. Mehrfach wurde als geeigneter
Kandidat für den OB-Posten der Kreisleiter der NSDAP von Litzmannstadt, Ludwig Wolff genannt, der als guter Repräsentant der Volksdeutschen galt. Doch auch
dieser Vorschlag fand nicht die einhellige Zustimmung aller Beteiligten. Staatssekretär Pfundter unternahm im Juni 1940 dennoch einen Versuch, den Kreisleiter
als beste Lösung wieder ins Gespräch zu bringen, denn Gauleiter Greiser hatte
wohl erwähnt, meinen Vater, „den damaligen Gauamtsleiter der NSV in Posen,
Landesrat Werner Ventzki zu positionieren"[84]. Nicht ohne Pikanterie ist eine eindeutige Einschätzung meines Vaters durch den Staatssekretär in einem Entwurf
eines privatdienstlichen Schreibens an den Gauleiter vom 13. Juni 1940. Darin
heißt es:

„Von einer Berufung des Landesrats Ventzki zum Oberbürgermeister von
Litzmannstadt möchte ich abraten. Ich glaube nicht, dass er für dieses sehr
schwierige Amt über die notwendigen Qualitäten verfügt und befürchte
außerdem, dass es ihm nicht gelingen wird, die Mitarbeiterschaft des Dr.
Marder und des Herrn Hallbauer zu gewinnen [...]."[85]

Der Staatssekretär korrigierte diese Formulierung vor Abgang des Schreibens zu Gunsten meines Vaters, doch war er für die Besetzung dieses bedeutenden Postens also keineswegs „erste Wahl". Und wieder zog sich die Sache in die Länge. Erst am 13. März 1941 ging der Gauleiter in die Offensive und schrieb an Pfundtner nach Berlin: „Ich schlage Ihnen nunmehr vor, den Pg. Ventzki zum Oberbürgermeister von Litzmannstadt zu berufen. [...] Er ist väterlicherseits in der ganzen Linie ein Posener Kind. Er ist Volljurist, hat alle notwendigen Examina abgelegt. Er ist Kommunalbeamter und hat vielleicht seine Hauptausbildung seiner Zeit als Persönlicher Referent von Dr. Stuckart während seiner Stettiner Zeit gehabt.

Er ist in der Partei stark verankert, ohne dass er gleichzeitig in Litzmannstadt in der Partei tätig sein würde, und er ist ein Mann, der sowohl kommunalpolitisch als auch parteilich gesehen die selbständige Linie des Aufbaus der Stadt Litzmannstadt gegenüber dem Regierungsbezirk zu vertreten in der Lage ist."[86]

Arthur Greiser wollte demnach meinen Vater als seinen Vertrauensmann in Lodz/Litzmannstadt installieren. Dass Reichsinnenministerium fügte sich schließlich dem Wunsch des Gauleiters und bat meinen Vater zu einem Gespräch nach Berlin.[87] Die Beförderung zum Oberbürgermeister von Litzmannstadt war für meinen Vater und seine Familie ein wirklicher Karrieresprung, „der Preis, hierfür die Dienstaufsicht über ein Stadtamt namens Gettoverwaltung zu übernehmen, schien ihm nicht zu hoch zu sein".[88]

Bei Dezernentensitzungen der Stadtverwaltung kam man meist wohl klar und ohne Umschweife zur Sache. In der Niederschrift der Dezernentenbesprechung am 20. November 1941 unter Leitung meines Vaters heißt es unter Punkt 3:

„Getto-Angelegenheiten (OB Ventzki): Über die obigen Angelegenheiten erfolgt eine allgemeine Unterrichtung der Anwesenden, die jedoch streng vertraulich zu behandeln ist."[89] Die Dinge nahmen ihren Lauf. Das Protokoll der Dezernentensitzung am 29. September 1942 unter der Leitung des Oberbürgermeisters gibt unter Punkt 7 Getto (Ventzki) Folgendes preis: „Von den vorbereiteten Maßnahmen zur Verkleinerung des Gettos wird Kenntnis gegeben. Die unentgeltliche Überlassung der freiwerdenden Flächen einschließlich der vorhandenen Baulichkeiten an die Stadt ist in die Wege geleitet."[90] Wie ein hungriges Raubtier lauerte die Stadtverwaltung unter Leitung meines Vaters auf neue Beute, eben auf das freiwerdende Areal bei „Verkleinerungen des Gettos" nach Deportationen ins Todeslager Chełmno (Kulmhof), nach Zwangsräumungen oder Maßnahmen zur Umstrukturierung. Die Pläne zur Neugestaltung der „deutschen" Stadt waren längst fertig gestellt.

Wilhelm Hallbauer, Stadtoberbaudirektor, formulierte bereits am 28. Januar 1940, vor Schließung des Ghettos und Umbenennung der Stadt in „Litzmannstadt", in seiner Denkschrift „Grundsätzliche Gedanken zum Raumproblem Lodsch" unter „V. Volkstums-Neuordnung":

„Eine dauernde Eindeutschung von Lodsch wird nicht nur durch Änderung der polnischen Beschriftungen und Aufenthaltsverbote von Juden in bestimmten Straßen und Stadtteilen erreicht. Eine Stadt ist entweder von innen heraus deutsch, oder sie ist es nicht. Solche Eindeutschung erfordert aber in Lodsch Neuordnung von Grund auf, bei den Menschen wie allen Sachen […]. Die bereits in Gange befindliche Volkstums-Neuordnung durch Zwangsumsiedlung innerhalb der Stadt, Einsiedlung von Deutschen aus Altreich und Nachbarländern und restlose Aussiedlung der Juden über die Grenze hinweg, schafft allein die notwendigen inneren, volkstumsmäßigen Grundlagen für eine deutsche Zukunft[…]."[91]

Drastisch werden schon zu diesem Zeitpunkt „Menschen und Sachen" miteinander verglichen, die einen werden umgebracht, die anderen abgerissen, saniert oder „eingedeutscht".[92]

Wie man in der Stadtverwaltung diesen von Himmler und Gauleiter Greiser abgesegneten Umbau der Stadt zu einer „deutschen" Stadt in Hinblick auf das Ghetto konkret umsetzen wollte, geht auch aus der Niederschrift der Dezernentensitzung am 11. Dezember 1942 unter Vorsitz meines Vaters hervor. Dort heißt es unter Punkt 2:

„Getto – Berichterstatter: Oberbürgermeister Ventzki.
Der zu erwartende weitere Rückgang der Bevölkerungszahl im Getto lässt eine Verkleinerung des heutigen Gettoraumes in erreichbare Nähe rücken. Darüber hinaus muss der Zeitpunkt einer endgültigen Auflösung des Gettos immerhin ernstlich in Betracht gezogen werden. Unabhängig von sich daraus etwa ergebenden Fragen des Eigentums und der Verwaltung des dann freiwerdenden Grundbesitzes sind im Augenblick rein städtebauliche Maßnahmen und Planungen erforderlich. Die Verlagerung von Betrieben innerhalb des Gettos, die Räumung bestimmter Gebiete im Getto, der Abbruch von Gebäuden, Verlegung von Straßenbahnlinien und dergleichen mehr hat ab sofort nicht nur nach den Gesichtspunkten der zweckmäßigen Wirtschaftsführung des Gettos zu erfolgen, sondern überwiegend nach den Gesichtspunkten der künftigen Entwicklung dieses Stadtgebietes. Stadtbaurat Freitag ist deshalb beauftragt worden, alle diesbezüglichen Planungen so vorzubereiten, dass zu gegebener Zeit Maßnahmen der angedeuteten Art ergriffen werden können. Die Gettoverwaltung ist angewiesen worden, in allen diesbezüglichen Fragen die Entscheidung des Stadtbaurates Freitag einzuholen."[93]

Ebenso aufschlussreich ist der folgende Tagesordnungspunkt, mit dem sich die Verwaltungsspitze der Stadt befasste:

„Punkt 3) Schaffung eines Arbeitslagers – Berichterstatter: Oberbürgermeister Ventzki.
Der Leiter der Geheimen Staatspolizei, Dr. Bradfisch hat gebeten, ihn bei der beabsichtigten Schaffung eines Arbeitslagers zu unterstützen. Ein solches Lager bestehe bereits in Ostrowo. Der Transport der Häftlinge dorthin sei aber zu umständlich und daher ist beabsichtigt, in nächster Nähe von Litzmannstadt ein solches Lager zu errichten. Die Unterbringung der

Häftlinge erfolge in Baracken. Benötigt wird ein Gebäude als Verwaltungsgebäude. Gedacht sei an etwa 500 Mann. Die Stadt sei an der Schaffung eines solchen Lagers interessiert, weil diese Männer regelmäßig zu öffentlichen Bauvorhaben, zu Straßenarbeiten usw. zur Verfügung gestellt werden könnten und gerade schwere körperliche Arbeit verrichten müssten. Die Stadt könne also mit diesen Kräften Bauvorhaben durchführen, die heute infolge Fehlens geeigneter Arbeitskräfte sonst nicht mehr durchgeführt werden können. Stadtbaurat Freitag wird beauftragt, gemeinsam mit dem Liegenschaftsamt zu prüfen, ob und gegebenenfalls welche Objekte für den genannten Zweck zur Verfügung gestellt werden können."[94]

Die Stadtspitze unter Vorsitz meines Vaters fand wohl auch hier eine „Lösung", um aus dem Ansinnen der örtlichen Gestapo Kapital für die Stadt zu schlagen und polnische Häftlinge zu schwerer körperliche Zwangsarbeit für den Aufbau „ihrer deutschen Stadt" zu missbrauchen. Für meinen Vater, Absolvent eines humanistischen Gymnasiums und ausgebildeten Volljuristen, war es eine Selbstverständlichkeit, Menschen, die als Angehörige eines slawischen Volkes verfolgt und gedemütigt wurden, als „Häftlinge" zu bezeichnen und ihnen damit einen vorgegebenen Stempel aufzudrücken.

Wie alle anderen städtischen Behörden unterstand auch das Litzmannstädter Gesundheitsamt meinem Vater als Oberbürgermeister. Am 9. September 1942 fand im Neuen Rathaus in Anwesenheit meines Vaters die Amtsübergabe an den neuen Leiter des Gesundheitsamtes, Medizinalrat Dr. Wiedenbrüg, Facharzt für „Nerven- und Geisteskrankheiten", statt. Die „Litzmannstädter Zeitung" berichtete: „[…] Der Oberbürgermeister betonte dann die außerordentliche Wichtigkeit dieses Amts. Seine Aufgaben sind wesentlich anders, als in einer vergleichbaren Großstadt des Reiches, und er habe es immer als seine vornehmliche Pflicht gehalten, die Arbeit gerade dieses Amtes zu unterstützen […]."[95]

Die Worte meines Vater, die zunächst sehr allgemein gehalten sind, bekommen dann eine andere Bedeutung, wenn sie in Zusammenhang mit der Gesundheitspolitik der Nazis in den besetzten und ins Reich eingegliederten westpolnischen Gebieten gesehen werden.

Die Gesundheitsverwaltung im Reichsgau Wartheland verlagerte sich mehr und mehr vom Reichsinnenministerium und den Regierungspräsidien hin zur Reichsstatthalterei nach Posen (Poznań). Dort wurde unter Leitung des Naumburger Amtsarztes Dr. Oskar Gundermann die Abteilung II „Gesundheitswesen und Volkspflege" eingerichtet. Damit schafften die Nazis im Warthegau eine weitere Institution, die die rassistische „Volkstumspolitik" umzusetzen hatte. Ziel war „die vom Reichsstatthalter vorgegebene Trennung der Bevölkerungsgruppen und die gesundheitliche Stabilisierung der deutschen Bevölkerung bei gleichzeitiger Diskriminierung, Entrechtung, Vertreibung und Ermordung der polnischen und jüdischen Bevölkerungsgruppen".[96] Die Mitwirkung der Gesundheitsverwaltungen an den politischen Zielen im Warthegau zeigte sich besonders deutlich in drei Bereichen: bei der frühen Ermordung von Psychiatriepatienten in der Zeit von November 1939 bis März 1940, bei der Schaffung von Ghettos für die jüdische

Bevölkerung und bei der einseitigen Gewährung von Dienstleistungen im Gesundheitswesen, die in der Regel nur deutschen Bevölkerungsgruppen zustanden.[97]

Am 1. Mai 1942 schrieb Gauleiter Arthur Greiser an den Reichsführer SS Heinrich Himmler und ging einleitend noch einmal auf die von Himmler genehmigte Ermordung („Sonderbehandlung") von rund 100.000 Juden im Reichsgau Wartheland ein. Im folgenden Absatz des Schreibens thematisierte Greiser die Existenz von etwa 35.000 an offener Tuberkulose erkrankten Polen in seinem Gaugebiet. Die Formulierung, die Greiser wählte, lief eindeutig auf einen neuerlichen Antrag an Himmler hinaus, nun auch diese Menschen ermorden zu dürfen.[98] Bereits Monate vor der Entscheidung über Greisers Plan, sich der erkrankten polnischen Menschen zu entledigen, schrieb mein Vater mit dem Vermerk „Persönlich" an den stellvertretenden Reichsgesundheitsführer, Professor Dr Kurt Blome:

„Sehr verehrter Parteigenosse Dr. Blome!
Es war mir eine große Freude, dass wir vor einigen Tagen in der Wohnung des Gauleiters Gelegenheit hatten, uns persönlich kennenzulernen. Wie ich Ihnen schon zum Ausdruck brachte, sind die Ihnen ja teilweise bekannten sozialen und hygienischen Verhältnisse in Litzmannstadt unvorstellbar. Der Gedanke, durch einen Großeinsatz der Tuberkulose hier Einhalt zu gebieten, hat für mich geradezu etwas Bestechendes. Ihr Vorschlag ist die einzige Möglichkeit, hier etwas zu erreichen. Wenn ich Ihnen heute schreibe, so deshalb, weil ich die sich mir bietende Gelegenheit nun unter allen Umständen ausnutzen möchte [...]. Ich habe zunächst veranlasst, dass mit dem Holfelder Gerät des Gesundheitsamtes alle polnischen Hausgehilfinnen, Friseure, Kellner, Bedienungspersonal in den Lebensmittelgeschäften usw. erfasst werden. Eine systematische Erfassung des letzten Polen ist infolge zu schwacher Besetzung meines Gesundheitsamtes natürlich nicht möglich. Wir haben eine Fülle von Beispielen geradezu erschütternder Art, dass deutsche Menschen oder ihre Kinder durch diese Gefahrenquellen sich infiziert haben und dadurch in ihrer Bereitschaft für den Osten natürlich für alle Zeit schwer getroffen sind [...]. Ich wäre Ihnen deshalb unendlich dankbar im Interesse der deutschen Bevölkerung Litzmannstadts, die heute immerhin schon 150.000 Menschen zählt, wenn Sie mit dem Röntgensturmbann in den Warthegau kämen und möglichst mit dem Einsatz in Litzmannstadt beginnen würden [...]. Ich würde es deshalb außerordentlich begrüßen, wenn Sie Ihre freundliche Zusage einhalten würden und in etwa 14 Tagen nach Litzmannstadt kämen. Wir könnten dann vielleicht schon unter Hinzuziehung einiger interessierter Männer das Notwendige besprechen.
Mit freundlichem Gruß und Heil Hitler, Ihr sehr ergebener Ventzki".[99]

Die „Litzmannstädter Zeitung" berichtete schon im August 1941, also ein Jahr vor dem Schreiben meines Vaters an Professor Blome, unter der Überschrift „1500 Lungenbilder auf einem Film – Gesundheitsamt sucht planmäßig Tuberkulosekranke" über das Aufstellen des Röntgengerätes „Holfeldersche Schirmbilderapparat":

> „In der vergangenen Woche wurde im Erdgeschoß des Staatlichen Gesundheitsamtes in der Adolf-Hitler-Straße 113 ein Röntgengerät in Betrieb genommen, das für die Durchsuchung der mit den deutschen Volksgenossen in Berührung kommenden polnischen Bevölkerung und für die ebenfalls geplante Untersuchung der deutschen Bevölkerung auf Tuberkulose bestimmt ist." [100]

Offensichtlich hatte mein Vater beim Gesundheitsamt bereits Namenslisten von an Tuberkulose erkrankten Polen erstellen lassen, so dass er die sich ihm „bietende Gelegenheit", mit Hilfe des SS-Röntgensturmbannes die erkrankten Polen in Lodz schneller zu erfassen und auszusondern, als „bestechend" empfand. Die Wahrscheinlichkeit, dass es am Ende einer solchen Kette zur systematischen Ermordung von an offener Tuberkulose erkrankten Polen auch in Lodz hätte kommen können, musste meinem Vater bekannt gewesen sein. Diese Kausalität ergibt sich aus der Faktenlage, obwohl wir natürlich nicht wissen, was mein Vater mit Professor Blome beim Zusammentreffen beim Gauleiter Greiser besprochen hat. Doch seine Formulierungen im Schreiben an Blome, seine schnelle Initiative, der zeitliche Ablauf des Geschehens und das zum damaligen Zeitpunkt noch intakte Vertrauensverhältnis zwischen Greiser und meinem Vater, lassen darauf schließen.

Doch gegen den Plan von Greiser, diese etwa 35.000 Menschen im Warthegau ermorden zu lassen, gab es Bedenken, weil die Geheimhaltung nicht gewährleistet schien. Obwohl Blome selbst an den Mordplänen beteiligt war, riet er daher in einem Schreiben vom 18. November 1942 an Greiser von der Durchführung ab: „Dass der in Aussicht genommene Weg die einfachste und radikalste Lösung darstellt, steht außer allem Zweifel. Wenn die Garantie einer restlosen Geheimhaltung gegeben wäre, könnte man Bedenken – gleich welcher Art – zurückstellen. Ich halte aber eine Geheimhaltung einfach für unmöglich." [101]

Lediglich also die nicht garantierte Geheimhaltung ließ Blome die Zustimmung verweigern, nicht aber irgendwelche Skrupel, kranke Menschen zu ermorden. Himmler schloss sich Blomes Bedenken an und so wurde Greisers Mordplan endgültig am 3. Dezember 1942 abgelehnt. [102]

Eine Rückblende: Am 6. Januar 1939 berichtete die „Pommersche Zeitung" von der Einweihung der Tuberkulose-Heilstätte „Waldriede" in Neugard (Pommern) in Anwesenheit meines Vaters als Leiter des Amtes für Volkswohlfahrt. [103] Für die Gesundheit der deutschen „Volksgenossen" setzte sich mein Vater immer wieder mit besonderem Engagement ein. Die Prioritäten waren eindeutig.

Die „Gettoverwaltung Litzmannstadt"

„027" war das Kürzel der deutschen Verwaltung des Ghettos im amtlichen Schriftverkehr, drei Zahlen, die mir von so manchen Dokumenten sehr vertraut sind. Auf eine der entscheidenden Fragen, die mir nie Ruhe ließ, galt es, eine Antwort zu finden, nämlich auf die Beziehungen meines Vaters zum Ghetto, und damit der Klärung nach seiner Mitverantwortung für das Leben und den Tod der Juden in meiner Geburtsstadt. Dies stand von Beginn meiner ersten Erkenntnisse über die Existenz eines Ghettos in der Stadt immer im Zentrum aller Gedankengänge, Recherchen und Begegnungen. Ich musste mich befreien von gelegentlichen, zaghaften, absichtlich verharmlosenden und äußerst knappen Bemerkungen aus dem Elternhaus, wo es lediglich hieß: „Der Vater habe mit dem Ghetto absolut nichts zu tun gehabt, schließlich war er Leiter der Zivilverwaltung, der das Ghetto in keiner Weise verstand." Das klang dann so, als hätte mein Vater sich lediglich den Dingen und Aufgaben einer ganz normalen Stadtverwaltung einer Großstadt irgendwo in Deutschland gewidmet. Doch die Frage, was er eigentlich mit dem Ghetto zu tun hatte, stand weiterhin im Raum, ungeklärt und bohrend, wartend auf das Gegengewicht einer Antwort.

Als im Frühjahr 1940 die bereits angelaufene und dann ins Stocken geratene Vertreibung der jüdischen Bevölkerung der Stadt immer schwieriger wurde und sich ein Versorgungsproblem großen Ausmaßes abzeichnete, mussten die deutschen Verwaltungsstellen handeln. Nach endgültiger Abriegelung des Ghettos von den übrigen Stadtteilen am 30. April 1940 stellte sich für die deutschen Behörden die Frage nach der Ernährung der Ghettobewohner und den dafür aufzubringenden Kosten. Durch den misslungenen Versuch der Deportation der Litzmannstädter Juden brauchte man eine professionellere Administration. Diese Aufgabe wurde vom Regierungspräsidenten Friedrich Uebelhoer der Stadtverwaltung übertragen. Dort wurde zunächst beim „Ernährungs- und Wirtschaftsamt" eine Abteilung mit der Bezeichnung „Ernährungs- und Wirtschaftsstelle Getto" eingerichtet. Der Bremer Kaufmann und Kaffeegroßhändler Hans Biebow übernahm Anfang Mai 1940 die kaufmännische Leitung dieses Bereichs. Ein Jahr später wurde mein Vater als Oberbürgermeister direkter Vorgesetzter von Biebow. Als ich zum ersten Mal Quittungen und verschiedene Akten mit der Bezeichnung „Der Oberbürgermeister – Gettoverwaltung" zu Gesicht bekam, gaben mir diese Dokumente bereits einen deutlichen Hinweis darauf, was sich im Zuge meiner Nachforschungen mehr und mehr bestätigen sollte.

Im Oktober 1940 wurde die „Ernährungs- und Wirtschaftsstelle Getto" vom „Ernährungs- und Wirtschaftsamt" getrennt und als Stadtamt mit eigener Kassenführung unter dem Namen „Gettoverwaltung Litzmannstadt" dem Oberbürgermeister direkt unterstellt.[104]

Dort stieg die Mitarbeiterzahl kontinuierlich an: Im Frühsommer 1940 waren 54 Mitarbeiter registriert, im Herbst bereits knapp über 100. Als mein Vater im Mai 1941 auf dem OB-Sessel Platz nahm, umfasste die Behörde 224 Personen und ein halbes Jahr später im Dezember konnte ein Personalstand von 188 Angestellten und 226 Arbeitern verzeichnet werden.[105]

Nicht nur daraus ergab sich die logische Konsequenz, dass ein solches abgeriegeltes Ghetto in einer „deutschen" Großstadt gar nicht isoliert verwaltet werden konnte.[106] Am 17. Februar 1942 lieferte mein Vater während einer Dezernentensitzung der Stadtverwaltung unter seiner Leitung selbst den Beweis seiner direkten Zuständigkeit für die Verwaltung des Ghettos, so im Protokoll nachzulesen:

> „Gettoverwaltung (Ventzki). Von der künftigen Entwicklung der Gettoverwaltung wird vertraulich Kenntnis gegeben. Hierbei ist erneut festzustellen, dass die Gettoverwaltung in vollem Umfang den Charakter einer städtischen Dienststelle besitzt, auf welche alle für die Stadtverwaltung getroffenen Verwaltungs- usw. Anordnungen voll inhaltlich anzuwenden sind. Verstöße hiergegen sind dem Oberbürgermeister zu melden."[107]

„[…] Das jüdische Ghetto am Rande von Lodz war schon Ende 1939 oder Anfang 1940, also weit vor meinem Amtsantritt eingerichtet worden. Es unterstand nicht meiner Verwaltung […]."[108] So die Aussage meines Vaters am 19. April 1968 vor dem Amtsgericht Bonn in dem Strafverfahren gegen den früheren SS-Obersturmbannführer Rolf-Heinz Höppner wegen Beihilfe zum Mord.

Nach allen Erkenntnissen heutiger Forschungen und Studien kann es keinen Zweifel geben, dass die Gettoverwaltung in Lodz/Litzmannstadt auf vielfältige Weise Anteil an der Shoah hatte. Dazu zählt auch, dass diese Behörde sämtliche Finanzfragen bei der Organisation des Vernichtungslagers Chełmno (Kulmhof) regelte, ein Verwertungslager für die persönlichen Kleidungsstücke der Ermordeten in der nahe gelegenen Kleinstadt Pabianice errichtete und somit beträchtlich zur Organisation des Massenmordes beitrug (Peter Klein). Die tatsächliche Verzahnung der einzelnen Organe und Bereiche wurde auch in einem Bericht des Landeskriminalamtes Baden-Württemberg, Sonderkommission Zentrale Stelle der Landesjustizverwaltungen in Ludwigsburg, in der Strafsache gegen Günther Fuchs vom 5. Mai 1960 festgehalten: „[…] Aus sachlichen und organisatorischen Gründen bestand eine enge Zusammenarbeit zwischen der Ghetto-Verwaltung und der Gestapo-Außenstelle einerseits sowie der Ghetto-Verwaltung und der Kriminal-Außenstelle andererseits […]."[109]

Die drei handelnden Akteure vor Ort, Regierungspräsident Uebelhoer, Oberbürgermeister Ventzki und Amtsleiter Biebow agierten in deutlich erkennbarer Übereinstimmung. Das Verhältnis meines Vaters zu den beiden anderen Protagonisten dieser Leitungsebene war ungetrübt, gegenteilige Hinweise haben sich nicht gefunden.

Die Beurteilung meines Vaters über seinen ihm unterstellten Chef der Ghettoverwaltung konnte nur positiv sein, man arbeitete gut zusammen und Biebow behelligte meinen Vater nicht mit „alltäglichen" Angelegenheiten des Ghettos. Als es als Folge des Kriegsverlaufs immer stärker auch zur Einberufung von Mitarbeitern der Ghettoverwaltung kam und den leitenden Mitarbeitern wegen ständiger Überstunden und steigender Verantwortung eine höhere finanzielle Einstufung zugestanden werden sollte, setzte sich mein Vater als Dienstvorgesetzter von Hans Biebow Anfang 1942 für eine Rückdatierung von Sonderleistungen für seinen Leiter der Ghettoverwaltung auf den 1. Mai 1940 ein. Dies wurde allerdings von der zuständigen Behörde für den öffentlichen Dienst abgelehnt.[110] Dieses Faktum lässt auf Anerkennung durch den Oberbürgermeister und gegenseitige Verlässlichkeit schließen.

Allen für das Ghetto und seine Verwaltung Verantwortlichen war der Grundsatz der Ausbeutung der Juden durch Arbeitskraft, gekoppelt an die bewusst schlechte Ernährungssituation der Ghettobewohner, gemeinsame Überzeugung. So äußerte sich der Regierungsvizepräsident Walter Moser zum Ghetto so: „[…] eine höchst unwillkommene Einrichtung, jedoch ein notwendiges Übel. Die Juden, die in überwiegender Anzahl ein nutzloses Dasein auf Kosten des deutschen Volkes verbringen, müssen ernährt werden; daß sie dabei nicht als Normalverbraucher im Sinne der Ernährungswirtschaft angesprochen werden dürfen, bedarf keines Kommentars."[111] Stadtoberinspektor Wilhelm Quay brachte es in einer Aktennotiz für Bürgermeister Marder am 4. Dezember 1940 auf den Punkt: „Der arbeitende Jude, der – weltanschaulich gesehen – für uns ein auszubeutendes Kapital darstellt […]."[112] Zwar wurde in den Verwaltungsstellen darüber diskutiert, die Ernährung für die arbeitende Ghettobevölkerung zu verbessern, doch allein aus dem Grund, deren Arbeitsproduktivität bei der Zwangsarbeit dadurch steigern zu können. Die völlig rechtlosen Juden hatten keine Möglichkeit, dieser Daumenschraube zu entkommen. Die Herrenmenschen diktierten ihren Willen. Der Hungertod bedrohte vor allem alte Menschen, Kranke, Kinder und – wie der Terminus der Nazis lautete – „nicht arbeitsfähige Juden". Wenn schon der permanente, alle städtischen Strukturen umfassende Antisemitismus als Ausdruck einer tief verankerten Menschenverachtung wahrnehmbar bleibt, so lässt manche berechnende ökonomisch orientierte Aussage aufhorchen: „Der wirtschaftliche Aufbau war unmöglich, solange das parasitäre Judentum mit seiner Wirtschaftsmoral schiebend und wuchernd dazwischenstand. 160.000 Juden müssen seitdem ihr Brot durch eigene Handarbeit verdienen […]. Die zentrale Lenkung der Erzeugung und des Verbrauchs der Judenstadt durch die städtische Gettoverwaltung ist eine wohl einmalige volkswirtschaftliche Aufgabe in solcher Art und Größe." So formulierte es der Bürgermeister und Stadtkämmerer von Lodz/Litzmannstadt und späterer Vertreter meines Vaters, Dr. Karl Marder in seinem Redemanuskript zur Jahresabschlussfeier 1940, nachdem er zuvor im gleichen Text von „dreckigen Juden" und einer „polnisch-jüdischen Minderwertigkeit" sprach.[113]

Mein Vater wusste bei seinem Dienstantritt als Oberbürgermeister von Lodz/Litzmannstadt, dass er sich auf seine neuen Mitarbeiter im Sinne der von den Nazis so propagierten „Gefolgschaft" verlassen konnte. Er wusste, worauf er sich einließ.

Im Ghetto

„Mein kleiner Bruder ist gestern abend gestorben. Voller Furcht auf die kleine Gestalt unter dem Laken starrend rief ich: „Warum hast du niemanden Bescheid gesagt, damit sie ihn abholen? Warum läßt du ihn hier so liegen?" […]. Er ist tot, und es gibt nichts, was ich daran ändern könnte. Aber morgen wird die wöchentliche Zuteilung fällig. Hätte ich seinen Tod gestern gemeldet, hätten sie mir auch seine Talons weggenommen. So kriege ich wenigstens noch einen extra Laib Brot".[114]

„Tageschronik Nr. 43 von Samstag 30. Mai bis Sonntag 31. Mai 1942:
<u>Besichtigung im Getto.</u> Am Samstag besuchte der Oberbürgermeister, begleitet von zahlreichen Uniformierten wie auch zivilen Personen, das Getto. Die Vertreter der Behörde besichtigten eine Reihe von Ressorts und machten bei dieser Gelegenheit fotografische Aufnahmen."[115]

„<u>Tagesbericht von Mittwoch, den 3. März 1943 Tageschronik Nr. 47</u>
Behördliche Kommission im Getto: Heute sind zwei Kommissionen im Getto eingetroffen. Die eine besichtigte unter der Leitung des Chefs der Gettoverwaltung, Herrn Biebow, die Abbruchstelle/Abbrucharel an der Franzstrasse-Sulzfelderstrasse. Anwesend war der Oberbürgermeister von Litzmannstadt […]."[116]

„<u>Uebersicht ueber die Besichtigungen durch Kommissionen im Getto im Jahre 1943.</u>
Am 3. III. besichtigte der Oberbürgermeister Wentzke[117] mit seinem Gefolge das Getto. Es wurden folgende Betriebe besichtigt: Schaefte-Abteilung, Schuh-Abteilung, Leder-u. Sattler-Abteilung, Abbruchstelle, Kuerschnereien, Schwachstrom- und Glimmerspalt-Abteilung, Chem. Reinigungs- und Waescherei-Anstalt, Textilfabrik, Kleinmoebelfabrik, Metall-Abteilung I und Schneider-Abteilung Hanseatenstrasse 36 […]."[118]

In dem bereits erwähnten Strafverfahren gegen Rolf-Heinz Höppner *(siehe Seite 80)* sagte mein Vater am 19. April 1968 in Bonn weiter aus:
„[…] Als höherer Beamter kannte ich natürlich den Gauleiter Greiser, doch hatte Greiser in meiner Gegenwart niemals über seine Sorgen betreffend das Schicksal der Juden gesprochen […] Die Behandlung der Juden wurde äußerst geheim bearbeitet […]."[119] Arthur Greiser war nicht nur einmal privater Gast meiner Eltern in unserer Villa. Meine Geschwister nannten ihn „Onkel Greiser", und am Abend saßen er und mein Vater sicher bei kühlem Bier oder gutem Wein in einem der vielen Räume zu offenen Gesprächen zusammen.

Mein Vater war über das Leben und Leiden der Ghettobewohner, über ihre Zwangsarbeit, ihren Hunger, ihre Krankheiten und ihr Dahinsiechen bestens informiert, vieles hat er mit eigenen Augen gesehen. In seinem Schreiben an Regierungspräsident Uebelhoer vom 24. September 1941 führte mein Vater unter dem

Punkt „Transportwesen" aus: „Die meisten Fuhrwerke im Getto, die zur Belieferung der einzelnen Verteilungsstellen dienen, werden mit Juden bespannt [sic!], da es an Pferden mangelt."[120] Mir gegenüber hat mein Vater bis zu seinem Tod stets geäußert, sich nie im Ghetto aufgehalten zu haben, die Gestapo habe dies nicht zugelassen. Zahlreiche Dokumente und mindestens zwei eindeutige Fotos zeigen eine andere Wahrheit. Auch über die Anzahl der im Ghetto lebenden Menschen war mein Vater selbstverständlich bestens informiert. In dem bereits erwähnten Schreiben an Uebelhoer vom 24. September 1941 heißt es im Anschluss an eine kurze Zusammenfassung der letzten Statistiken: „Auf Veranlassung der Geheimen Staatspolizei wurde eine Kontrollerhebung am 1.8.1941 über den Ältesten der Juden veranlasst, die ein Ergebnis von 144.401 Einwohnern hatte."[121] Bei seiner Vernehmung durch die Staatsanwaltschaft beim Landgericht Hannover am 24. Februar 1962 behauptete mein Vater: „[...] Von der Stapo *(Geheime Staatspolizei, JJV)* wurde [...] die Angabe über die Belegungsstärke des Ghettos stets verweigert [...]."[122]

Das letzte Mal fuhr mein Vater als Mitglied einer weiteren Kommission am 15. Juni 1944 ins „Wohngebiet der Juden", als sich schon größere Veränderungen abzeichneten.[123] Bereits seit Februar 1944 stand fest, dass ein Teil der nicht als kriegswichtig angesehenen Ghettobetriebe geschlossen werden sollten. Die dadurch nicht mehr „produktiven" Ghettobewohner – insgesamt 7196 Menschen – wurden zwischen 23. Juni und 14. Juli 1944 in Kulmhof (Chełmno) ermordet. Am 3. August begann die Deportation der übrigen Ghettoinsassen nach Auschwitz-Birkenau. Der letzte Transport erfolgte am 31. August.[124]

„Eindeutschung"

Schon ein paar Monate nach seinem Amtsantritt als Oberbürgermeister entschloss sich mein Vater nach der Enthüllung des neuen Stadtwappens am 2. Juli 1941 für ein weiteres Zeichen der „Eindeutschung" der Stadt. Er rief die „Festlichen Tage von Litzmannstadt", auch „Die Ostfanfaren" genannt, ins Leben, eine Art kulturelles Festival, dass zum ersten Mal vom 21. bis 28. September 1941 stattfand.[125] Als dann Adolf Hitler am 21. Oktober einen Erlass zur Durchführung städtebaulicher Maßnahmen in Litzmannstadt unterzeichnete und diese Aufbaupläne am 25. November festlich verkündet wurden,[126] motivierte dies meinen Vater noch zusätzlich, nicht nur, wie die vielen nachfolgenden Veranstaltungen, Konzerte, Buch- und Kunstausstellungen und Theaterpremieren zeigen, „deutsche Kultur" im Sinne der Nazis in die Stadt zu holen, sondern auch seinen Teil zur perfekten „Eindeutschung" der okkupierten Stadt beizutragen.

Von einem „aus dem Alltag herausgehobenen Abend" berichtete wiederum die örtliche Presse: „Der Dichter Hans Friedrich Blunck las am Montag im Sängerhaus aus eigenen Werken", titelte die „Litzmannstädter Zeitung" am 2. Februar 1943. Die einführenden Worte sprach mein Vater: „[...] Als Nationalsozialisten sind wir von jeher gewohnt, an der Schwelle des Todes das Leben freudig zu bejahen

[…]." Er sprach von „Siegesbewusstsein" und einem „Nun erst recht". Da wurde jede aufbauende Stimme gebraucht, gerade auch die eines „dem Führer ergebenen Dichters" wie Hans Friedrich Blunck, dem Altpräsidenten der Reichsschrifttumskammer. Mein Vater begegnete Blunck in Salzburg im Sommer 1941 oder 1942 während der dortigen Festspiele[127] und lud ihn vermutlich spontan zu einer Lesung nach Litzmannstadt ein. Blunck, dessen Werke wie die von Hans Grimm („Volk ohne Raum"), Hanns Johst, Will Vesper im Münchner Verlag Langen – Müller erschienen, vertrat in seinen Schriften die niederdeutsche Volkstumsbewegung im Sinne der völkischen Weltanschauung des NS-Regimes.[128]

Es ist nicht auszuschließen, dass mein Vater in Salzburg mit einem Landsmann aus seiner Geburtsstadt zusammentraf. Eberhard Preußner, 1899 ebenfalls wie mein Vater in Stolp in Pommern geboren, war Musikpädagoge, ab 1933 Angestellter und Hilfsreferent für Chorwesen in der Reichsmusikkammer und ab 1939 stellvertretender Direktor des Salzburger Mozarteums (ab 1941 „Reichsmusikhochschule").[129]

Mein Vater hat immer gern den Kontakt zu Landsleuten aus seiner Heimat aufgenommen und gepflegt. Und dass man sich gerade mit der Verbundenheit zur pommerschen Kleinstadt Stolp an der Ostseeküste in einer völlig entgegengesetzten Stadt am Ufer der Salzach zur Festspielzeit begegnen konnte, war ein Gedanke, der für meinen Vater etwas Reizvolles gehabt haben dürfte.

Zu den Maßnahmen der „Germanisierung" des ins Reich eingegliederten westpolnischen Gebiets zählte auch die Gründung der „Reichsuniversität Posen" am 20. April 1941. Mein Vater, zu diesem Zeitpunkt bereits auf dem Absprung auf den Oberbürgermeister-Posten nach Lodz/Litzmannstadt, blieb von dieser Entwicklung nicht unberührt und war bemüht, den erkennbaren Nutzen für seine zukünftige Aufgabe der „Eindeutschung" der Großstadt Lodz/Litzmannstadt nicht zu ignorieren. Beflügelt von den Signalen aus Posen gründete mein Vater die „Litzmannstädter Universitätsgesellschaft".[130] Vierzehn Monate nach Amtsantritt als Oberbürgermeister berichtete die „Litzmannstädter Zeitung" umfassend über die „Litzmannstädter Universitätswoche", einleitend mit einem Aufruf meines Vaters: „Mit besonderer Freude begrüßt die Stadt Litzmannstadt den ersten Besuch des gesamten Lehrkörpers der Reichsuniversität Posen […]."[131] Alle 60 Professoren und Dozenten aus Posen waren auf Einladung der Stadt zu einer beide Städte verbindenden Tagung nach Litzmannstadt gekommen. Unter ihnen auch Hermann Voss, der als Anatom und Dekan an der Reichsuniversität Posen die medizinische Fakultät in der Gauhauptstadt aufbaute. In seinem „Posener Tagebuch" schildert Voss seine Eindrücke dieser Tage im Juli 1942:

„[…] Am Donnerstag, 16. fuhren wir morgens gegen 9 Uhr aus Posen ab. Alle Teilnehmer dieser Studienfahrt des NS-Dozentenbundes nach Litzmannstadt waren sehr bequem in einem D-Zugsonderwagen untergebracht. […] Mit zwei Sonderwagen der elektrischen Straßenbahn ging es dann ins erste Hotel: Fremdenhof General Litzmann. Dort fand eine kurze Begrüßung durch den Oberbürgermeister Ventzki statt, und es wurden die Quartierzettel verteilt."

Für den 17. Juli lautet der Tagebucheintrag:

„Um ½ 9 Uhr mussten wir schon im Rathaus sein, wo der Oberbürgermeister eine sehr gute und interessante Rede über L. hielt. Im Anschluss daran Rundfahrt durch die Stadt mit zwei Autobussen. Diese Rundfahrt führte natürlich auch durch das berühmte und berüchtigte Ghetto von L., über dessen Organisation uns schon der Oberbürgermeister berichtet hatte ..."[132]

Das Ghetto wurde zum Schauobjekt einer „wissenschaftlich begründeten" Vernichtungsmaschinerie. Die verbrecherische Position von Hermann Voss, der in seinen Aufzeichnungen festhielt, das „polnische Volk muss ausgerottet werden"[133], und der „einen schwungvollen Handel mit Skeletten und Judenschädeln" betrieb,[134] dürfte meinem Vater nicht unbekannt gewesen sein.

Das Amt des Oberbürgermeisters übte mein Vater „mit besonderer Freude und großem Engagement" aus, wie er mir mehrfach versicherte, wobei in seiner Stimme ein nicht zu überhörender Stolz mitschwang. Er ging für „seine Stadt" auf Werbetour, reiste auf Einladung seines Münchner Amtskollegen und Vorsitzenden des Deutschen Gemeindetages, Karl Fiehler, zur 1. Sitzung des Kriegsgremiums der Oberbürgermeister der größten deutschen Städte am 6. Oktober 1941 nach Augsburg, wo man im historischen Rathaus konferierte.[135] Mein Vater saß im Aufsichtsrat der „Elektrizitätswerke Wartheland AG" mit Sitz in Posen, genauso wie der persönliche Referent des Gauleiters und Reichsstatthalters Greiser, Oberregierungsrat Harry Siegmund,[136] mit dem mein Vater noch nach 1945 Kontakt hielt. Unternehmungen, Termine, Besprechungen über kommunale Verkehrsprobleme, Friedhofsgebühren, Energieversorgung, eine gewisse „Normalität" im Ablauf der Dinge wurde von den Funktionären des Regimes sicher begrüßt. Dass bei solchen Zusammentreffen die „Judenfrage", die „Nutzung" polnischer und anderer „fremdvölkischer" Arbeitskraft, die „Säuberung" deutscher Städte von „asozialen Elementen" und ähnliche Themen auch Gegenstand der Gespräche waren, davon ist auszugehen.

Ortstermin

Ein kühler, regnerischer Tag Anfang September 2007. Ich stehe im Eingangsbereich des Museums Radogoszcz, Museum der Unabhängigkeitsbewegung Lodz am nördlichen Stadtrand meiner Geburtsstadt. Die ehemaligen Fabrikgebäude auf dem weitläufigen Gelände verwandelten die Deutschen in ein Umsiedlerlager zur Zwangsaussiedlung von Polen und Juden ins Generalgouvernement. Ab Sommer 1940 diente es den neuen Machthabern als Polizeigefängnis. In den ersten Novembertagen 1939 begannen die deutschen Besatzungsbehörden mit der Verhaftung der Lodzer Intellektuellen, der Lehrer, Staats- und Stadtbeamten, der Politiker und Repräsentanten der Vereine und gesellschaftlichen Gruppierungen. Viele von ihnen wurden zu Todesstrafen verurteilt und in den umliegenden Wäldern erschossen.

Grauenvolle Szenen hatten sich hier abgespielt. Bis zu 40.000 Menschen waren in diesem Lager und Gefängnis inhaftiert. Tausende wurden ermordet.

Unsicher und ein wenig nervös bewege ich mich langsam vorwärts. Da werde ich von der Direktorin des Museums auf Polnisch herzlich begrüßt und sogleich zu einem Rundgang durch die Ausstellungsräume eingeladen. Jemand hatte ihr einen Hinweis über meine Identität gegeben.

Mir werden die einzelnen Abteilungen der Dauerausstellung zur Besatzungszeit, zum Ghetto und zum polnischen Kampf gegen die deutschen Machthaber gezeigt. Ich verstehe nicht sehr viel der in polnischer Sprache gegebenen Erläuterungen, doch das ist angesichts der vielen eindeutigen Exponate, teilweise in deutscher Sprache, nicht wesentlich. Jeder, der diese Räume betritt, empfindet eine Beklemmung auf dem Weg in die Geschichte. Plötzlich stehe ich vor einer Glasvitrine und entdecke einen Gegenstand, der für Augenblicke meine ganze Konzentration auf sich zieht. „Der Oberbürgermeister Litzmannstadt" lese ich auf dem breiten, äußeren Rand einer in Porzellan gebrannten Gedenkschale von etwa 20 cm Durchmesser. In der Mitte ist das von meinem Vater der Öffentlichkeit präsentierte neue Stadtwappen, das hier in Gold gehaltene Flügelhakenkreuz auf dunkelblauem Grund reliefartig eingebrannt. Wie oft und wem hat mein Vater diese tellerartige Gedenkschale als offizielles Geschenk der Stadt überreicht? Mit welchen Worten hat er solche Gelegenheiten genutzt, für eine weitere „Germanisierung" dieser Stadt zu werben?

Kurz vor Ende meines Rundganges kommt ein Mitarbeiter des Archivs des Museums auf mich zu, stellt sich vor und fragt, ob ich noch ein paar Minuten Zeit hätte, er habe einige Fragen und wolle mir in seinem Büro etwas zeigen. Meine Anwesenheit war auch ihm nicht verborgen geblieben. Wenig später sitze ich mit dem Mitarbeiter in seinem Arbeitszimmer vor seinem Computer. Er legt eine CD in das Gerät, probiert diese und jene Einstellung und plötzlich erscheint auf dem Bildschirm eine Abfolge von Farbfotos, die eine kleinere Gruppe offensichtlich leitender Mitarbeiter der deutschen Stadtverwaltung bei einer Ortsbesichtigung zeigen. „Können Sie da etwas erkennen?", lautet die Frage an mich. „Ja, natürlich, da, das ist mein Vater, der Mann in dem hellen Sommermantel und mit dem Hut in den Händen", sage ich. Tatsächlich erkenne ich die schmale, hohe Figur meines Vaters, direkt neben einem großen Schaubild auf einem weiten Platz. Eine Gruppe von Beamten, vermutlich Dezernenten der öffentlichen Verkehrsbetriebe, mehrere Polizisten und eine Frau, auf dem folgenden Foto mit Notizblock in der Hand, stehen in einem Halbkreis um die auf einer Art Staffelei befestigten Pläne einer neuen Straßenbahnführung oder ähnlicher Baumaßnahmen. Der verantwortliche Beamte erläutert dem Oberbürgermeister und seinen zuständigen Mitarbeitern ein neues Verkehrsprojekt an einem wichtigen Knotenpunkt im Süden der Stadt. Der Fotograf Walter Genewein hat diese Szene eines Ortstermins am 19. Juni 1943 am Plac Niepodleglosci, nicht weit von meinem Geburtshaus Bednarska 15, festgehalten. Die Farbfotos zeigen eine ganz „normale" Szene, wie sie sich hundertmal in jeder Stadt und jeder Gemeinde irgendwo abspielt. Das Ghetto im nördlichen Stadtteil Baluty ist nur etwa zwei Kilometer vom Motiv Walter Geneweins entfernt.

Abbildung 6: Ortstermin: mein Vater (Mitte, mit Hut in der Hand) am 19. Juni 1943 am Plac Niepodleglosci im Süden der Stadt bei einer Besichtigung der Planungen für eine weitere Straßenbahnführung

Auch die historisch weniger bedeutenden Ereignisse bekommen eine symbolische Ausrichtung, sehr oft ergibt sich daraus die Unmöglichkeit, Verbindungen zu schaffen. Da lese ich so auf den ersten Blick Dinge, die an Alltäglichkeit kaum zu überbieten sind: „Das Strandbad Erzhausen *(ein Stadtteil von Litzmannstadt, JJV)* wurde eröffnet: Ideale Erholungsstätte für Tausende. Ansprache von Oberbürgermeister Ventzki."[137]

Zwei Welten in einer Stadt, in der einen wird ums nackte Überleben gekämpft, in der anderen gibt es ungetrübtes Badevergnügen, Freizeit und Ferienstimmung für die „Herrenmenschen".

Jerusalem 1961

Adolf Eichmann steht vor Gericht. In der 23. Sitzung des Prozesses, 5. Teil legt der Staatsanwalt das Dokument Nr. 1247 vor, das die Unterschrift meines Vaters trägt. Ein Dokument, das in Zusammenhang mit der Deportation der Juden in den Osten ein wichtiges Zeugnis darstellt und weltweit von vielen Historikern, Journalisten und Autoren immer wieder zitiert wurde und als Kopie in vielen Archiven in allen Erdteilen zu finden ist.

Am 18. September 1941 erhielt Gauleiter Arthur Greiser einen Brief von Reichsführer-SS Heinrich Himmler. „Der Führer wünscht, dass möglichst bald das Altreich und das Protektorat vom Westen nach Osten von Juden geleert und befreit werde", schrieb Himmler.[138]

Nach Lodz sollten 60.000 Juden und 5.000 Sinti und Roma („Zigeuner" – *keine spezifische Nazidiktion – seit Jahrhunderten Sprachgebrauch, JJV*) deportiert werden. Die Anzahl der Juden wurde später auf 20.000 reduziert. Himmlers Strategie stieß bei der örtlichen Verwaltung in Lodz auf heftigen Widerstand. Mein Vater beauftragte den Leiter der ihm als städtische Behörde unterstellten Ghettoverwaltung, Hans Biebow, Gegenargumente zu sammeln und schwarz auf weiß darzustellen. In den Akten des persönlichen Stabes von Heinrich Himmler findet sich dieser an den Regierungspräsidenten Uebelhoer gerichtete, vom Leiter der Ghettoverwaltung Hans Biebow verfasste und von meinem Vater in seiner Funktion als Oberbürgermeister unterschriebene zwölfseitige Bericht mit Datum vom 24. September 1941. Ergänzt wurde das Schreiben um 11 Seiten Anhang mit detaillierten Angaben über den Auftragsbestand für die einzelnen Produktionsbereiche des Ghettos und über die Lebensmittelversorgung.[139] Am 4. Oktober 1941 leitete der Regierungspräsident diesen Bericht mit einem dreiseitigen, ebenfalls ablehnenden Anschreiben an den Reichsführer-SS weiter.

Der Eklat war nicht mehr zu stoppen, denn Himmler hatte nicht mit einem solch massiven Einspruch gegen seine Pläne gerechnet. Ein heftiger Briefwechsel, der an Deutlichkeit kaum zu überbieten war und an dem sich auch der Chef der Sicherheitspolizei und des SD, SS-Obergruppenführer Reinhard Heydrich, beteiligte, war die Folge.

„Infolgedessen" – so heißt es in dem Bericht meines Vaters – „würde nichts anderes übrig bleiben, als die Steinhäuser, die noch in einem leidlich wohnlichen Zustand sind, rücksichtslos mit den gegebenenfalls zu erwartenden Juden und Zigeunern voll zu stopfen. [...] Die Zigeuner werden, da sie bekanntlich charakterlich mit verbrecherischen Neigungen vorbelastet sind, das jüdische Volk aufhetzen, zumindest aber, wenn ihnen dies nicht gelingt, aus Rachsucht darüber, weil man sie hinter Stacheldraht gebracht hat, Unruhe im Getto stiften, [...] weil die Zigeuner Brandstifter schlimmster Sorte sind." Und weiter: „Übrigens bin ich den Versicherungsgesellschaften gegenüber gehalten, unverzüglich Personenstandsbewegungen zu melden [...]."[140]

Darüber hinaus führte mein Vater eine Vielzahl von Gründen an – erhöhte Schwierigkeiten bei der Versorgung mit Brot, weiteren Lebensmitteln und Heizmaterialien, Gefahren vor angeblichen Seuchen und katastrophale Wohndichte –, um sich ein riesiges Problem vom Halse zu schaffen. Doch Himmler und Heydrich entschieden diesen Streit für sich. Die Transporte begannen im Herbst 1941. Zwischen dem 15. Oktober und 9. November rollten die Deportationszüge von Wien, Prag, Luxemburg, Berlin, Frankfurt a. M., Köln, Düsseldorf und Hamburg sowie mit auf engstem Raum zusammengepferchten Sinti und Roma aus Sammellagern im österreichischen Burgenland nach Lodz, wo sie am Bahnhof Radegast (Radogoszcz) eintrafen.

Aus der Chronik des Gendarmeriepostens Lackenbach, 8. Januar 1942:

„Am 23.11.1940 ist in Lackenbach am so genannten Schaflerhof ein Zigeuneranhaltelager errichtet worden. In dieses Lager wurden von der ganzen Ostmark die Zigeuner zusammengebracht. Die Zahl der angehaltenen

Zigeuner stieg im Monat November 1941 auf ca. 3.000. Am 4. und 6.11.1941 wurden je 1.000 Zigeuner nach Litzmannstadt (ehemaliges Polen) in das dortige Judenghetto überführt."[141]

Nur wenige Wochen später begann die Ermordung der Sinti und Roma im Todeslager Kulmhof (Chełmno).

Über die Zustände im „Zigeunerlager" berichtete mir auch Michael Moshe Checinski, Überlebender des Ghettos Lodz. Von ihm wird noch die Rede sein. Er erinnerte sich an Aussagen seines Bruders, der als Angehöriger der jüdischen Feuerwehr im Ghetto zu Arbeiten im „Zigeunerlager" kurz nach dessen Liquidierung eingesetzt war. „Mein Bruder erzählte mir von grausamen Massakern, in mehreren leeren Räumen sah er Gehängte, in einem Koffer abgehackte Köpfe und Gliedmaßen. Wer die Täter waren, blieb im Dunkeln." Michael Checinski fügte hinzu, dass sein Bruder in einigen Räumen des Lagers Ausgaben berühmter deutscher Klassiker gefunden habe. Offensichtlich hatten Sinti und Roma diese Literatur mit in ihrem Gepäck, um hieraus die nötige Kraft zu schöpfen. Entgegen der Nazi-Propaganda von den „ungebildeten, schmutzigen und parasitären Zigeunern" zeigte sich an diesem Ort des Grauens ein ganz anders Bild. Das Bild gebildeter, gut gekleideter und gepflegter Sinti und Roma.

Und auch Leon Zelman, der als 12-Jähriger mit seiner Mutter und seinem Bruder ins Ghetto ziehen und dort in der Holzwollefabrik arbeiten musste, erzählte mir von seinen Erinnerungen an das „Zigeunerlager":

„Ich sah sie beim Vorbeimarsch aus nächster Nähe, aber ich wusste nicht, was hinter dem Bretterverschlag ihres Lagers Schreckliches passierte, wir wussten nur, dass dort etwas Schreckliches passieren musste. Schließlich wurden sie nicht zur Zwangsarbeit herangezogen, und nach wenigen Monaten waren die Sinti und Roma verschwunden."

Die Reaktionen der deutschen Verwaltung auf die angekündigten Transporte waren von einer zynischen Unmenschlichkeit gekennzeichnet. Einige Wochen vor Ankunft der Sinti und Roma hatten die Deutschen die jüdischen Bewohner aus einer Anzahl von dreistöckigen Häusern, die nun als „Zigeunerlager" unter primitivsten Gegebenheiten fungieren sollten, in andere Gebäude verlegt. Dieses sowohl zur Stadtseite als auch zu den weiteren Gebäuden des Ghettos durch Doppelreihen von Stacheldraht abgegrenztes Areal befand sich direkt an der Ghettogrenze Brzezinska-, Ecke Glowacka-Straße. Die sanitären Einrichtungen der für das Lager vorgesehenen Häuser waren katastrophal, es gab keine Betten und Möbel. Die Sinti und Roma wurden auf engstem Raum zusammengepfercht und völlig unzureichend ernährt. Viele starben an Flecktyphus, Hunger und Erschöpfung.

Später werde ich im kleinen Ausstellungsraum der Gedenkstätte des ehemaligen „Zigeunerlagers" in der heutigen Wojska Polskiego Straße gleich rechts neben dem Eingang unter einer Glasscheibe ein Kopie des bereits erwähnten Schreibens meines Vaters vom 24. September 1941 finden. In großen Lettern prangt der Schriftzug „Der Oberbürgermeister" auf dem leicht vergilbten Papier.

Von einem verhängnisvollen Missverständnis und darauf begründete Hoffnungen berichtet die „Getto-Chronik" bei der Ankunft des ersten Deportationszuges aus Wien am 17. Oktober 1941:

> „Einer von den Wienern, ein älterer, elegant gekleideter Herr, dachte, ähnlich wie der gesamte Transport durch den Anblick der jüdischen Milizionäre *(vom Ältesten der Juden im Auftrag der Deutschen organisierter Ordnungsdienst, rekrutiert aus Ghettobewohnern, JJV)* mit ihren charakteristischen Mützen und Binden desorientiert, dass er es mit Hotelpersonal zu tun habe. Dieser Herr rief doch tatsächlich noch aus dem Fenster des Waggons zu den nächststehenden Milizionären: „Können Sie mir ein anständiges Hotel für vier Personen empfehlen?"[142]

Wie mein Vater später zu diesem von ihm zu verantwortenden Bericht an den Regierungspräsidenten Friedrich Uebelhoer stand, geht aus dem Vernehmungsprotokoll der Staatsanwaltschaft Bonn vom 19. April 1968 im bereits genannten Strafverfahren gegen den ehemaligen SS-Obersturmbannführer Heinz Höppner hervor. Originalton meines Vaters:

> „[…] Wenn ich in diesem Bericht u.a. von dem Abriß von Wohnungen für 2000 Juden gesprochen habe, so bleibe ich doch dabei, dass wir im Allgemeinen, weder dienstlich noch außerdienstlich von den Vorgängen im Ghetto Kenntnis erlangt haben". *Vorhalt des Staatsanwalts:* „In dem Bericht nehmen Sie u.a. auf Erhebungen der Gestapo zur Zahl der jüdischen Bevölkerung Bezug. Demnach konnten Sie nähere Kenntnisse über die Verhältnisse im Ghetto erlangen." *Antwort meines Vaters:* „Diese Zahlen sind mir vom Regierungspräsidenten durchgesagt worden. Ich meine mich jetzt zu erinnern, dass der Regierungspräsident meinen Bericht angeregt hat. […] Offenbar war der Regierungspräsident über die Verhältnisse im Ghetto besser unterrichtet als wir, das war sogar eindeutig so. Der Regierungspräsident hat sich durch einen Erlaß strengstens verboten, dass andere Stellen sich um das Ghetto kümmerten […]".[143]

In Wirklichkeit erhielt mein Vater als Oberbürgermeister und Dienstaufsichtsorgan vom Leiter der Ghettoverwaltung, Hans Biebow, monatlich einen detaillierten Bericht über die aktuelle Entwicklung des Ghettos.

Eine Stimme

Wien, Frühjahr 2002, Café „Europe", Stephansplatz. In dem engen, stark besuchten Kaffeehaus sitze ich Leon Zelman gegenüber. Ich hatte Leon Zelmans Buch[144] gelesen und immer stärker den Wunsch verspürt, ihm zu begegnen, Auskünfte über sein Leben unter der Nazi-Herrschaft und seine Kraft zum Überleben zu erhalten. Wäre er aber überhaupt bereit, mit mir, dem Nachkommen des Oberbürgermeisters von Litzmannstadt, dem das Ghetto unterstand, zu reden? Würde ich da nicht zu viel von einem Menschen erwarten, der als Einziger seiner Familie das Morden der Nazis überlebte? Ich bat Marianne Enigl, Redakteurin beim österreichischen Nachrichtenmagazin „profil", den Kontakt zu Leon Zelman herzustellen. Sie sagte ohne Zögern zu, und bald kam es zu einem ersten Treffen, dem später regelmäßig weitere folgen sollten. Für ihn und auch für mich war es keine leichte Situation. Ich hatte nicht erwartet, was dann geschah: Leon Zelman ergriff meine Hand und hielt sie minutenlang in der seinen. Es war das erste Mal, dass ich mit einem Juden sprach, der die Shoah überlebt hatte und mir aus meiner Geburtstadt zur Zeit der Nazi-Diktatur berichten konnte. Doch obwohl die innere Aufgeregtheit, die Unsicherheit über den Ausgang dieser Begegnung bei Leon Zelman weite Passagen des ersten und auch der weiteren Gespräche mitbestimmten und auch vor mir nicht Halt machten, spürte mein direktes Gegenüber schon sehr bald, dass ich mit meiner Geschichte nicht mehr so still weiterleben wollte, weil etwas aus mir herausbrach, was nur noch schwer zu unterdrücken war. Und dafür, für dieses wunderbare Verständnis bin ich Leon Zelman ganz besonders dankbar. Er war es, der mir den Weg wies, als er während eines weiteren Gesprächs im Dezember 2002 formulierte: „Ich suche einen Zeugen, der auf der anderen Seite gelebt hat. Ich weiß, Sie können mir nicht viel helfen. Aber Sie können mir einfach zuhören und die Dinge bestätigen, mit denen ich lebe und nicht fertig werden kann. Ich will diese Erinnerungen irgendwie teilen. Sie sollen bestätigen, dass das mein Leben war. Denn bis jetzt haben sich Juden untereinander getroffen und sich mit ihren Erinnerungen gequält." Und weiter: „Bürdet das Reden nicht uns Juden auf, dass wir uns herabwürdigen, die Menschen zu zwingen, das nicht zu vergessen. Lasst uns in Ruh. Ihr habt eine moralische Pflicht, diesen Weg zu gehen und diese Arbeit zu leisten und das weiterzuerzählen. Ich will, dass die Leute selbst aufschreien, dass nicht immer wir diejenigen sind, die aufschreien müssen."[145]

Viele intensive Gespräche schlossen sich an, wenn ich wieder in Wien zu tun hatte und Leon Zelman in seinem Büro am Stephansplatz besuchte. Wir saßen dann im Sommer oft draußen in einem Straßencafé unter einem riesigen Sonnenschirm, in der unmittelbaren Nachbarschaft dicht besetzte Tische und vor uns auf dem „Graben" – einem Teilstück der Wiener Boulevardszene – hasteten Wiener Bürger und Touristen vorbei, oft beladen mit in aufwendige Verpackungen gehüllten Luxusartikeln aus umliegenden Boutiquen. Ich konnte mir keinen krasseren Gegensatz vorstellen als das, was uns in der Realität bei diesen Treffen in der Wiener City umgab, und dem, was mir Leon Zelman aus dem Ghetto berichtete.

„Was mir keine Ruhe gibt, ist die Geschichte von Schmulek", eine Geschichte, die in ihm, wie er mir mehrfach erklärte, seit über 60 Jahren arbeitet und ihn nicht mehr loslässt. Schmulek war ein Junge im Ghetto, der wie Leon Zelman in der Holzwollefabrik arbeiten musste, wo sie Holzwolle für die Stiefel der deutschen Soldaten in Russland fertigten. Schmulek hatte andere Kinder aufgefordert, in ihre eigenen Schuhe Holzwolle als Schutz vor der Kälte zu legen. Schmulek wurde erwischt und wegen Diebstahl am „Deutschen Reich" zusammen mit einigen Erwachsenen im Ghetto gehängt. Leon Zelman berichtet weiter: „Wir wurden alle aufgerufen und mussten vor dem Galgen stehen." Wie ein dunkler Schatten hat sich über Leon Zelman die Erinnerung gelegt, dass er nach der Hinrichtung in die Baracke ging und wie alle seine Suppe löffelte und einschlief.

Nicht nur von den entsetzlichen Qualen des ständigen Hungers, vom Tod und von Krankheiten berichtete mir Leon Zelman, sondern auch von den vielen Erniedrigungen und Demütigungen durch die Nazis. Eine Szene hat sich ihm besonders drastisch eingeprägt: Im Frühjahr 1940 musste Leon Zelman mit seiner Mutter und seinem Bruder in das Ghetto umziehen. Zunächst trafen sie sich in einer Schule wieder, wo bereits hunderte Menschen verängstigt ihrem weiteren Schicksal entgegensahen. Unter den Schreien und Schlägen der SS-Leute und der Polizisten erzwangen die Deutschen die Herausgabe von Geld und Wertsachen, die die deportierten Menschen noch bei sich trugen. Die Nacht mussten sie zu zweit auf schmalen Holzpritschen oder auf dem nackten Boden verbringen. Plötzlich ertönte der Befehl „Hinaus! Hinaus!" Sie wurden auf den schneebedeckten Hof getrieben, dort befahl man ihnen, die Hosen herunterzuziehen und ihre Notdurft zu verrichten. Männer, Frauen und Kinder wurden gezwungen, sich auf einem Holzbalken zu setzen. „Scheißen! Scheißen!" drangen die bellenden Schreie der Nazi-Schergen an ihre Ohren und „Lachen! Lustig sein!". Wer nicht gehorchte, wurde sofort erschossen. Die Nazis hatten Kameras dabei und fotografierten die drangsalierten Menschen für Propagandazwecke. Sie wollten so beweisen, dass es sich bei Juden um Ungeziefer handelte, roh, kulturlos, aus dem Tierreich stammend.

„Die Unterschrift kenne ich gut", so die Worte des Wiener Historikers Florian Freund, als ich ein paar Blätter Papier auf den Tisch legte. Wir saßen an einem schönen Frühlingstag zu dritt, Florian Freund, sein Kollege Bertrand Perz, Historiker am Institut für Zeitgeschichte der Universität Wien und ich, draußen auf dem Campus der Universität und sprachen über das Ghetto Lodz. Ich hatte einige Kopien von Dokumenten mit der Unterschrift meines Vaters mitgebracht. Sofort ergab sich die Frage, welche Dokumente mit der Unterschrift meines Vaters beiden Historikern noch bekannt waren, von denen ich nichts wusste. Ich wollte mehr wissen, spürte aber, dass dies in der Kürze der zur Verfügung stehenden Zeit an diesem Tag nicht möglich war. Wieder erging es mir wie so oft, eine innere Unruhe verhinderte ein schnelles Reagieren. Einerseits drängte es mich, die aufgenommene Spur nüchterner, überlegter und nach einem System weiter zu verfolgen, andererseits machte sich nach dem Gespräch mit den beiden Historikern das Bedürfnis nach einer gewissen Ruhepause bemerkbar. Es ging um meinen Vater.

Ich hatte den Kontakt zu Florian Freund und Bertrand Perz gesucht. Sie waren die ersten Wissenschaftler, die die 1987 in einem Wiener Antiquariat aufgetauchten Diapositive von Walter Genewein aus dem Ghetto Lodz begutachteten und in den richtigen historischen Kontext des Ghettos zu bringen versuchten. Beide Historiker hatten noch Gelegenheit, mit der Witwe Walter Geneweins in Salzburg ein Interview zu führen. Ich erinnere mich daran, dass es Florian Freund war, der einen folgenreichen Gedanken aussprach: „Eigentlich müssten Sie ja Tagebuch über Ihre Recherchen, Erfahrungen und Gefühle beim Entdecken der Vergangenheit Ihres Vaters führen." Das habe ich in dieser Form nie umgesetzt, doch ein dickes Notizbuch hatte sich in diesen Jahren schnell gefüllt. Der Weg zu diesem Buch begann in Wien.

Bonn, Bachstraße

Silvesterabend 1951, Bonn, Bachstraße, die Altbauwohnung eines Hauses, das ursprünglich für eine Familie geplant war, Toilette im Zwischengeschoß, kein Bad, einzige Waschgelegenheit an der großen Spüle in der Küche, zu den zweieinhalb Zimmern noch zwei winzige Dachmansarden, Kohlenheizung. Mein Bruder und ich sitzen vor einer geöffneten Zimmertüre, die bis auf einen kleinen oberen Spalt mit einer Wolldecke verhängt ist. Dahinter agieren mein Vater und mein älterer Bruder. Über die erhobenen, sichtbaren Hände und Arme haben sie Socken gestreift und Schuhe oder Stiefel gestülpt. Sie singen ein Stehgreiflied mit dem merkwürdigen Refrain „Jumheidi und Jumheida, Schnaps ist gut bei Cholera." Auf der anderen Seite des „Vorhanges" staunen mein Bruder und ich, wie lang mein Vater und der ältere Bruder auf dem Kopf stehen und dabei lustig sein können… „Lasst mich doch rein!", ruft der Vater, er versucht verzweifelt durch einen engen Türspalt zu uns ins Zimmer zu kommen. Die Tür scheint sich nicht weit genug öffnen zu lassen, der Vater schafft es trotz aller spürbarer Anstrengungen nicht, den Raum zu betreten. Natürlich sind diese Schwierigkeiten vom Vater nur vorgetäuscht, er tut nur so, als ließe sich die Tür nicht genug öffnen. Wir lachen über die Clownerie des Vaters und schätzen seine Späße. Ja, lustig und albern konnte er sein, unser Vater, sehr zu unserem und seinem Vergnügen.

Aber auch an eine andere Szene an diesem Silvesterabend erinnere ich mich. Zu Weihnachten hatte ich ein rotes Feuerwehrauto mit einer echten Wasserspritze bekommen. War der Löschtank gefüllt, konnte man mit Hilfe eines am Tank befestigten Gummibaills wie mit einem Zerstäuber den Löschvorgang ausführen. Tagelang habe ich mich mit diesem Spielzeug intensiv beschäftigt. Mit Vorliebe setzte ich mein Feuerwehrauto dazu ein, die unteren Kerzen am Weihnachtsbaum rechtzeitig zu löschen, bevor das Wachs heruntertropfte. Doch trotz aller Konzentration auf meine Feuerlöschaufgaben prägte sich mir an diesem Abend die folgende Szene sehr ein: Die Eltern sitzen Hand in Hand auf dem Sofa im großen Wohnzimmer unserer Altbauwohnung, es ist kurz nach Mitternacht, draußen hört und sieht man noch emporsteigende Raketen, die das neue Jahr begrüßen, und aus dem kleinen Philips-Radio ertönen die Glocken des Kölner Domes. Anschließend wird „Eine kleine Nachtmusik" von Wolfgang Amadeus Mozart gespielt, das Lieblingsstück meiner Eltern. Dieses Bild vor Augen, frage ich mich später immer wieder, was in meinem Vater und meiner Mutter vorging, wie sie mit ihrer gemeinsamen und ganz persönlichen Vergangenheit, mit ihrem Wissen und ihrem Gewissen in all den Jahren umgegangen sind. Wie viel war Verdrängung, fehlendes Schuldbewusstsein oder sogar Überzeugung, immer das Richtige getan zu haben? Ich habe nie eine Antwort erhalten, jedenfalls nie mehr als nur Andeutungen.

Aber, und das stelle ich selbstkritisch fest, ich habe auch nie danach gefragt. Als Kind hatte ich keine Veranlassung, kritische Fragen zu stellen, meine Mutter und mein Vater zeigten sich als besorgte, liebevolle Eltern. Später, als Jugendlicher, erfuhr ich dann bruchstückhaft, dass da irgendetwas in der Biographie des Vaters nicht zum Bild der jungen deutschen Demokratie nach 1945 passte.

„Ich bin ja ein entrechteter Jude", lässt Oskar Singer im zweiten Akt, 9. Szene, in seinem Anti-Nazi-Stück „Herren der Welt"[146] einen seiner Protagonisten sprechen. Oskar Singer, der Prager Journalist und Schriftsteller, einer der Hauptautoren der Lodzer Getto-Chronik, wurde am 26. Oktober 1941 nach Lodz deportiert und später in Auschwitz ermordet. Ich lese den kurzen Satz aus dem Stück mehrmals, zum Schluss laut, als stünde ich anstelle des Schauspielers auf der Bühne. Bei dem Wort „entrechteter" verharre ich, komme irgendwie ins Stolpern, merke, dass ich nicht über diesen Berg hinüberkomme. Nein, es geht nicht weiter, da liegt etwas im Wege, was ich nicht beseitigen kann. Es ist der Name einer politischen Partei, der meine Eltern in der Nachkriegszeit sehr nahe standen. Ich erinnere mich an ein Büro, nicht weit von unserer Wohnung in der Bonner Bachstraße, wo ich gelegentlich nach der Schule meine Mutter besuchte, die dort für einige Zeit arbeitete. Es war gerade Wahlkampf zur Bundestagswahl und ich sehe noch heute einen mir riesig erscheinenden Tisch dicht belegt mit Wahlplakaten, Parteiprogrammen und Werbebroschüren vor mir. „BHE – Block Heimatvertriebener und Entrechteter" (später: „Gesamtdeutscher Block/Bund der Heimatvertriebenen und Entrechteten, GB/BHE") stand in großen Lettern in Verbindung mit einem Wahlslogan auf den Druckwerken. Dort in der Geschäftsstelle dieser 1950/51 gegründeten Partei liefen die Vorbereitungen zur Wahl auf Hochtouren. Ja, meine Eltern hatten ihre Heimat, Pommern, als Folge der nationalsozialistischen Politik verloren, sie fühlten sich – das war immer wieder spürbar – als „Opfer", aber niemals mitverantwortlich dafür, worüber sie jetzt klagten. Sie pflegten gerne den Verlust ihrer Heimat. Ich erinnere mich an eine ziemlich große, mit den Wappen pommerscher Städte verzierten Landkarte ihres Heimatlandes, der in unserem Wohnzimmer in Bonn und Berlin ein repräsentativer Platz zugedacht war. Wie war es möglich, dass meine Eltern sich mit ihrem Wissen über die unmittelbare Gegenwart in „ihrer deutschen Stadt Litzmannstadt" für die Aberkennung des Rechts auf Leben der Juden, aber auch für die Vertreibung, Verfolgung und Ausbeutung von Polen engagierten? Wie war es möglich, dass sie sich später nach dem Ende der Katastrophe einer politischen Gruppierung anschlossen, die in ihrem Namen ein Wort benutzte, das noch wenige Jahre vorher das aktive Handeln der Nazis bestimmte? Welche Rechte hatte man meinen Eltern genommen?
In der zweiten Jahreshälfte 1958 fand mein Vater für knapp 18 Monate einen Arbeitsplatz in Kiel: „[…] wurde ich auf Vorschlag des Herren Ministers für Arbeit,

Soziales und Vertriebene, Kiel, in die Landesregierung von Schleswig-Holstein als stellvertretender Abteilungsleiter der Abteilung Vertriebenenwesen im Sozialministerium berufen […]", so schreibt er in seinem Lebenslauf aus dem Jahr 1959. In Kiel traf er mit hoher Wahrscheinlichkeit alte Bekannte aus Posen und dem ehemaligen Warthegau. Allen voran den früheren SS-Hauptsturmführer Waldemar Kraft, geboren 1898 in der Provinz Posen, Landwirt von Beruf. Kraft machte schnell Karriere, wurde NSDAP-Mitglied, 1939 Präsident der Landwirtschaftskammer Posen und ab 1940 Geschäftsführer der Reichsgesellschaft für Landbewirtschaftung. Er galt nach dem Zusammenbruch als Gründer des Blocks der Heimatvertriebenen und Entrechteten (BHE), stieg in der Schleswig-Holsteinischen Landesregierung zum Finanzminister, Stellvertreter des Ministerpräsidenten und ab 1951 auch zum geschäftsführenden Justizminister auf. Kraft wurde Bundestagsabgeordneter und 1953–1956 Minister für besondere Aufgaben im Kabinett Adenauer.[147] Es gab nicht wenige Berührungspunkte zwischen Waldemar Kraft und Werner Ventzki.

Oberstdorf 1956

Die Allgäuer Berge waren die ersten „richtigen" Berge, die ich in meinem Leben zu Gesicht bekam. Ein paar Jahre früher bot mir bereits der Schwarzwald – wo mich die Eltern als etwas kränkelndes Großstadtkind zum Aufpäppeln in einem Kindersanatorium untergebracht hatten – das beeindruckende Bild des Wechsels von geographischen Höhen und Tiefen, von dunklen Wäldern, klaren Bergseen und verschlungenen Wegen, die sich in langen Serpentinen hinauf zum Gebirgskamm schlängelten, und sorgte für Neugier bei weiteren Reiseplanungen für das Gebirge. In den Sommerferien 1956 stand ich zum ersten Mal inmitten einer alpinen Welt, in Oberstdorf, wohin meine Eltern mit mir und einem meiner Geschwister per Bahn gereist waren. Sie kannten die Gegend gut, mehrmals verbrachten sie hier in den 30er und 40er Jahren ihren Urlaub. Eines der für mich wichtigsten Dokumente über die Stellung meines Vaters in Litzmannstadt/Lodz entstand in dieser beliebten und reich besuchten Ferienregion. In meinen Notizen habe ich vermerkt: „Hindelang einkreisen", die Erklärung muss ich später an anderer Stelle in verständlichem Kontext wiedergeben.

Wir wohnten in einer einfachen, kleinen Frühstückspension am Ortsrand; die Zimmer waren noch mit einem marmornen Waschtisch, inklusive Wasserkanne und Waschschüssel, versehen und morgens wurde man unweigerlich von dem dumpfen oder hellen Klingen der Kuhglocken des auf dem Nachbargrundstück weidenden Viehs geweckt. „581" scholl es uns schon am zweiten Tag unseres Aufenthaltes von einem steil ansteigenden Bergrücken aus einer großen Fichte entgegen. Erschrocken wandten wir uns in die Richtung des vernommenen Rufes und konnten gerade noch das Geheimnis aufklären. Wir saßen in einem Sessellift, der uns bequem in aussichtsreicher, luftiger Höhe zu einem der umliegenden Gipfel trug. Die sommerliche Hochsaison ausnutzend, hatte sich ein findiger Fotograf

Abbildung 7: Mein Vater und ich im Sommer 1956 in Oberstdorf

in einer hohen Fichte auf dem dortigen Hochsitz geschickt verschanzt, um aus dieser Perspektive zur Überraschung der Touristen ihr Konterfei auf seinen Film zu bannen. Am nächsten Tag konnte man sich die Fotos unter Angabe der aus dem Baumwipfel zugerufenen Nummer im örtlichen Fotogeschäft anschauen und – was ganz im Interesse des Initiators lag – natürlich auch erwerben. Kaum eine Urlauberfamilie verließ den Laden, ohne ein paar Fotos zur Erinnerung zu kaufen.

Es waren schöne Ferien, die auch an Regentagen etwas Besonderes boten: Dann ging es mittags in einen der zahlreichen Gasthöfe und mein Vater, augenzwinkernd ermuntert von meiner Mutter, bemühte sich wegen des beständigen Regens um besonders gute Stimmung. Er schaffte es jedes Mal, unsere Spannung bis zum Höhepunkt aufrechtzuerhalten. Nach dem Essen erschien der Kellner zum Kassieren und unsere Aufmerksamkeit war ganz auf seine Reaktion, seinen Gesichtsausdruck gerichtet, als mein Vater zum Kellner gewandt sagte: „Jetzt kommt die große Pleite", was so viel bedeuten sollte, wie „ich kann nicht alles zahlen". Wir hatten unseren Spaß daran, wenn mein Vater vortäuschte, die Rechnung nicht bezahlen zu können, und malten uns aus, was dann wohl geschehen würde.

Berlin

Flughafen Hannover-Langenhagen, Spätherbst 1956: Die zweimotorige Maschine der britischen Fluggesellschaft BEA stand weit draußen auf dem Rollfeld. Meine Eltern und ich bestiegen den Zubringerbus, der uns dicht vor die Rolltreppe der bereitstehenden Maschine brachte. Zum ersten Mal in meinem Leben sah ich ein Flugzeug von innen. Die Aufgeregtheit eines 12-Jährigen, der eine neue Welt kennen lernt, war mir anzusehen. Noch bevor die Maschine zur Startbahn rollte, erschien der Kapitän aus dem Cockpit, durchschritt einmal die Kabine und begrüßte vom Mittelgang aus mit leichtem Kopfnicken die Passagiere. Auf dem Rückweg stieß er versehentlich gegen die Rückenlehne meines Sitzes, entschuldigte sich, mir besonders zugewandt, sehr höflich und verschwand im Cockpit. Es war wie ein gutes Vorzeichen, das ich aber noch nicht deuten konnte. Knapp fünfzig Minuten dauerte der Flug nach Berlin, die Stadt, die für die nächsten vier Jahre unser Zuhause werden sollte. Mein Vater, inzwischen von Bundesminister Theodor Oberländer mit der Leitung der Berliner Dienststelle des Bundesministeriums für Vertriebene, Flüchtlinge und Kriegsgeschädigte mit Sitz im Berliner Bundeshaus beauftragt, lebte bereits in Westberlin und drängte seine Behörde, für den Umzug der Familie von Bonn in die Stadt an der Spree grünes Licht zu geben. So kam es, dass vier Jahre Berlin vor uns lagen und wir in einem Brennpunkt der deutschen Nachkriegsgeschichte lebten.

Kurz vor dem kurvenreichen Landeanflug zum Flughafen Tempelhof und entgegen aller Sicherheitsvorschriften erschien an der vorderen Kabinentüre eine Stewardess und gab mir ein unmissverständliches Zeichen, nach vorne zum Cockpit zu kommen.

Nach anfänglichem Zögern verließ ich meinen Sitz und ging zum vorderen Teil der Maschine. Die Stewardess begrüßte mich, schob den dicken Vorhang zur Seite und mich sanft ins Cockpit zwischen die Sitze des Piloten und seines Co-Piloten. In leicht gekrümmter Haltung stand ich in der engen Kabine, erhielt von hinten plötzlich Kopfhörer aufgesetzt, aus denen unablässig auf Englisch Durchsagen über Temperatur- und Windverhältnisse, Landebedingungen und die richtige Flugposition durchgegeben wurden, und blickte fasziniert auf das einzigartige Bild, das sich mir bot. Noch nie hatte ich eine Stadt aus der Luft betrachten können, und noch nie hatte ich eine so große Stadt wie Berlin gesehen. Unvergesslich ist mir der Anblick des Berliner Stadtgebiets, die vielen verschiedenen Perspektiven, als das Flugzeug mit mehreren Schleifen über der nun immer stärker beleuchteten Stadt zur Landung ansetzte. Ich war überwältigt und konnte mich nur noch etwas stammelnd bei Pilot und Stewardess bedanken.

Die ersten Tage in Berlin wohnten wir in einer Pension in einer Seitenstraße des Kurfürstendamms. Die abendlichen Lichter dieses quirligen Boulevards, der in diesen Jahren als ein besonders klares Zeichen westlicher Ideale, westlicher Freiheit gesehen wurde, fanden am Fenster unserer vorübergehenden Unterkunft bis in die späten Nachtstunden meine ungeteilte Aufmerksamkeit. Da unsere Möbel noch nicht eingetroffen waren und es noch galt, einige neue Anschaffungen zu tätigen, verbrachten meine Eltern und ich mindestens einen Tag in einem der größten

Möbelhäuser Berlins, in fast allen U-Bahnen vertreten mit der unübersehbaren Werbung „Möbel Hübner". Nicht weit von diesem über mehrere Stockwerke aufgeteilten Geschäft verlief die Grenze zwischen dem West- und dem Ostsektor der Stadt. Der Kalte Krieg war in vollem Gange, doch die Sektorengrenze zeichnete sich noch relativ harmlos und durchlässig ab. Zwar gab es Hinweisschilder und auf dem Straßenpflaster als Markierung des Grenzverlaufs einen dicken Strich, aber viel mehr war nicht wahrzunehmen. Da passierte es: Von einem anstrengenden Tag ermüdet, gerieten meine Eltern und ich über die Grenzlinie hinweg, vielleicht einige hundert Meter in den Ostsektor hinein. Mein Vater, der diesen Irrtum bemerkte, riet zur Eile, diesen Ort schnellstmöglich wieder in Richtung Westen zu verlassen. Es war das einzige Mal, dass ich mich vor der politischen Wende von 1989 auf Ostberliner Territorium befand. Der Kalte Krieg sorgte auch für die Familienangehörigen von Bundesbediensteten für strenge Regeln.

War es ein Zufall? Unsere neue Wohnung, in die wir bald einzogen, befand sich in der Franzensbaderstraße im renommierten Stadtteil *Grunewald*, nicht weit entfernt von einem Ort, von dem fast zur gleichen Zeit fünfzehn Jahre früher – im Oktober 1941 – die ersten Juden aus Berlin nach Litzmannstadt (Lodz) in das damalige Ghetto deportiert worden waren. *Bahnhof Grunewald, Rampe Gleis 17:* „18.10.1941/1251 Juden/Berlin – Lodz" las ich an einem eisig kalten Märztag des Jahres 2006 auf der ersten gusseisernen Gedenkplatte auf den Gleisanlagen des Bahnhofs. Zum ersten Mal führte mich mein Weg an diesen Ort, ich folgte der ansteigenden, kopfsteingepflasterten Straße die wenigen Meter zu den Gleisen, wo die Waggons bereitstanden, Juden wie Vieh der Vernichtung zuzuführen. An jeden der Transporte aus Berlin in die Todeslager erinnert eine separate Gedenkplatte in der Unwirtlichkeit eines verlassenen und stillgelegten Bahngeländes. Immer wieder versuche ich mir die bürokratisch-nüchternen Meldungen der Gestapo und der Ghettoverwaltung über den „Eingang" dieser Transporte vor Augen zu führen, Meldungen, die auf dem Schreibtisch meines Vaters landeten, der seit Mai 1941 auf dem Sessel des Oberbürgermeisters von Litzmannstadt/Lodz saß und dem auch die deutsche Ghettoverwaltung als städtische Behörde unterstand. Wusste mein Vater etwas von dieser unmittelbaren Nähe zu diesem Ort der Deportation und konnte er sich in den 50er Jahren in Berlin oder auch später daran erinnern, dass nur in etwa zwei Kilometer Entfernung von unserer Wohnung die Bahnhofsrampe zu finden ist, von der die ersten 1.251 Berliner Juden in das Ghetto Lodz und von dort einige Monate später in das Vernichtungslager Kulmhof (Chełmno) deportiert worden waren? Für mich persönlich bedeutete dieses zweimalige Zusammentreffen der topographischen Benennung „Grunewald" ein weiteres Mosaiksteinchen im Erfassen einer Geschichte, die mich zur vielschichtigen Auseinandersetzung zwang.

Es waren oft publikumswirksame Ereignisse, die in diesen Jahren das politischgesellschaftliche Klima in dieser Stadt kennzeichneten und Szenen wie diese in Erinnerung rufen:

Olympiastadion: Große Show zur Eröffnung der Berliner Filmfestspiele vor mehreren zehntausend Menschen, der Stadionsprecher kündigt einen der Höhepunkte mit den Worten an: „Und nun hält Romy Schneider ihre Rede an die Berlinerinnen und Berliner." Gespannte Ruhe im Stadion. Romy Schneider tritt an die Mikrofone und sagt nichts anderes als. „Ihr Berliner seid prima, prima, prima." Großer Jubel bricht aus, man erhält von prominenter und überaus populärer Seite den Zuspruch, der das Zusammengehörigkeitsgefühl weiter zu stärken scheint.

Aber es waren auch die Jahre, in denen 13-, 14-jährige Schüler klassenweise den 32-minütigen Dokumentarfilm des französischen Regisseurs Alain Resnais „Nacht und Nebel" über die Vernichtung der europäischen Juden zu sehen bekamen. Zehn Jahre nach Kriegsende hatte Resnais diesen schockierenden Film gedreht. Als der Film 1956 als französischer Wettbewerbsbeitrag bei den Filmfestspielen in Cannes gezeigt werden sollte, kam es zum Eklat: Auf Betreiben der deutschen Botschaft in Paris und der Bundesregierung in Bonn wurde der Film aus dem Programm des Festivals zurückgezogen. Auf deutscher Seite befürchtete man einen wieder aufflammenden Hass gegen die Deutschen. Sogar im Deutschen Bundestag kam es wegen der Intervention in den Festspielbetrieb zu heftigen Kontroversen ebenso wie in den Medien. Die Adenauer-Ära tat sich noch sehr schwer mit einer tatsächlichen Auseinandersetzung mit den Verbrechen der Nazis.

Ich – wie viele Schüler in diesem Alter – hatte die volle Grausamkeit, die da auf der Leinwand vorgeführt wurde, gar nicht genügend begriffen. Berge von Leichen, von Bulldozern zusammengeschoben, sagen einem Schüler dieser Altersstufe ohne das nötige Hintergrundwissen außer der visuellen Brutalität nicht viel. Was sich so im Gedächtnis festgekrallt hat, das Zusammenschieben von Leichenbergen mit Hilfe von Bulldozern in befreiten Konzentrationslagern, traf erst später auf die ursächliche Erklärung. Die Informationen über das NS-Regime waren für uns Jugendliche in diesen Jahren mehr als spärlich. Im Unterricht wurden nur ein paar oberflächliche Daten genannt, ergänzt von einem nicht haften gebliebenen Schnelldurchlauf der Vernichtung der Juden. Im Elternhaus selbst wurde darüber nicht gesprochen, im Gegenteil, es wurde absolut geschwiegen. Ich erinnere mich nur an eine mehrfach wiederholte Äußerung meiner Mutter, die nur sagte, davon nichts gewusst zu haben, als ich ihr vom soeben gesehenen Film und später vom Geschichtsunterricht in der Schule berichtete. Damit war das Thema erledigt.

Was sich damals in den 1950er und 1960er Jahren in der „Frontstadt" des „Kalten Krieges", wie West-Berlin häufig bezeichnet wurde, ereignete, ergab für uns Jugendliche ein Gemisch aus gespürter weltpolitischer Bedeutsamkeit und dem Kribbeln, das wir verspürten, wenn wir uns am streng abgesperrten russischen Ehrenmahl im Westberliner Tiergarten vorbeischlichen, um einen Blick auf die wachhabenden Rotarmisten mit ihren aufgepflanzten Bajonetten zu werfen. Das war spannend und am nächsten Tag Gesprächsthema auf dem Schulhof.

Hochkonjunktur hatten in diesen Jahren inszenierte Großkundgebungen auf beiden Seiten der Mauer, rund um den Alexanderplatz von der SED verordnete Aufmärsche sämtlicher Formationen der offiziellen Staats- und Parteigliederungen, auf dem Platz der Republik vor dem ehemaligen Reichstagsgebäude im Westen der Stadt Großkundgebungen unter dem Slogan „Berlin bleibt frei". Hauptredner an diesem Ort war der Regierende Bürgermeister Willy Brandt.

Gleichermaßen geprägt war diese Zeit durch eine starke politische Präsenz der Deutschen, die aus den ehemaligen deutschen Gebieten östlich der Oder-Neiße-Linie stammten, nun in der Bundesrepublik und Westberlin lebten und ihre Fürsprecher in den Vertriebenenverbänden und Landsmannschaften fanden. In Erinnerung ist mir ein Ereignis geblieben, das in Berlin alljährlich Anfang September in der Waldbühne stattfand. „Tag der Heimat". Mein Vater, als Vertreter der Berliner Außenstelle seines Bundesministeriums als Ehrengast geladen, nahm mich mit in die Waldbühne, tatsächlich durfte ich neben meinem Vater in der zweiten oder dritten Reihe auf der für die Ehrengäste reservierten Bühne Platz nehmen. Kurz vor Beginn der Veranstaltung erschien mit Begleitung ein anderer Ehrengast: Willy Brandt, der damals Regierende Bürgermeister des freien Teils von Berlin. Es entstand noch für einige Minuten eine gewisse Unruhe in unserer Nähe, Fotografen zückten ihre Kameras, um die Prominenz für die nächsten Ausgaben der Tageszeitungen abzulichten. Für einen Moment löste sich Willy Brandt aus der Gruppe der ihn umringenden Mitarbeiter und Funktionsträger, trat zwei, drei Schritte vor zu den Sitzreihen und erfüllte seine protokollarische Pflicht: Er begrüßte die unmittelbar nächsten Ehrengäste mit Handschlag, auch meinen Vater und mich.

Das empfand ich als spannend und ein wenig aufregend, während mich der eigentliche Anlass dieses Massentreffens nicht sehr interessierte. Diese Begegnung hat für mich seit meinem Besuch am Warschauer Mahnmal des Ghetto-Aufstandes des Jahres 1943 eine besondere Bedeutung. Da standen sich für einen kurzen Augenblick ein amtierender Oberbürgermeister der deutschen Großstadt West-Berlin und ein ehemaliger Oberbürgermeister der von den Nationalsozialisten okkupierten polnischen Stadt Lodz gegenüber, da standen sich ein ausgewiesener Kämpfer gegen Diktatur und das Nazi-Regime und ein überzeugter Verfechter der nationalsozialistischen Idee und Repräsentant des Bundesministeriums für Vertriebene, Flüchtlinge und Kriegsgeschädigte gegenüber. Sie symbolisierten körperlich sichtbar die Merkwürdigkeiten jener Jahre in Berlin und der Bundesrepublik. Der eine Ex-Oberbürgermeister und der andere im Amt befindliche Regierende Bürgermeister, sie verband kaum etwas miteinander. Ihre Biographien, ihre Welten waren zu unterschiedlich. Direkte Begegnungen gab es höchst selten, und dann auch nur kurz bei offiziellen Anlässen, wenn zum Beispiel Besuchergruppen nach Berlin kamen und mein Vater im Auftrag seiner Bonner Behörde über die Problematik der DDR-Flüchtlinge referieren musste. Fremd war ihm die Materie ja nicht, er kannte sie mit anderen Vorzeichen. Willy Brandt berichtet in seinen „Erinnerungen"[148] von einem Treffen im August 1936 in Paris mit seinem Freund Max Diamant, der aus Lodz stammte und dem er kurz vor der Abreise nach Berlin sein Herz ausschüttete. War Willy Brandt damals in der Waldbühne am „Tag der Heimat" bewusst, wen er da in der zweiten oder dritten Reihe im Block der Ehrengäste begrüßen musste? Erinnerte er sich in diesem Moment vielleicht an Max, seinen Freund aus Lodz?

Mit welchen inneren Regungen Willy Brandt meinem Vater gegenübertrat – die ersten Informationen über die „braune Vergangenheit" meines Vaters erreichten Ende der 1950er Jahre auch westliche Medien – entzieht sich meiner Kenntnis. Doch dass mein Vater in Willy Brandt mehr den Verräter und „vaterlandslosen

Gesellen" sah, erscheint mir gesichert. Auch ein solches Buch – so meine Erinnerung an den väterlichen Schreibtisch – erblickte ich auf dem Stapel jüngst erschienener Bücher:

„Herbert Frahm alias Willy Brandt", so oder ähnlich lautete der Titel einer Veröffentlichung, die die Persönlichkeit Brandts wegen seiner unehelichen Herkunft diskreditieren sollte.

Am 27. November 1959 wurde in der Karlsruher Stadthalle eine Ausstellung mit dem Titel „Aktion ungesühnte Nazijustiz" eröffnet, in der auch mein Vater genannt wurde. Ich war ein 15-jähriger Schüler und hatte zu diesem Zeitpunkt weder genügend Kenntnis, geschweige denn Mut, meinen Vater mit dieser Thematik in Verbindung zu bringen. Zu abwegig wären mir in diesem Stadium kritische Fragen gewesen. Auch als wir Kinder dann irgendwie mitbekamen, dass über den Vater in der Öffentlichkeit diskutiert wurde, fehlte mir alles, was für einen entscheidenden Schritt notwendig gewesen wäre. Aber erinnern kann ich mich noch an sinngemäße Äußerungen der Eltern, die gelegentlich von „linken Schmierfinken" sprachen. Gemeint hatten sie wahrscheinlich Journalisten vom Schlage eines Erich Kubys, die das Verschweigen und Vertuschen der Adenauer-Ära nicht hinnehmen wollten. Der eigentliche Urheber der Karlsruher Ausstellung, die in den folgenden Jahren in weiteren Städten, auch im Ausland, gezeigt wurde, war der Student Reinhard Strecker. Die Berliner „tageszeitung" griff das Thema selbst noch im Jahre 1999 wieder auf.[149]

„Litzmannstadt" – ein Name, den ich als Kind und Jugendlicher in regelmäßigen Abständen von den Eltern hörte, nie war von „Lodz" die Rede. Die Logik im Geschichtsbild meines Elternhauses wurde auch nach dem Kriege gewahrt, schließlich lebte unsere Familie fast drei Jahre in der „deutschen" Stadt Litzmannstadt. An eine Ausnahme im Sprachgebrauch erinnere ich mich allerdings, als „Litzmannstadt" nicht durch „Lodz" ersetzt, aber notgedrungen ergänzt wurde. Viele Jahre lang hing im Wohnzimmer der Eltern in Bonn und Berlin ein Bild des Malers Otto Pippel.

Es zeigte ein romantisches Landschaftsbild in deren Mitte sich, von hohen Kiefern beschattet, eine Schafherde bewegte. Ein Schäfer war auf diesem impressionistischen Motiv zu erkennen, der für uns Kinder und auch in späteren Jahren immer wieder eine Frage aufwarf: Treibt der Schäfer seine Herde oder schreitet er ihr voraus? Heute bin ich mir nicht mehr sicher, wie eine mögliche Antwort lauten könnte. Es gab in der Familie darüber keinen Streit, aber für genügend Rätselraten war immer gesorgt. Als mein Vater erzählte, dass er im Herbst 1942 in seiner Funktion als Oberbürgermeister in Litzmannstadt eine Ausstellung mit Werken von Otto Pippel in Anwesenheit des Künstlers eröffnet hatte,[150] musste er erwähnen, dass Otto Pippel 1878 in der damals unter russischer Verwaltung stehenden Stadt Lodz geboren wurde. Es fiel ihm nicht leicht, diesen Namen anstelle von „Litzmannstadt" aussprechen zu müssen. In meiner Erinnerung blieb es bei dieser einmaligen Nennung des Namens „Lodz". Mein Vater richtete 1942 an Otto Pippel, der seit 1909 in Planegg bei München lebte, die Bitte, für das neue Rathaus in Lodz ein Bild aus der engeren oder weiteren Umgebung der Stadt zu schaffen.[151] Ob daraus je etwas geworden ist, entzieht sich meiner Kenntnis. Für meine Eltern symbolisierte dieses Bild in ihrem Wohnzimmer auch Jahrzehnte nach dem Kriege ihre innere Verbundenheit mit „Litzmannstadt", es war wie ein Andenken an vergangene Zeiten. In der gleichen Ausstellung wurden auch Plastiken von Marta Kronig gezeigt, über deren Arbeit Adolf Kargel schreibt: „Es ist unser Mensch des Ostens, den die Künstlerin gestaltet […]. Groß ausgeführt möchte man sich die zahlreichen Plastiken wünschen, die als Brunnenfiguren geeignet sind. […] Das zopfflechtende Mädchen wird, davon sind wir überzeugt, die Lieblingsplastik der Litzmannstädter werden […]."[152] Ob dies für meine Eltern zutraf, lässt sich nicht sagen, doch vorstellen kann ich es mir.

Mein Vater erhielt Anfang 1960 erste Hinweise, dass in Ostberliner Zeitungen, der „Berliner Zeitung" und der „Arbeiterstimme", Artikel über seine Nazi-Vergangenheit und seine politische Funktion zur damaligen Zeit in Westberlin erschienen waren. Die Vorwürfe gegen meinen Vater waren in den westlichen Bundesländern und in Westberlin nicht unbekannt. So schrieb zum Beispiel die Westberliner, der SPD nahe stehende Tageszeitung „Telegraf" am 5. März 1960 unter der Überschrift „Immer wieder Oberländer" folgende Passage: „Während es nach dem neuesten Stand der Dinge wieder fraglich geworden ist, ob die Bonner Staatsanwaltschaft beantragen wird, die Immunität Oberländers aufzuheben, gerät in zunehmendem Maße die Personalpolitik des Ministers in das Licht der kritischen Beleuchtung. Die sich auf dieses Thema beziehenden Vorwürfe konzentrieren sich darauf, dass Oberländer Vertraute aus der Nazizeit in hohe Stellen seines Ministeriums eingeschleust hat. Das Organ des DGB, „Welt der Arbeit" stellte dieser Tage die folgende Liste auf: Werner Ventzki, seit 1931 Mitglied der NSDAP, Personalamtsleiter der Kreisleitung Stettin, ab 8. Mai 1941 Oberbürgermeister von Lodz, mit dem goldenen Parteiabzeichen ausgezeichnet, Reichsredner. Ventzki leitet heute als Oberregierungsrat die Berliner Abteilung des Bundesministeriums für Vertriebene. Eine bezeichnende Passage über diesen Mann findet sich übrigens in Gerald Reitlingers Buch „Die Endlösung".[153] Es heißt: „Im gleichen Monat beschwerte sich Oberbürgermeister Ventzki, dass nur 80 von Hundert der Ausgaben für das Getto (von Lodz), das damals 140.000 Bewohner hatte, durch Arbeit abgezahlt würden. Wie war es um diese allgemeine Arbeitsverpflichtung bestellt? In Lodz starben 8 v. H. der Juden an Hunger in einem Jahr und doch deckte ihre Arbeit nur 80 v. H. der Getto-Kosten." Es war nicht nur Propaganda, als wenige Tage später, am 15. März 1960 der DDR-Rundfunk einen 18-minütigen Bericht mit dem Titel „Dokumentation über den Nazi-Verbrecher Werner Ventzki, ehemaliger Bürgermeister der Stadt Lodz (Litzmannstadt)" ausstrahlte.[154] Auch in Polen erschienen zu diesem Zeitpunkt Artikel über meinen Vater. So berichtete das Organ der Polnischen Vereinigten Arbeiterpartei „Arbeiterstimme" in großer Aufmachung über meinen Vater als Oberbürgermeister von Lodz während des Nazi-Regimes.[155]
Bereits im Mai 1954, neun Jahre nach Kriegsende, griff die Wochenzeitung DIE ZEIT die Affäre um die Personalpolitik von Minister Oberländer auf und berichtete unter der Überschrift „Oberländers Gefolgschaft": „[…] Da ist weiter Ventzki. Er war Reichspropagandaredner und hatte von Hitler persönlich das goldene Parteiabzeichen erhalten. Später wurde er Oberbürgermeister von Lodz. Oberländer führt zu Ventzkis Entlastung an, er müsse sich doch auf jenem Posten korrekt ver-

halten haben, weil ja sonst die Polen nach dem Kriege seine Auslieferung verlangt hätten. Wir möchten gewiss weder den Antrag auf ein Auslieferungsverfahren noch dessen Unterlassung zum Maßstab des politischen Verhaltens in der Nazizeit machen. Wir halten aber Ventzki auf seinem Posten für fehl am Platze."[156]

Die Materie des juristischen Handelns gestaltete sich von Jahr zu Jahr schwieriger. Wäre mein Vater unmittelbar nach Kriegsende an Polen ausgeliefert worden, hätte ihn vermutlich das gleiche Schicksal ereilt, wie seinen ihm unterstellten Leiter der deutschen Ghettoverwaltung in Lodz/Litzmannstadt, Hans Biebow: die Todesstrafe. Nach 1949 konnte eine Auslieferung aus verschiedenen Gründen, die an anderer Stelle genauer genannt werden, nicht mehr stattfinden.

Zumindest als absolute Fehlbesetzung eines verantwortungsvollen Postens in einem höchst sensiblen politischen Umfeld wurde die Entscheidung von Oberländer schon im Jahre 1954 eingestuft.

Mein Vater hielt viel von seinem Vorgesetzten, Theodor Oberländer, von 1953 bis 1960 Bundesminister für Vertriebene, Flüchtlinge und Kriegsgeschädigte. Er schätzte seine „Gradlinigkeit, Charakterstärke und Führungsqualitäten", wie ich es noch aus dem Mund meines Vaters hören konnte. Wenn es nicht schon früher eine Begegnung der beiden Männer gegeben hat, so spätestens aber mit großer Wahrscheinlichkeit am 21. November 1938 in Stettin. Oberländer, der um diese Zeit einen Lehrstuhl an der Universität Greifswald bekleidete, hielt im Kulturinstitut Stettin einen Vortrag über „Die baltischen Randstaaten". Der Referent setzte dabei die geographische Lage der Baltenstaaten im Schnittpunkt der Auseinandersetzung zwischen „Germanentum" und „Slawentum" in den Mittelpunkt seiner Rede.[157] Ein paar Tage später erschien von Theodor Oberländer ebenfalls in der „Pommerschen Zeitung" der Artikel „Die baltischen Staaten", indem der Autor die „Vorherrschaft des Deutschtums" im Baltikum fokussiert.[158] Die Zustimmung meines Vaters konnte dem Greifswalder Professor sicher sein.

Das Pflaster in Westberlin war also zu heiß geworden. Die Dienststelle meines Vaters, das „Bundesministerium für Vertriebene Flüchtlinge und Kriegsgeschädigte" in Bonn konnte diese Presseberichte nun nicht mehr als Propaganda aus Ostberlin ignorieren und entschied sich, meinen Vater von seinem Posten in der „Frontstadt" des „Kalten Krieges" abzuberufen und zurück in die Zentrale an den Rhein zu holen. Auch dürfte es den verantwortlichen Stellen wohl zu brisant erschienen sein, ausgerechnet einen alten Nationalsozialisten, der zwar ein ausgewiesener Fachmann war, weiterhin mit der schwierigen Aufgabe der Repräsentanz der bundesdeutschen Anlaufstelle für DDR-Flüchtlinge vor Ort zu betrauen. Dass auch der Berliner Senatsverwaltung eine solche Affäre nicht gerade gelegen kam, liegt auf der Hand. So standen also im November 1960 die Möbelwagen vor der Tür und unsere Zwischenstation Berlin würde in Kürze bereits der Vergangenheit angehören. Über der ganzen Szenerie lag ein Hauch von spannender Nervosität und Abenteuer, so empfand ich die Situation, obwohl wir uns nur ungern von Berlin trennten. Anders als meine Mutter, die in Berlin nie ganz unbeschwert das Leben wahrnahm. Ihr gefiel die politische Situation, dieses merkwürdige Westberliner Gemisch der späten 50er Jahre aus Eingeschlossensein und der Unmittelbarkeit des vor der Haustür sich abspielenden Ost-West-Konflikts überhaupt nicht.

Ganz offen zeigten sich solche atmosphärische Spannungen in den notwendigen logistischen Dimensionen unseres verordneten Umzuges: Aus politischen Gründen – es hätte an der Grenze Berlin-Dreilinden auf dem geplanten Weg nach Westdeutschland Schwierigkeiten geben können – durften unsere Möbel und der gesamte Hausstand nur per Luftfracht aus Westberlin herausgebracht werden. Die gewisse Brisanz dieses Umstandes war mir in der ganzen Bedeutung sicher nicht bewusst, empfunden habe ich die Organisation unseres Ortswechsels mehr als Abenteuer. Irgendwie kam es mir einfach lustig vor, wie da die Speditionsleute unser ganzes Mobiliar Stück für Stück mit je einem Bretterverschlag versahen, um den Vorschriften für Luftfracht gerecht zu werden. Als wir einige Tage später im Flugzeug saßen und die kurze Strecke nach Hannover-Langenhagen vor uns lag, empfand ich es doch ein wenig merkwürdig, dass unsere Möbel einige Tage zuvor auf gleichem Wege nach „Westdeutschland", wie die Berliner meistens das übrige Gebiet der Bundesrepublik bezeichneten, gelangt waren.

Um uns den Abschied von Berlin wenigstens etwas zu erleichtern, hatte sich mein Vater etwas Besonderes ausgedacht. Mein Bruder und ich besuchten seit September gemeinsam einen Tanzkurs, das gehörte unbedingt in diesen Lebensabschnitt eines heranwachsenden Zöglings. Und für ein Geschwisterpaar gab es noch einen gewissen Nachlass, einen Rabatt, der für unsere Eltern durchaus auch ein Argument war, mich nach anfänglichem Zögern doch noch für die ersten Schritte auf dem glatten Tanzparkett zu gewinnen. Mein Vater hatte es mit seinem Organisationstalent irgendwie geschafft, es so einzurichten, dass unsere Berliner Zeit mit einer letzten Tanzstunde endete. So brachten unsere beiden Tanzstundendamen meinen Bruder und mich direkt vom Parkett zum Flughafen Tempelhof, wo unsere Eltern bereits warteten und wir gemeinsam nun von Berlin endgültig Abschied nehmen mussten. Begeistert waren mein Bruder und ich darüber nicht, doch wir erkannten an, dass unser Vater es uns so angenehm wie möglich machen wollte.

Das Kuvert

Ein beigefarbenes Briefkuvert in den genormten Maßen von 160 x 114 mm aus den 50er Jahren, ein „echtes" Kuvert, gebraucht mit vollständiger Adresse und Poststempel: eine perfekte Ergänzung zur Ausstattung meiner „Kinderpost". Gespielt habe ich damit gerne, Spielkameraden waren leicht zu finden, die verteilten Rollen als Postbeamter hinter dem Schalter und Postkunde waren beliebt und ließen Freiraum für phantasievolle Zwiegespräche nach dem Muster der realen Erwachsenenwelt. Noch heute befindet sich dieses Kuvert als Erinnerung an die Kindheit in meinem Besitz. Mit kindlicher Handschrift unter Verwendung eines Bleistiftes hatte ich als Empfängerin meine Mutter angegeben. In Wirklichkeit lautete die maschinenschriftliche Adresse: „An den Zentralverband der vertriebenen Deutschen, z. Hd. Herrn Hauptgeschäftsführer Venski, Bonn, Luisenstr. 4", aufgegeben wurde der Brief laut Poststempel am 28. Dezember 1951 in Frankfurt/Main. Ein unscheinbares Dokument, das aber doch den Weg meines Vaters nach Ende des Zweiten Weltkrieges und seine engen Verbindungen zu Persönlichkeiten der Vertriebenenlobby bis ins hohe Alter schon vorzuzeichnen beginnt. Der damalige „Zentralverband der vertriebenen Deutschen" ging später in den „BvD" (Bund der vertriebenen Deutschen) und letzten Endes 1957 in den noch heute bestehenden „BdV" (Bund der Vertriebenen) auf.

Die Stadt Lodz/Litzmannstadt und der Warthegau bildeten für die Deutschen besondere Räume, um ihre volkstumspolitischen Vorstellungen in die Tat umzusetzen und umfangreiche Erfahrungen bei der Vertreibung und Aussiedlung (Vernichtung) der nichtdeutschen Bevölkerung und der Um- und Ansiedlung volksdeutscher Menschen zu sammeln. Die junge Bundesrepublik griff gerne auf ehemalige NS-Funktionsträger aus dem früheren Warthegau zurück. Es galt Lösungen für die Probleme der aus den ehemaligen deutschen Ostgebieten geflüchteten oder vertriebenen Menschen zu finden und ihnen Foren zur Interessenvertretung zu bieten. Daher empfand ich es als nicht verwunderlich, in Archiven und in der Literatur auf Namen zu stoßen, die ebenfalls wie der meines Vaters in Verbindung mit der Nazi-Herrschaft in Lodz und im Warthegau immer wieder genannt werden und nach 1945 im Bereich der Vertriebenenpolitik und der Vertriebenenlobby in Erscheinung traten:

Günter (Gunther) Fuchs, geboren 1911 in Breslau, SS-Hauptsturmführer, Kriminalkommissar, bei der Gestapo Litzmannstadt, von Januar 1940 bis Januar 1944 Leiter der Abteilung „Judenangelegenheiten", im Sommer 1944 wieder in Litzmannstadt bei der Liquidierung des Ghettos eingesetzt. Anfang 1953 Verwaltungsangestellter im Ministerium für Vertriebene und Flüchtlinge Niedersachsen, im Mai 1945 Festnahme in Hannover, 1963 zu lebenslanger Haft verurteilt.[159]

Harry Siegmund, SS-Sturmbannführer, Oberregierungsrat beim Reichsstatthalter Warthegau und persönlicher Referent des Reichsstatthalters und

Gauleiters Greiser, 1953 Regierungsdirektor im Ministerium für Vertriebene, Flüchtlinge und Kriegsgeschädigte Baden-Württemberg.[160]

Otto Freiherr von Fircks, geboren 1912, stammt aus Lettland, als Volksdeutscher wurde er im Winter 1939 im Warthegau angesiedelt, war Landwirt, SS-Obersturmführer, Mitarbeit beim SS-Ansiedlungsstab Litzmannstadt, leitete 1940/41 den SS-Arbeitsstab in Gnesen/Warthegau, nach 1945 wieder Landwirt, Mitglied der CDU und von 1969 bis 1976 Mitglied des Deutschen Bundestages, seit 1954 Landesgeschäftsführer des Bundes der Vertriebenen in Niedersachsen.[161]

Dass von Fircks voll in die Vorgänge um Vertreibung und Verfolgung der Polen und Juden in den annektierten polnischen Gebieten eingebunden war, um Platz für Volksdeutsche zu schaffen, geht aus mehreren Dokumenten hervor. Im Januar 1940 schreibt er in einem Brief an einen Mitarbeiter der Volksdeutschen Mittelstelle über die Umsetzung der SS-Volkstumspolitik in Lodz:

„Mit der Evakuierung geht es da sehr gut vorwärts. Bis zum 12. Februar wird mit der Heraussetzung der Juden Schluß sein, dann kommen die Polen an die Reihe.
Auch die berufliche Einsetzung geht gut voran. Jedenfalls kann nur geraten werden, nach Lodz zu fahren."[162]

Die hier genannten Namen gehören wie auch viele andere zur angewandten Personalpolitik von manchen Behörden und Verbänden der früheren Bundesrepublik.

Bonn, Koblenzer Straße

Der mächtige Bau der ehemaligen kurfürstlichen Residenz, heute Sitz der Bonner Universität, öffnete seinen zum Rhein hin gewandten Seitenflügel am „Koblenzer Tor" Richtung Süden und gab den Weg frei, aus der Enge der Innenstadt hinaus auf die „Diplomatenrennbahn". So wurde viele Jahre lang die Koblenzer Straße, die heutige Adenauerallee, von der Bonner Bevölkerung genannt. Die Hausnummer 180 auf dieser Ausfallstraße in Richtung des kleinen Kurortes Bad Godesberg galt nun als unsere neue Adresse. Wir befanden uns dicht am Zentrum des politischen Lebens der Bundesrepublik. Nur wenige Meter entfernt auf unserer Straßenseite war das naturkundliche Museum Alexander Koenig, in dessen repräsentativen Räumen am 1. Mai 1948 zum ersten Mal der Parlamentarische Rat getagt hatte. Das Regierungsviertel mit Bundeshaus, Abgeordnetenbüros, Presseagenturen und verschiedenen Botschaften lag direkt vor unserer Haustüre. In den Sommerferien jobbte ich einige Zeit als Expedient bei der dpa, der Deutschen Presseagentur, nicht weit vom Bundeshaus entfernt. Meine Aufgabe bestand darin, im Schichtdienst die per Fernschreiber von der Hamburger Zentrale der Agentur eingehenden Meldungen mit Hilfe einer kleinen Rotaprint-Druckmaschine zu vervielfältigen und anschließend für die akkreditierten Journalisten aus aller Welt in deren Fächer einzuordnen. An politisch wichtigen Tagen gab es ein unaufhörliches Kommen und Gehen in dem kleinen Büro, im Minutentakt holten sich die Medienvertreter die frischen Meldungen aus ihren Fächern. Wie bei einem Postamt befand ich mich auf der Rückseite des wabenartigen, offenen großen Verteilerkastens, schob in jedes der Fächer die druckfrischen Blätter der neuesten Nachrichten, während auf der vorderen Seite mit einem schnellen, oft sehr freundlichen Gruß die Journalisten nach den Stapeln in ihren Fächern griffen und in ihre Büros eilten. Ich empfand es als spannend, am Ende meiner Arbeitszeit jeweils etwa 30 – 40 DIN-A4-Blätter mit genau den Nachrichten mit nach Hause nehmen zu können, die erst am nächsten Tag in den Zeitungen zu lesen waren. Aber es waren nicht nur schnelle Nachrichten aus aller Welt dabei, sondern auch Hintergrundberichte verschiedener Korrespondenten zu internationalen Themen. An aktuellem Lesestoff gab es keinen Mangel. Es ergab sich, dass ich bei der Aufteilung unserer neuen Wohnung ein Zimmer zur Straßenfront ergattern konnte. Zwar gab es da mehr Straßenlärm, dafür aber eine vorzügliche Aussicht auf das etwas schräg gegenüber, in einem großen Park liegende Palais Schaumburg, den damaligen Amtssitz des Bundeskanzlers. Für mich bot sich so eine phantastische Gelegenheit, als Jugendlicher auf meine Art und Weise am politischen Leben der Bundeshauptstadt teilzunehmen. Allerdings war dies nicht immer förderlich bei der Bewältigung der Schulaufgaben und des Lernens. Doch konnte ich natürlich nicht abseits stehen, wenn direkt vor unserem Haus Staatsgäste aus aller Welt vorfuhren, wenn zwölf oder 16 „Weiße Mäuse" das unmittelbare Auftauchen der schweren Staatskarossen, versehen mit den Wimpeln des jeweiligen Gastlandes, ankündigten und unter hörbarem Motorengeräusch der schweren BMW-Maschinen in weitem Bogen vor den Türen des Bundeskanzlers Halt machten. Das war immer ein Schauspiel besonderer Art, ein Ereignis, bei dem ich schon ein wenig das Gefühl hatte, dass die ehemalige rheinische Residenzstadt weltpolitische Bedeutung erhielt. Das war sicher übertrieben, signalisierte aber eine gewisse Faszination auf den 16-jährigen Schüler, das live vom Fenster aus beobachten zu können, wovon später Bilder im Fernsehen oder in den Zeitungen zu sehen waren. Ich erinnere mich an manche Nächte, in denen ich, vielleicht auch wegen einer bevorstehenden Klassenarbeit oder auch der Gedanken an ein Mädchen, keinen rechten Schlaf finden konnte. Es gab ein einfaches Mittel, auf andere Gedanken zu kommen. Ich ging einfach zum Fenster, schob den Vorhang zur Seite und konnte drüben auf der anderen Straßenseite im großen, teilweise aus Sicherheitsgründen hell erleuchteten Park des Palais Schaumburg den Männern des Bundesgrenzschutzes in ihren grünen Uniformen bei ihren langweiligen Wachgängen rund um das Gelände zuschauen. Zu besonderen Anlässen waren alle Fensterplätze unserer Wohnung zur Straßenseite besetzt. Ein solches Großereignis bot sich der ganzen Familie, die bequem „mit dem Kissen" am Fenster stand, am 5. Januar 1961, als mit großem Aufwand das Musikcorps des Bundesgrenzschutzes aufmarschierte, um die Festlichkeiten zum 85. Geburtstag von Bundeskanzler Adenauer einzuleiten. Der nachfolgende große Empfang brachte wieder ein den Bonnern sehr vertrautes Spiel in Gang:

An Hoheitszeichen auf den Limousinen galt es zu erraten, welcher Botschafter, Abgesandter oder hohe Vertreter eines Staates gerade die Einfahrt passiert hatte. Ein kleines Heft mit Abbildungen sämtlicher Staatsflaggen lag griffbereit auf der Fensterbank. Ähnliche Bilder konnten wir regelmäßig etwa 200 Meter weiter vom Straßenrand aus beobachten, wenn der Bundespräsident Besuch in seinem Dienstsitz, der Villa Hammerschmidt, empfing. Meist kündigte sich ein lohnender Gang zum Straßenrand schon ein paar Tage vorher an. Es rückten LKWs, beladen mit langen weißen Fahnenstangen, und städtische Arbeiter an, um alle paar hundert Meter in die zu diesem Zweck vorhandenen Vertiefungen am Rand der Gehwege die Masten für die Beflaggung zu Ehren der erwarteten Gäste aufzustellen. So auch beim Besuch des amerikanischen Präsidenten John F. Kennedy, dessen Ankunft ich dann doch lieber direkt vom Straßenrand aus miterleben wollte. Der „Kalte Krieg" hatte sich immer weiter hochgeschaukelt, der Ost-West-Konflikt zeigte sich mir oft durch eine bestimmte Atmosphäre, die durch eine spürbare, verständlicherweise emotional geführte Theatralik bestimmt wurde. Da gab es ein „Kuratorium Unteilbares Deutschland", das mit dem Slogan „Macht das Tor auf" *(gemeint war das Brandenburger Tor, JJV)* für die Wiedervereinigung warb. Zu Weihnachten wurden grüne Kerzen mit dem Schriftzug „Ich denke an Dich" verteilt und daran die Erwartung geknüpft, diese in Gedenken an die „17 Millionen Brüder und Schwestern" in der „Zone" in die Fenster zu stellen. Auch die Familie Ventzki entzog sich nicht dieser Aufforderung.

Ein Bewusstsein, sich in diesen Jahren mit der Vergangenheit zu beschäftigen oder gar Fragen zu stellen, war bei mir vor dem Hintergrund der starken Präsenz der Gegenwart nicht oder viel zu wenig entwickelt. Ich erinnere mich nicht an ernsthafte Ansätze, Licht in so manchen dunklen Gang hineinzutragen. Selbst der Frankfurter Auschwitz-Prozess 1963 brachte da keine Wende. Allerdings erfuhr ich Anfang der 60er Jahre, dass mein Vater mehrfach als Zeuge in NS-Strafverfahren vernommen worden war. In welchem Zusammenhang dies geschehen war, entzog sich damals meiner Kenntnis. Dass mein Vater in seiner beruflichen Nachkriegslaufbahn gewisse Schwierigkeiten bekam, war uns Kindern durch Andeutungen und unverfängliche Äußerungen meiner Mutter bekannt. In einem Brief an meinen Vater von einer Klassenfahrt Ende der 50er Jahre wünschte ich ihm, der sich gerade in Bonn am Hauptsitz seiner Behörde aufhielt, „viel Ablenkung von „Deiner Sache". Damit war sein Kampf gemeint, durch den vor allem in der Adenauer-Ära so bekannt gewordenen § 131 des Grundgesetzes als ehemaliger Beamter nach der „Entnazifizierung" wieder in beamtenrechtliche Stellung im öffentlichen Dienst zu kommen. Niemals hätte ich mit dem völlig unzulänglichen Wissen eines 16-/17-Jährigen den Oberbürgermeister von Litzmannstadt/Lodz, Werner Ventzki, meinen Vater, mit den Verbrechen der Nazis in den besetzten Teilen Polens in Verbindung gebracht. Die erlebte Unmittelbarkeit der Gegenwart blockierte die Präsenz der Vergangenheit. Es war noch nicht die Zeit, die Glaubwürdigkeit des Vaters in Zweifel zu ziehen. Ich vertraute der Rolle, die mein Vater in meiner Erinnerung besetzte: der korrekte, ehrliche und aufrichtige, national gesinnte, aber nie eines Verbrechens fähige preußische Beamte. Auch in den folgenden Jahren gab es nicht dieses Erdbeben, das eine Wendung hätte herbeiführen können. Es herrschte in der Familie das absolute „Beschweigen" der tatsächlichen Rolle meines Vaters in der Hitler-Diktatur. Meine Eltern sorgten für den schützenden Kokon, der sich über die Familie stülpte. Und doch wäre es für mich ein Leichtes gewesen, die hindernde Kokonhaut zu zerreißen.

„Oberbürgermeister will von Judenmord nichts gewusst haben" titelte die Berliner Tageszeitung „Der Tagesspiegel" am 23. April 1969 über einen kurzen dpa-Bericht zu den Zeugenaussagen meines Vaters am Vortage vor dem Schwurgericht Frankfurt/M. während der Hauptverhandlung im NS-Prozess gegen Hermann Krumey und Otto Hunsche, zwei ehemalige Mitarbeiter von Adolf Eichmann.[163] Ich muss mich zwingen, den Text zu lesen:

„Beträchtliche Gedächtnislücken zeigte der ehemalige Oberbürgermeister von Litzmannstadt (Lodz/Polen) und gegenwärtige Regierungsdirektor im Bundesvertriebenenministerium, Werner Ventzki, am Dienstag bei einer Zeugenaussage im Frankfurter Judenmord-Prozess gegen die ehemaligen Eichmann-Mitarbeiter Herman Krumey und Otto Hunsche, denen vorgeworfen wird, an der Deportation und Ermordung von 400 000 Juden beteiligt gewesen zu sein. Ventzki, früher auch Gauamtsleiter, Reichs- und Stoßtruppredner der NSDAP, Träger des Goldenen Ehrenzeichens des NSDAP und durch persönliche Intervention Himmlers zum SS-Oberscharführer befördert, räumte erst nach Vorhaltungen ein, dass die von ihm in den Jahren 1941 bis 1943 geleitete Kommunalverwaltung von Litzmannstadt teilweise auch für das dortige Getto zuständig gewesen sei, in dem 140 000 Juden untergebracht waren. Sein Wissen um die schlechte Ernährungslage und die hohe Sterblichkeit im Getto gab er erst zu, als ihm der Schwurgerichtsvorsitzende Originaldokumente vorlegte. Ventzki versicherte, er habe erst gegen Ende des Krieges als Unterführer in der Waffen-SS-Division „Hitlerjugend" von der physischen Vernichtung der Juden erfahren. Wenn aus dem Getto in Lodz arbeitsunfähige Juden abtransportiert wurden, habe er stets geglaubt, sie würden in Erholungslagern konzentriert."

Auch die Frankfurter Zeitung „die tat", Organ der Vereinigung der Verfolgten des Naziregimes (VVN), berichtete seit Anfang der 1960er Jahre mehrmals über meinen Vater, so auch am 3. Mai 1969 in Zusammenhang mit seiner Zeugenaussage im genannten Prozess und noch einmal am 5. September 1970 mit der abschließenden Frage: „Wann endlich muss Ventzki sich verantworten?"

Der aus Oberschlesien stammende Autor August Scholtis schrieb am 24. April 1969 an seinen Freund und Autor Max Tau, 1938 nach Norwegen und später vor den Nazis nach Schweden geflohener ehemaliger Lektor des renommierten Bruno-Cassirer-Verlages und erster Träger des Friedenspreises des Deutschen Buchhandels (1950), nach Oslo, nachdem Scholtis auf eine Neuauflage seines Romans „Ostwind" verzichtet hatte. Dabei bezog er sich auf den am Vortag erschienenen Artikel im „Tagesspiegel":

„Ich habe meine Absage damit begründet, dass überall in den Ministerien alte und unverbesserliche Nazis etwas zu sagen haben, und nannte einige Leute beim richtigen Namen. Die heutigen Zeitungen bestätigen meine Abneigung. Im Vertriebenenministerium wird als Regierungsdirektor der Nazibürgermeister von Lodz, Werner Ventzki, beschäftigt. Er wurde gestern als Zeuge *(der Verteidigung, JJV)* im Frankfurter Judenmordprozess vernommen. Er will von der Deportation und Ermordung von hundertzwanzigtausend Juden aus Lodz nichts gewusst haben und erklärte, wenn man aus dem Ghetto in Lodz arbeitsunfähige Juden abtransportierte, habe er stets geglaubt, sie kämen in ein Sanatorium zur Erholung. Solch eine zynische Frechheit darf ein Judenmörder unter Eid aussagen. Es geschieht ihm nichts. Nach dieser Vernehmung begibt er sich wieder in sein Büro und fungiert als Regierungsdirektor munter weiter […]."[164]

Stille, Sprachlosigkeit, Einsturzgefahr. Taumelnde Bewegungen hin zu einem nicht gewollten, unausweichlichen Bild.

Wer war dieser Herrmann Krumey, der zusammen mit Otto Hunsche in Frankfurt vor Gericht stand? Es musste doch irgendwelche Berührungspunkte zwischen meinem Vater und ihm geben. Krumey, SS-Obersturmbannführer, war ab 1940 Leiter der „Umwandererzentralstelle" (UWZ) in Litzmannstadt, eine Außenstelle der UWZ in Posen. Dieser amtlichen Einrichtung oblag als Hauptaufgabe die Vertreibung von Polen und Juden in den okkupierten Gebieten Polens sowie die politische und rassische Überprüfung der vertriebenen und enteigneten Polen.[165] Doch auch an der Deportation der europäischen Juden wirkten UWZ-Mitarbeiter in großem Umfang mit.[166] Parallel wurde eine „Einwandererzentralstelle" (EWZ) eingerichtet, die als Sammeldienststelle zur Einbürgerung von Volksdeutschen fungierte. Vertreibung, letzten Endes Vernichtung für die Juden einerseits stand der Eingliederung und der Ansiedlung des „germanischen Menschen" andererseits gegenüber. Mit größter Rücksichtslosigkeit und hohem Vernichtungspotential gingen die „Herrenmenschen an ihr abscheuliches Werk.

Mit verlässlicher Regelmäßigkeit stoße ich auf eine zunächst verwirrende, dann unfassbare Sprachfindung der Nazis, verharmlosende Definitionen der Unterdrückung, des Vernichtens und Mordens. „Umwandererzentralstelle", unter diesem Begriff stellt man sich eine Zentrale für diejenigen Menschen vor, die aus einem Gebiet, einem Land in ein anderes *aus eigenem Entschluss* umsiedeln wollen, weil sie sich so bessere Zukunftschancen ausrechnen. Man verlässt seine gewohnte Umgebung, man „wandert aus", nimmt das Angebot an, in einer anderen Region ansässig zu werden.

Der Chef der UWZ in Litzmannstadt konnte dem Oberbürgermeister nicht unbekannt sein, zu wichtig waren beide Positionen, als dass man sich nicht begegnet wäre und mit hoher Wahrscheinlichkeit über die „weitere Entwicklung" gesprochen hätte.

„[…] Einen Krumey kenne ich aus der damaligen Zeit nicht. Ich habe jetzt nur über ihn in der Zeitung gelesen […]." Worte meines Vaters bei der Vernehmung vor der Generalstaatsanwaltschaft[167] in Bonn am 23. April 1963. Die Aussage meines Vaters erinnert mich an den Bericht des SPIEGEL-Reporters Gerhard Mauz über den ersten Prozess gegen Hunsche/Krumey 1964. Der Prozessbeobachter beschreibt die Aussagen jener Zeugen, die nicht wissen, ob sie selbst noch angeklagt werden, so: „Sie saßen „unglücklicherweise" in Eichmanns Vorzimmer, bedienten als SS-Obersturmführer zwei Telefone und trugen Briefe und Akten von Schrank zu Schrank, von Tisch zu Tisch. Das Regime der Briefträger."[168]

Im ersten Prozess gegen Hunsche und Krumey gab es sehr milde Urteile, Hunsche wurde letzten Endes 1965 sogar freigesprochen, Krumey erhielt eine fünfjährige Zuchthausstrafe. Die Reaktionen auf diese Urteilsfindung fielen, vor allem im Ausland, verheerend aus. Es gab zahlreiche Proteste, die schließlich dazu führten, dass der Bundesgerichtshof 1967 beide Urteile aufhob und es zur Neuverhandlung kam. Die Frankfurter Richter entschieden sich 1969 nun für eine zwölfjährige Haftstrafe für Hunsche wegen Beihilfe und für eine lebenslange Zuchthausstrafe für Krumey wegen Mordes.[169]

Nach 1945 betrieb Hermann Krumey im hessischen Korbach eine Drogerie und betätigte sich politisch im Kreis Waldeck als Abgeordneter des Blocks Heimatvertriebener und Entrechteter (BHE),[170] der Partei, der auch meine Eltern angehörten.

Reichsredner

„[…] Denn es ist etwas anderes, ob der Zuhörer den Redner sieht oder ob er ihn nur hört. Und es ist bekannt, dass das optische Vermögen im breiten Volk viel stärker ausgeprägt ist als das akustische Vermögen. Wenn Sie das Volk in eine Oper hineinführen, so wird es die Musik vielleicht erst beim dritten oder vierten Hören verstehen, die Schau versteht es sofort. Denn das optische Vermögen ist das primitivste. Und deshalb muss dieses optische Vermögen auch weiterhin in unserer Propaganda gezüchtet werden. Und deshalb ist heute noch wie ehedem die stärkste Säule unserer Arbeit der Redner! Darum haben wir auch zum erstenmal in einem Stoßtrupp die besten Redner unserer Bewegung zusammengefasst, damit wir sie bei entscheidenden Aktionen einwerfen können […]."[171]

So Joseph Goebbels am 16. September 1935 in seiner Rede vor Gau- und Kreispropagandaleitern während des Reichsparteitages der NSDAP im Apollo-Theater in Nürnberg.

Bonn, Koblenzer Straße (die spätere Adenauerallee) in den 1960er Jahren. Ein Wagen fuhr vor das Haus, in dem wir damals wohnten, um meinen Vater und mich zu einer Veranstaltung der bundesdeutschen Vertriebenen abzuholen, auf der mein Vater sprechen sollte. Ich muss etwa 16 Jahre alt gewesen sein, mein Vater hatte vorgeschlagen, dass ich ihn begleite. Es könnte eine Veranstaltung der Pommerschen Landsmannschaft, in der meine Eltern engagiert waren, oder ein Treffen zum „Tag der Heimat" gewesen sein, so genau weiß ich es nicht mehr. Die Fahrt ging ins nicht weit entfernte Köln. Irgendwo in einem großen Saal in einem der Restaurants direkt am Rheinufer versammelten sich mehrere hundert Menschen. Mein Vater wurde als Hauptredner angekündigt. Ich konnte ihn von der ersten Reihe aus gut beobachten und meinte, in seinen Gesichtszügen nach Beendigung seiner Rede, nach dem starken Applaus der Zuhörer eine Regung des Stolzes erkennen zu können. Wieder hatte er es geschafft, sein Publikum zu begeistern. Ja, er konnte reden, gut konnte er reden. Seine Rhetorik war stark, vor allem immer dann, wenn es um „sein" Thema ging: Deutschtum und Heimattreue (Heimattreue im nationalsozialistischen Sinne).

Beeindruckt hatte mich die Rede des Vaters nicht besonders, mir fehlte der Zugang, ich konnte mit den Inhalten nichts anfangen, studierte lieber das ganze Umfeld, das sich mir an dieser Stelle bot.

Lodz, Polen, Mai 2001. Ich sitze im dortigen Staatsarchiv und arbeite Stapel von Dokumenten zu verschiedenen Komplexen in Verbindung mit meinem Vater durch. Vor mir liegen mehrere Ordner, prall gefüllt mit Papieren über die Parteifunktionen meines Vaters. Da sehe ich ein Schreiben eines Parteifunktionärs der NSDAP aus Stettin, der bestätigt, dass sich verschiedene Parteieinrichtungen in mehreren Städten des Reiches um den Oberbürgermeister von Litzmannstadt, Parteigenossen Werner Ventzki, als Redner für Veranstaltungen „gerissen" hätten. Zwei Jahre später befinde ich mich in der Bibliothek des Hauses der Wannsee-Konferenz in Berlin und verfolge auf dem Bildschirm das, was mir durch die Mikroverfilmung der damaligen „Litzmannstädter Zeitung" vor Augen kommt. Ein stundenlanger Prozess, der die Augen ermüden lässt. Immer wieder fixieren meine Augen alle Texte, in denen mein Vater erwähnt wird, auch Fotos von ihm bei Reden, Vorträgen, Repräsentationsterminen und Parteiveranstaltungen tauchen auf. Mit beiden Händen betätige ich den Apparat, lasse den Film vor und wieder zurücklaufen, hole mir den Text zoomartig durch die Möglichkeit der Vergrößerung näher heran, betätige einen kleinen Schalter und kopiere mir so die gerade sichtbare, ausgewählte Zeitungsseite. Ich werde fündig, in größerem Ausmaß, als ich glaubte. Ist dieser „strammstehende" Mann mit diesem merkwürdigen starren Blick in der Parteiuniform und der Hakenkreuz-Armbinde auf dem Foto wirklich mein Vater? Ist er es, der die Glückwünsche des Gauleiters Arthur Greiser zur Amtseinführung als Oberbürgermeister mit so viel Stolz entgegennimmt? Zwei Monate nach dem Amtsantritt meines Vaters zitiert das Blatt aus seiner Rede während einer Großkundgebung am 2. Juli in der Sporthalle:

> „Wieder kündet der Rundfunk Siegesnachrichten aus dem Osten, und wir wissen, es ist nicht so fern, da werden sie künden: Deutsche Fahnen wehen über Moskau! (starker Beifall). Wo ist der Nationalsozialist, dem nicht in diesen Tagen und Wochen das Herz aufgeht vor Freude, denn wir wussten, einmal muß sie kommen, diese Abrechnung, so oder so, und jetzt ist die Stunde reif! Hie Hakenkreuz – hie Sowjetstern, in diesem Zeichen steht diese Stunde."[172]

Abbildung 8: Mein Vater (am Rednerpult) hat soeben das neue Stadtwappen von Litzmannstadt feierlich enthüllt, 2. Juli 1941

Der Redakteur der „Litzmannstädter Zeitung" mit Kürzel „A. K." (vermutlich Adolf Kargel, der sich in den 1960er und 1970er Jahren mit mehreren Veröffentlichungen wieder zu Wort gemeldet hatte und von dem mein Vater 1960 erwog, einen „Persilschein" zu erbitten), vermerkt an dieser Stelle: „Wieder rauschte Beifall der Versammelten auf – zum Beweis, dass der Redner ihnen aus dem Herzen gesprochen hatte." Und weiter wird aus der Rede meines Vaters zitiert: „Wer von uns vermag sich nicht noch mit tiefster Qual dessen zu erinnern, als vor mehr als zehn Jahren Millionen und aber Millionen durch die Straßen und Plätze unserer deutschen Städte zogen, und vor sich her die rote Fahne trugen und riefen, wir kennen kein Vaterland, das Deutschland heißt! Diese Deutschen waren geistig ausgewandert und empfingen ihre innere Beruhigung von Moskau. Andere zogen geistig nach Genf und glaubten an die Idee des Völkerbundes, und andere wieder zogen geistig nach Paris und glaubten an Demokratie, an die Gleichheit, Freiheit und Brüderlichkeit. Andere zogen nach Rom und glaubten an die Gemeinschaft der Kirche und des Glaubens. Geistig zogen sie alle aus. Und nun kam einer und führte die deutschen Menschen in stillem und zähem Ringen in die winkligen Gassen einer deutschen Stadt, in der das Geburtshaus Albrecht Dürers steht, er führte ein ganzes Volk nach Nürnberg und damit heim zu sich selbst. Er führte es weg von den Götzen in Genf, Rom, Paris und Moskau, ein ganzes Volk fing an, heimzukehren zu sich selbst, zu den ewigen Kräften seines Volkstums und seiner Geschichte."[173]

Es war die Großkundgebung, auf der der Oberbürgermeister der Öffentlichkeit mit großem Enthusiasmus das neue Stadtwappen von Litzmannstadt vorstellte.

Vor mir liegen drei im Sommer 2007 in einem Berliner Fotoarchiv entdeckte Fotos eines der ehemaligen Pressefotografen der „Litzmannstädter Zeitung", Alfred Kiss.

Die Schwarz-weiß-Aufnahmen im Format 24 x 18 cm vermitteln einen höchst realistischen Eindruck von nationalsozialistischen Großveranstaltungen, und insbesondere von diesem „feierlichen Akt". Es ist die perfekte Inszenierung einer größenwahnsinnigen Ideologie und einer menschenverachtenden Diktatur.

Die große Sporthalle der Stadt ist bis auf den letzten Platz gefüllt, rechts und links an den Hallenseiten jeweils unzählige Hakenkreuzfahnen, auf dem Podium das städtische Orchester vor etwa 20 uniformierten Fahnenträgern, die Stirnseite des riesigen Raumes total mit nach innen, sternförmig gerafften Stoffbahnen ausstaffiert. Ein großer schwarzer Ring, der genau auf die Mitte der Halle ausgerichtet ist, signalisiert die Begrenzung des neuen Symbols. Noch ist dieses mit weißem, quadratischen Tuch verhangen, auf dem von oben nach unten in großen Lettern bis in die letzten Reihen zu lesen ist: *„Glauben, Gehorchen, Arbeiten, Kämpfen!"*. Vor dem Podium haben HJ-Angehörige Stellung bezogen, um mit Fanfaren und Trommelwirbel ihren Part beizutragen. Das nächste Foto zeigt mir bereits das neue, jetzt unverhüllte Stadtwappen eines merkwürdig anmutenden Flügel-Hakenkreuzes, dessen Herkunft und Bedeutung zunächst Rätsel aufgibt. Vom Fotografen geschickt ins Blickfeld gebracht, steht nun direkt vor dem hellen Flügelkreuz vor dunklem Untergrund in stolzer schlanker Gestalt mein Vater hinter dem mächtigen Rednerpult. Es ist ihm deutlich anzusehen, dass ihm dieser Tag in seinem Leben unvergesslich bleiben wird, er darf der staunenden deutschen Öffentlichkeit den „Beweis" des „germanischen" Ursprungs der Stadt und damit den unveränderlichen Anspruch des Deutschen Reiches auf diesen Boden präsentieren.

„Oberbürgermeister Ventzki verkündet unser Stadtwappen", titelt die „Litzmannstädter Zeitung am 3. Juli 1941 und fährt in der Berichterstattung fort:

> „[...] In einer großangelegten Rede schilderte Oberbürgermeister Pg. Ventzki, wie Litzmannstadt zu diesem seinem Symbol kam. Aus der Tatsache, dass das neue Wappen, das Flügelkreuz, hier vor zweitausend Jahren ansässig gewesenen germanischen Menschen heilig gewesen ist, leitete er für unsere Stadt und ihre Menschen die Verpflichtung ab, diesen Raum hier für alle Ewigkeit deutsch zu erhalten. Von stürmisch zustimmenden Beifallskundgebungen der Versammelten wiederholt unterbrochen, wies der Redner auf die *Bedeutung der weltpolitischen Stunde (Hervorhebung im Ori-*

ginal, JJV) hin, in der diese für unsere Stadt so wichtige Großkundgebung stattfindet [...]. Das bis dahin verhüllt gewesene Wappen erscheint unter dem jubelnden Schmettern der Fanfaren der Hitler-Jugend, von lautem und freudigem Beifall der Versammelten begrüßt. Möge dieses Wappen unserer Stadt eine glückhafte Zukunft künden für alle Ewigkeit! rief Oberbürgermeister Ventzki aus [...]. Wir stehen heute am Anfang des *Weltreichs der Deutschen*, des Weltreichs, von dem der Dichter gekündet und an das Adolf Hitler so oft erinnert hat: Daß *am deutschen Wesen die Welt genesen soll (Hervorhebung im Original, JJV)*. So sieht die deutsche Weltherrschaft aus. Sie wird dem Erdball neue geistige Grundlagen geben."[174]

Ich gestehe, ich musste diese Worte, als ich sie auf dem Bildschirm in Berlin las – es war der erste Redetext meines Vaters aus der NS-Zeit, von dem ich Kenntnis erhielt, es folgten noch eine ganze Reihe weiterer publizierter Reden – immer wieder lesen, um wieder ein Teilchen des Puzzles zu entdecken. Die Stimme meines Vaters ist mir sehr vertraut, hat sich mir eingeprägt. So habe ich eine ziemlich genaue Vorstellung, an welchen Stellen er seine Stimme hob oder senkte, welche Gewichtung er einzelnen Wörtern gab. Doch welcher Mensch war das, der im Juli 1941 in Lodz diese fürchterliche Rede hielt?

War das mein Vater? Ja, es war der andere Vater, den ich bisher nicht einmal in diesen nationalsozialistischen Untiefen ahnte. Abgesehen von dem Sprachgebrauch der Nationalsozialisten, der mir beim Studium vieler Dokumente höchst abstoßend und einfach widerlich erschien, erkannte ich in vielen Formulierungen meinen Vater durchaus wieder. Einen Hang zum Pathos hatte er sich zeitlebens erhalten, er hat gern das Wort ergriffen.

Welche „Logik" für das Handeln und Argumentieren der Nazis bestimmend wurde, geht aus einem kleinen Bericht ebenfalls in der „Litzmannstädter Zeitung" vom 3. Juli 1941 hervor. Da wird die „Geschichte unseres Wappens" so erklärt: „Das Flügelkreuz ist eines der Symbole einer aus der Vandalenzeit stammenden Urne, die im Jahre 1936 in Biala bei Zgierz aufgefunden und im Jahre 1940 von der deutschen Verwaltung des Stadtmuseums aus ihren 36 Teilen wieder zusammengefügt wurde." Ein Foto der restaurierten Urne wird nicht mitgeliefert, stattdessen zwei stümperhafte Skizzen als ausreichender wissenschaftlicher Beweis. Der Hinweis, dass „germanisches deutsches Wesen seit jeher allein [sic!] Gestalterin des Litzmannstädter Raumes gewesen sei", fehlt hier zur Unterstreichung der Aussage nicht. Hier wurde ein merkwürdiger, ja absurder „Rechtsanspruch" aus ein paar Scherben, die alles, was so gerade gebraucht wurde, beweisen und endgültig machen sollten, abgeleitet und zum Maßstab zukünftiger Arbeit erklärt.

Das tatsächliche Stadtwappen symbolisiert durch die Lage der Stadt am Flüsschen Łódka etwas anderes: ein Boot *(polnisch: Łódź)*, versehen mit einem kräftigen Paddel, bringt durch die Arbeit des Fährmanns die Menschen von einem Ufer zum anderen und dient so dem Verbindenden, aber nicht dem Trennenden. Mein Vater hatten anderes im Sinn.

Der „Reichsredner der NSDAP" und „Stoßtruppredner der Reichspropagandaleitung der NSDAP", Oberbürgermeister Werner Ventzki, war in vielen Städten im Einsatz, in Berlin, Stettin, Hamburg, München, Breslau. Häufig – so konnte ich im Archiv in Lodz nachlesen – gab es für die Gau- und Reichsredner vom Propagandaapparat der Nazis thematische Vorgaben, wie eine Art Wochenlosung, also ein Wahlspruch (z.B. „Unserer sicherer Sieg im Osten"). In der Hierarchie der Propaganda-Redner, die von unten nach oben den „Kreisredner", den „Gauredner" und den „Reichsredner" und als Art Sonderklasse den „Stoßtruppredner" als mobile „Feuerwehr" aufwies, hatte es mein Vater bis an die Spitze geschafft.[175]

Möglicherweise bei einem Besuch der Reichsrednerschule oder einem zufälligen Treffen während einer Propagandaveranstaltung lernte mein Vater bereits um 1936 einen Mann, einen Gleichgesinnten kennen, der ihm später wieder begegnen sollte:

Dr. Albert Derichsweiler, ein Name, den ich noch oft von meinen Eltern hören sollte, pflegten doch meine Eltern auch nach Kriegsende einen regen Kontakt mit diesem ebenso von der Weltanschauung der Nazis durchdrungenen Funktionsträger des Regimes. Obwohl mein Vater als ehemaliger Gauamtsleiter der NSV in Posen und später als Oberbürgermeister der Großstadt Lodz/Litzmannstadt mit vielen Menschen in Berührung kam und keineswegs in seinem Amtszimmer verharrte, verstand er es, nach 1945 weitgehend allzu offene Kontakte zu ehemaligen Nazis aus der Zeit seiner Mitwirkung am Geschehen in den besetzten polnischen Gebieten zu meiden.

„[…] Der Führer hat in einer Sondersitzung, die nicht weniger als sieben Stunden dauerte, den Volksgenossen Derichsweiler, den Leiter des NSDStB, beauftrag, aus dieser Organisation einen „weltanschaulichen Stoßtrupp" zu machen" *(Hervorhebung im Original, JJV)*, so zitiert der französischsprachige Schweizer Lektor an der Frankfurter Universität, Denis de Rougemont, in seinen Aufzeichnungen aus Deutschland am 1. Juni 1936 den Brief eines deutschen Studenten[176] von einem Vortrag während eines Arbeitslagers des Nationalsozialistischen Deutschen Studentenbundes (NSDStB).

Albert Derichsweiler, Dr. jur., war für meinen Vater „ein Bruder im Geiste" und bis ins hohe Alter ein guter Freund. Auch er fungierte als „Reichsredner der NSDAP".[177] Ein von häufigen Wechseln geprägter Lebenslauf prägt die Biographie dieses Mannes. 1909 im Elsass geboren, trat Derichsweiler schon früh am 1. Dezember 1930 in die NSDAP ein. Als junger Student profilierte er sich, als er im Mai 1933 höchst öffentlichkeitswirksam an der Westfälischen Wilhelm-Universität in Münster die örtliche Bücherverbrennung „Wider den undeutschen Geist" organisierte. Im Juli 1934 ernannte ihn Rudolf Hess zum Reichsstudentenführer mit der Aufgabe, für die Gleichschaltung aller Studentenorganisationen zu sorgen. Doch es gab Streit und im Herbst 1936 war das Ende als Reichsstudentenführer und Leiter des NSDStB besiegelt. Seit März 1936 hatte Derichsweiler als Funktionsträger der Partei einen Sitz im Reichstag. 1938 übernahm er die stellvertretende Geschäftsführung der Deutschen Arbeitsfront (DAF) und wurde nach dem Überfall auf Polen Gauobmann der DAF im Warthegau mit Sitz in Posen. Derichsweiler gehörte der SA und später der SS an. Dort brachte er es bis zum Obersturmführer der Waffen-SS und war wie mein Vater Ende 1944 bei der SS-Panzer-Division

„Hitlerjugend" im Einsatz. In einem Abgangszeugnis der SS-Junkerschule Bad Tölz wird ihm sein besonderes Redetalent bescheinigt.[178]

Noch 1992 und 1996 erklärte Albrecht Derichsweiler in Interviews von „der Judengeschichte" – gemeint ist die Shoah – habe er nichts gewusst oder gar etwas damit zu tun gehabt. Den Kampf gegen den Kommunismus verteidigte er 1996 mit einem spürbaren Stolz. In Essen habe sich „eine wirklich gute SA gebildet, ist auf die Straße gegangen und hat sich mit den Kommunisten rumgeprügelt, bis die am Boden lagen. Und die SA war in Essen, wenn Sie die Jahre 31/32 nehmen, die Rettung der Stadt."[179]

Auch mit Wilhelm Maul, dem ehemaligen Gaupropagandaleiter in Posen und von 1934 bis 1937 Leiter einer Gauschulungsburg in Halle-Merseburg und Leiter einer Reichsrednerschule, der nach Kriegsende unter einem anderen Namen in der Bundesrepublik lebte, pflegte mein Vater nach dem Zusammenbruch des Nazi-Regimes Kontakt.

Die politische Bedeutung und Wirkung von Rednern, Verfassern von Artikeln und Zeitungsherausgebern thematisiert der Dramatiker Rolf Schneider in seinem Bühnenstück *prozess in nürnberg* (Uraufführung 15. Oktober 1967, Deutsches Theater Ost-Berlin). Im fünften Abschnitt des „Gerichtsstücks" wird von Seiten des russischen Anklägers die Frage aufgeworfen, inwiefern die „geistigen Urheber", „der Redner, der Schreiber von Artikeln, der Herausgeber einer Zeitung" für diese Verbrechen zur Verantwortung gezogen werden müssten.[180]

Die Redner als wichtiges Propagandainstrument der Partei wurden auf allen Ebenen vom Kreisredner bis zum Reichs- und Stoßtruppredner ziemlich perfekt geschult und auf Linie gebracht. Dabei spielte der Grundgedanke der „Volksgemeinschaft" als „klassenlose Gesellschaft" eine tragende Rolle. Da heißt es beispielhaft:

„Bis zum 30. Januar 1933 war der Arbeiter der Faust von seinem Kameraden der Stirn durch turmhohe, lächerliche Schranken getrennt. Durch jenen Dünkel, der in dem arbeitenden Volksgenossen des Betriebes eben nur den ‚Arbeiter' sah, wogegen natürlich dieser sich wieder kräftig gegen die ‚Schreiberseelen' hinter den blanken Fenstern der Büros wandte."[181]

Der hasserfüllte Antisemitismus der Nazis stellte ein wichtiges Feld der Rednerbetätigung dar. Unter der Überschrift „Die Partei spricht" bemühte sich die „Pommersche Zeitung" den Menschen die Aufgabe des Redners zur „Eindeutigkeit" klar zu machen:

„Wenn die Redner der Partei im Rahmen dieses Winterfeldzuges zu den Männern und Frauen unseres Volkes sprechen, so haben sie sich ein weiteres Ziel gesetzt, unbarmherzige Abrechnung mit den Verbrechen des Judentums am deutschen Volk zu halten und Aufklärung über das schädliche Wirken dieser Parasiten am Volkskörper von innen wie auch von jenseits der deutschen Grenzen zu schaffen."[182]

Ich höre meinen Vater mit der ihm eigenen Rhetorik und mit allen Signalen der Überzeugung das Ziel erfüllen. Zufrieden war er erst, wenn eine gewisse Menschenmenge „vor Begeisterung tobte", wie er einmal triumphierend sein Redetalent selbst einstufte.

Einsatz von Emotionen

Ich erinnere mich an eine dunkelbraune oder schwarze Musiktruhe, die meine Eltern als zeitgemäßes Möbelstück im Wohnzimmer unserer Berliner Wohnung platziert hatten. Hinter einer Schiebetür verbarg sich auf der einen Seite dieses damals als besonders modern geltenden „Musikschranks" ein eingebauter Radioapparat und auf der anderen Seite ein Plattenspieler, der sich auf einer Schiene nach vorne herausziehen ließ. Aus einer bescheidenen Plattensammlung – hauptsächlich ein paar Klassiker wie Mozart, Beethoven und Tschaikowsky – waren darin zu finden, legte mein Vater gelegentlich eine Langspielplatte mit deutscher Marschmusik auf die Scheibe. Wenn dann „Preußens Gloria" mit schmetternden Tönen erklang, konnte es passieren, dass mein Vater mit Begeisterung versuchte, den Takt mit irgendeinem Gegenstand, den er gerade in seiner Hand hielt, zu schlagen. Diese Musik lag ihm, doch als Militarist im engeren Sinne konnte mein Vater nicht gelten. Es gefiel ihm einfach, vor seinen Augen eine marschierende volkstümliche Blaskappelle in Aktion zu sehen. Er hatte etwas für öffentlich inszenierte Emotionen übrig. Seine Erinnerungen an die vielen unmittelbar erlebten und auch von ihm selbst als höherer Funktionsträger unterstützten Aufmärsche der Nazis in Stettin, Posen und Lodz/Litzmannstadt waren ihm beim Hören dieser Musik sicher sehr präsent. Mehrfach hat er darüber gesprochen, wie selbstbewusst er auf dem Rednerpodium bei Großveranstaltungen der NSDAP, des VDA (Volksbund für das Deutschtum im Ausland e.V.) und anderer NS-Organisationen stand. Vor tausenden Menschen habe er gesprochen, man habe ihm zugehört, er wurde von der Menge als politische Leitfigur akzeptiert, berichtete mein Vater nicht ohne Stolz. Der Anblick einmarschierender, trommelnder Hitlerjungen, der Hakenkreuzfahnen, der vielen Uniformträger, der BDM-Formationen und der begeisterten Volksgenossen und Volksdeutschen war ihm Genugtuung und Bestätigung seines Handelns. Das Spiel mit Emotionen, nächtlichen Fackelstaffeln, gefühlsschweren Appellen und einer erschreckenden Reduzierung der Sprache auf das propagierte Herrenmenschentum war auch sein gefährliches Instrument suggestiver Macht.

Ehrenpatenschaften für „erbtüchtige deutsche Familien"

„Ein großes soziales Werk der Stadt Litzmannstadt vom Oberbürgermeister der Öffentlichkeit übergeben", schreibt die „Litzmannstädter Zeitung" ebenfalls in ihrer Ausgabe vom 3. Juli 1941 in großer Aufmachung über einen weiteres Thema der bereits erwähnten NSDAP-Großkundgebung in der städtischen Sporthalle. Weiter heißt es:

> „Aus der Stiftungsurkunde, die Oberbürgermeister Ventzki auf der gestrigen Großkundgebung der NSDAP in der Sporthalle vorlas, bringen wir die nachfolgenden Einzelheiten: Nach dem Sieg mit den Waffen, gilt es den neu gewonnenen Lebensraum im Osten des Reiches für alle Zukunft dem deutschen Volke zu sichern. Bodenständige, kinderreiche Familien besten deutschen Volkstums sind die alleinigen Garanten für unseren völkischen Sieg. Großzügige bevölkerungspolitische Maßnahmen des Staates schaffen hierfür die wirtschaftlichen Voraussetzungen im Sinne eines gesunden Familienlastenausgleichs. Die soziale Struktur der deutschen Bevölkerung in den Ostgebieten macht aber eine zielbewusste und über das Maß gehende Förderung erbtüchtiger Familien im Sinne einer ausgesprochenen biologischen Auslese erforderlich. Die Stadt Litzmannstadt kann die ihr gestellten volkstumspolitischen Aufgaben als größte Stadt des deutschen Ostens nicht besser erfüllen, als dass sie selbst durch die Schaffung geeigneter Auslesemaßnahmen Beispiel gibt. Als erste Einrichtung dieser Art wird hiermit die Stiftung von Ehrenpatenschaften der Stadtverwaltung für besonders wertvolle und erbtüchtige deutsche Familien aus Litzmannstadt verkündet. Zweck dieser Stiftung soll die Auszeichnung rassisch und erbbiologisch besonders wertvoller Familien mit mehr als drei lebenden Kindern sein [...]. Die Voraussetzungen für die Übernahme einer Ehrenpatenschaft durch die Stadt Litzmannstadt sind folgende: Die Familie muss deutscher Staats- und Volkszugehörigkeit sein. Aus ihrem bisherigen Verhalten muss der Beweis vorliegen, dass sie sich aktiv für die Erhaltung des Deutschtums eingesetzt hat und dass zu erwarten sei, dass sie jederzeit für die nationalsozialistische Weltanschauung eintreten wird. 2. Eltern und Kinder müssen körperlich und geistig gesund und beruflich voll leistungsfähig sein. 3. Die Familie muss nicht nur frei von Erbkrankheiten oder sozialen Abwegigkeiten, sondern sie soll rassisch wertvoll und erbtüchtig sein. Darüber hinaus muss die Sippe noch besonders wertvolle geistige und charakterliche Anlagen besitzen [...]."[183]

Die materielle Patenschaft der Stadt bestand in einem Sparbuch über RM 50,– und einer monatliche „Erziehungsbeihilfe" bis zum 14. Lebensjahr, in begründeten Fällen auch darüber hinaus. Allzu viel Zuspruch scheint diese Aktion der Stadt Litzmannstadt nicht gefunden zu haben, denn am 16. März 1942 erfolgte noch einmal ein Aufruf in der „Litzmannstädter Zeitung" für die Antragsstellung mit dem deutlichen Hinweis „Rasse- und Erbgesundheit sind ausschlaggebend" und dem Vermerk: „Volksgenossen, die den Anforderungen der § 2 und 3 der Satzung entsprechen, können Anträge auf Übernahme der Ehrenpatenschaft beim Haupt- und Organisationsamt des Oberbürgermeisters in Litzmannstadt, Adolf-Hitler-Straße 104, Zimmer 213 stellen." Und über ein Jahr später, am 15. September 1943, berichtet die gleiche Zeitung: „Zum zweitenmal Ehrenpatenschaften, neun weitere gesunde erbtüchtige Kinder werden von der Stadt Litzmannstadt betreut."

So stellte sich mein Vater an die Spitze von örtlichen Maßnahmen zur „rassischen Reinhaltung" meiner Geburtsstadt, ein Gedanke, der in mir angesichts der Geschichte der Stadt und der in ihr vertretenen vier Kulturen (der russischen, polnischen, jüdischen und deutschen Kultur) einen heftigen Widerwillen auslöst.

„Rasse" und „Raum" spielten als zentrale Begriffe für die Nazis eine große Rolle. Um den „Germanisierungsprozess" des europäischen Ostens voranzutreiben, erfolgte eine Sortierung der Menschen nach „rassischen Kriterien", um so die „Unbrauchbaren" [Menschen] „auszumerzen" und die „Eindeutschungsfähigen" zu fördern.[184]

„Argo" und „Peter von Litzmannstadt"

Sommer 1943, vermutlich im Garten unserer Villa: das Foto zeigt meine Mutter, zu ihrer Rechten und Linken jeweils ein ausgewachsener Airedale-Terrier in sitzender Haltung mit leicht hechelnder Zunge, so als hätten sich die beiden Hunde nach einer bravourös gelösten Aufgabe eine Verschnaufpause verdient. Ich wende das Foto und entdecke auf der Rückseite mit Bleistift notiert den Vermerk: „1943 – „Pitt" – gen. „Argo" und „Peter von Litzmannstadt".

Bei beiden Hunden handelte es sich wohl um reinrassige Tiere aus edler Zucht. Der Airedale-Terrier, ursprünglich aus dem nordöstlichen England stammend, scheint sich besonders gut für Wach- und Schutzaufgaben lernfähig zu zeigen und damit seine wichtigste Voraussetzung als Polizeihund zu erfüllen. Ob „Peter von Litzmannstadt", dessen Name in meinen Ohren durchaus zynisch klingt, der Vater von „Argo" oder nur dessen Spielgefährte war, entzieht sich meiner Kenntnis. Gesichert ist allerdings die Tatsache, dass „Argo" – benannt nach der griechischen Mythologie als „hundertäugiger Wächter der Io" (erhalten bis heute durch den gängigen Begriff „mit Argusaugen") –, bevor er sein neues Zuhause in unserer Familie fand, als Wachhund im Dienst der örtlichen Polizei stand. Es ist nichts Ungewöhnliches, dass sich eine kinderreiche Familie, die in einer Villa mit großem Garten lebt, einen wachsamen Hund zum Hausgenossen macht.

Doch in dieser Stadt war alles anders, es gab andere Konstellationen und im nördlichen Stadtteil Baluty hatten die Nazis die Juden in ein Ghetto verbannt. Dieses wurde weitgehend von der deutschen Schutzpolizei (Schupo) bewacht, die auch in den großen Städten des Warthegaus als kommunale Polizei eingesetzt war. Bereits am 10. Mai 1940, kurz nach der endgültigen Schließung des Ghettos, ordnete der Polizeipräsident Johannes Schäfer einen Schießbefehl an, um Juden am Verlassen des Sperrbezirks und am Schmuggeln zu hindern. Ein Jahr später, am 11. April 1941 gab der Kommandeur der Schutzpolizei Litzmannstadt, Walter Keuck, nach Absprache mit dem neuen Polizeipräsidenten Dr. Albert einen „Sonderbefehl für den Schusswaffengebrauch bei der Bewachung des Gettos Litzmannstadt" aus.[185] – Im Protokoll der Vernehmung meines Vaters vor der Staatsanwaltschaft Hannover am 24. Februar 1962 lese ich die Aussage: „[...] Von der Schupo *(Schutzpolizei)* Litzmannstadt kannte ich nur Keuck (Oberst), den ich gelegentlich außerdienstlich traf."[186] Unweigerlich kommt mir der nicht sehr ferne Gedanke, dass „Argo" möglicherweise auf diesem Wege in unsere Familie gekommen sein muss, nachdem er vorher zur Bewachung der jüdischen Bevölkerung des Ghettos, vielleicht auch während ihrer Deportation in das Vernichtungslager Kulmhof (Chełmno), eingesetzt war. Ich kann diese Vorstellung nicht einfach wegwischen, sie ist da und lässt sich nicht mehr löschen. „Argo", der Wachsame, vermutlich erzogen und geschult für die „besonderen" Aufgaben der deutschen Polizeiorgane vor Ort, galt meinen Eltern als willkommene Hilfe zur Absicherung ihres wohlgeordneten und wenig entbehrungsreichen Familienlebens am Rand eines von ihnen mitgetragenen Vernichtungsfeldzuges. Die Staatsanwaltschaft beim Landgericht Hannover führte 1961 ein Ermittlungsverfahren gegen Walter Keuck, „wegen Beihilfe zu den Judenmorden in Chełmno durch Abkommandierung von Wachmannschaften und Bereitstellung von Transportmitteln."[187] Es ist unwahrscheinlich und unglaubwürdig, dass der Kommandeur der örtlichen Schutzpolizei meinem Vater nichts von seinen Beobachtungen und Erfahrungen bei der Bewachung des Ghettos und den Deportationen nach Kulmhof (Chełmno) berichtete.

Seltsamerweise war das Verhältnis meiner Eltern zu Tieren diametral: Während meine Mutter eine tiefe Beziehung zu Tieren erkennen ließ, hielt mein Vater stets eine gewisse Distanz zu Haustieren. Sobald ein Hund oder gar eine Katze sich ihm näherte, ging er in Abwehrposition, was manchmal das Gegenteil des von ihm Gewünschten zur Folge hatte. Mein Vater schreckte ruckartig vor der sich nähernden feuchten Zunge zurück. „Argo", ein Name, den ich von den Eltern immer wieder dann hörte, wenn sie von „Litzmannstadt" sprachen, wobei sie „ihr" deutsches Litzmannstadt meinten, nie aber das polnische Lodz.

Rheinschiffe

Nur wenige Schritte brauchten wir von unserer Wohnung im Haus Nr.180 in der Koblenzer Straße (heute: Adenauerallee) hinunter zum Rheinufer. Ein kurzes Stück die Kaiser-Friedrich-Straße entlang erreichten wir das Wilhelm-Spiritus-Ufer, ein Teilstück der langen Bonner Uferpromenade. Diese im leichten Bogen sich dem Flusslauf anpassende, beliebte Flaniermeile bot uns Kindern bei langen Spaziergängen mit dem Vater immer reizvolle Perspektiven außerhalb der gegebenen Begrenzungen des Hauses. Hier konnten wir unsere Phantasien mit der Attraktion eines breiten, Länder verbindenden Stromes verbinden und ein wenig von einer Welt träumen, die schon damals ein europäisches Gesicht zeigte: Wie hat es uns gefallen, die Namen der stromaufwärts fahrenden und merklich leichter flussabwärts dahingleitenden Frachtschiffe zu entziffern. Die Flaggen am Heck der Schiffe verrieten uns sofort die Heimatländer: Holland, Belgien, Frankreich, die Schweiz und natürlich Deutschland waren am häufigsten vertreten. Daraus ergaben sich diverse Ratespiele, mit denen sich der lange Marsch auf der Uferstraße unterhaltsam gestalten ließ. Eine beliebte Frage war es immer, was dieser und jener Frachtkahn geladen haben könnte. Manches Mal sah man die Ladung sehr deutlich: Weit über die offenen Ladeluken der Lastkähne quollen schwarze Berge von Steinkohle, da gab es nichts mehr zu erraten. Am lustigsten fanden wir es, wenn auf den Schiffen laut kläffende Hunde, die zur Familie der Schiffsbesatzung gehörten, vom Bug bis zum Heck hin und her rannten. Das kam gar nicht so selten vor. Und wenn dann noch an Bord auf langen Leinen die Wäsche der Schifferleute im Fahrtenwind trocknete, bekam das Ganze einen fast idyllischen Charakter. Dann erzählte mein Vater gern irgendwelche Geschichten, die von den Kindern der Binnenschiffer handelten. So verging die Zeit schnell und oft erreichten wir, von Süden kommend, den unmittelbar vor der großen Rheinbrücke liegenden Alten Zoll, ein mächtiges Mauerwerk, ursprünglich ein kurfürstliches Zollhaus zur Erhebung des Rheinzolls, im Dreißigjährigen Krieg ein willkommener Teil der Stadtbefestigung und heute ein parkähnlicher Aussichtspunkt, dessen exponierte Lage den Blick weit über den Strom bis hin zum Siebengebirge wandern lässt. Für uns ein lohnendes Ziel, denn meist gab es dort in den Sommermonaten einen Eisverkäufer, dessen fast überquellende Eistüten einen legendären Ruf genossen und uns wie eine berechtigte Belohnung des Vaters für den langen Marsch entlang des Flusses erschienen. Ein Blick zur Rheinbrücke und auf das gegenüberliegende Städtchen Beuel durfte auf keinen Fall fehlen: Das Bonner „Bröckemännche" (Brückenmännchen), eine Steinskulptur aus dem Jahr 1898, zeigte sein nacktes Hinterteil ursprünglich in Richtung Beuel auf die „schäl Sick" des Stroms und verwies damit auf einen alten Streit der beiden Gemeinden um die Kosten für den Brückenbau. Ich erinnere mich auch an Spaziergänge mit meinem Vater an den Fluss, wenn dort das nicht selten auftretende Hochwasser zu beobachten war. Mich hat besonders beeindruckt, wie der untere Teil des Bundeshauses mit großen Stahlplatten vor den Wassermassen abgeschottet wurde, damit die Abgeordneten des Deutschen Bundestages, ohne nasse Füße zu bekommen, ihren politischen Auftrag erfüllen konnten. Gewiss bot sich bei Hochwasser den Parlamentariern von der oberen Terrasse des Bundeshauses eine interessantere Szene, als es ihnen ein Rundblick im Plenarsaal während einer langweiligen und ermüdenden Debatte hätte bieten können.

Der Rhein ist ein Grenzfluss, von seinem Ursprung im schweizerischen Kanton Graubünden bis zu seiner Mündung in einem breiten Delta an der niederländischen Küste wird er flussabwärts immer mehr zu einem bestimmenden Faktor breiter Landstriche entlang seiner Ufer. Einerseits Grenzfluss, andererseits fünf Länder miteinander verbindend, hätte der Strom Anregung und Herausforderung für Vater und Sohn sein können, sich nicht allzu sehr nur auf die romantische deutsche Sicht der Rheinlandschaft mit Blick auf Loreley und Niederwalddenkmal zu richten. Er hätte meinem Vater als Metapher dienen können, seinem heranwachsenden Sohn die europäische Dimension des Stromes weniger als trennendes, sondern vielmehr als verbindendes Element zu beschreiben und ein wenig ernsthafter die westeuropäische Geschichte ins Spiel zu bringen. Die Gelegenheit wurde verpasst, die üblichen Ratespiele erschienen mir immer belangloser zu werden. Doch wir bewegten uns auf eingespielten Pfaden, die zu durchbrechen weder mein Vater noch ich in der Lage waren.

Ich erinnere mich auch daran, manches Mal mit meinem Vater von unserer Wohnung die parallel zum Fluss verlaufende Koblenzer Straße stadteinwärts gegangen zu sein. Nicht weit vom Hofgarten entfernt passierten wir dann auf der rechten Straßenseite das ehemalige Anwesen und Haus von Ernst Moritz Arndt, dem am 26. Dezember 1769 bei Garz auf der Insel Rügen geborenen und am 29. Januar 1860 in Bonn gestorbenen politischen Schriftsteller, Dichter und späteren Professor für Geschichte in Bonn. Schon zu seinen Lebzeiten galt Arndt nicht nur als äußerst unbequem, sondern auch als vielen zu extrem nationalistisch. So wurde er 1820 aus gerade diesen politischen Gründen seines Amtes als Geschichtsprofessor enthoben und erst wieder 1840 in diese Funktion zurückgerufen. Antisemitismus und Hass gegen die Franzosen gipfelten bei Ernst Moritz Arndt in folgenden Sätzen:

„Man sollte die Einfuhr der Juden aus der Fremde in Deutschland schlechterdings verbieten und hindern. [...] Die Juden als Juden passen nicht in diese Welt und in diese Staaten hinein, und darum will ich nicht, daß sie auf ungebührliche Weise in Deutschland vermehrt werden [...], weil sie ein durchaus fremdes Volk sind und weil ich den germanischen Stamm so sehr als möglich von fremdartigen Bestandteilen rein zu erhalten wünsche [...]."[188]

„Ich will den Hass gegen die Franzosen [...], ich will ihn für lange Zeit, ich will ihn für immer. [...] Dieser Hass glühe als Religion des deutschen Volkes, als ein heiliger Wahn in allen Herzen [...]."[189]

Ernst Moritz Arndt schloss sich als Abgeordneter in der Frankfurter Paulskirche 1848/49 dem rechten Zentrum an und setzte sich für einen deutschen Nationalstaat mit Erbkaisertum unter preußischer Führung ein.

Wenn auf unseren Spaziergängen in Bonn diese Örtlichkeit in unser Blickfeld geriet, wird sich mein Vater vermutlich seiner Genugtuung erinnert haben, die er empfand, als „seine" Alma Mater, die Universität Greifswald, auf Anordnung des Preußischen Staatsministeriums vom 16. Mai 1933 den Namen „Ernst-Moritz-Arndt-Universität" erhielt.

Elterngespräche

Die unterschiedlichen Wesensmerkmale des Vaters und der Mutter waren nicht so groß, dass es nicht zu einer einheitlichen Linie in ihren Überzeugungen hätte kommen können. Ihre gemeinsame Orientierung ist in meiner Erinnerung haften geblieben. Schon in sehr jungen Jahren, seit ihrem Kennenlernen, muss Übereinstimmung in wesentlichen Fragen ihrer realen Gegenwart und der Ausgestaltung der Zukunft bestimmend gewesen sein, gekoppelt mit wachsender Begeisterung für das, was sich in Deutschland abzeichnete. Ich stelle mir die folgende Szene vor, wie sie sich mit großer Wahrscheinlichkeit auch regelmäßig abgespielt hat: Die Eltern sitzen am Abend, nachdem die Kinder zu Bett gebracht wurden, in einem der großen Räume unserer Lodzer Villa zusammen und reden miteinander. Der Vater berichtet von einem arbeitsreichen Tag mit Besprechungen, Telefonaten und Terminen. Doch w a s erzählt er dabei wirklich? Berichtet er z.B. im Juni 1942 von einem Vorgang, bei dem es mit bürokratischer Akribie darum geht, 1000 Juden zum Ausbau von Reichsbahnstrecken außerhalb des Ghettos einzusetzen und diese Menschen hierfür „freizugeben"? Berichtet er der Mutter von der schlechten Ernährungslage im Ghetto, über die er mit Hans Biebow, dem Leiter der deutschen Ghettoverwaltung, spricht, von den getroffenen Maßnahmen gegen die Juden, von „Neuzugängen", von „Ein- und Aussiedlungen" (Deportationen aus den kleineren Ghettos des Warthegaues in das Ghetto Litzmannstadt und von dort in das Vernichtungslager Kulmhof (Chelmno), von der heutigen Dezernentenbesprechung, der er vorsaß, oder beschränkt er sich auf rein verwaltungstechnische Angelegenheiten wie z.B. die Neufassung der Friedhofsordnung, die bessere Wasserversorgung in der Stadt? Hat meine Mutter ihn gefragt oder hat sie die dienstlichen Angelegenheiten des Vaters lieber ignoriert, um am Abend durch das private Umfeld, durch die Familie für Entspannung zu sorgen? Worüber haben die Eltern in den eigenen vier Wänden ihrer Dienstvilla gesprochen?

Ich meine, sie müssen über viele Dinge, die im Dienstzimmer des Vaters und in anderen Räumen der Stadt Themen waren, gesprochen haben. Sicher nicht über alle Details, gerade dann nicht, wenn zu viel Einzelheiten die abendliche Familienidylle stören könnten, vor allem dann nicht, wenn ihre Kinder anwesend waren.

Als ehemalige BDM-Führerin stand meine Mutter nicht abseits, sie nahm teil an allem, was meinen Vater bewegte und für seinen Auftrag, der „Eindeutschung" der Stadt, förderlich war. Gleichzeitig übernahm sie repräsentative Aufgaben. So wie sie vor wichtigen Terminen Ratgeberin gewesen sein könnte, nicht so sehr, um das Selbstbewusstsein meines Vaters zu stärken, das in seinem Alter von 37 Jahren als OB und vor dem Hintergrund seiner politischen Aufgabe ausgeprägt war, sondern um verbindende Übereinstimmung zu signalisieren. Mein Vater wäre in seiner beruflichen Karriere sicher nicht so weit gekommen, hätte er einen Anlass gehabt, an der Linientreue meiner Mutter zu zweifeln.

Mein Vater galt als einer der bestinformierten Nationalsozialisten in Lodz und im damaligen Warthegau. Er konnte dem Druck dieses Wissens nicht standhalten, ohne die Mutter – zumindest teilweise – zur Verbündeten gemacht zu haben. Ich erinnere mich an lange Gespräche der Eltern in den 1950er und 1960er Jahren, bei denen es nicht nur um uns Kinder, um den Kauf neuer Möbel oder eine schlechte Schulnote ging, sondern auch sehr viel um die beruflichen Dinge des Vaters. Hinweise und Andeutungen der Mutter am nächsten Morgen gaben oft die Themen der abendlichen Gespräche preis, gerade auch dann, wenn sie das familiäre Umfeld wie z.B. einen nahenden Umzug durch berufliche Veränderungen des Vaters betrafen.

Sternenhimmel

Stundenlang konnte sie vom Balkon oder von der Terrasse aus ab dem späten Abend bis weit nach Mitternacht in der Sommerzeit ihren Blick zum klaren Sternenhimmel richten und dabei zum einen schweigend sich ihrer Gedankenwelt hingeben, zum anderen aber auch ein betont ruhiges, fast nachdenkliches Gespräch führen. Sie war eine sehr naturverbundene Frau, deren Stärke in meiner Erinnerung ihre Fähigkeit war, mit Sensibilität die vielen Zwischentöne des menschlichen Zusammenlebens wahrzunehmen und darauf so zu reagieren, wie sie es für angemessen und richtig empfand. Meine Mutter zu beschreiben, ist ein schwieriges Unterfangen, eine Gratwanderung mit der ständigen Gefahr eines Absturzes. Während mein Vater fast ein Übermaß an konkreten Anhaltspunkten seines Lebens bietet, hänge ich, was meine Mutter betrifft, ziemlich in der Luft. Ich sehe hier ein Ungleichgewicht, das nur deshalb nicht allzu stark zum Tragen kommt, weil ich in den Entscheidungen meines Vaters, in den von ihm eingeschlagenen Wegen auch meine Mutter an jedem Punkt wiederfinde.

Ich erinnere mich nur an ganz wenige, kurze Gespräche mit der Mutter, in denen es um „Gott und die Welt" ging, wo wir gemeinsam nicht vom Alltag, der Schule oder den beruflichen Dingen des Vaters, soweit sie mir verständlich waren, sprachen. Wer war eigentlich meine Mutter wirklich? Diese Frage stelle ich mir heute mit dem sicheren Gefühl, eine Chance für eine ehrliche Annäherung versäumt zu haben. Nein, fremd war sie mir nicht, sie war ganz besonders auf ihre eigene Familie bezogen, eine sehr warmherzige, fürsorgliche und liebevolle Mutter, die niemals einen Geburtstag in der großen Familie vergaß und bei jedem Zusammentreffen der weit verstreuten Familie mit kleinen Geschenken überraschte. Ihre Familie bedeutete ihr alles, sie verkörperte auch in schwierigen Situationen das sichere Netz des familiären Zusammenhalts. Und doch ist mir meine Mutter in einer gewissen Weise fremd geblieben, trotz aller Zuwendung, Zärtlichkeit und Aufmerksamkeit. In Verbindung mit der Biographie meines Vaters – und nur so kann ich es sehen – drängt sich mir immer wieder die Frage auf: „Wie konnte sie den Weg meines Vaters mitgehen, wie konnte sie mich zur Welt bringen mit der sicheren Kenntnis, dass Kinder aus dem Ghetto Litzmannstadt in Kulmhof (Chełmno) von Deutschen vergast worden waren?"

Sie konnte sehr in die Stille lauschen, nahm jede Regung, jedes Geräusch in der Natur in der unmittelbaren Umgebung auf und reagierte beim Klang von Kirchenglocken in der Ferne oder auch im Schatten eines wuchtigen Gotteshauses häufig mit dem Satz: „Hört doch mal, die schönen Glocken." Feinfühligkeit, Romantik einerseits, Härte, auch gegen sich selbst, weniger unnachgiebige Strenge, aber eine gewisse Prinzipientreue andererseits sind mir in der Erinnerung haften gebliebene Merkmale meiner Mutter, die sie als eine starke Frau erscheinen ließen. Doch sie muss auch eine Suchende gewesen sein. Das Leben in einer Diktatur, in der ihr Mann eine herausragende Stellung einnahm und der späteren Gegenwart eines ganz anderen Staatswesens, in dem man über die zurückliegenden Jahre lieber nicht sprach, bedurfte einer Strategie, die das eine nicht gänzlich verriet und das andere – sicher unter Vorbehalt – annahm. Eine offene Abkehr vom Nationalsozialismus konnte für sie keine Lösung sein, nicht nur, weil dies die Gefahr beinhaltete, eine innere Abspaltung von meinem Vater zu dokumentieren. Dass es in der Gedankenwelt meiner Mutter dennoch „arbeitete", zeigte sich mir erst viel später. Damals war es mir nicht aufgefallen, es war mir einfach nicht klar, dass da etwas war, das sie innerlich wohl sehr beschäftigte. Es muss etwa um mein zwanzigstes Lebensjahr gewesen sein. Ich las ziemlich viel, ich befand mich in der Phase, in der man als junger Mensch manche Bücher und Texte liest, ohne sie wirklich zu verstehen, zumindest nicht in vollem Umfang. Aber der Hunger nach geistiger Nahrung überdeckte manche Wissenslücke, die Neugier auf philosophische, sich vom Alltagsleben abhebende Gedankengänge war noch ein zartes Pflänzchen, aber nicht mehr zu übersehen. Im Jahre 1964 erhielt der Philosoph des christlichen Existenzialismus in Frankreich, den Dramatiker Gabriel Marcel, den Friedenspreis des Deutschen Buchhandels in der Frankfurter Paulskirche. 1929 trat der gebürtige Jude Marcel zum katholischen Glauben über. Ein schmales List-Taschenbuch, das zur Preisverleihung auf den Markt kam, lag zu dieser Zeit in vielen Buchhandlungen aus und wurde bald von mir erworben. Es ist noch heute in meinem Besitz und trägt den Titel: „Philosophie der Hoffnung/Die Überwindung des Nihilismus", Autor dieser zwischen 1933 und 1943 entstandenen Texte ist Gabriel Marcel. Jahre nach Erscheinen des Büchleins – vermutlich besuchte ich gerade meine Eltern – entdeckte es meine Mutter bei meinem Reisegepäck. Sie nahm es zur Hand, blätterte darin, las ein paar Sätze des Vorworts und fragte mich, ob ich es ihr zum Lesen leihen könnte. Nach einiger Zeit gab sie es mir zurück, ohne dass wir eingehender über den Text sprachen. Längst war der Vorgang in Vergessenheit geraten, ich hatte mir keine Gedanken gemacht und kam auch nicht auf die Idee, meine Mutter zu fragen, warum sie sich gerade für diese Thematik interessiere. Sie musste sich schon damals mit Fragen beschäftigt haben, die nach dem Zusammenbruch all ihrer Hoffnungen und dem beginnenden Frankfurter Auschwitz-Prozess in ihr mehr ausgelöst hatten, als sie sich anmerken ließ. Während mein Vater nach dem Tod der Mutter mehr und mehr dazu neigte, doch etwas aus der NS-Zeit zu berichten, wir Kinder es aber nicht in seiner Version hören wollten, neigte meine Mutter dazu, ihren eigenen Weg ganz allein für sich zu gehen. Sie sammelte leidenschaftlich gern Briefmarken, die sie von Zeit zu Zeit an die Bodelschwinghsche Anstalten nach Bethel/Bielefeld schickte, genauso wie von ihr gefertigte Stricksachen. Es war ihr ein Bedürfnis, Anteil am Schicksal behinderter und psychisch kranker Menschen zu zeigen. Warum galt die besondere Aufmerksamkeit meiner Mutter gerade Behinderten und kranken Menschen, die während des NS-Regimes mit dem Stigma des „lebensunwerten Leben" behaftet waren und zu Tausenden ermordet wurden? Sie begleitete meinen Vater auf vielen Dienst- und Inspektionsfahrten in seiner Eigenschaft als Leiter des Landeswohlfahrts- und Jugendamtes der Provinzialverwaltung von Pommern, dem sämtliche Fürsorgeeinrichtungen und Anstalten der Provinz unterstanden. Es konnte meiner Mutter nicht verborgen geblieben sein, dass auch aus diesen pommerschen Anstalten Menschen dem Euthanasieprogramm der Nazis zum Opfer fielen …

Das „Führerprinzip", unverzichtbare Basis des Amtes meines Vaters als Oberbürgermeister, entsprach ganz der Überzeugung meiner Eltern und wurde ebenso von meiner Mutter in der Praxis ausgeübt. Sie war genauso infiziert von einer mehr als fragwürdigen „Führerschaft" wie mein Vater. Als BDM-Führerin wusste sie, welche Erwartungen an sie gestellt wurden, welcher Platz ihr im System zugewiesen war.

Sie hatte sich qualifiziert und konnte mit Stolz ihren Beitrag leisten. Die frühere Reichsreferentin des BDM, Trude Mohr, umriss ein Frauenbild, in dem die Frau eben nicht in erster Linie Mutter sei, sondern in „herber Fraulichkeit" als „Kamerad" des Mannes und Kampfgefährtin an dessen Seite zu stellen ist. Schon in der bündischen Jugend tauchte das weibliche Rollenverständnis der „Kameradin" auf und wurde von den Nazis in radikalisierter Form übernommen.[190]

Die „Litzmannstädter Zeitung" berichtete von einer Rede meines Vaters vor den BDM-Führerinnen des „Bannes Litzmannstadt" Ende Oktober 1942 im BDM-Heim in der König-Heinrich-Straße in Anwesenheit meiner Mutter.[191] Auf dem Bildschirm des Projektionsgeräts verschob sich die Wiedergabe des schmalen Mikrofilms. Nach einer kurzen Korrektur konnte ich in dem Zeitungsbericht lesen: „[…] Auch die Ehefrau des Oberbürgermeisters, als ehemalige BDM-Führerin, wurde herzlich begrüßt. […] Mit dem Lied „Gute Nacht, Kameraden" wurde der sehr inhaltsreiche Abend beschlossen."

Zum ersten Mal erfuhr ich so von der festen Verankerung meiner Mutter in die Weltanschauung der Nazis durch eine ausgeübte Führerinnen-Funktion. Der damals propagierte Leitspruch „Jugend soll durch Jugend geführt werden" begeisterte auch meine Mutter. Die jugendspezifische Praxis des BDM, – der „Dienst" umfasste eine ganze Reihe von verbindenden, gemeinschaftlichen Aktivitäten, für die meine Mutter stets zu gewinnen war, vor allem für die „Körperertüchtigung" – dürfte ihre Domäne gewesen sein. Die im Kollektiv erlebten Ereignisse wie wöchentliche „Heimabende", das jährliche Jugendlager, Einsätze bei der Erntehilfe sowie Sammlungen für die NSV oder kulturelle Hilfsdienste boten meiner Mutter immer wieder Gelegenheit, uniformiert der „Volksgemeinschaft" zu dienen und je nach Anlass mit ihren Kameradinnen „im Gleichschritt" des Systems zu marschieren.

Ich wollte mehr über das Leben innerhalb des BDM erfahren, suchte nach Literatur, blieb bei dem Bericht „Fazit" der ehemaligen BDM-Führerin Melita Maschmann[192] hängen und begann zu lesen. Nach knapp einhundert Seiten verlor ich merklich das Interesse, es entpuppte sich als ein schwieriges Unterfangen, den Text weiterzulesen.

„Kein Rechtfertigungsversuch" – so der Untertitel des Buches – sollte es sein, doch dieser in Briefen an eine jüdische Jugendfreundin gehaltene Bericht erzeugte bei mir einen Widerwillen gegen den vielleicht doch beabsichtigten Versuch einer Rechtfertigung. Die notwendige Eindeutigkeit in Maschmanns Text blieb für mich im Dunkeln.

Meinem Vater war meine Mutter stets eine gute „Kameradin", so wie von der Nazi-Ideologie gefordert:

> „[…] K a m e r a d i n sei die Frau dem Manne in der Familie. So solle es auch im politischen Leben der Gegenwart sein. Das Ideal einer überwundenen Zeit, der „Hausvater am Teetisch seiner Frau" sei in unserer Zeit nicht mehr tragbar, die harte Männer, aber ebenso auch entschlossene deutsche Frauen fordere […]" *(Hervorhebung im Original, JJV)*.

Laut einem Bericht der „Pommerschen Zeitung" über einen großen „Führerkorps-Appell" in Schneidemühl waren das die Worte des Gauleiters Schwede-Coburg vor einer großen Versammlung der NS-Frauenschaft. Auch mein Vater sprach auf dieser zentralen Versammlung der „politischen Soldaten des Führers" in Pommern.[193]

Es kam mir immer ziemlich altmodisch und ein wenig abstoßend vor, wenn ich später in den Briefen und Unterlagen meines Vaters die Grußformel „mit kameradschaftlichen Grüßen" oder „in kameradschaftlicher Verbundenheit" las. Was ich glaubte, dahinter im Verborgenen zu entdecken, war in Wirklichkeit zu präsent, als dass ich mich hätte davon lösen können.

Das Frauenbild meines Vaters hat sich – so meine Erinnerungen – nie von dem Frauenbild der Nazis tatsächlich entfernt oder gar von ihm abgewendet. Vor 800 Kreisfrauenschaftsleiterinnen aus dem ganzen Reich referierte mein Vater am 21. November 1938 in Anwesenheit der Reichsfrauenführerin Getrud Scholz-Klink in der pommerschen „Ordensburg" Krössinsee über die Zusammenarbeit zwischen NSV und NS-Frauenschaft.[194] Er wies bei dieser Gelegenheit besonders auf die aktuelle Verantwortung der Frauen zur „weltanschaulichen" Mithilfe bei den durch den „Anschluss" der „Ostmark" und der „Heimkehr des Sudetenlandes" erwachsenen Aufgaben hin.

Der Schreibtisch

Keine große Arbeitsfläche, mehr Zierlichkeit und ein klein wenig Eleganz, Merkmale, die dem Schreibtisch des Vaters eine Leichtigkeit eines Sekretärs gaben. Kirschbaumholz könnte es gewesen sein, Material, das sorgfältig in den 1960er Jahren auf die weiteren Möbel abgestimmt war. Am oberen Ende der blanken Arbeitsfläche Familienfotos, das der Großmutter väterlicherseits, ein größeres der Mutter mit ihren vier Kindern und Porträtfotos von uns Kindern, jedes in einem einzelnen Rahmen. Die Wichtigkeit dieser Fotos für den Vater war nicht zu verkennen. So schien ihm die Nähe der Familie auch bei Abwesenheit der einzelnen Familienmitglieder gesichert.

Der Sonntagvormittag war Schreibtischzeit, andere Tätigkeiten waren in der Rangfolge auf unwichtigere Plätze verwiesen. Der Vater saß in leicht gebeugter Haltung an seinem Arbeitsplatz und in gleichmäßigen Zügen glitt die Spitze seines Füllfederhalters über das Papier, um den Sonntagsbrief an die Großmutter und weitere Korrespondenzen fertigzustellen. Später wurden fällige Banküberweisungen und andere unabwendbare Notwendigkeiten ähnlicher Art an diesem Ort bis zum Mittagessen erledigt.

Der Vater verließ den aufgeräumten Platz und die ursprüngliche Ordnung von Papieren, Zeitungen und Schreibutensilien war wieder hergestellt. Jetzt war der Blick frei und ich erinnere mich sehr deutlich an ein Buch mit grünem Einband und dem Titel „Reden an die deutsche Nation" von Johann Gottlieb Fichte, das auf dem Schreibtisch neben der neuesten Ausgabe der „Pommerschen Zeitung" und der Zeitschrift „Akademische Blätter", das Organ seiner Studentenverbindung VDSt lag. Mein Vater gehörte ihr noch als „Alter Herr" an. Seine antisemitische Überzeugung fand er zwischen den beiden Buchdeckeln mit Fichtes Texten bestens bestätigt. Aber auch eine Wochenzeitung mit dem Titel „Deutsche Nationalzeitung und Soldatenzeitung" hatte sich mir an dieser Stelle liegend, direkt neben der „Pommerschen Zeitung", eingeprägt. Meinen Eltern war sie eine liebgewordene, ständig präsente Erinnerung an ihre früheren Jahre und nach dem Krieg das offizielle Organ der Pommerschen Landsmannschaft.

Was sich da nun tatsächlich auf dem Schreibtisch befand, welche Brisanz größtenteils in diesen Druckwerken lag, war mir als Jugendlichem, der sich mit seinen eigenen Problemen und Fragen herumschlug, in keiner Weise bewusst. Es hat mich auch nicht so interessiert, dass ich Fragen gestellt hätte. Dass der Vater nationalkonservativ eingestellt war und politisch eindeutig „rechts" dachte, war für mich eine Gegebenheit, die zu diesem Zeitpunkt noch keinen Konflikt zwischen den Generationen heraufbeschwor.

Der Schreibtisch meines Vaters war aber auch der Ort, von dem eine Botschaft ausging, die mir eine ganz andere Seite von ihm zeigte, die von einem liebevollen Verständnis für meine Sorgen und Nöte zeugte. Es war in den 1960er Jahren, wir lebten in Bonn, mein Vater arbeitete als Bundesbeamter. Ich war sehr verliebt in ein Mädchen, das ich während eines Kurzurlaubes kennen gelernt hatte, das aber zu meinem Kummer einige hundert Kilometer entfernt bei seinen Eltern lebte. Irgendwie entsprach ich wohl nicht den Erwartungen der Eltern meiner Freundin, sie waren fest davon überzeugt, dass ich natürlich so jung keine Familie ernähren könne, was nach dem Stand der Dinge auch den Tatsachen entsprach. Also schrieb der Vater meiner Freundin an meinen Vater einen Brief und bat ihn um Unterstützung, die Verbindung zwischen meiner Angebeteten und mir zu kappen. Mein Vater seinerseits reagierte mit einer Antwort, die ich ihm nie vergessen werde. Er schrieb „man möge doch bitte den jungen Liebenden erst einmal den Vortritt lassen, nicht gleich an eine dem Hunger und der Armut ausgesetzte Großfamilie denken und dem jungen Glück Vertrauen entgegenbringen." Allerdings ging die junge Liebe nach nicht allzu langer Zeit in die Brüche, die Aufregung der vermeintlichen zukünftigen Schwiegereltern war also umsonst. Ich sehe meinen Vater noch heute, wie er an diesem unauffälligen, manchmal fast zu klein wirkenden Schreibtisch sitzt und mir die Sätze seines Briefes vorliest. Damals interessierte mich nur dies, aber nicht die Druckwerke, die hier ebenfalls Platz hatten und viel über die väterliche Gedankenwelt aussagten. Bis ins hohe Alter war der Vater regelmäßig an seinem Schreibtisch zu finden, wo er viel zu Papier gebracht hat, aber nicht die Kraft und den Mut fand, uns, seinen Kindern, etwas über „seine" Geschichte aufzuschreiben. Oft genug hatte er zwar gesagt, dass er sein Leben doch einmal in schriftlicher Form erzählen müsste, doch habe er zu viel erlebt, um sich dieser Aufgabe wirklich stellen zu können. Da er ein sehr mitteilungsbedürftiger Mensch war, empfand ich später seine Argumentation als eine Ausrede und Flucht, um nicht Stellung nehmen zu müssen. Wie hätte er uns, seinen Kindern, denn auch „Litzmannstadt" (Lodz), wie hätte er uns das Ghetto in der Stadt, die Verfolgung und Ermordung von Juden und Polen und sein Mitwirken an diesem Geschehen erklären sollen? Das einzige, was uns in schriftlicher Form vom Vater – wobei die Mutter bei der Formulierung des Textes nicht abseits stand – geblieben ist, ist ein 23-seitiger Schnelldurchlauf der Familiengeschichte anlässlich der Goldenen Hochzeit der Eltern, geschrieben mit vielen Absätzen und großem Zeilenabstand, ein weitmaschiges Netz, durch das vieles der wirklichen (Familien-)Geschichte einfach durchgefallen ist.

Eine Brücke zu falschen Ufern

Ob ich den Tränen nahe war, weiß ich nicht mehr. Doch in Erinnerung ist mir geblieben, dass ich als 8- oder 9-Jähriger verzweifelt versucht habe, an einem unserer schönsten Spielplätze, inmitten eines Bonner Ruinengrundstücks direkt neben unserem Haus, eine „Brücke", bestehend aus einem dicken, halb verkohlten Brett und mehreren als Brückenpfeiler dienenden Backsteinen, zum Einsturz zu bringen. Ich wollte unbedingt erreichen, dass meine „Brücke" in der Mitte zerbrach. Deshalb trampelte ich immer wieder, von beiden „Ufern" gleich weit entfernt, auf dem Brett herum, sprang in die Höhe, um mit aller Kraft das Gewicht meines Körpers zur „Brückensprengung" einzusetzen. Nichts geschah, es gelang mir nicht, das Ziel meines kindlichen Spiels blieb weit entfernt. Nach wie vor bestand eine direkt Verbindung zwischen einem kleinen Mauervorsprung und den bröckelnden Resten einer Kellermauer, etwa einem Meter über den Schuttbergen. Strikt hatten uns die Eltern verboten, an diesem Ort unserer Phantasie freien Lauf zu lassen. Für sie existierte verständlicherweise nur die Vorstellung von ihren blutüberströmten Kindern, die soeben von wackligen Ruinenmauern herab gestürzt waren.

Meine misslungenen Bemühungen in einer abenteuerlichen Ruinenlandschaft in der Bonner Bachstraße kommen mir in Erinnerung, wenn ich mir meinen zweiten, ebenfalls gescheiterten Versuch eines „Brückeneinsturzes" vor Augen führe. Es gibt eine Reihe von ganz bestimmten Begriffen und Wortkombinationen, die meine Eltern häufig gebrauchten und die mir aus ihrem Munde seit jungen Jahren sehr vertraut sind. Mein Vater benutzte zum Beispiel, wenn er eine gewisse Kritik üben wollte oder ihm irgendetwas missfiel, gerne den Ausdruck „dürftig". Ein anderer Begriff, den beide, mein Vater und meine Mutter, regelmäßig verwendeten, lautete „anständig". Das allein genügte ihnen oft nicht, sie brauchten die Steigerung „grundanständig" oder „hochanständig". Sie gebrauchten diese Formulierungen immer dann, wenn sie von Menschen sprachen, denen sie eine besondere Charakterstärke zusprachen, wobei meine Eltern die Betonung auf die erste Silbe legten.

Ich gerate ins Stolpern und auf einen Weg, den ich hoffte, umgehen zu können. Am 4. Oktober 1943 hielt Reichsführer SS Heinrich Himmler vor Gruppenführern der SS in Posen seine berühmt gewordene Rede:

„[…] Ich will hier vor Ihnen in aller Offenheit auch ein ganz schweres Kapitel erwähnen. Unter uns soll es einmal ganz offen ausgesprochen sein, und trotzdem werden wir in der Öffentlichkeit nie darüber reden. Ich meine jetzt die Judenevakuierung, die Ausrottung des jüdischen Volkes. Von Euch werden die meisten wissen, was es heißt, wenn 100 Leichen beisammen liegen, wenn 500 daliegen oder wenn 1000 daliegen. Dies durchgehalten zu haben und dabei – abgesehen von Ausnahmen menschlicher Schwäche – *anständig (Hervorhebung JJV)* geblieben zu sein, das hat uns hart gemacht[…]."[195]

Die Begriffe „Anständigkeit", „anständig zu sein", als deutscher Mann, als deutsche Frau sich „anständig" zu verhalten, sind als Maxime zu wichtigen Steuerungselementen der Nazis geworden. Heinrich Himmler nutzte seinen groß gewordenen Einflussbereich, um diese Attribute – besonders innerhalb der SS – als Stärken des „germanischen" Menschen einzufordern.

Auch die „Brücke" von meinem Elternhaus nach Posen konnte ich nicht zum Einsturz bringen.

„Der Pole als Knecht gehorcht"

Januar 2009. Ein kalter Wind fegt über die schneebedeckten Flächen des großen Parkgeländes am nordöstlichen Rand des ehemaligen Ghettos in unmittelbarer Nachbarschaft des Jüdischen Friedhofs. Mich fröstelt, obwohl mich ein dicker Wintermantel vor der eisigen Kälte zu schützen vermag. Etwa hundert Meter einen schmalen Weg folgend, stehe ich vor einem ca. acht Meter hohen Mahnmal aus Beton in Form eines zerstörten, gebrochenen Herzens. In dessen Riss, der das Herz in zwei Hälften teilt, schuf der Künstler die mehr als traurige Figur eines abgemagerten Jungen. Ich kann mich nicht der Wirkung des Ortes verschließen, nicht die Botschaft des „Denkmals des gebrochenen Herzens" überhören.

> „Der Pole ist – rassisch gesehen, ebenso wie es geschichtlich erwiesen ist –
> ein Mensch minderwertigen Charakters, eine Knechtnatur und will auch
> als solche behandelt werden. Der Pole als Knecht gehorcht, er erhält für
> seine *Arbeit* seinen Unterhalt, und wenn er faul und träge wird, muß mit
> der Knute nachgeholfen werden" *(Hervorhebung im Original, JJV)l).*[196]

So ein Aktenvermerk der Kriminalpolizeistelle Litzmannstadt vom 30. August 1941.

Dieser Aktenvermerk führt mich zu einer weiteren grausamen Variante der Nazi-Verbrechen in der Stadt, als mein Vater dort Oberbürgermeister war. In ihrem Wahn des Herrenmenschentums richteten die Nazis Ende 1942 in dem etwas abgelegenen Teil des Ghettoareals das so von ihnen sogenannte „Polenjugendverwahrlager" ein. Grundlage für die Errichtung des Lagers war die Anordnung des Reichsminister des Innern, Wilhelm Frick, vom 3. Dezember 1942 zur Unterbringung von „fremdvölkischen Minderjährigen" in Lagern.[197] Eine Begründung hatten die Deutschen schnell bei der Hand: Waisenkinder und Kinder, deren Eltern sich bereits in deutschen Lagern befanden, galten per se als „verwahrlost" und „kriminell" und „stellten somit eine erhebliche Gefahr" für die deutsche Jugend dar. Offiziell betrug das Alter der Kinder und Jugendlichen zwischen 8 und 16 Jahren, aber auch Kleinkinder wurden in das oft auch als „Kinder-KZ" oder „Klein-Auschwitz" bezeichnete Lager gebracht. Namen erloschen, jedes Kind erhielt eine Nummer. Es herrschten todbringende Verhältnisse. Sehr viele Kinder starben an Hunger, Krankheiten und psychischen Zusammenbrüchen als Folge der Lagerverhältnisse und der ständigen Erniedrigungen. Genaue Zahlen der Opfer sind nie wirklich ermittelt worden, da die Lagerverwaltung die Häftlingsverzeichnisse absichtlich manipulierte, oft die Anzahl der Sterbefälle herabsetzte und falsche Todesursachen angab. Von den Tausenden im Laufe der Zeit eingelieferten und zur Zwangsarbeit verurteilten Kinder starben die meisten an Hunger, Entkräftung und Krankheiten oder durch die sadistischen Misshandlungen der Bewacher. Eine bestimmte Gruppe der Kinder und Jugendlichen wurde – oft in Anwesenheit des Lagerkommandanten Ehrlich – ausgesucht und zur „Eindeutschung" vorgesehen. Maßgeblich waren dabei das „nordische Aussehen", also blaue Augen und blondes Haar. Etwa 800–900 Kinder und Jugendliche überlebten das Terrorregime des Lagers.[198]

Am 13. Juni 1942 wurden 88 Kinder aus dem tschechischen Dorf Lidice ins „Polenjugendverwahrlager" eingeliefert. Das Dorf wurde von den Deutschen aus Rache für das Attentat tschechischer Widerstandskämpfer auf Reinhard Heydrich, Chef der Sicherheitspolizei und des SD und stellvertretender Reichsprotektor Böhmen und Mähren, dem Erdboden gleich gemacht, wobei alle männlichen Einwohner getötet wurden. Alle Kinder aus Lidice wurden in Chełmno (Kulmhof) vergast.[199]

> „Die Polen auf den Wochenmärkten. Aus einer in dieser Ausgabe veröffentlichten Bekanntmachung des Oberbürgermeisters geht hervor, dass die Polen auf den Wochenmärkten in der Zeit vom 1. April bis 30. Septem-

ber nicht vor 10 Uhr und in der Zeit vom 1. Oktober d. J. bis 31. März 1942 nicht vor 11 Uhr einkaufen dürfen."

Diese Notiz von sieben Zeilen lese ich in der „Litzmannstädter Zeitung" vom 10. Mai 1941. Auf den ersten Blick scheint sich dahinter nichts weiter als eine für die NS-Zeit ganz „normale" Anordnung der Stadtverwaltung zu verbergen. Doch in Wirklichkeit ist es eine höchst diskriminierende Maßnahme gegen die polnische Bevölkerung der Stadt. Darin drückt sich mit einer nüchternen Selbstverständlichkeit das aus, worüber in keiner Weise mehr debattiert werden musste: Polen waren Untermenschen, denen man auf den Wochenmärkten lediglich zugestand, die minderwertigen Reste an Gemüse, Obst und Kartoffeln zu erwerben, nachdem die deutschen Hausfrauen sich vorher mit der besseren Ware versorgt hatten und nur noch mehr oder weniger Abfälle zu haben waren.

Es gibt deutlichere Texte der Nazi-Behörden, aus denen ihre Verachtung für die Polen, für das Slawische in krassen Worten hervorgeht. Aber diese kurze Zeitungsmeldung zeigt mir, wie das Herrenmenschentum überall, ob bei großen Parteiveranstaltungen, Aufmärschen und Betriebsappellen oder eben in banaler Bürokratie zu Tage trat.

Von meinen Eltern habe ich nie das Wort „Pollacke" gehört, nein, ihre Aversion gegen Polen und gegen die slawische Welt fand sich dezidiert immer im Grenzbereich zwischen ziemlich eindeutiger Fragestellung („Meinst du wirklich, dass die Polen da Ordnung schaffen können?") und dem Versuch, allzu große Härte in ihrem Urteil auf verbaler Ebene zu vermeiden. Ich erinnere mich noch sehr deutlich an ein Gespräch mit meinem Vater im Jahr 2000. Wir sprachen über das neue Polen nach der politischen Wende des Jahres 1989. Ich erzählte von der gerade beendeten Frankfurter Buchmesse, auf der sich Polen als Gastland präsentieren konnte und dabei auf viel Interesse der Fachbesucher und des allgemeinen Publikums stieß. Der Vater hörte sich meinen Bericht an und kommentierte das Thema mit einem Satz, den ich nie vergessen werde: „Aber die Polen haben doch wenig zur europäischen Kultur beigetragen." Lange habe ich über diesen Satz nachgedacht und bekomme ihn einfach nicht aus meinem Kopf. Diese verbissene Feindseligkeit und der aus seinen Worten sprechende Hochmut haben mich sehr erschreckt. Es war mein Vater, der so sprach ...

Nichts hatte sich bei ihm geändert in den Jahrzehnten nach dem Regime der Nationalsozialisten, nur seiner Diktion hatte er etwas an Schärfe genommen und sich nicht ganz so verachtend geäußert, wie am 15. Dezember 1942 während eines Jahresbetriebsappells der Stadtverwaltung Litzmannstadt:

„[...] Der Krieg bedeute eine große innere Erziehungsaufgabe. In den drei Jahren seiner Anwesenheit hier in Litzmannstadt habe sich der aus dem Altreich Gekommene überzeugen können, dass der Deutsche dem Slawen tausendfach überlegen ist. Diese Erkenntnis müsse den Schluss enthalten, dass wir auf diesen Boden ein Recht und einen Anspruch haben. In der Frage der Behandlung des fremden Volkstums können daher nicht oft genug klare, harte und entscheidende Worte gesagt werden. In diesem

Land gibt es nur Herren und Knechte. Knechte müssen auch als Knechte behandelt werden, sonst werden sie frech."[200]

Etwas später spricht mein Vater beim gleichen Auftritt das Thema der Leistungssteigerung der städtischen Beamten mit einer ins Groteske gehenden Verbissenheit an: „[…] Wer von den Beamten täglich auch nur zehn Minuten zu spät komme, übe persönlichen Verrat an Adolf Hitler, der keine Überstunden kenne."[201]

Wie sehr mein Vater die Mitarbeiter städtischer Einrichtungen und die deutschen „Volksgenossen" auf den „Kampf" mit dem Slawentum einschwor, geht auch aus seiner Rede hervor, die er im Sommer 1941 auf einem Betriebsappell der Städtischen Bühnen in Anwesenheit des Intendanten Hans Hesse, einem Cousin von Hermann Hesse,[202] hielt: „[…] Dieser Aussonderungsprozess – wer im Osten klar und zielstrebig aushält oder nicht – bezeichnet somit auch die besondere kulturelle Linie in Litzmannstadt. Dies richtig erfassen können nur junge Aktivisten, die bereit sind, auch kulturell die letzte Auseinandersetzung zwischen Germanen- und Slawentum durchzuführen […]"[203] Und in einer Rede in der großen Aula der neu gegründeten Reichsuniversität Posen am 23. Januar 1943 wählte mein Vater folgende Worte: „[…]1919 hat dann der polnische Staat die deutsche Schwäche benutzt, sich wieder einmal selbständig zu machen. Aber auch hier hat er wieder seine Unfähigkeit gezeigt und bewiesen, dass er zu einem Eigenleben nicht fähig ist. Seit 1939 haben wir nun die Geschicke des Ostraumes endgültig in unsere Hände genommen […]"[204]

Nein, Arroganz und Hochmut war das nicht mehr, was mein Vater demonstrierte, es war eine tiefe Verachtung für ein ganzes Volk, ein ganzes Land und seine Geschichte und Kultur!

Es sind immer die kleinen Ausschnitte aus dem Ganzen, die plötzlichen Momentaufnahmen, die einem Automatismus gleich eine Rückkopplung auslösen: Da sitze ich an einem trockenen, kalten Winternachmittag in Warschau im Café „Blikle" und bestelle mir einen „Five o'clock-tea", der mir vorschriftsmäßig zubereitet wunderbar heiß und in einer Porzellankanne mit wärmender Haube serviert wird. Noch einmal lasse ich die letzten zwei Stunden meines Bummels durch Warschaus Straßen und über seine großen Plätze Revue passieren. Allein der jedem Warschau-Besucher bekannte „Königsweg" durch die nach dem Zweiten Weltkrieg wieder aufgebaute Nowy Swiat (Neue Stadt), und der Krakowskie-Straße, vorbei an Cafés, Restaurants, Boutiquen, kleinen und größeren Buchhandlungen, Kirchen und Palästen, Antiquitätsläden zur „Krakauer Vorstadt", dabei die Universität mit dem berühmten schmiedeeisernen Tor, das teuerste und luxuriöseste Hotel Warschaus, das „Bristol", das Palais Radziwill und das Denkmal für den polnischen Nationaldichter, Adam Mickiewicz, in Richtung Schloss passierend, einige Zeit später das durch die deutsche Wehrmacht zerstörte und wieder aufgebaute Nationaltheater im Blickfeld, lässt in mir wieder einmal ein würgendes Gefühl der Wut aufkommen. Wut auf das, was gerade parallel zu dem kurz vorher Wahrgenommenen in mir hochkommt: der sich mir so eingeprägte Satz meines Vaters „Aber die Polen haben doch wenig zur europäischen Kultur beigetragen". Ich zahle, verlasse den schönen Ort und vertraue darauf, dass mich die frische, trockene Winterluft möglichst schnell von der Erinnerung an die mehr als diskriminierende Äußerung meines Vaters befreit.

Als „Kulturbringer"[205] verstanden sich viele Deutsche im besetzten Polen. In weiten Kreisen herrschte die durch die Propaganda der Nationalsozialisten geschürte Überzeugung, der slawischen „Unkultur" könne nur durch die „Eroberung des Gebiets für die deutsche Kultur" begegnet werden. Mit spöttischem Unterton benutzten so manche Polen auch nach dem Ende des Zweiten Weltkrieges den Begriff „Kulturbringer" als Bezeichnung für ihre westlichen Nachbarn.

Den einzigen Wert der polnischen Bevölkerung sahen die deutschen Besatzer in der Arbeitskraft der Polen. Zu diesem Zweck wurden alle Arbeitsfähigen durch die kurz nach dem Einmarsch der deutschen Truppen neu geschaffenen Arbeitsämter registriert.

So auch durch das seit dem 13. September 1939 bestehende Lodzer Arbeitsamt, das über die Arbeitseinsätze und die Deportationen der Registrierten in das Reichsgebiet entschied. Um den Druck auf die polnischen Bewohner der Stadt zu erhöhen, sich den Maßnahmen der neuen Machthaber nicht zu entziehen, ordnete mein Vater am 12. Februar 1942 an, keine Lebensmittelkarten mehr an nicht erwerbstätige und nicht vom Arbeitsamt registrierte Polen auszugeben.[206] Auf Veranlassung des Arbeitsamtes Litzmannstadt wurden bis Ende Juni 1942 125.284 Polen zur Zwangsarbeit in das Reichsgebiet deportiert, davon stammten 80% unmittelbar aus der Stadt. Ihre Einsatzorte waren Berlin, Dortmund, Essen, Wuppertal, Frankfurt/M., Karlsruhe und Ulm, aber auch ländliche Gegenden in Schleswig-Holstein, Württemberg und Bayern. Polen, die nicht in das Reichsgebiet deportiert wurden, mussten zu wesentlich schlechteren Bedingungen als die deutschen Volksangehörigen Arbeiten in der Stadt verrichten.[207]

Mein Vater hatte bereits das neunte Lebensjahrzehnt überschritten, als ich ihn auf sein Bitten hin mit dem Wagen zu einem alten Duzfreund aus gemeinsamen Zeiten fuhr. Am Eingang des Hauses wurde mein Vater von seinem Freund mit den Worten begrüßt: „Na, Werner, dein Geburtsort liegt ja nun auch im Ausland." Die Antwort meines Vaters, die sich mir unwiderruflich eingeprägt hat, war knapp, eindeutig und aussagekräftig für eine verachtende Haltung gegenüber dem Land Polen und seinen Menschen: „Schlimmer, in Polen!", waren die drei Worte meines Vaters.

Wrocław (Breslau)

„Seit Sonnabend werden die Berliner Juden zusammengetrieben, abends um 21.15 werden sie abgeholt und über Nacht in eine Synagoge gesperrt. Dann geht es mit dem, was sie in der Hand tragen können, ab nach Litzmannstadt und Smolensk. Man will es uns ersparen zu sehen, dass man sie einfach in Hunger und Kälte verrecken lässt und tut das daher in Litzmannstadt und Smolensk." Das schrieb Helmuth James von Moltke, Sachverständiger für Völkerrecht im Oberkommando der Wehrmacht, am 21.10.1941 in einem seiner fast täglichen Briefe von Berlin an seine Frau Freya nach Kreisau.[208] Diese Worte waren mir sehr präsent, als ich bei wärmender Frühlingssonne den kurzen Weg hinauf zum kleinen Berghaus, dem früheren Rückzugsgebäude der Familie von Moltke und Treffpunkt des Kreisauer Kreises, vom Schlossareal in Kreisau aus wählte. Ganz allein besuchte ich noch einmal diese historische Stelle, die ich bereits am Vortag mit einer Gruppe polnischer und deutscher Jugendlicher aufgesucht hatte und blickte von der kleinen Terrasse des Berghauses über die schon mit erstem Grün bedeckten weiten Felder und Hügel bis zu den Ausläufern des Riesengebirges. Auf Einladung der Körber-Stiftung war ich Ende April 2004 für ein paar Tage nach Krzyzowa/Kreisau gekommen, um an einer Veranstaltung mit polnischen und deutschen Schülerinnen und Schülern teilzunehmen. Unvergesslich sind mir einige Abendspaziergänge rund um das ehemalige Gut der von Moltkes und um das kleine Dorf zusammen mit polnischen und deutschen Jugendlichen, die es durch ihre erfrischende Direktheit mir nicht allzu schwer machten, ihre Fragen nach meinem Umgang mit der Biographie meines Vaters zu beantworten. Es waren keine Kaffeehaus-Plaudereien, sondern sehr ernsthafte und nachdenkliche Dialoge, die nicht frei sein konnten von Emotionen. Die jungen Deutschen und Polen waren Preisträger der jeweiligen nationalen Geschichtswettbewerbe und waren als Anerkennung ihrer geschichtlichen Arbeiten zu einem einwöchigen Seminar mit Nachfahren von NS-Opfern und NS-Tätern eingeladen.

Die Aufgabe für die Jugendlichen bestand darin, nach einer gewissen Einführung und Vorbereitung die angereisten Angehörigen der ersten Generation nach der Täter- und Opfergeneration zu interviewen und später die Ergebnisse und ihre Erfahrungen dieser Zusammentreffen festzuhalten und zu analysieren Ich erinnere mich an zwei Bemerkungen aus dem Kreis der jungen Seminarteilnehmer, die sich mir wörtlich eingeprägt haben. Eine deutsche Schülerin fragte mich während des langen Interviews, warum ich nicht mit meinem Vater gebrochen habe. Auf diese Frage war ich nicht gefasst, obwohl ich mit ihr hätte rechnen müssen. Meine Stimme stockte, ich spürte einen Kloß im Hals und konnte nach einigem Zögern nur antworten, dass ich einfach zu diesem Schritt nicht fähig war, dass ich es nicht konnte. Einen Augenblick herrschte betretenes Schweigen, dann ging man zur nächsten Frage über. Erst in der folgenden Kaffeepause gab es ein entspannendes Signal. Die junge Fragestellerin kam auf mich zu und erklärte mir, dass sie mich in dem Moment verstanden habe, wo meine Stimme mir für einen Augenblick versagte. Dies in Verbindung mit meinen anschließenden knappen Worten sei ihr überzeugende Antwort, die vielleicht nicht alles klären könne, aber ihr klar gemacht habe, wie schwierig eine konsequente Loslösung vom Vater und damit auch vom Elternhaus für mich gewesen sein müsse.

Während einer späteren Diskussionsrunde aller Teilnehmer des Seminars stellte ein junger Pole nicht aggressiv, aber doch bestimmt seine Sicht der Dinge so dar. Er meinte, „zwischen Deutschen und Polen könne es nach seinem Empfinden gar keine Versöhnung geben, schließlich haben die Deutschen in der Nazi-Zeit seine Großmutter ermordet."

Von Krzyzowa/Kreisau rollte das Taxi auf einer kleinen Verbindungsstraße nach Swidnica/Schweinitz, um dort den Linienbus zu erreichen, der mich in etwa einstündiger Fahrt in die Stadt Wroclaw, das frühere Breslau, bringen sollte. Der mehrfache Blick auf den Stadtplan ließ vom Haupt- und Busbahnhof einen längeren Fußmarsch in die Altstadt vermuten. Endlos erschien der Weg zum historischen Marktplatz, Rynek, und zur Universität mit der berühmten Leopoldina-Aula, dem prachtvollen Beispiel des niederschlesischen Barocks. Ende August 1942, historischer Fürstensaal des Breslauer Rathauses: Vor der städtischen „Gefolgschaft des Rathausblocks" hält mein Vater auf Einladung seines Breslauer Amtskollegen einen „Betriebsappell" ab. Da heißt es z.B.: „Die deutsche Textilindustrie, die bis zum Kriegsausbruch Weltruf genoß, war von Deutschen gegründet worden und lag in deutschen Händen, die allerdings, und das ist die besondere Tragik dieser deutschen Menschen, das Material für die Kriegsausrüstung des polnischen Heeres schufen. Dies sei aber, so führte Oberbürgermeister Ventzki aus, eine der großen Lehren aus dem Litzmannstädter Beispiel: Nach diesem Kriege würden deutsche Menschen nicht mehr in alle Welt hinausgehen, um *fremde* Völker mit ihren Gaben voranzubringen *(Hervorhebung im Original, JJV).*"[209]

Wenn ich heute diese Zeilen lese, verdeutlicht sich vor meinen Augen die propagandistische Rhetorik der Nationalsozialisten in ihrer ganzen Unterschwelligkeit. Manches klingt da auf den ersten Blick relativ harmlos, doch man war nicht zimperlich im Verdrehen, Verfälschen historischer Fakten, im Vernebeln von realen Zusammenhängen, wenn es nur dem „Deutschtum" diente. Mit Zynismus wurde nicht gespart. Mussten nicht die Juden in den Fabriken des Ghettos Lodz unter bedrohlichen und demütigenden Umständen Zwangsarbeit für die deutsche Wehrmacht leisten? Das folgende Dokument spricht eine andere Sprache als die, die mein Vater im Breslauer Rathaus wählte:

„Auftragsstand September 1941:
von der Wehrmacht (Wert der Rohmaterialien ca. 50 – 60 Mill. RM):

Sattler- und Lederwarenproduktion	2.669.000 Stück
Schuhmacherei (Instandsetzung)	721.000
Metallwarenfabrikation	1.717.000
Textilverarbeitung	2.474.000
Kürschnerei (Postenpelze)	9.000
Zusammen	7.590.000

von Privatfirmen:

Sattler- und Lederwarenproduktion	58.000 Stück
Metallwarenfabrikation	92.000
Holzverarbeitungswerkstätten	2.405
Tapezier- und Polsterwerkstätten	11.400
Textilverarbeitung	218.700
Zusammen	382.505

"[210]

Dieser Bericht meines Vaters an den Litzmannstädter Regierungspräsidenten verdeutlicht das wahre Ausmaß der Zwangsarbeit der Juden und die tatsächlich bedeutendsten Empfänger der im Ghetto produzierten Produkte. Für die Argumentation meines Vaters waren diese Tatsachen nicht relevant.

Natürlich spielten die deutschen Fabrikanten für die Textilindustrie der Stadt Lodz eine große Rolle, doch die notwendigen Arbeitskräfte einer boomenden Industrie rekrutierten sich in erster Linie aus polnischen und jüdischen Bevölkerungsteilen. Immerhin lebten am Vorabend des Zweiten Weltkrieges ca. 233.000 Juden und ca. 400.000 Polen und russischstämmige Menschen in der Stadt (der Anteil der Deutschen betrug ca. 60.000). Die beiden jüdischen Unternehmerpersönlichkeiten, Israel Kalman Poznanski und Ascher Kon, zählten zu den Begründern der Lodzer Textilindustrie. Das Zusammenleben und Zusammenwirken von Polen, Juden und Deutschen in der Stadt Lodz funktionierte so friedlich und normal, dass alle Bevölkerungsteile davon profitierten, bis die Nazis kamen ... Spannungen gab es dann ab 1933, da die Entwicklung in Deutschland Einfluss auf die Atmosphäre in der Stadt und eine auf eine spürbare Radikalisierung deutschvölkischer Kreise nahm. Victor Klemperer, der Dresdner Romanist, notierte am 25. Oktober 1941 in sein Tagebuch: „Immer erschütterndere Nachrichten über Judenverschickungen nach Polen. Sie müssen fast buchstäblich nackt und bloß hinaus. Tausende aus Berlin nach Lodz ("Litzmannstadt") [...]."[211] Die Nachricht von den ersten Deportationszügen aus deutschen Großstädten in das Ghetto Lodz verbreitete sich schnell.

Ich erinnere mich sehr deutlich an ein Gefühl, als hätte mir jemand einen schweren Schlag versetzt. Es war im Januar 1996, als ich während der vollständigen Lesung dieser zweibändigen Tagebücher von Klemperer in den Münchner Kammerspielen gerade diese zwei Sätze vom Podium her hörte, nach meiner Erinnerung gelesen von der Schauspielerin Annika Pages. Der Werkraum der Kammerspiele war bis auf den letzten Platz gefüllt, dicht gedrängt saßen die Zuhörer auf den engen Stühlen, wer dort keinen Platz fand, verfolgte die Lesung im Stehen oder irgendwo dazwischen auf dem Boden kauernd. Unvergessen ist mir auch die hohe Konzentration sowohl der vortragenden Schauspieler als auch des Publikums, mit der Vergangenheit nicht als bloße Geschichte, sondern als minutiöses Protokoll der Verfolgung und Menschenverachtung durch die Nazis wahrgenommen wurde. Jeder im Raum spürte dies.

„Litzmannstadt" als Synonym für Rassenhass also auch hier!

Drei dunkle Punkte

5,8 x 8,8 cm ist das Maß eines Fotos aus dem Familienalbum, ein Foto, das meinen Vater im Herbst 1943 im Garten unserer Villa in Lodz in der Uniform der Waffen-SS zeigt. Leicht breitbeinig steht er da, auf dem Rasen, die Hände auf dem Rücken, mit Blick ins Sonnenlicht, Stirnfalten und leicht zusammengekniffene Augen. Der Schatten seiner Figur auf dem Rasen lässt das Sonnenlicht erkennen. Seine Kopfbedeckung, keine Schirmmütze, sondern ein „Schiffchen", entspricht der einfachen „Arbeitsuniform" eines Angehörigen der Waffen-SS. Zwei Embleme auf seiner

Kopfbedeckung weisen in die richtige Richtung: der Reichsadler und darunter ein anderes Gebilde, bei dem ich nur mit der Lupe drei dunkle Punkte in einer hellen, merkwürdig geformten Masse erkennen kann. Natürlich, es sind dies die beiden Augenhöhlen und die Nasenhöhle des SS-Totenkopfes, seitlich erkennbar die dahinter liegenden gekreuzten Knochen. Mein Vater unter dem SS-Totenkopf, eine schauerliche und bedrückende Wahrnehmung dessen, was ihm viel bedeutete. Als Oberbürgermeister und Chef einer großen Verwaltung sowie in seiner Funktion als Gauamtsleiter und „Reichsredner" trug mein Vater sehr häufig seine braune Parteiuniform, ein Bild, das sich mir seit einigen Jahren unauslöschlich eingeprägt hat. Ein uniformierter Oberbürgermeister ist mir in höchstem Maße fremd und erzeugt ein heftiges Unbehagen. Und doch erkenne ich auf vielen Fotos hinter dieser „Fassade", die in Wirklichkeit nie eine war, meinen Vater, den ich nur in normaler Zivilkleidung erlebt habe. Das Tragen einer Uniform bei vielen Gelegenheiten war für meinen Vater ein selbstverständliches Zeichen seiner nationalsozialistischen Gesinnung und Zugehörigkeit als Funktionsträger zum Machtapparat der „Herrenmenschen".

Der kleine Junge im Ghetto

Mainz, Oktober 2004, ein kleines Café in der Nähe des Hauptbahnhofs. Mir gegenüber sitzt eine ältere Dame, Tochter eines ehemaligen Beamten der Stadtverwaltung Litzmannstadt (Lodz). Unsere Väter, die sich seit ihrer gemeinsamen Zeit in Lodz nie aus den Augen verloren und auch nach 1945 regen Kontakt pflegten, gaben genug Gesprächsstoff. Langsam tasteten wir uns immer mehr an das heran, was uns beide am meisten beschäftigte. Es war das Schicksal der Juden im Ghetto. Bald schon konnte ich gezielte Fragen nach der Wahrnehmung des Ghettos durch die in der Stadt lebenden Deutschen stellen. Mich interessierte, was und wie die Deutschen, die „Reichsdeutschen" und die „Volksdeutschen" das Ghetto, das Leiden der Juden wahrgenommen hatten. Anders als in Warschau war das Ghetto in Lodz nicht von einer hohen Mauer, sondern von einem mit Stacheldraht eingefassten Bretterzaun umgeben und von außen einsehbar. Polizeieinheiten bewachten rund um die Uhr die Ghettogrenze.

Ich wollte jetzt mehr von der „anderen" Seite, von der Seite der „deutschen" Stadt wissen. Bereitwillig gab mir mein Gegenüber Auskunft und erzählte von einem kleinen Jungen jenseits des Stacheldrahtes, den meine Gesprächspartnerin immer wieder etwa an gleicher Stelle gesehen hatte, während sie als Schülerin in BDM-Uniform die Straßenbahn benutzte, die mitten durch das Ghetto führte.

> „Noch heute habe ich ganz deutlich ein Bild im Kopf: ein 9- bis 11-jähriger, gut gekleideter Junge lief immer mit riesigen Schritten und den Händen auf dem Rücken schnell am Zaun entlang. Von Mal zu Mal waren seine Kleider zerrissener, schmutziger, der Judenstern hing an seinem Mantel. Die Menschen im Ghetto wurden geschlagen, ich konnte meiner Mutter

Abbildung 9: Mein Vater in der Uniform der Waffen-SS, 1943 (vermutlich im Garten der von uns bewohnten Villa Ostpreußenstraße 15, heute Bednarska 15)

alles erzählen. Und auf einmal war das Ghetto leer. Nur der Junge lief noch herum. Plötzlich war auch er verschwunden. Ich fuhr mit der Straßenbahn, immer in Dienstkleidung auf dem Perron, weil ich das Ghetto von dort besser sehen konnte. Es fuhren SS-Wachleute mit, doch sie beachteten mich nicht, da ich ihnen nur bis zur Brust reichte und sie nicht bemerkten, wohin ich meinen Blick richtete."

Das alles nahm sie im Alter zwischen elf und vierzehn Jahren wahr und es lässt ihr bis heute keine Ruhe.

Die Fenster der Straßenbahnwaggons hatten die Deutschen mit heller Farbe bestrichen, gerade so, dass das Licht noch genügend ins Innere drang, aber die Fahrgäste keinen Blick auf die Realität des Ghettos werfen konnten.

Ende August 2009 überreichte mir Marian Turski in Lodz eine DVD eines polnischen Dokumentarfilmes über das Ghetto Litzmannstadt.[212] Zwei Tage später sahen wir diesen Film im polnischen TV-Programm in unserem Hotelzimmer in Warschau. Seit dieser Zeit habe ich ihn immer wieder angesehen, die Bilder werden mich nie loslassen. Einige Sequenzen des Films lasse ich regelmäßig vor uns zurücklaufen: Gezeigt werden Szenen jenseits des Ghettozaunes, Szenen in der „deutschen" Stadt Litzmannstadt. Da sehen wir gut gekleidete Menschen nicht weit vom Ghetto in einem Park flanieren, Kinder tollen herum, Hunde jagen zwischen fröhlichen Menschen, man genießt wie in einem süddeutschen Biergarten einen schönen Sommertag. Oder die Kamera schwenkt in eine Schulklasse, die gerade Musikunterricht erhält. Alles sehr friedlich, bürgerlich und eine heitere

Stimmung verbreitend. Ein Konzert in einem der Palais der Stadt wird gezeigt, auch in der großen Sporthalle scheinen sich die Menschen dem musikalischen Genuss eines deutschen Orchesters hinzugeben, in der ersten Reihe meine ich den Regierungspräsidenten Uebelhoer zu erkennen. Die Wahrscheinlichkeit der Anwesenheit meines Vaters ist gegeben, doch nicht genau auszumachen. Szenen einer „Normalität" in einer Stadt, die von einer Parallelität geprägt ist, wie kaum in einer anderen Stadt zu dieser Zeit.

Radogoszcz/Radegast

Januar 2009. Es ist ein kalter, trockener Wintertag, unter meinen Schuhen knirscht der Schnee auf dem zu dieser Jahreszeit wenig benutzten Weg. Drüben in den hohen Bäumen jagen sich mit lautem Geschrei ein paar große schwarze Krähen. Doch sie erlahmen nach wenigen Augenblicken in ihren Bewegungsabläufen und setzen sich dicht nebeneinander auf einen großen, wie abgestorben wirkenden Ast mit Blickrichtung auf meinen Aufenthaltsort. So, als wüssten sie, warum ich hierher gekommen bin, und wollten nun ihre Neugier stillen. Ich habe den Mantelkragen hochgeschlagen, ein kalter, aber mir nicht unangenehmer Wind aus östlicher Richtung lässt meinen Atem sofort rücklings verschwinden. Ich schaue über weite Flächen, in der winterlichen Kahlheit nicht zu orten als Brachland, kultivierter Nutzboden oder bestimmt für spätere gewerbliche Aktivitäten, hinüber zu einer breiteren Ausfallstraße, auf der der starke Verkehr unablässig in die Stadt und aus ihr heraus in nördliche Richtung rollt. Ich folge mit langsamen Schritten dem schmalen Weg, die verhaltene Geräuschkulisse des Straßenverkehrs wird schwächer und nur noch marginal wahrnehmbar. Oder ist es etwas anderes, was meine Sinneswahrnehmung allein auf die Unmittelbarkeit dieses Ortes konzentriert?

Jetzt tauchen sie in aller Deutlichkeit vor mir auf: zwei rostbraune Viehwaggons unverkennbar beschriftet mit „Deutsche Reichsbahn". Ein paar Schritt noch, die winzigen, schmalen und mit Stacheldraht gesicherten Öffnungen der Waggons lassen mir keine Wahl zum Entweichen, zur Flucht. Wie viele Leiber, nicht wie viel Stück Vieh, sondern Menschenleiber, aufrecht, dicht an dicht gedrängt, konnten diese Waggons transportieren? Mit dieser Frage beschäftigten sich in mörderischer Absicht die Strategen der Auslöschung des europäischen Judentums auch an dieser eingleisigen Bahnstrecke im Norden der polnischen Stadt Lodz. Die verbrecherische Logistik der Nazis fand genügend Handlungsräume.

Am 24. September 1941 schrieb mein Vater in seinem bereits zitierten Bericht an den Regierungspräsidenten Uebelhoer:

> [...] "Dieser Bahnhof *(Radegast, JJV)* ist mit einem eingleisigen Anschlussgleis ohne Rangiermöglichkeit ausgestattet, der Schienenstrang fasst maximal 40 Waggons, diese sind einseitig zu entladen, weil unmittelbar hinter dem Gleis eine Stacheldrahtgrenze gezogen ist. In den verflossenen Monaten hat die Gettoverwaltung mit der Reichsbahndirektion ständig Diffe-

renzen gehabt, weil mehr als 40 Waggons pro Tag eingingen und infolgedessen bahnstehend waren.[…]"[213]

Bereits wenige Monate später begannen von hier die ersten Transporte der ins Ghetto deportierten Sinti und Roma zur Todesstätte Kulmhof (Chełmno) und kurz darauf die der Juden aus dem Ghetto.

Als ich mich langsam in Richtung des wieder aufgebauten Barackengebäudes mit dem Stationsnamen „Radegast" und zu den heutigen Gedenkorten des Areals bewege, dabei mehrfach die großen, im Schnee gut sichtbaren Spuren von Krähenfüßen quere, spüre ich ein stärker werdendes Frösteln. Die Kälte des Ortes kriecht unter meine Kleidung, dort bleibt sie eine lange Zeit.

Ein paar Monate später, Ende August 2009, stand ich in Begleitung meiner Frau Katharina ein zweites Mal an diesem Ort, dieser letzten Station vor dem Tod zehntausender Menschen. Es waren die offiziellen Gedenkveranstaltungen zum 65. Jahrestag der Liquidierung des Ghettos im August und September 1944. Die Deportationszüge führten direkt zu den Gaskammern von Auschwitz. Auf persönliche Einladung des Stadtpräsidenten Dr. Jerzy Kropiwnicki und des Vorsitzenden der Jüdischen Gemeinde in Lodz, Symcha Keller, waren Katharina und ich Gäste des mehrtägigen Gedenkens in meiner Geburtsstadt. Wir sind nach Lodz gereist, Bilder haben sich unauslöschlich eingeprägt, nichts geht verloren. Das abschließende Galakonzert im Großen Theater erschien uns so etwas wie ein Substrat der vergangenen Tage voller innerer Aufgewühltheit und gleichzeitig ein hoffnungsvoller Ausblick in die Zukunft zu sein. Der berühmte polnische Komponist und Dirigent Krzysztof Penderecki dirigierte zwei seiner Werke: „Seven Gates of Jerusalem" und als Uraufführung „Kaddish. To all Lodz Abrameks who desired to live and to the Poles who saved the Jews".

Nach einer langen Reise war ich in der Stadt meiner Geburt angekommen. Eine über Jahrzehnte vorhandene Sehnsucht hatte sich an diesem Abend inmitten eines internationalen Publikums in der „Stadt der vier Kulturen" erfüllt. Das spürte Katharina, als ich ihre Hand fester umschloss und wir gemeinsam das Theater über die große Freitreppe auf den belebten Vorplatz verließen.

Hamburger Kunsthalle

Nur wenige Schritte sind es aus den Hallen des Hamburger Hauptbahnhofs hinüber zur Kunsthalle, deren verschachtelte Architektur mit dem backsteinernen Kuppelbau auf einer Anhöhe am Glockengießerwall den Weg zur Binnenalster markiert. Eine für den Reisenden willkommene Gelegenheit, einen kurzen Aufenthalt in der Hansestadt mit der unmittelbaren Nähe zur Kunst angenehm zu verbinden. Für einen Tag war ich zu einer wichtigen Besprechung bei der Körber-Stiftung nach Hamburg gereist, meine Zeit in der Stadt war begrenzt, das Angebot der Kunsthalle bot sich als ideale Alternative zur geschäftigen Unruhe der City an. Ich freute mich, Bilder von Adolf Menzel, Caspar David Friedrich, vor allem aber von Max Liebermann und Lovis Corinth zu sehen. Ich betrat die Eingangshalle, orientierte mich und erblickte auf einer Hinweistafel zu den einzelnen Räumen auch den Wegweiser zum „Großen Saal". Wieder wurde ich abrupt aus der Gegenwart gerissen und landete im Jahr 1943. Es war Mittwoch, der 24. Februar, angekündigt wurde für 17.30 Uhr „Vortrag von Oberbürgermeister Ventzki vor den Amtsträgern des VDA *(Volksbund für das Deutschtum im Ausland, JJV)* im großen Saal der Kunsthalle. Hieran anschließend im kleineren Kreis kameradschaftliches Beisammensein. Die Durchführung dieses Programmpunktes obliegt dem VDA." So lese ich es im dienstlichen Tagebuch des Hamburger Bürgermeisters Carl Vincent Krogmann unter der Überschrift „Besuch des Oberbürgermeisters von Litzmannstadt, Ventzki, in Hamburg vom 24. bis 28. Februar 1943".[214]

Während ich mich langsam durch die Galerieräume der Kunsthalle bewegte und versuchte, konzentriert die Werke der Künstler zu betrachten, was mir nicht gelang, glaubte ich die mir so vertraute Stimme meines Vaters zu hören, wie er im großen Saal dieses Gebäudes vor Funktionären des Volksbundes über seine Erfahrungen in Litzmannstadt/Lodz sprach, dem Deutschtum im annektierten Westpolen zu einer festen Größe zu verhelfen.

Fast fünf Tage war mein Vater Gast seines Hamburger Amtskollegen Krogmann. Mit seiner Begleitung wurde der Litzmannstädter Oberbürgermeister im bereits damals ersten Haus am Platze, dem exklusiven Hotel „Atlantic", einquartiert, ein umfangreiches Besichtigungs- und Gesprächsprogramm galt es zu absolvieren. Das Protokoll verzeichnet neben der Veranstaltung in der Kunsthalle u.a. einen Besuch im Rathaus, eine Hafenrundfahrt mit Bürgermeister Krogmann, Ratsherr Peperkorn, Gauwirtschaftsberater Dr. Wolff, Besichtigungen der Zigarettenfabrik Reemtsma, des Instituts für Schiffs- und Tropen-Krankheiten und ein Zusammensein mit dem Reichsstatthalter und SS-Obergruppenführer Karl Kaufmann.[215]

„Kennen Sie das Plakat?"

Nur mühsam konnten wir uns einen Weg bahnen durch die Tischreihen des dicht besetzten Straßencafés „Europe" am Wiener Stephansplatz, unserem bevorzugten Treffpunkt. Es war ein heißer Sommertag, die Menschen genossen es, ihren Nachmittagskaffe unter großen, schützenden Sonnenschirmen zu sich zu nehmen und ihre Urlaubserlebnisse auszutauschen. Ein gleich bleibendes Stimmengewirr, unterbrochen von lautem Lachen, signalisierte eine überwiegende Unbeschwertheit in dieser Gegenwart. Wir fanden einen kleinen Ecktisch und bestellten Eiskaffee.

„Kennen Sie das Plakat?", fragte, mich Leon Zelman. Ich verstand nicht sofort, was er meinte, worauf er hinaus wollte. Als er dann aber „die Rede Rumkowskis" erwähnte, bedurfte es keines weiteren Hinweises.

„Das Getto ist von einem schweren Schmerz getroffen. Man verlangt von ihm das Beste, was es besitzt – Kinder und alte Menschen. [...] Niemals habe ich mir vorgestellt, dass meine eigenen Hände das Opfer zum Altar bringen müssten. Nun, im Alter muss ich meine Hände ausstrecken und betteln: Brüder und Schwestern, gebt sie mir! Väter und Mütter, gebt mir eure Kinder! [...] Wie ein Räuber bin ich gekommen, um euch das Beste aus euren Herzen herauszureißen! [...] Heute habe ich die Registrierung aller neunjährigen Kinder angeordnet. Wenigstens die neun- bis zehnjährigen Kinder wollte ich retten. [...] Wir haben im Getto zahlreiche Tuberkulose-Kranke, deren Leben nach Tagen, vielleicht nach Wochen zählt. Ich weiß nicht, vielleicht ist es teuflisch, vielleicht nicht. Doch kann ich mich nicht dazu bringen, es nicht auszusprechen: ‚Gebt mir eure Kranken, und an ihrer Stelle wird man Gesunde retten können.' [...] Ich verstehe euch, Mütter, und sehe wohl eure Tränen. Ich fühle auch die Herzen der Väter, die ihr morgen früh, nachdem man euch eure Kinder weggenommen hat, zur Arbeit gehen müsst. [...] Man verlangte von mir 24 000 Kinder, dreitausend innerhalb von je acht Tagen. Doch gelang es mir, die Zahl auf 20 000 zu drücken, vielleicht weniger als 20 000, allerdings unter der Bedingung, dass es Kinder bis 10 Jahre sind. Kinder über 10 Jahre sind sicher. Da die Kinder zusammen mit den Alten nur eine Zahl von ca. 13 000 ergeben, wird man die Menge erreichen müssen mit Kranken. [...] Vor euch steht ein vernichteter Jude. Beneidet mich nicht. Es ist dies die schwerste Anordnung, die ich je ausführen musste. Ich strecke meine zerschlagenen, zitternden Hände zu euch und bettele: ‚Legt eure Opfer in meine Hände, damit ich weitere Opfer verhindern kann, damit ich eine Gruppe von 100 000 Juden retten kann.'"[216]

Diese Rede des „Ältesten der Juden", Mordechai Chaim Rumkowski, gehört zu den Dokumenten, vor deren Grausamkeit niemand reglos bleiben kann. Der Ruf „Gebt mir eure Kinder", zeigt in aller Deutlichkeit die absolute Skrupellosigkeit der deutschen Täter, auf deren Befehl Rumkowski handelte.
Ende August 1942 verfügte das Reichssicherheitshauptamt die Deportation aller Ghettobewohner unter zehn und über 65 Jahren sowie aller Kranken und Menschen ohne Arbeit ins Vernichtungslager Kulmhof (Chełmno). Am 1. und 2. September räumte die Gestapo die Krankenhäuser. Um fünf Uhr morgens begann diese „Aktion", die Kranken wurden aus ihren Betten gerissen und zu den bereitstehenden LKW gebracht. Immer wieder wird von der Grausamkeit der Deutschen berichtet: Kinder wurden direkt aus den Fenstern auf die Wagen geworfen, viele Kleinkinder brachen sich das Genick. Dieser „Aussiedlungsaktion" fielen 15.685 Menschen zum Opfer, die Deutschen hatten ursprünglich 20.000 gefordert.
Am 3. September tauchten erste Gerücht auf, nach denen die Deutschen die Deportationen aller Kinder bis zum Alter von zehn Jahren planten. Verzweifelt versuchten viele Eltern durch neue Arbeitsbescheinigungen und weitere Dokumente ein höheres Alter ihrer Kinder nachzuweisen, um sie vor dem Transport in den Tod zu retten. Einen Tag später bestätigte sich diese Befürchtung. Vor etwa

1.500 Menschen hielt Mordechai Chaim Rumkowski, auf dem Platz an der Feuerwache im Ghetto seine todbringende Rede.

Am 5. September verhängte Rumkowski eine „Allgemeine Gehsperre", alle Ghettobewohner mussten sich in ihren Häusern aufhalten. Die jüdischen Ordnungsdienstmänner begannen die Razzia und holten die Opfer aus ihren Wohnungen. Rumkowski hatte stets argumentiert, es sei besser, wenn diese Aufgabe von Juden selbst übernommen würde, da die Deutschen mit großer Brutalität vorgingen. Doch viele der jüdischen Polizisten waren überfordert, etliche erlitten Nervenzusammenbrüche, sogar Selbstmorde gab es. Die Nazis waren „unzufrieden", schließlich übernahmen Hans Biebow und die Gestapo die Razzien.

„Mütter mussten eigenhändig ihre Kinder übergeben, Gestapoleute erschossen Mütter vor den Augen ihrer Kinder und Kinder vor den Augen ihrer Mütter."[217]

An zentralen Plätzen des Ghettos hatte Rumkowski die Bekanntmachung Nr. 391 „Allgemeine Gehsperre im Getto" aushängen lassen. Leon Zelman war 14 Jahre alt, als er im Ghetto diese Bekanntmachung las. Ein Plakat mit der Wiedergabe der Rede vom „Ältesten der Juden" war mir nicht bekannt, sondern nur die Bekanntmachung zur „Gehsperre", die in der Literatur mehrfach abgedruckt ist und deren Original sich heute im Staatsarchiv in Lodz befindet.

Als hätte Leon Zelman die Rede von Rumkowski auswendig gelernt, zitierte er für mich ganze Passagen dieses den Tod ankündigenden Textes, während von den Nebentischen an diesem Wiener Nachmittag die Leichtigkeit des Sommers zu uns hinüberschwappte.

Friedmann Jehoschua Hirsch, geboren 1930 in Lodz, berichtet als Jugendlicher am 12. Juli 1945 in einem Bukarester Flüchtlingslager von seinen Erinnerungen, die noch nicht lange zurücklagen:

> „Im Jahre 1942 kam es zur Aussiedlung der Kinder. Gruppen von 5–6 deutschen Soldaten kamen in einzelne Häuser, gaben im Hofraum einen Schuss ab zwecks Alarmierung der Einwohner, und schrien, dass sämtliche Einwohner sich samt den Kindern im Hof versammeln. Als dies geschehen war, stellte sich der Rangälteste der Deutschen in die Mitte des Hofes auf und zeigte mit dem Finger, dass die Kinder auf die eine, und die Eltern auf die andere Seite des Hofes zu treten haben. Die Eltern durften nicht weinen. Es kam vor, dass in der Judenstrasse eine Frau, welcher ein Kind weggenommen wurde, ohnmächtig wurde und zu Boden fiel. Ein deutscher Soldat schoss ihr eine Kugel in den Kopf und nahm das Kind weg. Dies jagte den Leuten so einen Schreck ein, dass sie die Kinder gutwillig hingaben und nicht einmal weinten. Ich habe das selbst im Hof des Hauses, wo wir gewohnt hatten, gesehen […]."[218]

Unterdessen saß mein Vater in seinem Arbeitszimmer im Palais Heinzl und widmete sich seiner wichtigsten Aufgabe als Oberbürgermeister, der „Eindeutschung" seiner Stadt. Auch diese Mordaktion in ihrem ganzen Ausmaß fand nicht in Unkenntnis des Oberbürgermeisters und seiner Ghettoverwaltung statt.

Anton Bruckner/Eugen Jochum

Nur wenige Kilometer trennen uns noch vom ersten Ziel einer Reise ins oberösterreichische Mühlviertel, wo wir neben den landschaftlichen Schönheiten die viel besuchte Pfarrkirche von Kefermarkt mit dem um 1490 entstandenen spätgotischen, Schnitzaltar aus nächster Nähe betrachten wollen. Doch zunächst, noch vor der Überquerung der Donau bei Linz, ragen plötzlich nach der kurvenreichen Überwindung einer dicht bewaldeten Bergkuppe die beiden Türme des berühmten Stifts St. Florian als ein alles bestimmendes Merkmal dieser Gegend vor uns auf. Hier in dieser trotz der Nähe zur Großstadt spürbaren ländlichen Abgeschiedenheit, in der man sich nicht der zurecht dominierenden Architektur der gesamten Stiftsanlage entziehen kann, befand sich eine Hauptwirkungsstätte Anton Bruckners, dessen symphonisches Werk immer wieder Orchester und Dirigenten als besondere Herausforderung zur Interpretation animiert hat. Meine erste Begegnungen mit diesem österreichischen Komponisten gehen auf Konzertabende Ende der 1960er Jahre unter der Leitung von Eugen Jochum zurück, dessen süddeutsche Ausstrahlung für eine erkennbare Übereinstimmung zwischen ihm und den Werken Anton Bruckners sorgte, was sich in meiner Erinnerung stark eingeprägt hat. Damals ahnte ich nicht, dass ich diesem oft bewunderten Dirigenten, der 1948 das Sinfonieorchester des Bayerischen Rundfunks gründete und dessen langjähriger Chef er war, auf einem anderen Weg viele Jahre später begegnen würde.

Ich kehre zurück in die Bibliothek des Hauses der Wannsee Konferenz in Berlin, in der im Januar 1942 die berüchtigte Konferenz unter Reinhard Heydrichs Leitung zur Organisation der endgültigen Vernichtung der europäischen Juden stattfand. Wieder sitze ich vor dem Bildschirm, um die Jahrgänge 1941 bis Ende 1943 der auf Mikrofilm archivierten „Litzmannstädter Zeitung" anzuschauen. Jeder Tag der für mich besonders interessanten Lokalseite der damaligen Tageszeitung erscheint vor meinen Augen. Die Filmrolle hat den Zeitraum Anfang Mai 1943 erreicht, der 6., 7. Mai tauchen auf, jetzt Sonnabend, der 8. Mai: „Jochum dirigiert unser Sinfonie-Orchester. Der berühmte Hamburger Dirigent leitet das Sonderkonzert in der Sporthalle", lese ich in der Überschrift der ausführlichen Konzertankündigung. Ein paar Tage später, am 11. Mai, berichtet die Zeitung euphorisch vom „Sinfoniekonzert unter Eugen Jochum. Glanzvolles Sonderkonzert im Rahmen des Patenschaftswerkes Hamburg – Litzmannstadt". Der Tag des Konzertes, der 8. Mai, war der 2. Jahrestag der Amtseinführung meines Vaters als Oberbürgermeister. Zufall oder Absicht? Schon einmal stellte sich mir diese Frage.

> „So konnte der Hamburger Gast einen großen künstlerischen Erfolg für sich buchen. Darüber hinaus erfüllt er, wie Oberbürgermeister Ventzki, auf dessen Einladung Generalmusikdirektor Jochum nach Litzmannstadt gekommen ist, bei der Begrüßung des Gastes ausführte, eine wichtige kulturpolitische Aufgabe. Denn durch Veranstaltungen dieser Art, die für uns Höhepunkte seelischen Erlebens bedeuten, wird den Menschen dieses Raumes immer wieder sein Bestes bewusst, wachsen die Kräfte der Abwehr

in einer teilweise noch fremden Umwelt, werden noch Kräfte, die wir für die Eindeutschung dieser Stadt einsetzen müssen, lebendig [...]."

So schrieb der Korrespondent der „Litzmannstädter Zeitung" und zitierte damit meinen Vater. Zur Aufführung kamen von Carl-Maria Weber die Ouvertüre zum „Freischütz", die „Unvollendete" von Franz Schubert und Beethovens 7. Sinfonie.[219]

Auch im Ghetto gab es Konzerte. Lucille Eichengreen, mit damaligem Namen Cecilie Landau, wurde im Alter von sechzehn Jahren mit ihrer Mutter und ihrer jüngeren Schwester von Hamburg ins Ghetto Litzmannstadt deportiert. In ihren Erinnerungen berichtet sie von einem Kammerkonzert in einer Wohnung des Ghettos, zu dem ihr Freund Szaja Spiegel sie eingeladen hatte und das in ihr noch einmal die Gefühle des Glücks hervorrief, die sie 1938 bei einem Konzertbesuch mit ihren Eltern in Hamburg erfuhr.[220] Die Parallelität zweier Welten, deren Existenz nicht unterschiedlicher sein könnte, in unmittelbarer Nachbarschaft: Sie lassen sich nicht zusammenfügen.

Dem bereits erwähnten Programm des Hamburg-Besuchs meines Vaters im Februar 1943 entnehme ich, dass für Sonnabend, den 27. Februar, 17 Uhr ein Besuch der Hamburgischen Staatsoper angesetzt war. Auf dem Spielplan stand „Elektra" von Richard Strauß unter der musikalischen Leitung von „Staatskapellmeister"[221] Hans Schmidt-Isserstedt. Vermutlich an diesem Abend fand die persönliche Begegnung zwischen dem Generalmusikdirektor des Philharmonischen Staatsorchesters und der Oper in Hamburg, Eugen Jochum und meinem Vater, statt, der ihn spontan zu einem Gastkonzert nach Litzmannstadt/Lodz einlud. Denn nur knapp drei Monate später erschien Eugen Jochum tatsächlich auf dem Podium der großen Sporthalle in Litzmannstadt, um das dortige städtische Symphonie-Orchester zu leiten. Auch Eugen Jochum, der wie die Dirigenten Karl Böhm, Hans Knappertsbusch, Herbert von Karajan u.a. der NSDAP eng verbunden waren,[222] wurde auf der *Gottbegnadeten-Liste* (Führerliste) der wichtigsten Dirigenten des NS-Staates geführt und von Hitler 1936 mit dem Titel „Staatskapellmeister" geehrt.[223] Wusste Eugen Jochum, in welche Stadt er bei seiner Reise nach Litzmannstadt kam? Die Existenz des Ghettos konnte ihm nicht unbekannt sein.

Hamburg und Litzmannstadt/Lodz pflegten einen intensiven Kontakt, dessen Grundlage eine Städtepartnerschaft der beiden Großstädte bildete, die maßgeblich vom Volksbund für das Deutschtum im Ausland (VDA) initiiert worden war. Es galt den Aufbau im „neuen deutschen Osten" mit Kräften zu unterstützen. Dazu schickte die Hansestadt nicht nur zwanzig „Schulhelferinnen"(angehende Lehrerinnen) und zwanzig Kindergärtnerinnen in die Industriestadt im Warthegau, sondern auch großzügige Bücherspenden und Sportgeräte.

Der Hauptschriftleiter der „Litzmannstädter Zeitung", Dr. Kurt Pfeiffer, fasste kurz zusammen:

„Als Oberbürgermeister Ventzki in der ersten großen Kundgebung des Volksbundes für das Deutschtum im Ausland in der Kunsthalle einen dringenden Appell an die Hamburger Volksgenossen richtete, das Land, das deutsche Soldaten mit dem Schwert erobert haben, mit dem Pfluge in Besitz zu nehmen und zu halten, als er die Forderung aufstellte: „Schickt uns die Besten, die ihr habt", da nahm Ratsherr Peperkorn als Gauamtsleiter und Gauverbandsleiter des VDA diese Forderung kompromisslos auf und sprach von der Besessenheit der Hamburger Jugend in allen Berufen und Ständen für die Aufgaben des deutschen Ostens: „Wir werden bestes Hanseatenblut nach dem Osten und nach Litzmannstadt schicken. Die Hamburger Menschen, die wir nach Litzmannstadt senden, werden sich mit hanseatischer Sturheit in die Aufgaben des Ostens verbeißen, in denen wir Hamburger Kaufleute schon heimisch geworden sind."[224]

In umgekehrter Richtung wurden ausgebombten Familien in Hamburg und Bremen aus den Betten der in Chełmno ermordeten Juden Federn in großen Mengen zur Verfügung gestellt.

Im Oktober 1941 wurden 1.034 Hamburger Juden in das Ghetto Litzmannstadt/Lodz deportiert. Lucille Eichengreen, die dem Grauen der Nazi-Herrschaft entkommen konnte und heute in Kalifornien lebt, war unter ihnen.

Sie ist nicht nur eine scharfe Beobachterin der bundesrepublikanischen und europäischen Verhältnisse und Entwicklungen, sondern auch eine kritische Stimme, was den Umgang mit der Shoah vor allem an deutschen Schulen betrifft. In mehreren E-Mails berichtete sie mir über ihre Erfahrungen bei Begegnungen mit Jugendlichen in Deutschland, die für sie schwieriger waren als solche in den Vereinigten Staaten. Was Lucille Eichengreen aus dem Ghetto Lodz, aus Auschwitz und Bergen-Belsen zu berichten nicht müde wird, lässt den Zuhörer merklich verstummen, bevor er in der Lage ist, Fragen zu stellen. Wie offen Lucille Eichengreen Dinge thematisieren und ins Bewusstsein zu rücken vermag, geht aus einer E-Mail-Nachricht vom November 2003 hervor: Sie sei überzeugt, dass mein Vater eine gute Pension beziehe, um bis an sein Lebensende komfortabel leben zu können, schrieb sie mir mit Verweis auf die als oft entwürdigend empfundenen Entschädigungsleistungen aus Deutschland für die Opfer des Nazi-Terrors.

Die SS als ideologische und spirituelle Steigerung

Es ist ein langer Prozess, der Jahre dauern kann, der Geduld und eine gewisse Ausdauer im Suchen, im Aufspüren und beim Zusammensetzen des Puzzles bedarf, dessen endgültige Form ja erst dann erreicht wird, wenn alles tatsächlich zusammenpasst.

Mehrere Jahre bestand für mich Unklarheit, in welchem Ausmaß mein Vater mit der SS, der „Schutzstaffel", verwoben war. Doch ganz allmählich lichtete sich der Nebel der Geschichte und ich konnte meine private Archäologie weiterführen, um meinen Wissensdurst zu stillen. Anlässlich einer Familienfeier vor vielen Jahren, nach dem Tod meiner Mutter, gab sich mein Vater nicht ohne Stolz als damaliger Angehöriger der Waffen-SS zu erkennen. Ich erinnere mich, dass im Familienkreis bei dieser Bemerkung eisiges Schweigen herrschte, vielleicht wollte mein Vater jetzt ein wenig erzählen, „auspacken", doch er spürte wohl, dass ihm keiner wirklich zuhören wollte. Dass mein Vater nicht irgendwie in den „Schwarzen Orden" hineingeschlittert war, sondern sich um die Aufnahme mit voller Überzeugung beworben hatte, erfuhr ich erst vor einiger Zeit durch Dokumente aus den Archiven. Da es mit meinem Vater nie wirkliche Gespräche im Sinne eines Dialogs mit Fragen und Antworten gab, blieben umso deutlicher seine markanten Bemerkungen in der Erinnerung, zu denen er sich ab und zu verleiten ließ. „Himmler hätte einen Narren an ihm gefressen", das war einmal eines seiner starken Worte, das uns in der großen Familienrunde sprachlos machte und jeden mit einem inneren Widerwillen in seinen Sessel drückte. Wie war das zu verstehen, was mein Vater uns da gerade entgegengeschleudert hatte? Was bedeuteten seine Worte konkret, welche Folgen ergaben sich daraus für ihn, letztlich für die Familie?

In einem Brief an den Litzmannstädter Regierungspräsidenten Friedrich Uebelhoer vom 4. Oktober 1941 kann sich Himmler aus Verärgerung über die ablehnende Haltung der kommunalen Verwaltung von Litzmannstadt über die weitere Zuweisung von Juden sowie Sinti und Roma in das Ghetto – dieses Mal aus dem Altreich einschließlich Österreichs – eine „Spitze" gegen meinen Vater nicht verkneifen. Er schreibt: „Zum Schluß möchte ich noch die Frage an Sie richten, wer Herr V e n t z k i *(Hervorhebung im Original, JJV)* ist, der den „ausgezeichneten" Bericht verfertigt hat. Alter Nationalsozialist scheint er nicht zu sein, denn sonst würde er nicht nur aus Bedenken bestehen, wenn ein Befehl im Interesse des Reiches vorliegt."[225]

Doch die spätere Aussage meines Vaters während unseres Familientreffens scheint den wirklichen Kern im Verhältnis der beiden Figuren Himmler und Ventzki getroffen zu haben, ohne eine Überbewertung, die zu einer Fehlinterpretation führen würde, vornehmen zu wollen. Schließlich war auch Heinrich Himmler ein gefragter „Parteiredner", überwiegend zur Zeit seiner Funktion als NSDAP-Geschäftsführer in Niederbayern und als Propagandaobmann Oberbayern-Schwaben. Von 1926 bis 1930 übernahm Himmler das Amt des stellvertretenden Propagandaleiters der NSDAP. Nicht erst in dieser Funktion klagte er über nicht genügend Parteiredner, dessen Bedeutung er für die Arbeit der Partei immer wieder besonders betonte.[226] Mit Sicherheit schätzte er deshalb auch die rhetorischen Fähigkeiten meines Vaters und seine Begeisterung für die Nazi-Ideologie, das selbstbewusste und kämpferische Auftreten des um sechs Jahre Jüngeren musste dem Reichsführer SS gefallen haben. Dass Himmler Werner Ventzki gekannt hat, wusste wer er ist und auf welchem Posten er sitzt, bedarf keines Zweifels. Nur wenige Monate vor Himmlers Schreiben hielt mein Vater vor dem RFSS während seines Besuchs vom 4. bis 6. Juni 1941 in Litzmannstadt einen Vortrag über die weitere Entwicklung im Sinne der „Eindeutschung" der Stadt. Gerade einen Monat war mein Vater als Oberbürgermeister im Amt. Er hatte sich auf diese Visite von Heinrich Himmler sicher gut vorbereitet. Zahlreiche Beispiele aus der überlieferten Korrespondenz von Heinrich Himmler zeugen von durchaus arroganten, ironischen und herrischen Formulierungen gegenüber den Empfängern seiner Briefe, vor allem dann, wenn Dinge sich nicht gleich so entwickelten, wie er es sich vorstellte.[227]

Im Frühjahr 1942 hatte mein Vater gegenüber SS-Verantwortlichen in Lodz durchblicken lassen, dass er persönlich an einer Aufnahme in die Schutzstaffel interessiert sei:

„Der Oberbürgermeister der Stadt Litzmannstadt, Oberbürgermeister Ventzki, hat gelegentlich einer Unterhaltung mir gegenüber durchblicken lassen, dass er persönlich, nachdem er nun nicht mehr im aktiven Dienst der Partei steht, an einer Aufnahme in die Schutzstaffel interessiert ist. Der Gauleiter hat ihm angeblich die Genehmigung dazu erteilt. Ich bitte Sie, dies zur Kenntnis zu nehmen und wenn von Ihrer Seite keine Bedenken bestehen, Ventzki gelegentlich zu sich zu bestellen, andernfalls mir aber Ihre Bedenken mitzuteilen",[228]

schrieb der Führer des SS-Abschnitts 43 Litzmannstadt, SS-Brigadeführer Richard Kurt Fiedler an seinen Vorgesetzten den Führer des SS-Oberabschnitts Warthe, SS-Obergruppenführer Wilhelm Koppe nach Posen. Es folgte ein pikanter Seitenhieb, der einerseits einen deutlichen Hinweis auf die damals in Lodz/Litzmannstadt herrschenden Rivalitäten gibt, andererseits meinen Vater im Licht eines starken Selbstbewusstseins erscheinen lässt:

„Ich persönlich stehe dem Antrag sehr kritisch gegenüber, da erstens V. mir anlässlich einer Gautagung in Posen auffiel, als er von Ihnen selbst eine empfindliche Zurechtweisung erfuhr, zweitens selbst wohl mehr durch sein Auftreten, Benehmen und Redetalent seine Umgebung gewinnt, als er wirklich Willens ist, in einem Sinne schöpferisch zu sein. Er richtet sich stark nach den Wünschen der Gauleitung und pendelt in seinen Ansichten zwischen den in Litzmannstadt vorhandenen Auffassungen und den aus Posen hin und her […]."

In den folgenden Wochen und Monaten erfolgten die vorgeschriebenen Prüfungen und Untersuchungen zur SS-Tauglichkeit und am 15. August 1942 unterschrieb er den „SS-Aufnahme-und Verpflichtungsschein."[229] Dass meine Mutter die Bemühungen meines Vaters zur Aufnahme in die SS unterstützte, ist höchstwahrscheinlich. Gegen ihren Willen hätte er sich sicher nicht zu diesem Schritt entschlossen. Es war Vorschrift, dass auch Unterlagen und ein Foto der Ehepartner beim „Sippenamt" des „Rasse- und Siedlungshauptamtes-SS" eingereicht werden mussten, wo eine Kartei sämtlicher SS-Familien geführt wurde. Meine Mutter wählte hierfür ein Foto, das sie vor der Terrassentür unserer Villa in Litzmannstadt zeigt. „Bild für die SS – in ganzer Größe Oktober 1942" hatte sie mit Bleistift auf die Rückseite des Fotos geschrieben. Gauleiter Greiser gab am 20. Oktober 1942 seine Zustimmung zur Aufnahme meines Vaters in die SS.[230] Zehn Monate später trug mein Vater die Uniform der Waffen-SS. Er hatte sich – so seine Bezeugungen – freiwillig zum Dienst mit der Waffe gemeldet. Es war Krieg und ihm fiel es immer schwerer, „als Chef einer großen Verwaltung jüngere Beamte und Mitarbeiter der Kommunalverwaltung freistellen zu müssen, ohne selbst im Fronteinsatz zu sein", so wie er sich uns gegenüber im Alter äußerte. Zweifel an seiner Darstellung hatte ich häufiger, doch ließen sich für solche Vermutungen zunächst keinerlei Hinweise finden. Bei der Einschätzung, ob tatsächlich eine freiwillige Entscheidung, verstärkt durch den allgemeinen Druck seiner Umgebung, oder eine Fremdbestimmung diesem Schritt zu Grunde lag, zeigen die Ergebnisse neuerer Forschung realistische Anhaltspunkte für einen unfreiwilligen Wechsel. Am 15. Oktober 1942 trafen sich im Rathaus der Stadt Vertreter des Reichsinnenministeriums und des Reichsfinanzministeriums mit meinem Vater, seinem Stellvertreter Dr. Marder und dem Leiter der Ghettoverwaltung, Biebow. Auf der Tagesordnung stand die Frage einer Besteuerung [sic!] für die im Ghetto zur Zwangsarbeit verurteilten Juden. Man einigte sich in relativ kurzer Zeit auf eine Besteuerungsregelung, bei der sowohl die Interessen des Reiches als auch die der Stadt berücksichtigt wurden. Doch bald kam es zum Eklat, Gauleiter Greiser fühlte sich völlig übergangen. Mein Vater geriet ins Visier des Mannes, dessen Günstling er bisher war:[231]

„Aus dem Bericht des Regierungspräsidenten erfahre ich von einer Besprechung des Herrn Oberbürgermeisters mit Vertretern des Reichsinnen- und Reichsfinanzministeriums, die am 15. Oktober ds. Jhrs. stattgefunden hat. Mit Verwunderung muss ich feststellen, dass die Vereinbarung über Art und Höhe der Steuer ohne mein Wissen und ohne meine Beteiligung getroffen wurde […]".[232]

Dieser Brief von Greiser vom 13. Dezember 1942 an meinen Vater zeigt deutlich die Verärgerung über das „eigenmächtige" Handeln des Oberbürgermeisters, der mit dieser Reaktion von Greiser wohl nicht gerechnet hatte. Die Position meines Vaters in Litzmannstadt war beschädigt, als Folge der Ereignisse wurde er im Sommer 1943 durch den Leiter der örtlichen Gestapostelle, Otto Bradfisch, als sein kommissarischer Kriegsvertreter im Amt abgelöst. „Auf dem Papier" blieb mein Vater bis zum Kriegsende Oberbürgermeister.[233]

Mein Vater ist also über sein Handeln während dieser völlig abstrusen und von der Sache her zynischen Diskussion über Steuerforderungen an die Insassen des Ghettos gestolpert ohne wirklichen Karrierebruch. Die deutschen Behörden in Berlin und Posen taten unter Ausblendung aller Realitäten so, als ob die Menschen im Ghetto, denen bereits fast alle Vermögenswerte geraubt worden waren, Teil eines normalen Verwaltungsvorganges wären. Es war fester Bestandteil deutscher „Argumentation", dass die jüdische Bevölkerung im Ghetto gewinnbringenden Handel treiben würde.

Michael Alberti weist in seiner Arbeit ausdrücklich auf diese Umkehrung der Kausalzusammenhänge hin: „Nicht die Deutschen tragen die Verantwortung für das Ghetto […], sondern die Juden führen im Ghetto ein „unnützes" Dasein auf Kosten des deutschen Volkes und stellen allein schon durch ihre Anwesenheit eine Belastung für den deutschen Staat und damit auch für den Steuerzahler dar."[234]
Für mich gibt es keinen Zweifel, dass mein Vater voll hinter dieser Aussage stand und davon überzeugt war, auch in diesem Sinne seine Aufgabe bestens zu meistern.

Die Dokumente liefern mir verlässliche Daten über den weiteren Weg meines Vaters innerhalb der Waffen-SS. Zunächst absolvierte mein Vater eine viermonatige Grundausbildung bei einem SS-Panzer-Grenadier-Bataillon in Warschau. Es folgte ein 3 ½ Monate dauernder Unterführerlehrgang an der Unterführerschule in Lauenburg, Pommern, und die anschließende Verwendung als Gruppenführer (?) bei der 3. SS- Panzer-Division „Totenkopf" und ab September 1944 ebenfalls als Gruppenführer (?) bei der Begleit-Kompanie der 12. SS-Panzer-Division „HJ" (siehe Anmerkung 228).

März 1944

Aus der „Litzmannstädter Zeitung":

„Stark ansteigende Geburtenziffern. [...] Während die Geburtenkurve außerordentlich in die Höhe schießt – es wirkt sich die jetzt erfolgte Befreiung vom polnischen Terror aus [sic!] –, fällt die Sterblichkeitskurve, und wir haben erfreulicherweise seit Mitte vorigen Jahres ununterbrochen einen ganz außergewöhnlich hohen Geburtenüberschuss und damit eine aktive Bevölkerungsbilanz. Damit ist bewiesen, dass die deutschen Menschen hier im Osten, insbesondere die deutsche Mutter, sich voll und ganz ihrer politischen Mission in diesem Raum bewusst sind."[235]

In den frühen Morgenstunden des 13. März 1944 erblickte während eines heftigen Schneetreibens in einer großen Villa in der damaligen Ostpreußenstraße 15 (heute: Bednarska 15) das vierte Kind des deutschen NS-Oberbürgermeisters Werner Ventzki das Licht der Welt, umsorgt von der Mutter, einer Kinderschwester, neugierig bestaunt und freudig begrüßt von den drei Geschwistern und kurze Zeit später vom stolzen Vater, der unmittelbar von seiner gerade erfolgten Musterung zum Einsatz bei einer Einheit der Waffen-SS zum Ort des familiären Glücks eilte. Alles war wohlgeordnet, die Familie gut auf den Neuankömmling vorbereitet und die weitere Versorgung und Betreuung des Säuglings bestens gesichert. Es war der Tag meiner Geburt in der „deutschen" Stadt Litzmannstadt und gleichzeitig der Sterbetag von 22 Menschen, die Hunger, Krankheiten, Zwangsarbeit und Demütigungen im Ghetto nicht überlebten.

Von einer ganz anderen, diametral gegensätzlichen Welt, drei Kilometer weiter in direkter Linie nach Norden, berichtet die jüdische Gettochronik:

„Tagesbericht vom Montag, den 13. März 1944 – Tageschronik Nr. 73
Das Wetter: 3 Grad, heftige Schneestürme
Sterbefälle: 22, Geburten: 3/2 w., 1m.
Festnahmen: Verschiedenes: 1, Diebstahl: 2
Bevölkerungsstand: 77.939
<u>Tagesnachrichten</u>

Das Getto steht nach wie vor im Zeichen der Aktion des Amtsleiters Biebow. Im Getto herrscht entsprechende Erregung. Während die am Samstag gemusterten Personen der Kolonialwaren-Abteilung, Wohnungsamt, Kartenstelle, Referat für Büroarbeiten, Küchenabteilung und Molkereiabteilung zur Arbeit in Radegast antreten, wird die Musterung im Getto selbst fortgesetzt... Man hofft, dass der Präses eine Möglichkeit haben wird, mit dem Amtsleiter in einer ruhigeren Stunde ein Abkommen zu treffen. Überhaupt erwartet man, dass die Aktion des Amtsleiters in kürzester Zeit wieder abflauen wird. Es besteht seitens des Amtsleiters das Projekt, dass die Reste der von ihm nahezu ganz zerschlagenen Abteilungen in einer Art administrativen Zentrale vereinigt werden sollen.

Approvisation

Am heutigen Tag erhielt das Getto an Gemüse lediglich 3650 kg Möhren, sonst nur Kohl und Margarine im Rahmen des Kontingents."

So lautet der offizielle Eintrag für diesen Vorfrühlingstag 1944 in der Ghetto-Chronik, die im Auftrag des „Ältesten der Juden" *(deutsche Bezeichnung, JJV)*, Mordechai Chaim Rumkowski, von Mitarbeitern der Statistischen Abteilung des Ghettos geführt wurde und ab Januar 1941 täglich die wichtigsten Ereignisse protokollierte. Schon die ersten beiden Sätze in der Rubrik „Tagesnachrichten" geben einen deutlichen Hinweis auf die sich ständig verstärkenden Ängste, aber auch Hoffnungen auf ein gutes Ende des Ghettolebens werden trotz schlimmster Erfahrungen immer wieder artikuliert. Seit den ersten als solche bekannt gewordenen „Aussiedlungen", deren Ziel das Gas im Vernichtungslager Kulmhof (Chełmno) war, hatte sich im Ghetto ein immer massiveres Misstrauen gegenüber Anforderungen von Arbeitskräften zu Einsätzen außerhalb des Ghettos aufgebaut. Im Ghetto gab es schon seit längerer Zeit Vermutungen, dass die deutsche Ghettoverwaltung aus den Händen der Stadtverwaltung in den Zuständigkeitsbereich der SS überführt werden sollte.[236] Eine solche Einschätzung gründete sich u.a. auch darauf, dass die Akquisitionen der Ghettoverwaltung für Neuaufträge der Produktion im Ghetto auf das Jahresende 1943 zur Auslieferung vorgesehen waren und daher befürchtet werden musste, dass bereits in den ersten Monaten des Jahres 1944 die gesamte Produktion im Ghetto-Areal beendet wäre.[237] Als nun Anfang Februar 1944 plötzlich erstmals nach einem knappen Jahr 1.500 junge Arbeitskräfte aus dem Ghetto von den Deutschen angefordert und wenig später im März über 1.600 jüdische Bewohner zur Zwangsarbeit zu den HASAG-Werken bei Tschenstochau verschleppt wurden, war die Situation von Panik gekennzeichnet. Anfang März wurden ebenso Juden zum Wiederaufbau des Vernichtungslagers Kulmhof (Chełmno) aus dem Ghetto deportiert, wobei ihnen der Zweck ihres auswärtigen „Arbeitseinsatzes" nicht bekannt war. Mit höchster Sensibilität registrierten die jüdischen Menschen alle Bewegungen, Veränderungen, Gerüchte und Andeutungen über ihr weiteres Schicksal. Anlass zu ihren schlimmsten Befürchtungen gab es in diesen Wochen fast täglich.

Es ist wieder diese Parallelität zweier Welten in den Grenzen einer Stadt, die mir wie von zwei Seismographen verstärkt, die Präsenz eines unüberwindlichen, abgründigen Widerspruchs verdeutlicht: hier neues Leben, dort Hunger, Ausbeutung, Vernichtung und präzise geplanter Mord, verantwortet von den gleichen Menschen.

„Die Ludwigsburger"

Nur wenige Minuten dauert die Fahrt mit der S-Bahn vom Stuttgarter Hauptbahnhof in die nahe Kreisstadt Ludwigsburg. Mit dem Namen der Stadt verbinde ich allerdings weniger die nach Mannheim zweitgrößte deutsche Barockanlage, das berühmte Ludwigsburger Schloss, sondern einen Begriff, der etwas mit der Biographie meines Vaters zu tun hat. Als Heranwachsender hörte ich – so meine Erinnerung – gelegentlich von meiner Mutter die Worte „die Ludwigsburger". Eine gewisse Verachtung schwang dabei in ihrer Stimme mit. Noch konnte ich mir darauf keinen Reim machen, eine dem Vater nahe stehende Personengruppe konnte nicht gemeint sein. Auch an frühere Bekannte und Freunde oder Nachbarn der Eltern dachte meiner Mutter bei ihrer Bemerkung sicher nicht, zu deutlich wies ihre Mimik in eine andere Richtung. Doch irgendwann erhielt ich Kenntnis von einer Brücke der deutschen Nachkriegsjustiz zum früheren Leben meines Vaters. Ein Interesse von Justizbehörden an meinem Vater als Mitverantwortlichem für NS-Verbrechen konnte ich mir als Jugendlicher nicht eine Sekunde ernsthaft vorstellen. Im familiären Bereich war nur durchgesickert, dass mein Vater „von der Staatsanwaltschaft" als Zeuge vernommen worden ist, wohlgemerkt als völlig „unbelastete" Figur der Zeitgeschichte, so die knappe Ergänzung meiner Mutter.

Langsam gehe ich durch den Torbogeneingang des ehemaligen Ludwigsburger Frauengefängnisses, einem aus dem Barock stammenden Gebäude, in dem sich heute ein Teil des Bundesarchivs, die frühere „Zentrale Stelle der Landesjustizverwaltungen zur Aufklärung von NS-Verbrechen" befindet. Zeitweise war Ilse Koch, die „Hexe von Buchenwald", zweite Ehefrau des Buchenwald- KZ-Kommandanten Karl Koch, in diesen Gefängnismauern inhaftiert. Ich hatte meinen Besuch angemeldet und werde nach der Betätigung des Klingelknopfes sehr freundlich empfangen. Nach einer kleinen Führung durch die Archivräume entlang mit Aktenordnern und vergilbten Mappen prall gefüllter Holzregale, denen man ein beträchtliches Alter nicht absprechen kann, werde ich an einen für mich vorbereiteten Arbeitsplatz in einem moderneren Besucherraum geführt. Die von mir zur Einsicht erbetenen Ordner und Dokumente liegen hier für mich bereit. Doch bevor ich mich setze und mich meiner Aufgabe widme, erhalte ich von einem einfühlsamen Archivmitarbeiter ein paar Informationen, die ein Spiegelbild seiner Erfahrungen in diesen Räumen abgeben. Da berichtet er von Besuchern, Kindern und nahen Angehörigen von NS-Tätern, die nur in Begleitung ihrer Therapeuten das Archiv aufsuchten, da sie die Fakten, die ihnen dort oft zum ersten Mal bekannt wurden, nicht ohne psychische Betreuung verkraften konnten. Und später, zum Abschied, werde ich noch darüber aufgeklärt, dass sich die gleichen Aussagen und ähnliche Formulierungen, wie ich sie in den Vernehmungsprotokollen meines Vaters gefunden habe, fast durchgängig bei NS-Tatverdächtigen und Zeugenangaben wiederfinden.

Blatt für Blatt nehme ich aus den einzelnen Ordnern in die Hand, gehe dabei mit einer gewissen Vorsicht an die Arbeit. Meine Augen haben sich an die ältlichen Schreibmaschinentypen der 1940er-Jahre gewöhnt. Nicht immer sind die Buchstaben noch klar erkennbar, doch schon das nächste Wort lässt keinen Zweifel zu. Manches Mal hilft auch die Gegenlichtprobe, um die Konturen einiger verschwommener Buchstaben zu identifizieren. Ein mir bereits vertrauter Geruch von leicht verstaubten, an manchen Stellen vergilbten Papieren steigt mir in die Nase.

Am 26. April 1961 teilte die Staatsanwaltschaft beim Landgericht Hannover der Zentralen Stelle in Ludwigsburg mit, dass „ aus dem Komplex Getto Lodz" auch ein Ermittlungsverfahren gegen meinen Vater „wegen Beihilfe zu Morden als Vorgesetzter der Dienststelle „Gettoverwaltung" anhängig sei.[238]

„Leiter der als Amt Ghetto oder Wirtschaftsstelle Ghetto bezeichneten Dienststelle war bereits bei meinem Dienstantritt Herr Biebow, *der in keiner Beziehung meiner Dienstaufsicht und meinen Weisungen unterstand, sondern seine Anordnungen ausschließlich durch den Reichsstatthalter, den Regierungspräsidenten, den Polizeipräsidenten, das Reichssicherheitshauptamt und die Stapo L. erhielt* (Hervorhebung durch den Autor). Über die unmittelbaren Befehlsverhältnisse habe ich keine eigene Sachkunde. Ich nehme an, dass jede der obenbezeichneten Dienststellen jeweils für ihren Bereich Weisungen erteilte. Die Ghettoverwaltung galt uns als Reichsgauangelegenheit."

So lese ich es hier in Ludwigsburg aus dem von meinem Vater mit dem üblichen Zusatz „Selbst gelesen, genehmigt und unterschrieben" und mit seinem markanten Schriftzug unterzeichneten Vernehmungsprotokoll.[239] Das war am 24. Februar 1962, als mein Vater von einem Beamten der Staatsanwaltschaft beim Landgericht Hannover in Bonn vernommen wurde. Und nur einen Absatz weiter heißt es im gleichen Dokument:

„Auf die Frage, ob mir in der Zeit meiner Tätigkeit bekannt geworden ist, dass zahlreiche Juden des Ghettos in Vernichtungslager abtransportiert wurden, erkläre ich:
Ich habe davon weder dienstlich noch außerdienstlich zu irgendeinem Zeitpunkt Kenntnis erhalten, mir war lediglich bekannt geworden, dass Nichtarbeitsfähige angeblich in andere Lager verlegt worden seien, weil man für die Rüstungsbetriebe nur arbeitsfähige Menschen gebrauchen könne, und gelegentlich war auch bekannt, dass arbeitsfähige Einwohner des Ghettos zu anderen Arbeiten im Reichsgebiet weggeschafft werden sollten."[240]

Dass der Wahrheitsgehalt der Aussage meines Vaters, was seine Funktion, seine Mitverantwortung und seinen Informationsstand zu den Lodzer Vorgängen während der nationalsozialistischen Besatzung betrifft von höchst geringer Substanz ist, ahnte ich im Laufe meines Suchens immer mehr, bis schließlich hier in Ludwigsburg und später an anderen Orten die Bestätigung dessen, was sich deutlich abzeichnete, nicht lange auf sich warten ließ.

Nur wenige Blatt weiter stoße ich auf ein Dokument, das aus polnischen Archiven stammt und an meinem jetzigen Arbeitsplatz in Ludwigsburg als Kopie vorliegt. Es handelt sich um ein Schreiben von Hans Biebow, dem Leiter der deutschen Ghettoverwaltung in Lodz und Untergebener meines Vaters während seiner Zeit als Oberbürgermeister vom 5. April 1947 an das Landgericht in Lodz. Hans Biebow saß damals in Untersuchungshaft und richtete seinen Einspruch gegen seine Anklageschrift an das Gericht:

> „Ich erhebe Widerspruch gegen folgende Anschuldigungen: Ghettoleiter bin ich nicht gewesen, sondern habe lediglich *im Auftrage des Oberbürgermeisters, und zwar als städtischer Angestellter* (Hervorhebung vom Autor), für die Beschäftigung und Ernährung im Ghetto gesorgt. Ghetto-Leiter war ausschließlich der Leiter der Gestapo, zuletzt SS-Obersturmbannführer Dr. Bradfisch."[241]

Vor meinem geistigen Auge bin ich Zeuge einer Gegenüberstellung meines Vaters und Hans Biebows vor den Schranken des Gerichts, doch das ist sehr weit weg von einer vergangenen Realität.

Hans Biebow ist vom Landgericht Lodz am 30. April 1947 zum Tode verurteilt und am 23. Juni 1947 hingerichtet worden. Das Todesurteil gegen Hans Biebow wurde auch maßgeblich davon bestimmt, dass er mindestens in einem nachweisbaren Fall die Waffe eigenhändig gegen Juden betätigte. Wäre mein Vater damals in die Fänge der polnischen Justiz geraten, auch gegen ihn wäre vermutlich die Todesstrafe verhängt worden, seine Chancen wären sicher nicht sehr groß gewesen, einem solchen Schicksal zu entrinnen.

Wie konnte es möglich sein, dass mein Vater nach dem Zusammenbruch der Nazi-Diktatur nicht vor die Schranke eines Richters treten musste? Wie war es möglich, dass mein Vater in der Bundesrepublik wiederum als Beamter im Staatsdienst tätig sein konnte und damit besondere Privilegien genoss?

Die Zeit arbeitete für ihn und die Umstände stellten sich als äußerst günstig dar.

Aufgrund von Artikel III des Kontrollratsgesetzes Nr. 10 der Alliierten von Ende 1945 war es Staatsanwälten und Richtern nur dann möglich, gegen Straftäter zu ermitteln und sie zu verurteilen, wenn die Täter Deutsche waren und sich ihre Taten gegen Deutsche richteten. Erst 1955, also zehn Jahre nach dem Ende der Nazi-Diktatur, wurde diese Bestimmung aufgehoben. Erschwerend kam hinzu, dass es nach den Vorschriften der Strafprozessordnung Staatsanwälten nur dann möglich war, Ermittlungen anzustellen, wenn sich der Tatort in ihrem Zuständigkeitsbereich befand oder der Täter dort wohnte. Damit entfiel die örtliche Zuständigkeit deutscher Justizbehörden für die NS-Verbrechen in Polen und der Sowjetunion.

1957 kam dann endlich Bewegung in diese mehr als unbefriedigende Situation. Der „Ulmer Einsatzgruppenprozess", der als erster wirklicher bundesdeutscher Prozess gegen NS-Täter gilt, brachte eine Lawine ins Rollen. Die Angeklagten wurden im April 1958 zu langjährigen Haftstrafen verurteilt. Die deutsche Regierung unter Kanzler Adenauer spürte immer mehr Druck, vor allem aus dem Ausland, endlich aktiver zu werden. Schließlich einigten sich die Justizminister der Bundesländer nach langen Verhandlungen darauf, eine „Zentrale Stelle der Landesjustizverwaltungen zur Aufklärung von NS-Verbrechen" zu gründen. Diese Behörde nahm Ende 1958 ihre Arbeit in Ludwigsburg auf. Ein bemerkenswerter juristischer Trick durch Referenten im Bundesjustizministerium bewirkte 1964 durch einen Einschub bei § 50 Abs. 2 Strafgesetzbuch („Beihilfe zum Mord") eine derartige Veränderung, dass Schreibtischtäter kaum noch wirklich zur Rechenschaft gezogen werden konnten. Wie Totschlag verjährte nun auch Beihilfe zum Mord nach 15 Jahren, also schon 1960. Für Mord erfolgte erst 1979 nach langen, quälenden Debatten die endgültige Aufhebung der bis dahin 20 Jahre und ab 1969 30 Jahre geltenden Verjährung.[242]

1965 erschien im Staatsverlag der DDR das inzwischen sehr bekannte „Braunbuch",[243] in dem es auch einen Eintrag über meinen Vater gibt.[244] Zwar stimmen in dieser Publikation viele Angaben nicht, andere sind jedoch wiederum zutreffend. Das Werk wurde nach meinem Kenntnisstand während der Frankfurter Buchmesse beschlagnahmt und von der Ludwigsburger Zentralstelle sehr genau ausgewertet.

Eine Auslieferung meines Vaters an die Justizbehörden in Polen war vor allem deshalb nicht möglich, da entsprechende belastende Unterlagen und Dokumente in den frühen Jahren der Bundesrepublik nicht vorlagen. Der „Kalte Krieg" verhinderte einen schnellen und reibungslosen Informationsaustausch von Ost nach West und umgekehrt und die föderative Struktur der deutschen Justiz erwies sich als wenig förderlich bei der Aufklärung nationalsozialistischer Verbrechen. Mein Vater gehörte in die Kategorie der landläufig als „Schreibtischtäter" bezeichneten NS-Täter, deren Zahl in der Bundesrepublik nicht gerade klein war und von denen wenige wirklich vor Gericht standen und verurteilt wurden.

Als Kind und Heranwachsender macht man sich keine Gedanken über verwaltungs- und beamtenrechtliche Sprachregelungen. Ich erinnere mich, dass mein Vater seinen Briefkopf gern mit der Bezeichnung „Landesrat z.WV." versah, auch in Dokumenten seines mageren Nachlasses taucht diese Bezeichnung regelmäßig auf. Irgendwann habe ich von meiner Mutter erfahren, dass der Zusatz „z.WV" etwas mit der Karriere als Beamter zu tun hat. Tatsächlich bedeutet das Kürzel nichts anderes als „zur Wiederverwendung". Dabei ging es um die Wiedereinstellung der alten Nazibeamten mit weitreichenden Rechten (Wiederverwendung, Pensionsansprüche) in der jungen Bundesrepublik. Ein heftiger Streit zwischen Bundesverfassungsgericht und Bundesgerichtshof entbrannte. Streitpunkt war der berühmte § 131 des Grundgesetzes, der Angehörigen des öffentlichen Dienstes, die auf Grund bestimmter Merkmale ihre Position mit dem 8. Mai 1945 verloren hatten (dazu zählten auch die folgenden Entnazifizierungsmaßnahmen) einen Anspruch auf Wiederverwendung und Versorgung gewährte. Das Bundesverfassungsgericht urteilte zunächst, dass die Bundesrepublik „ein neu gegründeter Staat" und das „Deutsche Reich" untergegangen sei. Der Bundesgerichtshof dagegen, der wie große Juristenkreise von ehemaligen Nazis durchsetzt war, vertrat die absolute Gegenposition und argumentierte, dass die Rechte der Beamten aus der Nazi-Zeit keineswegs mit dem Ende des „Dritten Reiches" erloschen seien. Als Ergebnis der Kontroverse revidierte das Bundesverfassungsgericht sein Urteil. So kam es in Folge zu einer Art Schwemme von Wiedereinstellungen ehemaliger Nazi-Beamter, vor allem in den Bonner Ministerien. An vorderster Stelle standen bei dieser Entwicklung das Vertriebenenministerium und das Auswärtige Amt. Hier waren plötzlich sogar mehr ehemalige Mitglieder der NSDAP als Beamte tätig, als zur Zeit der Hitler-Diktatur NS-Parteimitglieder im Hause arbeiteten. Das Denken und Handeln vieler Betroffener war in den 1950er und 1960er Jahren stark geprägt von fehlendem Unrechtsbewusstsein, dafür umso stärker vom Anspruchsdenken an den Staatsapparat.

Ernst Bloch sah diese Entwicklung bereits im Sommer 1944 voraus:

„[…] Nach der deutschen Niederlage wird sich wie üblich eine Menge Überläufer finden. Doch der riesige Verbrauch von Schutzfarbe wird den braunen Grund nicht gänzlich oder überall zerstören. Dafür sitzt er bei denen zu fest, die durch den künftigen Sturz Hitlers zwar nicht ums Leben, aber um ihre Posten gekommen sind […]".[245]

Mein Vater bildete da keine Ausnahme. Doch seine Dienststelle, das „Bundesministerium für Vertriebene, Flüchtlinge und Kriegsgeschädigte" erkannte die Ernennungen meines Vater zum Landesrat bei der Provinzialverwaltung Pommern und die spätere Ernennung zum Oberbürgermeister von Litzmannstadt wegen „enger Verbindung zum Nationalsozialismus" nicht an.[246] Mein Vater prozessierte gegen diese Entscheidung und erzwang ein Urteil zu seinen Gunsten. Nun lagen die Akten beim damaligen Bundespräsidenten Heinrich Lübke. Er hätte nach dem für meinen Vater erfolgreichen Verfahren die offizielle Ernennungsurkunde zum „Beamten des Bundes" unterzeichnen sollen. Es war ein komplizierter Vorgang und ich erinnere mich, dass meine Mutter mehrfach klagte „jetzt hat Lübke immer noch nicht unterschrieben". Der Bundespräsident war durch seine frühere Tätigkeit während der NS-Zeit selbst ins Visier der öffentlichen Kritik geraten. Aber es gab keine andere Wahl: Lübke musste unterschreiben. Mit der späteren Amtsbezeichnung „Regierungsdirektor" konnte mein Vater sein Pensionistendasein antreten. Er fühlte sich auch politisch voll rehabilitiert, was allerdings einer Fehleinschätzung gleichkam.

Bücherverbrennung?

Es muss Ende der 1980er Jahre gewesen sein. Meine Eltern kamen nach ihrem spätsommerlichen Urlaub in ihrem geliebten Oberstdorf auf Besuch, blieben einige Tage, genossen die landschaftlichen Reize des Starnberger Sees und vor allem das Zusammensein mit ihren Enkelinnen. Die abendlichen Geschichten des am Bettrand sitzenden Großvaters galten bei unseren Töchtern immer als etwas Besonderes. Es wurde regelmäßig mit wechselnden Rollen vorgelesen, an Lektüre herrschte kein Mangel. Aus irgendwelchen Ecken wurden immer mehr Bücher angeschleppt, doch im Laufe der Zeit erlahmte die Konzentration des zum Vorlesen Verurteilten. Auch meine Eltern trugen aus ihrem Reisegepäck Bücher in unser Haus. Um genau zu sein, es waren zwei Bände, die sie mir zugedacht hatten, als Geschenk aus ihrem Bücherschrank, den sie aus Gründen ihres fortgeschrittenen Alters zu verkleinern begannen. Antiquarisch sahen sie aus, diese beiden abgegriffenen, in Dunkelblau gebundenen Bände, bei einem fehlte bereits ein Teil des Rückeneinbandes, aber die einzelnen Druckbögen waren noch fest miteinander verankert und die Gefahr des Auseinanderfallens bestand nicht. Zunächst freute ich mich über diese Geste, bekundet ohne große Erklärung zwischen Tür und Angel. Ein wenig Eile war geboten, das Mittagessen am großen Familientisch duldete keine Verzögerung. Ich glaubte, die Eltern hätten mir zwei ältere Bücher mitgebracht, weil sie mein Interesse für Antiquitäten in gedruckter Form kannten. Das Telefon klingelte, ich war abgelenkt, die beiden Bücher wurden schnell zur Seite gelegt und blieben bis zur Abreise meiner Eltern zwei Tage später unbeachtet. Ich wusste, dass es keine kostbaren Buchexponate waren. Eine Woche mag vergangen sein, ich griff nach dem ersten Band und erschrak heftig: Was ich in den Händen hielt, war die berühmt-berüchtigte Schrift „Die Grundlagen des XIX. Jahrhunderts" von Houston Stewart Chamberlain, in der IX. Auflage, deklariert als „Volksausgabe", erschienen 1909 in München bei der Verlagsanstalt F. Bruckmann AG. Zwar war mir der Titel aus der Literatur nicht ganz unbekannt, doch hatte ich mich noch nie mit dem Autor und seinen Texten beschäftigt. Woher die beiden Bände stammen, kann ich nur vermuten. Sie tragen den Namen ihres Vorbesitzers (Hugo Beih?), die Jahreszahl 1910 und viele Unterstreichungen und gelegentliche Randbemerkungen, die nicht von meinen Eltern vorgenommen worden sind. Es ist eine andere Handschrift. Alles weist darauf hin, dass es sich um ein Geschenk an meinen Vater handelt, erstanden nicht in einem teuren Buchantiquariat, sondern mehr an einem dieser typischen Bücherwagen, wie wir sie von den Straßen am Seineufer in Paris her kennen und an die ich mich auch noch auf dem Kaiserplatz vor der Bonner Universität erinnere.

Mit einer düsteren Vorahnung zog ich mich mit den beiden Druckwerken in eine ruhige Ecke zurück und begann zu blättern, unsystematisch und mal hier, mal dort ein paar Sätze lesend. Schnell war mir bewusst, was sich mir da eröffnete. Ich war im Begriff, in die pseudowissenschaftliche und gleichzeitig die Wissenschaft heftig angreifende, antisemitische, rassistische Gedankenwelt einzutauchen, die der Wegbereitung des Nationalsozialismus diente. Houston Stewart Chamberlain, der Schwiegersohn von Richard Wagner, wurde 1855 in Portsmouth, England geboren. In Dresden lernte er 1888 Cosima Wagner kennen.1989 siedelte er nach Wien über und veröffentlichte dort ein Jahr später sein als „Kultbuch" bezeichnetes Werk. 1916 wurde er deutscher Staatsbürger und begegnete 1923 zum ersten Mal Adolf Hitler in Bayreuth. Im Oktober des gleichen Jahres schrieb er einen Brief an Hitler: „[…] Daß Sie mir Ruhe gaben, liegt sehr viel an Ihrem Auge und an Ihren Handgebärden. Ihr Auge erfasst den Menschen und hält ihn fest, und es ist Ihnen eigentümlich, in jedem Augenblicke die Rede an einen Besonderen unter Ihren Zuhörern zu richten […]. Daß Deutschland in der Stunde seiner höchsten Not sich einen Hitler gebiert, das bezeugt seine Lebendigkeit; desgleichen die Wirkungen, die von ihm ausgehen; denn diese zwei Dinge – die Persönlichkeit und ihre Wirkung – gehören zusammen […] Gottes Schutz sei bei Ihnen!"[247] Auch mein Vater sprach mehrfach von dem „faszinierenden, einnehmenden Blick" Adolf Hitlers, von seinen „bestechenden" Augen, deren Wirkung man sich habe nicht entziehen können. Chamberlain vertrat die These von der Ungleichheit der Menschenrassen und der Zugehörigkeit der Germanen zu den „Zuhöchstbegabten" (Ernst Klee). Im Januar 1924 diktierte der schwerkranke Chamberlain seiner Ehefrau Eva Chamberlain-Wagner: „Hitler gehört zu den seltenen Lichtgestalten, zu den ganz durchsichtigen Menschen, womit ich nicht behaupten will, dass man eine ausführliche Kenntnis von ihm auf den ersten Blick gewinne. Aber man erblickt die Grundpfeiler seines Wesens sofort. Er ist eben ein wahrer Volksmensch. Das, was Hitler schon geschaffen hat, als sein eigenes Werk ist bereits ein Gewaltiges, was nicht sobald hinschwinden wird. […] Gott, der ihn uns geschenkt hat, möge ihn uns noch viele Jahre bewahren, zum Segen für das deutsche Vaterland."[248]

In den nächsten Wochen plagte mich immer wieder eine Frage. Wie sollte ich mit diesen beiden Büchern umgehen? Ich wollte sie nicht in meiner Bibliothek haben, nein, schoss es mir immer wieder durch den Kopf, nicht ein solch antisemitisches, rassistisches und das „Deutschtum" als „Herrenmenschentum" verherrlichende Werk in meinen vier Wänden. Doch was tun? Einfach in den Müll, zum Altpapier werfen und damit vielleicht doch noch für dieses Gedankengut empfänglichen Lesern den Zugriff ermöglichen? Den Reißwolf zu Hilfe nehmen oder gar viel einfacher und schneller die Möglichkeit der Flammen, des Feuers zu nutzen? Halt! Nein, Bücher zu verbrennen, das konnte es nicht sein. Zu deutlich waren die Bilder der Bücherverbrennung der Nazis auf vielen Plätzen deutscher Städte vor meinen Augen. Es musste einen anderen Weg geben. Je mehr ich nach einem Ausweg in dieser heiklen Angelegenheit suchte, desto klarer wurde mir, dass ich begann, einen falschen Weg einzuschlagen. War es nicht viel klüger, die beiden Bände von Chamberlain nicht zu vernichten, sondern ihren Inhalt zu studieren? Wie sollte man sich von der weltanschaulichen Basis des Nationalsozialismus ein möglichst fundiertes Bild machen können, ohne zumindest die wichtigsten Grundlagen eines solchen Textes zu kennen? Bestätigung dieser Überlegung konnte ich im familiären Umfeld registrieren, wo über solche Fragen des Umgangs mit der Vergangenheit oft diskutiert wurde. Meine anfängliche Wut über dieses unerbetene Buchgeschenk war verflogen und äußerte sich verstärkt in Fragen, Neugier und Wissensdurst über einen wichtigen Vorreiter des nationalsozialistischen Antisemitismus und Rassenwahns.

Chamberlains Werk befindet sich also noch heute in meinem Besitz, allerdings – und das gebe ich unumwunden zu – nicht gerade in der vordersten Reihe meiner Bibliothek, sondern etwas versteckt, in zweiter Reihe. Gelegentlich schaue ich zwischen diese Buchdeckel, um eine der Quellen besser zu kennen, die nicht unerheblichen Einfluss auf die Verankerung rassistischen Gedankengutes in der deutschen Bevölkerung hatte.

Eine Frage bleibt allerdings offen: Warum übergaben meine Eltern gerade mir, und nicht meinen Geschwistern, diese beiden Bände? Glaubten Sie, den Stab weitergeben zu können, an ihren jüngsten Sohn, der als einziges ihrer Kinder unter dem Zeichen einer SS-Rune „geweiht" wurde? Glaubten sie, in mir ihren Hoffnungsträger für ihre Gesinnung gefunden zu haben oder wollten sie nur einem ihrer Nachkommen damit zu verstehen geben „Schau her, das war damals für uns wichtig, das hat uns geleitet" und so auf ihre Art vielleicht um Verständnis nachsuchen?

Wenn die Nationalsozialisten so stolz auf ihre Bücherverbrennung waren, dann ist es nicht uninteressant, einmal einen Blick in den Bücherschrank der „Herrenmenschen" zu werfen. Da gab es schon dringende Empfehlungen an die Volksgenossen, die mit Nachdruck propagiert wurden. Am 15. November 1941 eröffnete mein Vater im Rahmen der „Deutschen Buchwoche" im großen Saal der Volksbildungsstätte in Litzmannstadt (Lodz) unter dem Leitwort „Buch und Schwert" eine Ausstellung, deren Sprache keinen Zweifel über die gewünschten Ziele aufkommen ließ. Einen Tag später berichtete der mir schon vertraute Korrespondent der „Litzmannstädter Zeitung" einen Bericht über die Ausstellungseröffnung. Viel wird da über den „Kampf mit Schwert und Geist" schwadroniert: „Besonders groß ist die Aufgabe des deutschen Buches in dieser Zeit des Krieges. Zu den Waffen aus Stahl und Eisen gesellt sich das Buch als Waffe seelischer Art. […] Die Ausstellung harrt der Besucher. Mögen die Bücher, die sie zeigt, jene Kräfte vermitteln, die uns nötig sind, auf dass unser Schwert auf die Dauer siegreich sei", so mein Vater in seiner Rede.

Zuvor hatte er den Deutschen dieses Raumes für „ihre Treue zum deutschen Buch während der Zeit der Unfreiheit als ihre einzige Verbindung mit dem, was sie hier nicht bekennen durften" gedankt. Präsentiert wurden Bücher u.a. nach folgender Katalogisierung: Nationalsozialistisches Schrifttum, Weltkrieg, Gegenwärtiger Krieg, Der deutsche Osten (Untergruppe: Deutschtum in Polen), Deutsches Land und Volk, Erblehre und Bevölkerungspolitik, Kunstbetrachtung, Fremde Länder (Kolonien), Schönes Schrifttum (mit Lyrik und Klassikern).

Die Ostjuden

Die mehrfachen, abfälligen Bemerkungen meiner Mutter über die Ostjuden sind mir deshalb so in Erinnerung geblieben, weil diese verbalen Attacken meist ziemlich plötzlich geäußert wurden und in Zusammenhang mit Schmutz, ungepflegtem Äußeren und Krankheiten standen, Eigenschaften, die die nationalsozialistische Propaganda mit nicht enden wollender Energie insbesondere den Ostjuden zuschrieb. Unsere Familie lebte immerhin fast drei volle Jahre, von Mitte November 1941 bis Ende September 1944, in Lodz in einer großzügigen Villa. Durch die direkte Konfrontation mit dem Gegenüber des jüdischen Elends im Ghetto schienen sich für meine Eltern die Aussagen der Nazi-Propaganda zu bestätigen. Mein Vater sprach zwar nie über seine Erinnerungen an Juden aus dem Ghetto, doch durch seine Besuche im Ghetto musste er mit eigenen Augen gesehen haben, was sich dort für eine von deutscher Hand inszenierte Tragödie abspielte. Außerdem erhielt er durch die regelmäßigen Monatsberichte der deutschen Ghettoverwaltung einschließlich der Statistiken über Sterbefälle usw. umfassende Informationen Auch meiner Mutter konnte diese „zweite Seite" ihrer Stadt nicht verborgen geblieben sein: Das Ghetto war einsehbar, eine Straßenbahnlinie führte mitten durch das Ghetto, den Fahrgästen konnte das Leben jenseits des Bretter- und Stacheldrahtzaunes nicht gänzlich unbekannt sein.

> „Überzeugen Sie sich mal selbst, wie diese Juden da leben, wo sie zu Hause sind. Lassen Sie Filmaufnahmen vom Leben in den polnischen Ghettos machen, sagte Goebbels zu mir, als ich ihm am Sonntag, dem 8. Oktober den Rohschnitt der neuesten Wochenschau vorführte. Fahren Sie noch morgen mit ein paar Kameramännern nach Litzmannstadt (Lodz) und lassen Sie alles filmen, was Ihnen vor die Flinte kommt. Das Leben und Treiben auf den Straßen, das Handeln und Schachern, das Ritual in der Synagoge, das Schächten nicht zu vergessen. Wir müssen das alles an diesen Ursprungsstätten aufnehmen, denn bald werden hier keine Juden mehr sein. Der Führer will sie alle aussiedeln, nach Madagaskar oder in andere Gebiete. Deshalb brauchen wir diese Filmdokumente für unsere Archive."[249]

So beschreibt Fritz Hippler, Reichsfilmintendant und Leiter der Filmabteilung im Reichspropagandaministerium, in seinem Buch „Verstrickung" seinen von Goebbels im Herbst 1939 erteilten Auftrag, das Leben der Ostjuden zu dokumentieren.

Am 17. Oktober 1939 vertraute Joseph Goebbels seinem Tagebuch an: „Filmproben. […] Und dann Aufnahmen vom Ghettofilm. Noch niemals dagewesen. Schächtungen, so grausam und brutal in den Einzelheiten, dass einem das Blut in den Adern gerinnt. Man schaudert zurück vor soviel Rohheit. Dieses Judentum muß vernichtet werden."[250] „Probeaufnahmen zu unserem Judenfilm. Erschütternd. Dieser Film wird unser großer Clou"[251] lautet Goebbels Eintrag für den 28. Oktober und zum gleichen Thema, nachdem der Minister am 2. November nach Polen gereist war und die Stadt Lodz besucht hatte: „Fahrt durch das Ghetto. Wir steigen aus und besichtigen alles eingehend. Es ist unbeschreiblich. Das sind keine Menschen mehr, das sind Tiere. Das ist deshalb auch keine humanitäre, sondern eine chirurgische Aufgabe. Man muß hier Schnitte tuen, und zwar ganz radikale. Sonst geht Europa an der jüdischen Krankheit zugrunde."[252]

In der Folge entstand aus diesen Aufnahmen aus dem Ghetto Lodz und weiterem Material der abscheulichste antisemitische Hetzfilm „Der ewige Jude" mit der pervertierten Botschaft, dass Juden auf einer Stufe mit dem Krankheiten übertragenden, schmutzigen Nagetier Ratte stehen würden. Der Film diente in erster

Linie der propagandistischen Arbeit in den besetzten und verbündeten Ländern und zur Rechtfertigung antisemitischer Aktionen. Anfang Januar 1941 wurde der Film zum ersten Mal in Lodz gezeigt. Dass mein Vater einer Aufführung des Films „Der ewige Jude" beiwohnte, kann als sicher gelten. Es war allgemein üblich, dass es in jeder Region Aufführungen des Films speziell für Amts- und Funktionsträger gab. Gerade sie sollten ja eine propagandistische Botschaft in ihrem jeweiligen Bereich mit Nachdruck vertreten. Und dies traf nun für meinen Vater als Oberbürgermeister von Litzmannstadt, einer Stadt, in der ein großes Ghetto existierte, und in seiner Funktion als Reichsredner in besonderem Maße zu. Seine SS-Zugehörigkeit kann diese Einschätzung nur noch logischer erscheinen lassen.

Die grundlegende Botschaft, die hier vermittelt werden sollte, fand die Sympathie nicht nur meines Vaters, sondern auch die meiner Mutter. Etwas anderes ist nicht vorstellbar und würde auch nicht der Realität entsprechen. Zeichen von Widerstand gegen diesen nationalsozialistischen Grundpfeiler konnte ich bei meinen Eltern nirgends finden.

Lodz mit seinem Ghetto erschien den Nazis als wichtige Quelle zur Dokumentation des Ostjudentums. Hier in der jetzt deutschen Stadt fanden Sie eine breite Palette an Anschauungsmaterial in ihrem Sinne. Das im April 1939 in Frankfurt gegründete Institut zur *Erforschung der Judenfrage*, eine Außenstelle der *Hohen Schule* der Partei richtete Ende 1941 eine weitere Arbeitsstelle in Litzmannstadt als *Abteilung Ostjudentum* ein. In der Litzmannstädter Zeitung vom 29. Juli 1943 erschien über diese Dependance des Frankfurter Instituts ein Bericht, verbunden mit dem Aufruf, zu wissenschaftlichen Zwecken „[…] judenkundliches Material wie religiöse Geräte aus Haus und Synagoge, jüdische Gemälde und Drucke, Briefdokumente, Schriftverkehr, zumal ehemaliger jüdischer Dienststellen" zur Verfügung zu stellen. „Im Notfall kann auch Ankauf erfolgen", vermerkte die Zeitung als Anreiz, dem Institut bei der weiteren Aufbauarbeit behilflich zu sein.

Und in Prag gründeten die Nazis 1942 als eine Art Krönung ihres tatsächlichen Vernichtungspotentials das „Museum einer untergegangenen Rasse", dessen Mitarbeiter ausnahmslos tschechische Juden waren.

Arthur Rubinstein

Concert Hall, Broadcasting House, London 6. Oktober 1959, Royal Festival Hall London, 16. Mai 1961: Am Flügel sitzt Arthur Rubinstein und spielt mit dem Philharmonia Orchestra London das Konzert für Klavier und Orchester Nr. 2, Opus 21 und verschiedene Solostücke von Frédérik Chopin. Der gefeierte, weltberühmte Pianist ist mir ganz besonders gegenwärtig, während sich die silberne CD-Scheibe in gleichmäßigen Drehungen bewegt. Über meine Kopfhörer bin ich mit dem unmittelbaren Geschehen in den beiden Konzertsälen verbunden, die Authentizität mit aus dem Publikum vernehmbarem Hüsteln lässt mich akustisch ziemlich nahe an die damaligen Konzerte herankommen. Ohne jegliche visuelle Ablenkung, aber auch ohne Sicht auf die langen, schmalen Hände Rubinsteins, die so faszinierend über die Tasten des Instruments gleiten, konzentriere ich mich ganz auf das Hören und das gespeicherte Bild des Künstlers. Mehr und mehr spüre ich eine merkwürdige innere Ruhe, die für eine gewisse Zeit die unmittelbare und häufige Gegenwart der Shoah zurückdrängt und Platz freigibt für ein Gefühl des Glücks. Eine Empfindung, die wie eine ganz persönliche Offenbarung seiner selbst sein kann.

Ja, Jude und Pole war dieser mit Recht hoch verehrte Pianist, so wie der große, sieben Jahre jüngere, ebenfalls in Lodz geborene Dichter Julian Tuwim und eine Vielzahl in Lodz geborener Maler, Musiker und Literaten. Nein, unbekannt konnte meinem Vater, meinen Eltern dies alles nicht sein, als er sich entschloss, die „einmalige Chance" zu ergreifen und sich zum Oberbürgermeister von Litzmannstadt (Lodz) ernennen zu lassen. Doch sein seit jungen Jahren gefestigter Antisemitismus, seine tiefe Ablehnung alles Slawischen verboten ihm, vertiefende Kenntnis von einer Kultur zu nehmen, die nicht existent sein durfte, auf keinen Fall in das nationalsozialistische Konzept einer „deutschen Kultur" passte. Aber wie war es mit Arthur Rubinstein? Ich bin ganz sicher, wäre mein Vater einmal beiläufig auf die Probe gestellt worden, das Ergebnis wäre dies gewesen: Erst nachdem man ihm eröffnet hätte, dass der Pianist des soeben gehörten Konzertes für Klavier und Orchester von Ludwig van Beethoven, das mein Vater „hinreißend" gespielt bewertet hätte, der Jude Arthur Rubinstein gewesen sei, wäre sein Urteil anders ausgefallen. Mit umgekehrten Vorzeichen spielte es sich tatsächlich anlässlich eines gemeinsamen Konzertbesuches in München nach dem Tod meiner Mutter ab. Auf dem Programm stand die berühmte Symphonie Nr. 5 von Gustav Mahler. Als mein Vater diesen Namen hörte, meinte er „aber der sei doch sehr umstritten". Kaum hatte nach dem Verklingen der letzten Takte der Applaus in der vollbesetzten Münchner Philharmonie eingesetzt, verriet der Gesichtsausdruck meines Vaters eine Ernsthaftigkeit, die nur darauf schließen ließ, dass ihn das soeben Gehörte erreicht hatte, ihn nicht unberührt ließ, seine Empfindungen in ungewohnter Weise aufwühlte. Ganz unter dem Eindruck der machtvollen Musik Gustav Mahlers waren seine ersten Worte beim langsamen Verlassen des Konzertsaals „Da war ja richtig was los", eine kurze, knappe Bemerkung, die höchste Zustimmung signalisierte. Einige Augenblicke später auf der Rückfahrt durch die Münchner Innenstadt, begann mein Vater von der Vielfalt, ja von der „Wucht" – wie er sich ausdrückte – dieser Musik zu schwärmen. Er schien völlig vergessen zu haben, dass Gustav Mahler Jude war und deshalb als „umstritten" galt.

Vielleicht erinnerte ihn dieser Konzertbesuch auch an einen alten, aber unrealistischen Berufswunsch. „Dirigent hätte ich gerne werden wollen", erklärte mein Vater vor vielen Jahren beiläufig während eines Rückblicks auf seine jungen Jahre. Ihm war bewusst, dass dazu sämtliche Voraussetzungen fehlten, es ging ihm mehr um die Faszination eines Dirigenten als Führer, als Anführer und Former einer Gruppe von Menschen. Wenn 100 Musiker sich nach den Einsätzen, Tempovorgaben und Inspirationen des Dirigenten richten, war es das, was er besonders bewunderte. Ein Schattendasein ohne die Aufgabe, führen und leiten zu können, war nicht Sache meines Vaters.

Onkel Greiser

„Onkel Greiser", so nannten meine Geschwister den Reichstatthalter und Gauleiter Arthur Greiser, wenn er bei der Familie Ventzki zu Besuch war. Und das war häufiger der Fall. Er war ein gern gesehener Gast in der großzügigen Dienstvilla des Oberbürgermeisters. Meine Eltern wussten, was sie ihm zu verdanken hatten. Wenn der Gauleiter dann noch am Abend an die Betten meiner Geschwister trat und ihnen mit einer väterlich-zärtlichen Geste eine gute Nacht wünschte, vielleicht sogar noch eine kleine Geschichte zum besten gab, war ein bewusst gewählter familiärer Rahmen gegeben. Doch wer war dieser Mann wirklich? Wer war er, dessen Brutalität in der Umsetzung des Nazi-Wahnsinns voll zum Tragen kam?

Arthur Greiser, am 22. Januar 1897 in Schroda, Provinz Posen, geboren und damit neun Jahre älter als mein Vater, betätigte sich schon früh im „Freikorps Grenzschutz-Ost" und im „Stahlhelm" Danzig, trat 1928 der NSDAP bei und avancierte zum Stellvertreter des Danziger Gauleiters Albert Forster und schließlich zum Senatspräsidenten Danzig. In der SS machte er ebenso Karriere und brachte es bis zum SS-Obergruppenführer.[253] Im Ersten Weltkrieg war Greiser u.a. als Marineflieger eingesetzt. Es kam einem Schock gleich, als er erleben musste, dass seine Heimat als Ergebnis des Krieges an Polen fallen würde. Dies verstärkte vermutlich seine ohnehin starke Abneigung gegen alles Polnische, die er später bei meinem Vater als Spiegelbild seiner eigenen Überzeugung wiederfand und so sehr schätzte. Die gemeinsame Herkunft aus dem Posener Gebiet spielte bei der gegenseitigen Einschätzung, bei der politischen Ausrichtung und Zusammenarbeit beider Männer eine nicht geringe Rolle. Hinzu kam eine beidseitige Wertschätzung als Basis eines Vertrauensverhältnisses, das allerdings zu einem späteren Zeitpunkt seitens des Gauleiters in Zweifel gezogen wurde. Sehr wahrscheinlich zogen sich die beiden Charaktere gerade auch deshalb an, weil der eine – eben Arthur Greiser – der zugreifende, hemdsärmlige „Praktiker" mit militärischen Erfahrungen war, während der andere – mein Vater – als junger, begeisterungsfähiger Jurist und „Alter Kämpfer" sich als politisch zuverlässiger Verwaltungsmann zeigte, der nach höheren Aufgaben strebte. Gauleiter und Reichsstatthalter Greiser – so ziehen es auch die beiden Historiker Peter Klein und Michael Alberti in Betracht – suchte die Nähe der Familie Ventzki. Ein Grund könnte darin gelegen haben, dass Gerüchte über die Umstände der Auflösung seiner ersten Ehe eine gewisse Zeit seine Karriere bedrohten[254] und er daher besonders die Nähe und die Heimeligkeit einer heilen, kinderreichen Nazi-Familie suchte und genoss.

Arthur Greiser, der das Wartheland als „Exerzierplatz des Nationalsozialismus" bezeichnete und einen „Mustergau" errichten wollte, umgab sich auch deshalb vorzugsweise mit solchen überwiegend nach politischen Gesichtspunkten ausgewählten und in den Osten abgeordneten Beamten, um eine „völkische Herrenmentalität" in der Verwaltungsführung des Reichsgaus zu sichern.[255] In meinem Vater hatte er einen jungen, tatkräftigen und absolut gleich gesinnten „Mitstreiter" seines Vertrauens gefunden. Der Gauleiter, der ja über einen direkten Zugang zu Adolf Hitler verfügte, könnte es auch gewesen sein, der Hitler auf meinen Vater als bewährten Mann des Ostens und erfolgreichen Oberbürgermeister der neuen

„deutschen" Großstadt Litzmannstadt aufmerksam machte, so dass er nach eigenen, glaubwürdigen Angaben zweimal Gast bei Hitler sein durfte.

Arthur Greiser wurde, nachdem er sich nach anfänglicher Flucht im Mai 1945 den US-Truppen stellte, an Polen ausgeliefert, dort am 9. Juli 1946 zum Tode verurteilt und am 21. Juli 1946 vor dem Posener Schloss, seiner ehemaligen Residenz, öffentlich durch den Strang hingerichtet.[256]

Beim „Führer" zu Gast

Die erste persönliche Begegnung meines Vaters mit Hitler dürfte mit großer Wahrscheinlichkeit am 12. Juni 1938 in Stettin während des pommerschen Gautreffens, das Hitler kurzfristig besuchte, stattgefunden haben (siehe Seite 30). Am 13. September 1939 um 15 Uhr fuhr Hitler auf dem Weg zur Front durch Lodz. Sechs Monate später erteilte er den Befehl zur Umbenennung der Stadt in „Litzmannstadt". Mein Vater war Hitler kein Unbekannter. Er wusste, wen er zu sich geladen hatte.

„Zweimal war ich bei Hitler in der Reichskanzlei", mit diesen kurzen Worten suchte mein Vater einige Jahre nach dem Tod meiner Mutter während einer Familienfeier dem großen Kreis seiner Kinder, Schwiegerkinder und Enkel doch etwas näher zu bringen, was ihm noch zu Lebzeiten meiner Mutter durch ihre Regieführung des Schweigens verwehrt war. Und dann begann er, der das neunte Jahrzehnt überschritten hatte, ohne Gegenwehr, doch vor eisig schweigender Zuhörerschaft von einer Bahnfahrt von München nach Berlin zu berichten, bei der er mit anderen Nazi-Funktionären zum Begleittross von Adolf Hitler gehörte. Da hatte sich ihm eine Szene besonders eingeprägt, die ihm vielleicht auch als Argument einer Art Rechtfertigung für seine politische Überzeugung hätte dienen können. Als sich der Zug auf einem ländlichen Streckenabschnitt langsamer fortbewegte und immer wieder begeisterte Menschen entlang der Bahngleise dem „Führer" zujubelten, löste sich ein Schüler aus einer Menschentraube, lief einige hundert Meter neben dem mit verminderter Geschwindigkeit dahinrollenden Zug direkt unterhalb des „Führerwaggons" und rief durch das halb heruntergelassene Fenster Hitler zu: „Mein Führer, wir lieben Sie." Hitler, so die Schilderung meines Vaters, wandte sich zu seiner Begleitung und sagte daraufhin: „Das sagen sie alle."

Dieses „Das sagen sie alle" bot sich meinem Vater als willkommene Bestätigung dafür an, dass er den richtigen Weg gewählt hatte und dass sich sein Handeln in den richtigen Bahnen bewegte. Nach Ankunft des Zuges in Berlin gab es eine Zusammenkunft in der Reichskanzlei, von der mein Vater vermutlich gern mehr erzählt hätte, wenn er nicht doch gespürt hätte, dass seine Zuhörerschaft stummen Unmut zu zeigen begann. Heute weiß ich, dass damit eine Chance vertan war, mehr über seine wirkliche Bindung an die für ihn so bestimmende Figur des „Führers" zu erfahren. Doch das zweite Zusammentreffen mit Adolf Hitler schilderte mein Vater detaillierter. Mit anderen nationalsozialistischen Funktionsträgern nächtigte man in Berlin im der Reichskanzlei schräg gegenüber liegenden legendären Hotel

„Kaiserhof" direkt am Wilhelmplatz. Hier in der wichtigsten und komfortabelsten Nazi-Herberge der Reichshauptstadt, ab August 1932 bereits von Hitler und hohen NS-Funktionären bewohnt, 1935 Bühne für Hermann Görings Hochzeit, fand sich mein Vater auf Augenhöhe mit der NS-Elite. Es kündigte sich der für ihn politisch wahrscheinlich wichtigste Tag in seinem Leben an.

Am nächsten Tag um die Mittagszeit erschienen zwei Adjutanten des „Führers" im Hotel, um die Gruppe der Gäste Hitlers abzuholen und in die Reichskanzlei zu führen. Nach dem Durchschreiten der vorgelagerten Räumlichkeiten und der Begrüßung durch Hitler wurde zu Tisch gebeten. Und nun spielte sich eine Szene ab, von der mein Vater nicht ohne Stolz berichtete. Es gab keine detaillierte Tischordnung, mein Vater schaffte es blitzschnell, sich einen Platz direkt neben Hitler zu sichern. Einen Augenblick später, alle Gäste hatten soeben ihre Plätze eingenommen, klopfte einer der Adjutanten ihm von hinten auf die Schulter und sagte nur die beiden Worte: „Gut gemacht!" So die Schilderung meines Vaters. Er hatte erreicht, Tischnachbar des „Führers" sein zu dürfen.

Eine Wiederholung mit umgekehrtem Vorzeichen

In seinem kurzen schriftlichen Zeugnis, das uns mein Vater hinterließ, erwähnt er das Spalier von 60 Hafenarbeitern bei der Trauung meiner Eltern. Er fungierte damals als Magistratsrat der Stadt Stettin und übernahm für neun Monate die Leitung des Personalreferats der Stettiner Hafengesellschaft mit der besonderen Aufgabe, das Gesetz zur Wiederherstellung (mein Vater schreibt in seinem Lebenslauf „Bereinigung") des Berufsbeamtentums „bei Beamten, Angestellten und Arbeitern" (wie es bei meinem Vater heißt) in der Praxis durchzuführen. Das bedeutet nichts anderes, als dass mein Vater die Aufgabe wahrnahm, jüdische und kommunistisch orientierte Mitarbeiter aus der Hafengesellschaft zu „entfernen", um den „gesetzlichen" Auftrag zu erfüllen.
Ich schlage einen prall gefüllten Aktenordner auf, um einen notwendigen Sprung nach vorne zu machen. Die Dokumente, die ich erblicke, stammen aus der Zeit Ende der 50er, Anfang der 60er Jahre. Fast 60 Jahre nach der Tätigkeit meines Vaters bei der Stettiner Hafengesellschaft befindet sich in meinem Fokus eine eklatante Wiederholung dessen, womit mein Vater in Stettin betraut war, aber – und das ist wesentlich – mit völlig entgegengesetztem Vorzeichen und mit einem anderen Ergebnis. In den 50er und 60er-Jahren kämpfte mein Vater um die vollständige Rehabilitierung als Beamter. Das deutsche Grundgesetz sieht hierfür eine ziemlich komplizierte Regelung, den berühmten § 131, vor, um ehemalige Beamte als Angehörige des öffentlichen Dienstes des Nazi-Regimes nach einer „Entnazifizierung" wieder in beamtenrechtliche Stellungen bringen zu können.

Hindelang einkreisen

Ein warmer, sonniger Frühlingstag Anfang März 2007. Es ist später Vormittag, unser Wagen bewegt sich in gleichmäßiger Geschwindigkeit auf der B 17 Richtung Füssen, Allgäu. Schon bald tauchen die berühmten bayerischen Königsschlösser vor der Kulisse der nur weit oben schneebedeckten Berggipfel auf. Eine kurze Strecke fahren wir dicht neben der Grenze zu Österreich, um dann wieder nach Nordwest Richtung Pfronten und Nesselwang der zu dieser Zeit wenig befahrenen Bundesstraße 310 zu folgen. Wo sich linker Hand nach wenigen Kilometern der Grünten See ankündigt, verlassen wir die Hauptstrecke, benutzen eine kleine, auf der Landkarte mit einer grünen Linie versehene, als landschaftlich besonders reizvoll gekennzeichnete Nebenstrecke, und gelangen in dem kleinen Bergdorf Werfen wieder auf die B 310, die uns in einer scharfen Südrichtung die letzten Kilometer zu unserem Zielort weist. Wir befinden uns auf einem der interessantesten Abschnitte der Deutschen Alpenstraße, deren Verlauf dem Reisenden das Panorama vom Berchtesgadener Land bis zum Bodenseeufer präsentiert. „Unterjoch", gefolgt von „Oberjoch", sind die letzten Hinweisschilder bevor uns an einer Bushaltestelle eine Abbiegung nach links durch eine nicht zu übersehende Tafel mit der Aufschrift „Kurhotel Luitpoldbad" empfohlen wird. Unser Ziel ist erreicht, langsam rollt unser Wagen in eine Lücke des großräumigen Parkplatzes. Kein Hotelgast erwartet uns, was uns hierher treibt, ist allein ein Datum, eine Zeitspanne von fast einem ganzen Monat, die lange zurückliegt. Unsere Aufmerksamkeit richtet sich zunächst auf den gesamten Gebäudekomplex des auf 900 m Seehöhe an einem sonnigen Südhang gelegenen Hotels, dessen Geschichte im Jahr 1864 beginnt. Von dieser Anhöhe aus außerhalb des Hindelanger Ortsteils Bad Oberdorf bietet sich den Hotelgästen ein prachtvoller Blick bis weit in die Allgäuer Alpen hinein. Der Platz ist sorgfältig gewählt, nicht weit entfernt entspringt Deutschlands höchstgelegene Schwefelquelle und sorgt für ein passendes Angebot und Ambiente eines traditionsbewussten Kurhotels. Der bayerische Prinzregent Luitpold wusste die heilsame Wirkung des Schwefelmineralbades zu schätzen und gestattete 1888 den Bad- und Hotelbetreibern die Verwendung seines Namens.

Wir umrunden das gesamte Anwesen, verschaffen uns einen Eindruck von den Örtlichkeiten, betreten nach einer Weile die Lobby und finden die ersten Signale von außen nun auch im Inneren des Hauses bestätigt. Holzgetäfelte Räume im Empfangs- und Restaurantbereich, klassischer Kamin, gediegenes Interieur strahlen den Charme der „guten alten Zeit" *(Hausprospekt)* aus und lassen Rückschlüsse auf die Klientel des Hauses zu. Eine telefonische Anfrage nach den vielleicht noch vorhandenen Gästebüchern des Jahres 1942 wurde uns schon vor diesem Ortstermin negativ beschieden. Nein, hieß es sehr freundlich, Unterlagen über die damaligen Gäste würden leider nicht mehr vorliegen, alles sei vernichtet, und nach 1945 hätte das Hotel den Amerikanern als Erholungsheim gedient. Aus der durch gedämpftes Licht beabsichtigten Atmosphäre gehobener Bodenständigkeit treten wir wieder hinaus in das grelle Sonnenlicht und betrachten aus einiger Entfernung die Gebäudefront. Suchend wandern unsere Blicke von rechts nach links, von links nach rechts, als hätten sie schon ein konkretes Ziel.

Ja, hier muss es gewesen sein, auf einem dieser zahlreichen Balkone, in einem der Gästezimmer. Bei schönem, sonnigem Winterwetter hätte auch die Terrasse der gesuchte Ort sein können. Die schweren Clubsessel vor dem Kamin in der Hotelhalle boten sicher nicht die Voraussetzungen für das Verfassen des folgenden Dokumentes vom März 1942:

„Hindelang, den 9.3.42
Lieber Parteigenosse Dr. Marder,
nach Ihrem Bericht über Ihre Bemühungen, meiner in Berlin habhaft zu werden, sind wir ja buchstäblich auf Minuten aneinander vorbeigelaufen. Ich war kurz vor 12 Uhr auf dem Anhalter Bahnhof, und habe dann verbittert bis zur Abfahrt des nächsten Zuges nach München, abends 20.03 in Berlin herumgesessen. Auf den einfachen Gedanken, am Büfett nachzufragen, bin ich allerdings nicht gekommen. […]
Ich genieße ansonsten in vollen Zügen Ruhe und herrlichste Wintersonne. Wir haben es hier in jeder Hinsicht gut getroffen. Hoffentlich halte ich nun die 4 Wochen auch aus, das ist zum Schluß immer sehr problematisch. […]
Wegen der Finanzierung des Gettos teilte ich Ihre Bedenken eigentlich schon vor Wochen, man kann also getrost noch kurze Zeit die weitere Entwicklung abwarten. Der mir vorgelegte Antrag war in jedem Fall zu dürftig. Es wird sich ja alsbald herausstellen, ob die nichtarbeitsfähigen reichsdeutschen Juden uns verbleiben und dann mtl. *(monatlich)* von reichswegen bezuschusst werden müssten, oder ob sie mit unter die „Aktion" fallen. Ich persönlich glaube das Letztere und damit wäre die Sache in der Tat erledigt". Das Schreiben endet mit folgendem Satz: „Meine Frau sitzt neben mir und missbilligt schärfstens diesen offenbar rein dienstlichen Gruß".

Dieser handschriftliche Brief meines Vaters an seinen damaligen Vertreter, Bürgermeister Dr. Marder, befindet sich im Archiv in Lodz[257] und ist die Antwort auf ein Schreiben von Dr. Marder vom 6. März 1942, adressiert an: „Herrn Oberbürgermeister Ventzki, z. Zt. Luitpoldbad, Hindelang-Bad Oberdorf, Bahnstation Sonthofen.[258] Der Leiter der Ghettoverwaltung, Hans Biebow, hatte seit längerem einen Antrag für einen finanziellen Zuschuss des Reichsinnenministeriums für die „nichtarbeitsfähigen" reichsdeutschen Juden des Ghettos vorbereitet. Einer solchen Initiative standen mein Vater und sein Stellvertreter aber eher skeptisch gegenüber.[259]

Der Brief meines Vater aus seinem winterlichen Urlaubsdomizil in den Allgäuer Alpen ist das Dokument, das mich mit zwei, drei anderen am weitesten von meinem Vater, ja meinen Eltern wegkatapultiert und es mir sehr schwer macht, zu ihm, zu ihnen zurückzufinden. Aus der Leichtigkeit, der bürokratischen Nüchternheit und der Selbstverständlichkeit der in großen Zügen auf das Papier geschriebenen Worte spricht mein „anderer" Vater, der überzeugte, handelnde Herrenmensch, der gelernt hat, mit „Aktion" die Vergasung der Juden zu umschreiben und für den damit eine „Sache in der Tat erledigt" ist. Der Weg zu einer unbelasteten Rückkehr zu meinem Vater aus meinen Kindheitstagen ist endgültig versperrt.

„Hindelang einkreisen", so steht es in meinem Notizbuch und ist für mich ein Synonym, eine interne Hilfskonstruktion zur Klärung der Frage „Was hat mein Vater nicht nur als Oberbürgermeister von Litzmannstadt/Lodz, sondern auch vor dem Wechsel von Posen in die Textilgroßstadt wirklich gewusst? Wie war er in die NS-Politik der Vernichtung und Auslöschung von Juden und Polen eingebunden? Auf welchem Informationsstand konnte er argumentieren und handeln?" Diese zentralen Fragestellungen sind in meinen Arbeitsnotizen an dem zitierten Brief aus dem Winterurlaub aus Hindelang festgezurrt und haben keine rein topographische Bedeutung. Es ist ein systematisches Suchen nach Fakten, Verbindungen, Zeugnissen, die es mir ermöglichen, den Weg meines Vaters Schritt für Schritt zu folgen, um sein politisches Denken und Handeln mit Hilfe einer gedachten Kreislinie in der Konkretisierung festzuhalten und nicht dem Weggleiten, dem Schwammigen und den verdeckenden Staubschichten der Archive zu überlassen.

Auskünfte?

Erst später, als ich bei meinen Recherchen tiefer in die Materie vordringen konnte, bedauerte ich, dass es keine Gespräche mit meinem Vater gegeben hatte, in denen er ausführlich Auskunft über seine politische Vergangenheit, sein Wirken und seine Täterschaft in Lodz hätte geben können. Er war – und so verstand er sich auch – eine Figur der Zeitgeschichte und hätte nicht unwesentliche Informationen geben können, wenn, ja wenn da nicht die Blockade eines Dialogs, aber auch die Weigerung der nächsten Generation, ihm wirklich zuzuhören, im Wege gestanden wäre. Einmal gab es den Versuch des Berliner Historikers Peter Klein mit meinem Vater ins Gespräch zu kommen. Doch seine Reaktion war: „Der kommt mir nicht ins Haus." Heute kann ich mir sehr gut vorstellen, wie aufschlussreich es hätte sein können, gäbe es den Mitschnitt von Gesprächen meines Vaters mit einem neutralen Historiker. Mir fehlte dieser Abstand, diese notwendige Neutralität, um vom Vater mehr zu erfahren. Aber mir fehlte auch der Mut, mich wirklich auf ein unsicheres Terrain zu begeben. Innerlich hatte ich wahrscheinlich schon mehr oder weniger mit ihm gebrochen. Ich erinnere mich nur an ein einziges, echtes Streitgespräch mit meinem Vater, er hatte schon das achte Jahrzehnt überschritten. Das Thema unserer Auseinandersetzung war die Frage, ob ich mich als „Deutscher" fühlen würde, was bereits die erhoffte Antwort in sich barg. „Ich fühle mich als Europäer, weniger als Deutscher", argumentierte ich und konnte in den Gesichtszügen meines Vaters eine sich widerspiegelnde Enttäuschung wahrnehmen. Dem von meinem Vater vertretenen Nationalismus im Sinne des Deutschtums schlicht und ohne Pathos „nur" Europa entgegenzusetzen, entsprach meiner Überzeugung, die ich mit trotzigem Kalkül vortrug. Ich wollte mich auf keinen Fall vereinnahmen lassen. Merkwürdigerweise war es kein längerer Dialog, ziemlich kurz und knapp kam es von der Substanz her mehr auf die Zwischentöne an, als ob man etwas „zwischen den Zeilen" lesen würde. Das Feld war abgesteckt, trotz eines gewissen Vorwagens meines Vaters kannte jeder von uns beiden die

Grenzen des anderen. Ohne dass ein lautes Wort fiel, zeichnete sich sehr schnell das Scheitern einer wirklichen Verständigung ab. Zu weit waren die beiden Generationen voneinander entfernt. Während mein Vater hoffte, mich vielleicht doch auf seine konservativ-nationalistische Linie in Richtung Deutschtümelei zu bringen, gab ich ihm durch meine Reaktion zu verstehen, dass er mich doch bitte mit seinen „Annäherungsversuchen" nicht mehr behelligen möge. Dabei wurden von beiden Seiten alle Formen der Höflichkeit genauestens eingehalten. Und nach ein paar Sätzen über „Deutschland in Europa" mit der nicht gerade aufhellenden Belegung von Allgemeinplätzen endete das Gespräch spürbar unbefriedigend, ohne dass man sich die nächsten Stunden beim familiären Abendessen verdrießen ließ, Kartoffelsalat, Würstchen und kühles Bier lagen jetzt näher. Die Blockade konnte nicht überwunden werden.

„Der doppelte Blick"

„Was war dein Vater für ein Mensch, dass er zum Mittäter an den Verbrechen der Nazis wurde? Was hat ihn veranlasst, sich als ‚Herrenmensch' unter ‚Herrenmenschen' zu fühlen?"

Diese und ähnliche Fragen stellte mir Jan Robert Bloch bei jedem unserer Treffen in seiner schönen Berliner Altbauwohnung. Es waren d i e zentralen Fragen, auf die alles gerichtet war. Befriedigende Antworten konnte ich Jan nicht geben, denn seit mehr als zehn Jahren suche ich nach Erklärungen für den Weg meines Vaters und für sein Handeln. „Warum" wird vermutlich eine Antwort nie erhalten.

Ich zeigte Jan ein Foto, das meinen Vater und mich in den Sommerferien 1956 auf einer Anhöhe oberhalb von Oberstdorf im Allgäu zeigt (siehe Seite 96). Mit diesem Foto hat sich Jan viel beschäftigt, er kam oft auf die Szene, vor allem auf die beiden sich zugewandten Menschen, Vater und Sohn, zu sprechen. Wenn ich an Jans Teetisch saß und wir über seine und meine Erfahrungen, Erinnerungen und Wahrnehmungen, über Gefühle, über Begriffe wie „Täter" und „Opfer", über „Hell" und „Dunkel" und über „Gott und die Welt" sprachen und gerade dabei waren, in einen intensiven Diskurs einzutauchen, kam es mehrfach vor, dass Jan plötzlich sagte: „Das Foto zeigt es doch […]." Der Vater und sein Sohn, der zum Zeitpunkt der Aufnahme 12 Jahre alt war, stehen in einem ganz bestimmten Verhältnis: Vertrauen, Zuversicht, Offenheit, doch auch Bestimmtheit, Erwartungshaltung. Alles stürzte später in sich zusammen.

Jan wollte für dieses Buch ein Vorwort schreiben. Es war nicht mehr möglich. Kurz vor seinem Tod sprach er von dem Gedanken „des doppelten Blickes", mit dem er versuchen wollte, ein wenig hinter die Kulissen des Vater-Sohn-Verhältnisses zu schauen, ausgehend vom bildlichen Ferienmotiv in Oberstdorf und seiner Kenntnis über meinen Vater und unsere Familiengeschichte, von der ich ihm berichtet hatte. Was verstand Jan unter dem Begriff des „doppelten Blickes"? Ich hatte mir bei unserem letzten Zusammensein dazu ein paar Notizen gemacht. Wer

Jan Robert Bloch kannte, wusste, worin er ein wahrer Meister war: im unerbittlichen Nachfragen, Nachfassen, Nicht-locker-Lassen, bis eine Sache Klarheit verschaffen konnte. Der eine und der andere Blick, können sie zusammen ein klares Bild ergeben? Das Sehen und das Nichtsehen, der eine und der andere Vater, der reale Vater und sein Schatten. Was stimmt, was wird überlappt, zugedeckt und kommt erst später an die Oberfläche? Die Stunden vergingen rasend schnell, der Tee schmeckte auch noch kalt.

Es war Januar 2005, als ich Jan Robert Bloch in Ludwigshafen im Ernst-Bloch-Zentrum kennen lernte. Zum 100. Geburtstag von Jans Mutter, Karola Bloch, fand dort eine Tagung unter dem Titel „Ein Leben in aufrechter Haltung" statt. Irene Scherer und Welf Schröter, mit denen ich bereits Kontakt hatte, schlugen Jan und mir zu dieser Gelegenheit ein Treffen vor, was angesichts unserer völlig verschiedenen Elternhäuser und Biographien kein ganz einfaches Unterfangen war. Mehrfach zögerte Jan, er sagte ab, dann wieder zu. Doch er erschien in Ludwigshafen. Auch mir war etwas „mulmig" zu Mute. Keiner von uns beiden, wusste, was ihn erwartete. Wie würde der Sohn von Ernst und Karola Bloch auf das Gegenüber mit dem Sohn des Nazi-Oberbürgermeisters der Stadt Litzmannstadt (Lodz) reagieren? Wir waren beide neugierig aufeinander, und es wurde eine Freundschaft, die Tiefgang hatte. Irgendwann sagte Jan zu mir, ich sei ja nur sieben Jahre jünger als er. Ich erinnere mich, dass er dies an dem Tag sagte, als er sein Portemonnaie öffnete und mir ein kleines Foto seines Geburtshauses in Prag zeigte, in dem er 1937 das Licht der Welt erblickt hatte. Seine Eltern waren dorthin emigriert, noch schien Prag ein sicherer Ort zu sein. Zuvor hatte er sich lange ein Foto meines Geburtshauses in Lodz angeschaut.

Jan schlug auch vor, dass wir einmal gemeinsam nach Lodz, wo sein Großvater eine Textilfabrik besaß, reisen sollten. Dazu kam es leider nicht mehr. Jan hatte auch die Idee, gemeinsam einmal „etwas zu machen", gedacht hatte er an ein öffentliches Gespräch zwischen uns an einem geeigneten Veranstaltungsort in Berlin. Er sprach davon, dass der Gegensatz unserer Biographien inhaltlich unser Anker sein könnte. Keinesfalls sollten wir uns auf eine Täterkinder/Opferkinder-Konstellation einlassen, sondern das Ausnutzen unseres biographisch-historischen Wissens als Grundlage sehen. Wir wären somit keine Theoretiker, sondern „unsere Universitäten" wäre unser Leben, unsere leibhaftige Erfahrung, unser Wissen „von innen heraus". Er verglich uns beide in diesem Zusammenhang treffend mit „Goldgruben", die ein gemeinsames „Bergwerk" hätten. Es gab Pläne, die uns aufwühlende und gewollte Perspektiven eröffneten. Ja, über Lodz haben wir oft gesprochen. Es hat ihn alles interessiert, was ich von meinen Besuchen der Stadt, von meinen Eindrücken, Archivbesuchen und Kontakten mit Polen erzählen konnte. Unvergessen bleiben mir die vielen intensiven Gespräche über politische und gesellschaftliche Strömungen, über Demokratie in der Bundesrepublik und der DDR, über Kommunismus und Sozialismus, über das Judentum und über Musik, Kunst und Literatur. Das lustvolle Hin- und Herwandern in den weiten Feldern der Sprache, auch das ein zentrales Thema für uns. Dabei war immer eine besondere Ernsthaftigkeit zu spüren, die Dinge im richtigen Kontext beim Namen zu nennen, nicht auszuweichen und eine Sache lieber noch einen Tag ruhen zu lassen, zu überdenken, bevor man sich auf Abwege begibt. „Ja, so dachten wir uns das auch: dieses Ringen i n s Vorwort" schrieb Jan mir am 23. September 2009, ein paar Wochen nachdem er und seine Frau Anne-Monika Sommer-Bloch bei uns zu Gast waren und wir gemeinsam im Garten unter dem großen Apfelbaum lange und inhaltsreiche Diskurse führten. Dieses „Ringen i n s Vorwort" hat für mich deshalb Bedeutung, weil ich auch in diesem kurzen Satz Jans wunderbare und erfrischende Fähigkeit zur intellektuellen Auseinandersetzung wieder erkenne.

Im gleichen Brief schrieb Jan:

> „Mit der Versöhnung ist es ähnlich: gut gemeint ist es immer, aber eine Versöhnung mit Polen etwa oder Israel ist eine contradictio in re. Die sich versöhnen sollen, müssen vergleichbar sein. Zu dem, was versöhnt werden soll, müssen beide beigetragen haben. Davon kann bei den von der deutschen Wehrmacht überfallenen Ländern Europas keine Rede sein. Ebenso unsinnig wäre es dafür zu plädieren, dass Vergewaltiger und Vergewaltigte sich, bitteschön, versöhnen sollten."

Danke, lieber Jan, dass du mich auf meiner Spurensuche eine entscheidende, aber leider viel zu kurze Strecke als Freund begleitet hast.

Ende Januar 2005 stand ich auf dem Tübinger Waldfriedhof am Grab von Ernst und Karola Bloch, ein paar Jahre später am Grab ihres Sohnes Jan Robert auf dem Französischen Friedhof im Herzen von Berlin.

„Nicht-wissen-Wollen"

„Es könnte doch jemand anders sein", ein solcher Satz beim Betrachten eines Fotos aus der Vergangenheit meines Vaters drückte Zweifel aus, ob die abgebildete Person in brauner NS- Uniform tatsächlich meinen Vater darstellt. Ein solches Hinausschieben von Erkenntnissen, von Wahrheiten ist nicht so ungewöhnlich, wenn Dinge, die allmählich, Teil für Teil an die Oberfläche kommen und eigentlich dazu zwingen, die bisher allzu gern verschlossenen Augen ganz zu öffnen. „Aber er hatte doch damit nichts zu tun, und wenn, dann doch nur am Rande, er war Chef der Zivilverwaltung und nicht bei der Gestapo", so und ähnlich äußerten sich Gedankengänge, vermeintliche Feststellungen und als unumstößliche Beweise empfundene Verdrängungsmechanismen. Auch in meinem Elternhaus schwang das Pendel viele Jahre zwischen „Nicht-wissen-Sollen" und „Nicht-wissen-Wollen." Es ist ein langer, zunächst bequemer Weg, das Mittel des Zweifelns permanent einzusetzen, um in einem weiten Bogen der Wahrheit auszuweichen. Doch irgendwann funktionierte das System nicht mehr, es wurde brüchig, die Maschen des Netzes, durch die bisher noch viele Fakten fallen konnten, wurden enger. Ein höherer Kraftaufwand war nötig, um das schon beträchtlich gefüllte Netz an Bord zu ziehen und den Inhalt in teilweise mühevoller Kleinarbeit zu ordnen und in den richtigen Kontext zu stellen.

In meinem Notizbuch findet sich vom Januar 2004 der Eintrag „Leslauer Juden zurück". Was ist damit gemeint? Ich hatte Kenntnis von einem Vorgang erhalten, der wiederum in Zusammenhang mit meinem Vater stand. Gauleiter Greiser hatte im Sommer 1941 verfügt, dass knapp 3.000 Juden aus Leslau (Wloclawek), Angehörige auswärts arbeitender Juden, in das Ghetto Litzmannstadt deportiert werden sollten. Wieder einmal ging es dabei für die Ghettoverwaltung um den finanziellen Ausgleich für Unterbringung und Ernährung dieser „nichtarbeitsfähigen" Juden. Es kam zu Verzögerungen der angeordneten Maßnahme, mein Vater hatte vermutlich gehofft, durch die Forderung eines Pauschalbetrages für jeden ins Ghetto deportierten Juden aus Leslau, diesen Plan verhindern zu können.[260] Während es sich hier für die Ghettoverwaltung und für ihn selbst um eine rein verwaltungs- und finanztechnische Angelegenheit handelte, erlebte ich in einem aus der Erinnerung aufgezeichneten Traum eine andere Szenerie: Mein Vater hätte alle Juden aus Leslau dorthin zurückbringen lassen, um ihnen einen Weg in die Freiheit zu eröffnen und ihnen das Schicksal der „Einsiedlung" ins Ghetto zu ersparen. Ich suchte nach einem Zeichen meines „einen" Vaters, erhielt aber eines meines „anderen" Vaters. Im Traum wurde die Realität von Wunschvorstellungen überdeckt, so wie beim Auftragen einer dickflüssigen Ölfarbe der Untergrund kaum noch wahrnehmbar ist.

Hosenträger

„16. Juni 1942: Einnahme-Anweisung an die Hauptkasse der Getto-Verwaltung über 7,00 RM von Herrn Oberbürgermeister Ventzki für Ankauf von 2 Paar Hosenträgern und 2 Paar Sockenhaltern" – so lese ich es im Archiv in Lodz.[261]

Selbst wenn mich dieses, vielleicht als nebensächlich einzustufende Dokument mehr an ein perfides und absurdes Theater erinnert, legt es aber Zeugnis ab von einer preußischen Bürokratie, bei der nichts, aber auch gar nichts verloren gehen darf. Dass mein Vater seine Hosen und seine rutschenden Socken durch vermutlich von Juden gefertigte oder aus ihrem Besitz stammende Halterungen vor unliebsamen Positionen bewahren wollte und beim Warenlager des Ghettos diese Dinge erwarb, entbehrt nicht einer gewissen Lächerlichkeit, wenn der hintere Bühnenraum des Theaters nicht die sich bereits abspielende Tragödie erkennen ließe. Am 18. Dezember 1942 erwirbt Hans Biebow aus „Ghettobeständen" einen Ring für 2.500 RM, vorher holt er sich für diesen Kauf die Genehmigung seines unmittelbaren Vorgesetzten, meines Vaters, ein, so ist es den Dokumenten zu entnehmen.[262] Der tatsächliche Wert des Ringes dürfte wesentlich höher gewesen sein, aber man konnte „günstig" einkaufen. Nein, es ist nicht die uns durchaus vertraute „normale" preußische oder deutsche Bürokratie, die hier entsprechend buchhalterischer Vorschriften zur Geltung kommt. Es ist die Bürokratie von Menschen, die im Wissen ihrer Mitwirkung an der Beraubung, Verfolgung und Vernichtung der ihnen ausgelieferten Juden handeln.

Da werden Einnahme-Quittungen über das den Juden geraubte Vermögen geschrieben, ausgestellt von „Der Oberbürgermeister – Gettoverwaltung", Listen, Rechnungen, Belege erstellt, es wird gerechnet, addiert, subtrahiert, korrespondiert und argumentiert, so als ob hanseatische Kaufleute in ihren Kontoren die ein- und ausgehenden Waren aus aller Welt verwalteten und letztlich in ein Zahlengerüst zwängen. Wie viel „bürokratische" Verachtung wurde hier zu einer Selbstverständlichkeit, die es mir immer wieder schwer macht, den Namen meines Vaters lesen zu müssen. „Es ist doch nur der Name des Vaters", so lautete kürzlich ein gut gemeinter Rat, der mir helfen sollte, mich nicht zu sehr in ein dunkles Loch zu begeben. Es könnte die Gefahr bestehen, dass ich da nicht wieder herauskomme. Das dunkle Loch ist für mich zu einem hellen Raum geworden, in dessen Mitte sich nicht der Oberbürgermeister von Litzmannstadt, sondern mein Vater Werner Ventzki befindet, der mich gezeugt hat und identisch ist mit der Person des Oberbürgermeisters, dem die Verwaltung des zweitgrößten von den Nationalsozialisten errichteten Ghettos unterstand.

Diesem als besonders deutsche Tugend geltendem Bürokratismus mit allen seinen perversen Auswüchsen begegne ich bei meinen Tauchgängen in die Tiefe mit verlässlicher Regelmäßigkeit.

„Der Tag in Litzmannstadt" – so ist die Lokalseite der „Litzmannstädter Zeitung" überschrieben. Am Sonnabend, 21. Juli 1941, wird hier berichtet:

„Zum ersten, zweiten und zum dritten […] Viel Trubel auf einer Versteigerung der Gettoverwaltung Litzmannstadt […] Der große Andrang in der Spinnlinie 45 gestern morgen bewies, daß das Interesse für derartige Veranstaltungen in Litzmannstadt groß ist…Die Gebote hagelten nur so… Das schöne Geschlecht überwog unter den Bietenden. Kein Wunder auch, gelangten doch vor allen Dingen Sachen zur Versteigerung, die ein Frauenherz in Wallungen bringen können: Teppiche, Porzellan, Kristall, Uhren, Silbersachen, Bestecke, Möbel […] Das lebhafte Interesse des Publikums riß mit der fortschreitenden Zeit keineswegs ab. Die wenigen, den Versteigerungssaal Verlassenden wurden durch immer neue Ankömmlinge reichlich ersetzt. Diese erschienen so zahlreich, daß der Zugang in den Saal zeitweise gesperrt werden mußte. […] Freiwilliger und unfreiwilliger Humor sorgten dafür, daß es auch etwas zum Lachen gab. So verlor die Versteigerung das nüchterne Geschäftsmäßige solcher Veranstaltungen und wurde zu einem Ereignis von zuweilen fast volksfestmäßig-heiterer Prägung."

Auch so wechselten die den Juden geraubten Güter ihre Besitzer.

Das Foto

Mai 2001. Erst ein paar Tage liegt meine erste Reise nach Lodz zurück. Noch ist längst nicht alles geordnet und in vorläufige Kästchen deponiert, um es zu einem späteren Zeitpunkt fundierter verarbeiten zu können. Zu sehr schwirren noch die Gedanken und Eindrücke vom Besuch meiner Geburtsstadt durcheinander. Da werde ich abrupt mit einer visuellen Herausforderung konfrontiert, die mich noch lange beschäftigen wird. Meine Tochter ruft mich an ihren Schreibtisch und deutet auf ein Foto, genauer auf eine männliche Figur in brauner NS-Parteiuniform und ruft mit deutlicher Stimme, aber ohne Aufgeregtheit: „Das ist doch der Opa", so als käme eine solche Entdeckung nicht überraschend. Vor ihr liegt die Ausgabe Nr. 22/2001 des Magazins „Der Spiegel". Auf Seite 162 ist ein Farbfoto wiedergegeben, dass den Besuch Heinrich Himmlers im Ghetto Lodz am 6. Juni 1941 dokumentiert. Aufgenommen hat diese Szene der aus Saalfelden in Österreich stammende Walter Genewein, Leiter der Finanzbuchhaltung der deutschen Gettoverwaltung in Lodz. Genewein, Sohn eines Kaufmanns, besuchte die Handelsakademie und betätigte sich anschließend als Handelsvertreter. Er trat der NSDAP bei und nahm 1940 das Angebot an, in Lodz/Litzmannstadt bei der Ghettoverwaltung die Buchhaltungsabteilung aufzubauen. Man war auf Fachkräfte aus dem Altreich und der „Ostmark" angewiesen. Seine Begeisterung für die Fotografie kam der deutschen Ghettoverwaltung gelegen, man beauftrage ihn – wie auch der bereits erwähnte Film „Der Fotograf" schildert –, Fotos von den Produktionsstätten innerhalb des Ghettos aufzunehmen, um vor allem für Auftraggeber der Ghettobetriebe deren Leistungsfähigkeit zu dokumentieren. Der größte Abnehmer der von den Ghettobewohnern in Zwangsarbeit produzierten Güter war die deutsche Wehrmacht, aber auch Privatfirmen aus dem Altreich waren willkommene Kunden wie zum Beispiel Neckermann, Alsterhaus Hamburg oder AEG-Telefunken. Genewein richtete seine Kamera ebenso auf Straßenszenen im Ghetto, doch erschien alles immer recht geordnet und fern von den wirklichen katastrophalen Zuständen. Diese wurden stattdessen heimlich von jüdischen Fotografen, denen es gelang, ihre Kameras vor ihren Peinigern zu verstecken, aufgenommen.

Nicht zum ersten Mal sehe ich das Foto, auf das mich meine Tochter gerade hinweist. Eine erste Begegnung fand statt in der Ausstellung über das Ghetto Lodz 1990 im Jüdischen Museum in Frankfurt, wo das Foto in einer für die Präsentation angepassten Form gut die Hälfte einer der üblichen Stellwände einnahm. Meine erste für mich drastische Konfrontation mit dem Ghetto Lodz im Jüdischen Museum in Frankfurt überlagerte die dauerhafte Speicherung eines solchen visuellen Eindrucks um ein Vielfaches. Meine erst ganz junge Gewissheit über den Kenntnisstand meines Vaters über den Massenmord an den Juden aus dem Ghetto Lodz wirkte lähmend auf weitere sinnvolle Detailarbeit. Das zweite Mal entdeckte ich das Foto während meines ersten Besuchs in Lodz 2001 in den verwinkelten Räumen eines mansardenartigen Obergeschoßes eines älteren Hauses. Darüber hatte ich bereits berichtet. Und nun hat sich plötzlich diese vorsichtige, vielleicht allzu vorsichtige Annäherung an eine Szene in aller Deutlichkeit zu einem meine Familie und mich tagelang beherrschenden Gedankengang verdichtet: War mein

Vater auf diesem Foto tatsächlich zu sehen? Konnte er es sein? Oder war das gar nicht möglich. Irrten wir uns auch nicht? Gab es da nicht berechtigte Zweifel? Walter Genewein war ein Pedant, was seine Erfahrungen in der Farbfotografie betrifft. Die Farbfotos von Walter Genewein – es handelt sich im Original um Diapositive in leicht grünblau- oder rotbraunstichiger Farbe – stellten damals bei ihrer Entdeckung im Jahre 1987 einen aufwühlenden Fund dar, weil Zynismus durch Kälte und vermeintlicher Harmlosigkeit zugleich visualisiert worden waren. Von diesen Dokumenten geht ein hohes Maß an Irritation aus, spiegelt sich doch in ihnen „der zu Bildern gefrorene Ausdruck dessen, was Hannah Arendt die Banalität des Bösen nannte"(Hilmar Hoffmann).[263]

Genewein, als Angestellter und Abteilungsleiter der deutschen Ghettoverwaltung musste gewusst haben, welche deutsche Amts- und Funktionsträger sich vor seiner Kamera befanden. So ist es auch nicht anders vorstellbar, als Heinrich Himmler im Sommer 1941 Litzmannstadt einen offiziellen Besuch abstattete und bei dieser Gelegenheit auch das Ghetto besuchte. Allein von diesem Ortstermin gibt es vier Dias, von denen allerdings nur eines weltweit eine besondere Aufmerksamkeit gefunden hat.

„Sonnige, schöne Tage mit Temperaturanstieg auf über 30 Grad", verzeichnet die Getto-Chronik für die erste Juni-Woche 1941. Am Sonntag, 8. Juni, berichtet die „Litzmannstädter Zeitung" auf der Titelseite unter der Überschrift „Reichsführer SS Heinrich Himmler in Litzmannstadt" von der Inspektionsreise des Reichsführers. Die Zeitung schreibt: „Reichsführer SS Himmler traf auf seiner Besichtigungsreise durch das Wartheland am Freitag in den Mittagstunden in Begleitung des Reichsstatthalters und Gauleiters Arthur Greiser zu einem kurzen Besuch in Litzmannstadt ein. In der festlich geschmückten Vorhalle des Fremdenhofes „General Litzmann", vor dem Posten der SS aufgezogen waren, wurde der Reichsführer SS mit seiner Begleitung von Regierungspräsident und Gauinspekteur U e b e l h o e r, dem Führer des SS-Abschnittes, SS-Brigadeführer F i e d l e r, Oberbürgermeister V e n t z k i, dem Polizeipräsidenten SS-Brigadeführer Dr. A l b e r t, den Führern aller in Litzmannstadt tätigen SS-Dienststellen sowie zahlreichen anderen Vertretern von Partei und Staat empfangen [...]" *(Hervorhebungen im Original, JJV)*. Zwei Fotos, von denen eines meinen Vater in der Gruppe der erwähnten Personen zeigt, geben dem Zeitungsleser einen visuellen Eindruck des Geschehens. Ein so hoher Besuch in der Stadt bot natürlich Anlass genug, die Kamera zu zücken. Auch Walter Genewein ließ sich die Gelegenheit nicht entgehen. Er war rechtzeitig zur Stelle, als der Reichsführer SS in seinem Dienstwagen mit dem Kennzeichen „SS – 1" am Baluterring durch die Tore des Ghettos fuhr und sich kurze Zeit danach beim Judenältesten Mordechai Chaim Rumkowski nach der Arbeit der Juden erkundigte.

Überliefert ist der folgende Dialog: „Was machen Sie hier?", fragt Himmler. „Wir arbeiten, und wir bauen hier eine Stadt der Arbeit auf." „Und wie geht die Arbeit hier voran?" „Nicht schlecht, glaube ich. Hoffe, daß es besser werden wird. Ich tue alles, daß das Getto immer mehr und immer besser arbeiten wird. Mein Motto ist Arbeit, Friede und Ordnung." „Dann machen Sie weiter zum Wohl ihrer Brüder im Getto. Es wird Ihnen gut tun [...]."[264] Das Foto zeigt Himmler auf dem

Abbildung 10: Reichsführer SS Heinrich Himmler (auf dem Beifahrersitz) besucht das Ghetto Litzmannstadt (6. Juni 1941), vorne links in Parteiuniform (mit dem Rücken zum Betrachter und Hände auf dem Rücken haltend) mein Vater, Werner Ventzki, rechts von ihm mit weißem Haar der „Älteste der Juden", Mordechai Chaim Rumkowski, direkt hinter der linken Schulter meines Vaters vermutlich Hans Biebow.

Beifahrersitz seines Dienstwagens, der von einer Gruppe deutscher Funktionsträger, vermutlich SS- Angehörige und Gestapo-Beamte, in dunkelgrauen bis schwarzen Uniformen, umringt wird. Das gibt der ganzen Szenerie eine gleichförmige, grau-schwarze, düstere Atmosphäre, die von drei unterschiedlich großen Farbflächen unterbrochen wird und den Eindruck der Unmittelbarkeit unmissverständlich verstärken.

Der Herr in Zivil in der Mitte der linken Personengruppe mit dem markanten weißen Haar und dem gelben Stern, dem Reichsführer SS zugewandt, ist leicht als Chaim Rumkowski zu identifizieren. Links neben ihm hebt sich eine Figur ab, dessen Kleidung dem Geschehen ein großflächiges Farbelement beimischt, das sich nicht mehr aus meinem Gedächtnis löschen lässt: Noch nie zuvor hatte ich meinen Vater in solcher Präsenz in seiner braunen Parteiuniform gesehen, nie zuvor spürte ich aber auch Druck, aufkommenden Zweifel an der Identität der ins Visier geratenen Figur nicht zu unterdrücken. Heute weiß ich, dass meine Zweifel an der Richtigkeit meiner Vermutungen auch mit Verdrängungsmechanismen zu tun hatten. Es ist ein merkwürdiger Prozess, etwas so wahrzunehmen, wie es mehr den eigenen Wünschen als der Realität entspricht. Ich konnte trotz einer sich mehr und mehr verstärkenden Kausalität einer solchen Auseinandersetzung zwischen dem einen und dem anderen nicht entkommen. Der auf dem Foto auf der linken Bildhälfte im Vordergrund sich mit dem Rücken dem Betrachter zuwendende deutsche Uniformträger hebt sich zunächst rein farblich von seiner Umgebung markant ab.

Noch trägt er die braune Parteiuniform mit der roten Hakenkreuzbinde am linken Arm, erst später wird er sich ganz in das grau-schwarze Bild der SS-Angehörigen einfügen. Dass auf diesem Foto mein Vater eigentlich zu sehen sein müsste, dieser Gedanke kam mir zwar schon in Lodz beim Besuch der Ausstellung über das Ghetto, doch ich unterlag der Aussage meines damaligen Begleiters, der meiner vorsichtigen Fragestellung antwortete: „Könnte sein, könnte aber auch nicht sein." Damit ließ ich es erst einmal bewenden. Umso stärker traf mich die unerwartete Konfrontation mit dem auf das Format 14 x 9,5 cm verkleinerten Foto im Magazin „Der Spiegel". Jetzt war die Lawine, die sich vorher nur vage angekündigt hatte, endgültig losgetreten. Die immer drängendere Frage lautete: „Stellt diese mit dem Rücken dem Fotografen zugewandte Figur in der markanten braunen NS-Partei-Uniform meinen Vater dar?" Sie sollte von nun an nicht mehr aus meinem Kopf verschwinden und mich fordernd beschäftigen. Nein, Ruhe konnte ich nicht mehr finden, eine mögliche Wahrscheinlichkeit deutete sich an und wurde doch mit regelmäßigen Abständen zweifelnd einer Prüfung unterzogen. Immerhin, und das machte es mir nicht so einfach, wie es zunächst erschien, handelt es sich um eine besonders gute und technisch klare Farbaufnahme aus dem Jahre 1941, die – abgesehen vom Motiv – auch deshalb oft in den verschiedensten Druckwerken der letzten Jahre wiederzufinden ist Die Sache gestaltete sich komplizierter, ein Phänomen, das nicht selten dann auftaucht, je eindeutiger ein Sachverhalt zu sein scheint. Der Mechanismus der Abwehr wird immer dann besonders aktiviert, wenn eine gewisse Logik, eine Kausalität wenig Spielraum für Spekulationen lassen. Zwar überwogen unter meinen Geschwistern und im Familienkreis die Überzeugungen, dass es sich bei der in Frage kommenden Figur um meinen Vater handeln muss. Doch Skepsis wurde laut. „Könnte es sich nicht um jemand anderen handeln, bist Du Dir sicher, dass das unser Vater ist?" Als besonders vertraute familiäre Erkennungszeichen dienten die relativ großen Ohren meines Vaters, sein Haaransatz, seine Körperhaltung und seine schlanke, große Figur. Gerade einmal vier Wochen war er auf dem Sessel des Oberbürgermeisters von Litzmannstadt gesessen, als Heinrich Himmler der Stadt einen Inspektionsbesuch abstatte. Zu dieser Zeit bestand die deutsche Ghettoverwaltung bereits als städtische Behörde, die dem Oberbürgermeister unterstand. Bei offiziellen Anlässen wie diesem Besuch des Reichsführers SS, bei Parteiveranstaltungen, Jubiläen usw. trug der Oberbürgermeister stets seine braune Dienstuniform. Nur wenige Fotos konnte ich bisher entdecken, auf denen mein Vater als OB zivile Kleidung trägt. Allein von den protokollarischen Gepflogenheiten, die es nach preußischem Muster auch in der NS-Diktatur gab, wäre es nicht nur ein Fauxpas, sondern noch mehr ein Affront gegen den hohen Besuch aus Berlin gewesen, hätte der junge Oberbürgermeister der Stadt den Ortstermin im Ghetto ignoriert. Das Ghetto war keine Geheimsache und schon gar nicht ein alleiniges Feld der SS, der Schutzpolizei und der Gestapo. Als eines der wenigen kommunal verwalteten Ghettos im Warthegau besaß es eine besondere Dimension. Die auf dem Foto so deutliche Szene – rechts von meinem Vater der Älteste der Juden, Rumkowski, erkennbar an seinem schlohweißen Haar und dem angehefteten Judenstern, und oberhalb der linken Schulter meines Vaters vermutlich der Kopf von Hans Biebow, dem Leiter der deutschen Ghettoverwaltung und Untergebener des Oberbürgermeisters, – stellt sich in ihrer Kausalität außer Zweifel. Ich wurde mir in der Beurteilung dieses Fotos immer sicherer je mehr ich Kenntnis von den Verwaltungs- und Machtstrukturen in der Stadt Lodz/Litzmannstadt hatte. Endgültige Klarheit verschaffte mir ein Hinweis des Berliner Historikers Peter Klein, der mich auf eine amerikanische Publikation von Isaiah Trunk aufmerksam machte.[265] Dort würde ich auf Seite 167 ein interessantes Foto finden. Tatsächlich fand sich an der angegebenen Stelle die Auflösung aller Zweifel: Ein weiteres Foto aus der Serie von Walter Genewein ist in dem Buch von Isaiah Trunk abgedruckt und zeigt den gleichen Ortstermin beim Besuch Himmlers im Ghetto einige Minuten später. Die abgelichtete Personengruppe löst sich auf und wendet sich langsam vom zur Abfahrt bereiten Auto des Reichsführers SS ab. Am linken Bildrand ist zwar leicht verschwommen, aber für mich eindeutig identifizierbar die gleiche Person, jetzt frontal und im Begriff die Szene zu verlassen, aber zur Kamera gewandt, zu erkennen, die auf dem ersten Foto sich so deutlich in der braunen Parteiuniform von seiner unmittelbaren Umgebung abhebt. Es kann keinerlei Zweifel mehr geben: Der Oberbürgermeister von Litzmannstadt, Werner Ventzki, hat einen Tagestermin im Ghetto absolviert und strebt seinem Dienstwagen entgegen.

„Jagen 77"

„Jagen, das, regelmäßige Forstabteilung der Ebene, durch gerade, unbeholzte Geländestriche (Gestelle, Schneisen) begrenzt", so lautet eine lexikalische Definition[266] einer forstlichen Flächeneinheit oder Abteilung, die der Planung und Kontrolle in der Forstwirtschaft dient. Ein dichter, relativ junger Kiefernwald kennzeichnete die ausgewiesene Forstfläche „Jagen 77".

> „Einige Zeit später fuhr ich mit dem Landrat und Kreisleiter Becht von Kulmhof nach Kolo. Als wir durch den Wald fuhren, sagte Becht mit der Hand nach Jagen 77 deutend: ‚Bald werden Ihre Bäume besser wachsen.' Als ich ihn darauf fragend ansah, antwortete er, die Juden geben einen guten Dung. Ich wollte Näheres wissen, Becht tat aber sehr geheimnisvoll und fing ein anderes Gespräch an."[267]

Diese Zeilen stammen aus einem Anfang 1945 verfassten Bericht von Heinrich May, Forstmeister des Kreises Warthbrücken (Koło), über seine Erinnerung an das in seinem Bezirk liegende Vernichtungslager Kulmhof (Chełmno).

Im Herbst 1941 begannen dort, ca. 55 km in nordwestlicher Richtung von Lodz gelegen, die Bauarbeiten für das erste Vernichtungslager der Menschheitsgeschichte. Vorausgegangen waren durch die angekündigte Deportation von Juden aus dem Reich sowie Sinti und Roma aus der „Ostmark" in das Ghetto Lodz widersprüchliche Überlegungen der regionalen und örtlichen Funktionsträger, wie man mit dieser neuen Situation umgehen solle. Mit einer Anweisung vom 16. Oktober forderte Regierungspräsident Uebelhoer meinen Vater auf, die Zweiteilung des Ghettos in einen „Produktionsbereich" und einen „Versorgungsbereich" prüfen zu lassen.[268] Dies könnte bereits als ein erster Hinweis auf die Absicht gesehen werden, bald mit der Ermordung der Juden zu beginnen, die keinen Arbeitsplatz im Getto hatten. Aber sicher ist dies nicht.[269]

Als Schauplatz ihres Massenmordens wählten die Deutschen ein verlassenes „Schloss" (Herrenhaus) am Dorfrand von Chełmno, nur etwa 50 Meter von der Hauptstraße entfernt. Das Gebäude wurde in Stand gesetzt, um die Transporte der Juden aufzunehmen. Auch die Kirche südöstlich des Schlosses diente später als Sammelpunkt für die deportierten Menschen. Etwa vier Kilometer vom Schloss entfernt richteten die Deutschen den zweiten Schauplatz ein: das „Waldlager", wo auf drei Waldlichtungen Massengräber ausgehoben wurden. Das Töten der Menschen geschah in Gaswagen. Diese ähnelten von außen Möbelwagen, versehen mit doppelten Hintertüren, durch die die Opfer in das Wageninnere getrieben wurden. Mit einem Verbindungsschlauch wurden die Abgase des Motors vom Auspuff in das Innere des Wagens geleitet. Nach etwa 15–20 Minuten waren die Menschen, die zuvor alle Kleidung ablegen mussten, während der Fahrt vom „Ortslager" in das „Waldlager" eines qualvollen Todes gestorben. Eine genaue Zahl der Todesopfer in Chełmno konnte nie ermittelt werden, doch gehen realistische Schätzungen von etwa 150.000 ermordeten Juden aus.[270] Auch Tausende von Nichtjuden erlitten an diesem Ort das gleiche Schicksal, Polen, Sinti und Roma, Rotarmisten und Kinder aus Lidice. Die Leichen der Ermordeten wurden in den vorbereiteten Massengräbern verscharrt. Ab Mitte 1942 wurden die Leichen exhumiert und verbrannt, ihre Asche streuten man in den nahe gelegenen kleinen Fluss Ner. In der letzten Phase des Mordens in Chełmno 1944 wurden die Leichen sofort auf großen Scheiterhaufen verbrannt und ihre Asche in den Fluss geworfen.

> „Die Handlung beginnt in unseren Tagen, in Chełmno, in Polen. Achtzig Kilometer nordwestlich von Lodz im Herzen einer Region, in der früher eine große jüdische Bevölkerung lebte, war Chełmno der Ort in Polen, an dem die ersten Juden durch Gas umgebracht wurden. Es begann am 7. Dezember 1941. 400.000 Juden wurden in zwei verschiedenen Zeitabschnitten in Chełmno ermordet [...]. Von den 400.000 Männern, Frauen und Kindern, die an diesen Ort kamen, haben zwei überlebt: Mordechai Podchlebnik und Simon Srebnik. Simon Srebnik, Überlebender der zweiten Periode, war damals ein Kind von dreizehneinhalb Jahren. Sein Vater war vor seinen Augen im Getto von Lodz erschossen worden, seine Mutter in einem der Wagen von Chełmno vergast worden. Die SS-Männer teilten ihn einem Kommando von „Arbeitsjuden" zu, die die Vernichtungsanlagen betrieben und selber dem Tod geweiht waren.
> Mit gefesselten Füßen, wie alle seine Kameraden, ging das Kind jeden Tag durch das Dorf Chełmno. Dass Simon länger als die anderen verschont wurde, hatte er seiner außergewöhnlichen Behendigkeit zu verdanken, mit der er die Wettkämpfe gewann, die die Nazis unter diesen Gefesselten veranstalteten, im Springen oder im Rennen. Und seiner melodischen

Abbildung 11: Chełmno (Kulmhof) heute: Schlossgelände

Abbildung 12: Chełmno (Kulmhof) heute: Gelände des „Waldlagers"

Stimme: mehrmals in der Woche, wenn die Kaninchen im Hühnerhof der SS gefüttert werden mussten, fuhr Simon Strebnik, von einer Wache beaufsichtigt, den Ner hinauf, auf einem flachen Boot, bis ans Dorfende, zu den Kleewiesen. Er sang polnische Volkslieder, und die Wache brachte ihm im Austausch preußische Soldatenlieder bei. Jeder in Chełmno kannte ihn. Die polnischen Bauern, aber auch die deutsche Zivilbevölkerung. […] In der Nacht des 18. Januar 1945, zwei Tage vor dem Eintreffen der sowjetischen Truppen, töteten die Nazis die letzten „Arbeitsjuden" durch Genickschuss. Auch Simon Srebnik kam an die Reihe. Die Kugel ging an den vitalen Zentren vorbei. Als er wieder zu sich kam, kroch er zu einem Schweinestall. Ein polnischer Bauer nahm ihn bei sich auf. Ein Oberstabsarzt der Roten Armee pflegte ihn, rettete ihn. Einige Monate später brach Simon mit anderen Überlebenden nach Tel Aviv auf. Und in Israel habe ich ihn gefunden. Ich habe das singende Kind überzeugen können, mit mir noch einmal nach Chełmno zu kommen. Er war 47 Jahre alt."[271]

Mit dieser Schilderung führt uns Claude Lanzmann zum ersten Teil seines mehrstündigen Dokumentarfilms „Shoah".

„Es ist schwer zu erkennen, aber das war hier. Ja. Da waren gebrennt Leute. Viel Leute waren hier verbrannt. Ja, das ist der Platz. Wer hier hereingekommen, zurück hat er schon kein Weg gehabt mehr. Die Gaswagen sind hier reingekommen, da hier waren zwei große Öfen, und nachher haben die hier die reingeschmissen, in die, in den Ofen, und das Feuer ist gegangen zum Himmel.
Zum Himmel?
Ja. Ja. Das war furchtbar. Das… das… das kann man nicht erzählen. Niemand kann das nicht bringen zum Besinnen, was war so was da hier war. Unmöglich. Und bringen zum Besinnen, was war so was da hier war. Unmöglich. Und keiner kann das nicht verstehen. Und jetzt glaub ich auch, ich kann das auch schon nicht verstehen. Ich glaube nicht, dass ich da hier … Das kann ich nicht glauben, dass ich bin hier noch einmal. Das war immer so ruhig hier. Immer. Wenn die haben da jeden Tag verbrannt zweitausend Leute, Juden, es war auch so ruhig. Niemand hat geschrien. Jeder hat seine Arbeit gemacht. Es war still. Ruhig."[272]

Diese am Ort der von Deutschen verübten Mordtaten wieder aufkeimenden Erinnerungen des Überlebenden Simon Srebnik und die Bilder der Tatorte in Chełmno haben sich mir unauslöschlich eingeprägt. Die Frage, die sich mir immer wieder stellt, ist, wie umfassend war mein Vater über das Morden in Chełmno informiert, was und welche Einzelheiten waren ihm bekannt?
Anfang 1942 besuchte Hans Biebow die Vernichtungsstätte Chełmno,[273] weitere Besuche folgten. Auch der Kommandeur der Schutzpolizei Litzmannstadt, Walter Keuck,[274] inspizierte die Mordstätte, vermutlich mehrmals.

Mein Vater erhielt über das Geschehen in Chełmno aus erster Hand Informationen. Mit Biebow gab es regelmäßige Besprechungen, mit Wilhelm Keuck pflegte mein Vater privaten Kontakt.[275]

Botschafter für die Jugend

Die Erziehung der Jugend im Sinne der NS-Jugendpolitik war meinem Vater stets ein besonders Anliegen, was sich häufig auch in seinen Redetexten wiederfand. Oft genug wiesen seine Ambitionen in die gleiche Richtung: Das Ideal einer „körperlich tüchtigen, gesunden" Jugend, die sich tatkräftig für die Neugestaltung des Reichs bereithielt, sollte die Basis zur Neuausrichtung der Erziehungsziele bilden. Dabei ging es ausschließlich um die „Erziehung zur Volksgemeinschaft." Wer wegen seiner „Rasse" nicht in dieses verengende Schema der Herrenmenschen passte oder aus vielerlei Gründen nicht bereit war, sich einzugliedern, wurde schnell an den Rand gedrückt, nicht als vollwertiges Mitglied der Gesellschaft akzeptiert und war Drangsalierungen und Verfolgungen ausgesetzt. Erziehung wurde „nicht als Einlösung individueller Rechte und Ansprüche gesehen", wie es ursprünglich im Reichsjugendwohlfahrtsgesetz festgeschrieben war.[276] „Nicht um das „Recht der Kinder und Jugendlichen auf Erziehung" geht es dem Nationalsozialismus, sondern ausschließlich um das „Recht und die Pflicht der Volksgemeinschaft an der Erhaltung und Förderung eines gesunden Nachwuchses", so mein Vater auf einer Tagung des „Deutschen Vereins" über die Reform der Jugendhilfe 1938.[277]

Unverkennbar neigte mein Vater dazu, völkische und später nationalsozialistische Ideale durch aktives Handeln an die Jugend weiterzugeben und sich als eine Art Botschafter für die nächste Generation zu verstehen. Vier Eckpunkte seiner Biographie markieren die Spur seiner eindeutig geprägten Verbindung zur Jugend und hinterlassen einen klaren „roten Faden", der sich auch nach Kriegsende 1945 keineswegs im Nichts verliert. Nach seiner bereits erwähnten Mitgliedschaft im „Großdeutschen Jugendbund" (Admiral von Trotha), dem er als Landesleiter in Pommern diente, schloss sich nach eigenen Angaben in seinem Lebenslauf „hochschulpolitische Arbeit im Hochschulrecht deutscher Art in Heidelberg und im „Verein Deutscher Studenten" an.[278] Ein weiteres mir erst kürzlich zugänglich gemachtes Dokument vom 1. 4. 1944 – mein Vater befand sich im Dienst bei der Waffen-SS, aber noch ohne Fronteinsatz – stellt eine Art testamentarisches Schreiben dar, in dem er Gauleiter Arthur Greiser um Fürsorge für seine Familie für den Fall bittet, dass ihm eine Rückkehr von seinem kurz bevorstehenden Fronteinsatz verwehrt bleiben würde:

„Wenn das Schicksal mir das nicht vergönnt *(eine Rückkehr, JJV.)*, dann werde ich für mich selbst nach einem so inhaltsreichen Leben, wie es hinter mir liegt, darin nichts Erschreckendes sehen. Meine Sorge gilt allein meiner Familie, die mir, wie Sie wissen, alles bedeutet. Mein grenzenloses Vertrauen gilt auch insoweit Ihnen, weil ich weiß, daß Sie alles tun werden, was in Ihren Kräften steht, äußere Sorgen von meiner Familie fernzuhalten."

Weiter schreibt mein Vater selbstbewusst:

„Wenn Sie den Wunsch haben, meinen Namen und meine Arbeit in Litzmannstadt festzuhalten, dann bitte ich Sie herzlich, nicht eine Straße nach mir zu benennen, sondern mich in irgendeiner Form in Verbindung mit der Jugend zu bringen. Vielleicht könnte das erste, von der Stadt erbaute Heim der HJ. meinen Namen tragen. Für einen Nationalsozialisten gibt es schließlich nur eine Form des ewigen Lebens, die der eigenen Kinder und die der Jugend der Nation. Das Bewußtsein, vier Kinder zu haben, ist für mich daher jetzt von besonderer Bedeutung und von besonderem Wert. Und wenn Sie einmal meiner hier gedenken, dann soll das in einer ausgesprochen lebensbejahenden Form geschehen. Ich möchte, daß viel Jugend dabei ist, der von jeher in der politischen Arbeit mein ganzes Herz gehört hat. Lassen Sie die Jungen und Mädel singen von der Freiheit, der unser Leben gehört. Daß Sie selbst als Mann, Kamerad und Nationalsozialist dann die Worte finden, die wir selbst so oft für andere Kameraden gefunden haben, weiß ich. Ich grüße Sie, Gauleiter, in Dankbarkeit, Treue und Kameradschaft. Nur eine Sorge wird mich bedrücken, daß ich nicht mehr dabei sein kann, wenn das große Werk des Aufbaues einst beginnt".[279]

Vier Monate später, am 7.8.1944 sandte Gauleiter Greiser an Heinrich Himmler folgendes Telegramm:

„Betr: Oberbürgermeister von Litzmannstadt Ventzki, z. Zt. SS-Unterscharführer in der Waffen-SS. Reichsführer, bei Ihrer Anwesenheit in Posen am 3.8.44 hatten Sie, Reichsführer, dem Oberbürgermeister von Litzmannstadt, Parteigenossen Ventzki, z. Zt. SS-Unterscharführer in der Waffen-SS, SS-Unterscharführer beim SS-Pz.–Gren. A.u. E. Batl. 3, früher Warschau, jetziger Standort unbekannt, einen sofortigen Fronteinsatz bei der HJ-Division in Frankreich oder der Division Reichsführer SS in Italien unter Verzicht auf seine angeordnete Teilnahme an einem Führerlehrgang in Aussicht gestellt. Auftragsgemäß erinnere ich hieran und wäre dankbar, wenn Ventzki möglichst bald zum Einsatz bei der HJ-Division in Frankreich, worum er gebeten hat, gelangt. SS-Unterscharführer Ventzki ist bis zur Klärung, wo sich sein Ersatztruppenteil befindet, in Litzmannstadt über die Stadtverwaltung erreichbar. Heil Hitler. Ihr stets sehr ergebener gez. Greiser."[280]

Und wieder war es seine innere Verbindung zu jungen Menschen, die mein Vater wie eine Art Berufung empfunden haben muss und ihn dazu bewog, sich um den Waffen-Dienst bei einer SS-Division mit Namen „Hitler-Jugend" zu bewerben.

„Mucksmäuschenstill war es im Saal", so berichtete mein Vater in meinen Erinnerungen mehrfach von seinen Vorträgen als „Alter Herr" vor dem Auditorium junger Studenten des „Vereins Deutscher Studenten" in Heidelberg, dem er viele Jahre angehörte und sich zeitlebens besonders verbunden fühlte. Ja, er fand sein Forum und erreichte immer wieder eine Zuhörerschaft, die bereit war, ihm zu folgen.

... nächstes Jahr in Jerusalem[281]

Wieder saß ich in der Cafeteria des Münchner Flughafens lange vor dem planmäßigen Abflug, so wie genau vor vier Jahren, als ich das erste Mal nach Warschau flog, um von dort aus meine Geburtsstadt Lodz zu besuchen. Ich gestehe, auch dieses Mal war ich innerlich ziemlich aufgeregt und angespannt. Katharina, die mich auf dieser folgenden Reise begleitete, erging es nicht anders. Man sollte meinen, dass eine Flugreise heutzutage zum normalen Alltag in einer mobilen Gesellschaft gehört. Als „normal" oder „alltäglich" wird uns d i e s e Reise nicht in Erinnerung bleiben. Nach dem umfangreichen Sicherheitscheck auf dem abseits gelegenen Terminal erhielten wir bereits auf dem Flugfeld einen ersten Eindruck eines für die meisten Deutschen ungewohnten Anblicks: Langsam bewegte sich die EL-AL-Maschine zu ihrer Startposition und wurde rechts und links von jeweils einem gepanzerten und bewaffneten Polizeifahrzeug begleitet, die erst wieder an ihren Standort zurückkehrten, als die Maschine abgehoben hatte. Erinnerungen an das Attentat auf die israelische Mannschaft während der Olympischen Spiele in München 1972 wurden wach.

Wir wohnten damals im westlich gelegenen Münchner Stadtteil Obermenzing. Das Knattern der Polizeihubschrauber, die mit den israelischen Geiseln und den Attentätern direkt über unser Haus in Richtung des kleinen Flughafens Fürstenfeldbruck flogen, war uns noch lange präsent. Vorbei war es mit den fröhlichen, unbeschwerten Spielen unter dem Symbol der fünf Ringe, Entsetzen und Lähmung des öffentlichen Lebens legte sich über die Stadt, der sprichwörtlich heitere, weißblaue Münchner Himmel hatte sich verdunkelt.

Unser Reiseziel hieß Tel Aviv, Airport Ben Gurion. Eigentlich nichts Außergewöhnliches, wenn da nicht eine bestimmte Reiseroute entscheidend gewesen wäre, deren wichtigste Fixpunkte die beiden Städte Lodz in Polen und Haifa waren. Nein, der direkte Weg in das Heilige Land ist das nicht, sondern eher der unwahrscheinlichste, den wir uns vorstellen konnten.

Auf Einladung von Professor Dr. Michael Moshe Checinski und seiner Frau Tosha, beide Überlebende des Ghettos Lodz, der Konzentrationslager Auschwitz und Bergen-Belsen, reisten wir nach Israel und waren dort zwei Wochen in ihrem Privathaus zu Gast. Es war, wie wir immer wieder in der Realität erfuhren, viel mehr als eine Geste. Wenn ein Vertrauensbeweis von einem hohen Anspruch getragen ist, dann war es dieses „... nächstes Jahr in Jerusalem", das uns Michael und Tosha zum Abschied aus Deutschland im Herbst 2004 zuriefen. Ich gebe zu, dass Katharina und ich zutiefst beeindruckt waren und erst langsam realisiert hatten, wie ernst dieses „…nächstes Jahr in Jerusalem" gemeint war. Auf manches hatten wir uns eingestellt, nur nicht auf eine Einladung nach Israel von Überlebenden der Shoah.

Michael Moshe Checinski wurde 1924 in Lodz geboren, genau 20 Jahre bevor ich in der gleichen Stadt unter anderem Vorzeichen – dem des Hakenkreuzes – als Sohn des deutschen Oberbürgermeisters das Licht der Welt erblickte. Im Februar 1940 musste Michael Checinski mit seiner Familie in das „Wohngebiet der Juden", wie die Nazis das Ghetto anfänglich bezeichneten, übersiedeln. Er arbeitete dort in einer Metallfabrik und war Mitbegründer des jüdischen Widerstandes. Als das Ghetto im August 1944 liquidiert wurde, erfolgte die Deportation nach Auschwitz. Seine Eltern wurden vergast, seine Schwester im Konzentrationslager Stutthof und sein älterer Bruder in Bergen-Belsen umgebracht. Während des Todesmarsches 1945 gelang Michael Checinski die Flucht, als Freiwilliger kämpfte er noch in den letzten Wochen des Zweiten Weltkrieges auf der Seite der Roten Armee gegen die Deutschen. Er begann ein Studium der Wirtschaftslehre und arbeitete als Dozent an der Militärakademie in Warschau. Seit 1969 ist er in Israel beheimatet, er war dort an der Hebrew University of Jerusalem, später an der Havard University in den USA tätig. In den 1980er und 1990er Jahren war Michael Checinski Professor für Militärwirtschaft im G. Marshall European Center for Security Studies in Garmisch-Partenkirchen.

Im Frühsommer 2003 brachte mich der ICE in ruhiger und bequemer Reiseatmosphäre von München zunächst nach Köln, von wo ich die kurze Strecke nach Münster in Westfalen weiterreiste. Hier in der Stadt, in der der radikal national gestimmte und daher nicht ganz unumstrittene Bischof Clemens August Graf von Galen sich am 3. August 1941 in seiner mutigen Predigt gegen die Euthanasie der Nazis gestellt hatte, sollte ich die zweite Begegnung mit einem Überlebenden des Ghettos Lodz haben. „60 Jahre danach – Das Ghetto Lodz und das bürgerliche Litzmannstadt: Zwei Welten in einer Stadt", unter diesem Thema stand eine Veranstaltung im Geschichtsort Villa ten Hompel, zu der ich angereist war, um Michael Checinski zu treffen. Ich hatte sein Buch „Die Uhr meines Vaters"[282] gelesen und hoffte darauf, dass er mir – wie vorher schon Leon Zelman – vom Leben im Ghetto und von seiner Familie erzählen könne. Noch heute habe ich sein „Unglaublich" im Ohr – Michael Checinski wusste, wer mein Vater war – als er mich leicht kopfschüttelnd in der Hotellobby begrüßte. Auf dieser Veranstaltung las Professor Dr. Wolfgang Hempel aus den Texten von Michael Checinski. Auch hier gibt es Berührungspunkte: Wolfgang Hempel verbrachte ab seinem 10. Lebensjahr einige Jahre bei einem Patenonkel in Lodz, der dort als Abschnittskommandeur der Schutzpolizei eingesetzt war, ohne Nationalsozialist zu sein. Als „kleiner Nazi bis zum letzten Tag", wie sich Wolfgang Hempel in diesen Jahren in der „Jungvolkuniform" im Nachhinein selbst bezeichnet, nahm er durchaus das Schicksal der Juden im Lodzer Ghetto wahr. Denn eine wichtige Straßenbahnlinie, die auch Wolfgang Hempel benutzte, führte direkt durch das Ghetto und gab, da das „Wohngebiet der Juden" nur durch einen geschlossenen Bretter- und Stacheldrahtzaun, und nicht wie in Warschau durch eine Mauer, abgetrennt war, den Blick frei auf das sich hinter dieser Grenze abspielende bereits oft vom Tode gezeichnete Leben.

Ein paar Wochen später. Linker Hand erhebt sich das Wettersteingebirge mit dem imposanten Zugspitzmassiv, auf der gegenüberliegenden Seite zeichnen sich die vorgelagerten Ammergauer Alpen gegen den blauen Himmel deutlich ab. Nur knapp 50 Autominuten benötigen wir von unserem Wohnort am Starnberger See, um Tosha und Michael Checinski an ihrem sommerlichen Aufenthaltsort Garmisch-Partenkirchen zu besuchen Wir sitzen auf ihrer Terrasse, die Berge im unmittelbaren Blickfeld, hören mit neugieriger Anspannung und Konzentration ihre Erzählungen über ihr Leben im Ghetto Lodz und später in Auschwitz und Bergen-Belsen, in Warschau, in den USA, in Israel und Deutschland, fragen nach ihren Erfahrungen in so verschiedenen Welten und kommen immer wieder auf das Dritte Reich, die Shoah und den weltweiten Antisemitismus zurück. Wir reden über jüdische Identitäten, die Geschichte des Judentums, die aktuellen Veränderungen im Verhältnis der drei monotheistischen Weltreligionen zueinander, über den Nahost-Konflikt, deutsche und israelische Literatur, kurz gesagt im wörtlichen Sinne „über Gott und die Welt". Wir hören aber auch einige wunderbare jüdische Witze, lassen uns zu einem zauberhaften Rabbi entführen, der Gegenstand so vieler Geschichten und Anekdoten ist, und dürfen vom ersten Moment an am Leben der Familie unserer Gastgeber teilnehmen. Wenn zufällig die Töchter oder Enkel aus Israel oder den USA während unserer Anwesenheit anrufen, und hebräische, polnische, englische oder deutsche Laute an unsere Ohren dringen, berichtet uns Michael, nachdem er das Handy zur Seite gelegt hat, von besorgten und liebevollen Nachfragen nach Toshas und seiner Gesundheit, ihrem Wohlbefinden und ihrem Leben im „schwierigen Deutschland".

Dies alles vor der wie aus dem Fremdenverkehrsprospekt herausgeschnittenen bodenständigen, bayerischen Kulisse. Es kommt uns wie etwas Unwirkliches vor, fern aller Realität. „Jetzt konnten wir doch noch miteinander lachen", so verabschieden uns Tosha und Michael und geben uns klare Zeichen, dass wir jederzeit willkommene Gäste sind. Auf der Rückfahrt am Abend wird es für uns zur Gewissheit: In Garmisch hat sich für uns eine neue Welt eröffnet, die uns nicht mehr loslassen wird.

Flughafen Ben Gurion, Tel Aviv. Eine eindrucksvolle, großzügige und moderne Architektur empfängt uns, gekennzeichnet durch die Klarheit des für Israel so typischen sandfarbenen Steins als grundlegendes Baumaterial. Es ist Freitagnachmittag, der Schabbat kündigt sich an, unsere Maschine ist die letzte, die vor der Schabbatruhe aus Europa landet. Das unmittelbar bevorstehende Pessach-Fest sorgt zusätzlich für hektisches Treiben. Alles strebt nach dem Empfang des Gepäcks den Ausgängen zu, um noch die letzte Busverbindung oder ein Taxi zu erreichen. Ein Sherrut (Sammeltaxi) bringt uns über die Schnellstraße in zügiger Fahrt direkt zu unseren Gastgebern nach Haifa, wo wir ungeduldig erwartet werden. Es ist unser erster Besuch in Israel.

Ich kann es nicht anders beschreiben: Die ersten Eindrücke von diesem Land und von Haifa waren von einer besonders empfundenen Wahrnehmung des Augenblicks geprägt, der uns nicht nur die folgenden zwei Wochen ständig präsent war, sondern auch bis heute und für die Zukunft zu einem wichtigen Fixpunkt unseres Lebens geworden ist. Da standen wir am ersten Morgen unseres Aufenthaltes im Heiligen Land weit oben auf der berühmten und wunderschönen Panoromastraße auf dem Carmel zusammen mit Tosha und Michael Checinski, genau 61 Jahre nach ihrem Überlebenskampf im Ghetto Lodz, Auschwitz und Bergen-Belsen und meinem behüteten Säuglingsdasein in einer Nazi-Villa in der gleichen Stadt. Gemeinsam schauten wir über große Teile der Stadt Haifa, die geschwungene Bucht bis zur antiken Stadt Akko und auf das Mittelmeer hinaus. Ziemlich genau unterhalb unseres Standortes begann die Tragödie der „Exodus 1947", die dramatische Geschichte der 4.500 Überlebenden der Shoah, die in Palästina eine neue Heimat finden wollten.

Wie war es möglich, dass etwas Wirklichkeit wurde, was nicht in unserer Vorstellungskraft lag? Michael schien unsere offensichtliche Ungläubigkeit, unser Erstaunen über so viel Gastfreundschaft – vor allem vor diesem speziellen Hintergrund – bemerkt zu haben und konterte sehr diplomatisch, liebevoll und völlig entwaffnend mit einem wunderbaren polnischen Sprichwort: „Hast du einen Gast im Haus, hast du Gott im Haus." Später, an einem der langen Abende – unsere Gesprächsthemen ließen jeden Blick auf die Uhr fast wie einen Verrat erscheinen – sprachen wir darüber, welche Bedeutung „Gastfreundschaft" in der heutigen, oft auf kleinere „Einheiten" fixierten deutschen Gesellschaft hat und welchen Stellenwert dem gleichen Begriff auch heute noch in der jüdischen beigemessen wird. „Polnisch-jüdische Gastfreundschaft" nannte es Michael, was so viel bedeutet wie „das Haus ist offen, es wird geteilt, was da ist". Doch auch in diesem Kontext empfanden Katharina und ich es als überhaupt nicht „selbstverständlich", was uns im Bewusstsein der Shoah, der Geschichte von Tosha und Michael, widerfuhr.

Der Sederabend, mit dem das Pessachfest seinen Anfang nimmt, näherte sich. Eine gewisse Hektik prägte trotz Schabbat überall in der Stadt das Bild. Für unsere Gastgeber war unsere Anwesenheit bei dieser sehr familiären Feier ein großes Anliegen. Dankbar nahmen wir diese Einladung an und durften zum ersten Mal einen unmittelbaren Eindruck jüdischen Familien- und Traditionssinns erleben. Der religiöse Leiter des Sederabends, Dudu Suchoi und sein Bruder Eitan, Michael Checinskis Schwiegersohn, können auf berühmte Vorfahren zurückblicken: Pavel Suchoi, ein hoch angesehener russischer Flugzeugkonstrukteur aus Odessa und früherer Bolschewik, war ein Cousin ihres Großvaters, der wiederum als überzeugter Zionist nach der russischen Revolution nach Rumänien flüchtete. So erhielten wir bereits vor der eigentlichen Feier Einblick in beeindruckende jüdisch(-russische) Biographien. Um die Erzählung der „Haggada" mitverfolgen zu können, benutzten wir eine deutsche Übersetzung und konnten so zu einem großen Teil den Wortlaut und den Verlauf dieser so wunderbaren Geschichte verstehen. Allein das Zuhören – was für uns in diesen Tagen von besonderer Bedeutung war – des hebräisch gesprochenen Wortes empfanden wir als ein Eintauchen in eine Welt, die wir bisher nicht kannten, aber immer mehr als sehr wertvolle Bereicherung des eigenen Horizontes schätzen lernten. Einen schöneren Beginn und einen schöneren Empfang in diesem Land konnten wir uns nicht vorstellen.

Jerusalem, für zwei Tage hatten wir unser Domizil in Haifa verlassen. Sehr freundlich wurden wir von der Empfangschefin des Hotels mit Namen begrüßt. Schlagartig wurde mir wieder bewusst, dass unser Name schon einmal in den

Mauern der Heiligen Stadt genannt wurde: im Eichmann-Prozess 1961, in dem auch von meinem Vater die Rede war. Nachzulesen in den veröffentlichten Protokollen.[283]

Es war Pessach und die Stadt zeigte sich von einer feiertäglichen Geschäftigkeit. Von unserem Hotel, nicht weit vom zentralen Busbahnhof, machten wir uns auf den Weg, die Yafo-Street hinunter, zur Altstadt, die wir – umgeben von traditionell gekleideten jüdischen Familien – durch das Jaffa-Tor betraten. Für die Stadt Jerusalem gilt ein ganz besonderes Gesetz, auf dessen Beachtung von den Behörden scharf geachtet wird: Grundsätzlich dürfen die Außenwände der Häuser nur mit dem hellen, sandfarbenen Stein erbaut werden, der dem Besucher bereits seit der Ankunft am Flughafen Ben-Gurion vertraut ist. Tel Aviv („Weiße Stadt") und andere Städte unterliegen nicht dieser strengen Vorschrift. Wir ließen uns treiben, entzogen uns nicht dem Sog durch die engen Gassen, ließen meist schweigend die vielen neuen Eindrücke auf uns wirken. An dieser und jener Ecke, bei dieser und jener Biegung des Stromes blieben wir stehen, um so viel wie möglich aufnehmen zu können. Westliche und orientalische, jüdische, christliche und islamische Elemente sorgten für eine Atmosphäre, die unsere ganze Aufmerksamkeit erforderte. Die zahlreichen bewaffneten israelischen Polizisten in der Altstadt – meist in kleinen Gruppen zu vier oder fünf Mann – verdeutlichten die konfliktreiche Gegenwart an jeder Ecke, am Anfang und Ende einer Gasse. Nach wenigen Schritten erreichten wir den Eingangsbereich zur Klagemauer. Nach der Durchquerung einer Sicherheitsschleuse eröffnete sich uns der Blick von oben hinunter auf den dicht gefüllten Platz unmittelbar und hinüber zum Tempelberg und Felsendom. Trotz der vielen Menschen, die sich hier am heiligsten Ort des Judentums versammelt hatten, war nichts von aufgeregter Hektik, von quirliger Unruhe zu spüren.

Immer neue jüdische Familien, oft mit mehreren Kindern, Frauen und Männer in gepflegte Festtagskleidung der orthodoxen Juden gehüllt, strömten auf den Platz und zur Klagemauer, an der in getrennten Bereichen Frauen und Männer ihre Gebete verrichteten. Lange saßen wir auf der großen Treppe, die hinunter zu den Betenden führt. Wir konnten und wollten uns von diesem Ort nicht so schnell trennen, uns war bewusst, dass wir in der kurzen Zeit, die uns zur Verfügung stand, die Stadt ohnehin nicht genügend erfassen konnten. Wichtiger, als ein schnelles Touristenprogramm zu absolvieren, war es uns, Eindrücke zu vertiefen und nicht wahllos zu sammeln. So zog es uns nicht allzu stark zur dicht umlagerten Grabeskirche, was sich zwei Tage später als nicht ganz falsche Entscheidung entpuppte: Das israelische Fernsehen zeigte Bilder von sich prügelnden armenischen und koptischen Christen vor der Grabeskirche. Wieder einmal ging es um den Streit, wer als Erster das brennende Osterlicht in die Kirche hineintragen dürfe. Schließlich musste die israelische Polizei anrücken und die beiden verfeindeten Parteien trennen. Nicht gerade ein Bild des so oft gepredigten Osterfriedens.

Wir ließen die Klagemauer links von uns liegen, stießen auf das Kidrontal mit seinen eindrucksvollen Grabmonumenten und erreichten den wunderschönen großen jüdischen Friedhof, der wie ein steinernes Meer im hellen Licht der baumlosen Weite vor uns liegt, und dessen teilweise noch bis zu 1.200 Jahre alten Grabsteine keine respektlose Wahrnehmung zulassen. Nach der Teilung Jerusalems 1948 wurden von diesem Ort auf arabischer Seite Grabsteine entfernt und für Straßenbaumaßnahmen benutzt. Soweit es möglich war, stellten die Israelis nach dem Sechstagekrieg diese entweihten Grabsteine wieder auf dem ursprünglichen Standort auf. Auch heute noch ist es für sehr religiöse Juden ein Gebot, zum Sterben nach Jerusalem zu kommen, um hier am Ölberg begraben zu werden.

Von der Höhe des Ölbergs, unter uns die „Kirche der Nationen" und die russisch-orthodoxe Maria-Magdalena-Kirche mit ihren sieben goldenen Zwiebelkuppeln, bot sich uns ein einzigartiger Blick auf die Altstadt, dieses Mal von Osten. Auf dem Rückweg durch den Garten Gethsemane begegnete uns eine im gemeinsamen Gebet versunkene christliche Pilgergruppe, gleichzeitig drangen die durch Lautsprecher verstärkten Gebetsrufe des Muezzins hoch vom Minarett der Al Aqsa-Moschee an unser Ohr und erst kurze Zeit zuvor hatten wir die von betenden Juden belagerte Klagemauer verlassen. Wir standen mitten im Zentrum des Aufeinanderprallens der drei monotheistischen Weltreligionen. Hässlicher Stacheldraht auf den Dächern der Altstadt, hohe Mauern als deutliche Abgrenzung und notwendige Sicherheitsvorkehrungen sorgen neben der spirituellen Atmosphäre für eine Spannung, die in dieser Intensität nur in den Mauern der Stadt Jerusalem zu spüren ist und die in jedem Besucher Spuren hinterlässt.

Ein anderes Bild, eine andere Szene, die nicht im Touristenprospekt zu finden ist, hat für uns eine besondere Bedeutung: Wir sitzen an einem Arbeitstisch im modernen Archiv von Yad Vashem, vor uns ein großer Stapel mit Dokumenten in verschiedenen Mappen zum Ghetto Lodz und zur Biographie meines Vaters als NS- Oberbürgermeister von Lodz. Durch die großen Fenster reicht unser Blick weit über die faszinierenden Hügel von Jerusalem. Doch viel Zeit haben wir nicht, uns in diesen Anblick zu vertiefen. Mappe für Mappe schauen wir durch, nutzen jede Minute und werden am Ende auch fündig, einige mir bisher noch nicht bekannte Dokumente tauchen auf. Hier in Yad Vashem („Ein Denkmal und ein Name") finde ich in den Unterlagen ein Foto meines Vaters, das ihn in hochoffizieller Pose in NS-Parteiuniform mit Hakenkreuzbinde, Goldenem Parteiabzeichen und selbstbewusstem, aber keineswegs unfreundlichen Blick in die Kamera zeigt. Ich betrachte das Foto, richte meinen Blick wieder auf und erkenne etwas weiter hinten im Raum eine Gruppe junger jüdischer Wissenschaftler, traditionell schwarz gekleidet, teilweise mit großen Hüten und Schläfenlocken. Auch auf ihren Tischen stapeln sich Dokumente der Shoah, in die sie sich mehr und mehr vertiefen. Durch die hohen Fenster dringt das nachmittägliche, milde Licht der Jerusalemer Hügel.

Ein junger Zivildienstleistender aus Wien, der kurz vor Beendigung seines Einsatzes stand, wurde uns zur Verfügung gestellt, um die restliche, knapp bemessene Zeit für einen Besuch des neuen Museums und zu einem Rundgang zu nutzen. Wo die Ewige Flamme brennt, in der „Halle der Erinnerung", blieb unser Blick besonders intensiv auf den Namen einer Vernichtungsstätte der Nazis gerichtet: Chełmno in Polen (die Deutschen nannten es „Kulmhof"). Es war das Ziel der Züge aus dem Ghetto Lodz zur Vernichtung der „ausgesiedelten" Juden, deren waggonweise „freiwerdende" Kleidung mein Vater als Oberbürgermeister von „Litzmannstadt" (wie Lodz unter dem NS-Regime genannt wurde) großzügig zu Gunsten der Nationalsozialistischen Volkswohlfahrt (NSV) und anderer deutscher Einrichtungen aufteilte. Das neue Museum für Holocaustgeschichte mit der Halle der Namen, mit seiner beeindruckenden Architektur, die am Ende des Rundganges durch die sich weit öffnenden, schrägen Betonwände den Blick auf die Jerusalemer Hügel freigibt und so wie zum Durchatmen Freiraum zum Ordnen der Eindrücke schafft, gehört zu den gelungensten Orten des Gedenkens der Shoa. Ein anderer Ort in Yad Vashem zwingt besonders dazu, Emotionen zuzulassen, nicht zu unterdrücken: Unter einem Hügel in einem höhlenartigen Raum schuf der Architekt Moshe Safdie eine Erinnerungsstätte an die 1,5 Millionen von den Nazis ermordeten Kinder, die beim Besucher eine absolute Sprachlosigkeit auslöst. Wie das tausendfache Leuchten des Sternenhimmels geben fünfhundert schiefwinklige Spiegel das Licht von fünf Gedenkkerzen wieder. Millionen von leuchtenden Funken werden so an die Decke und die Wände des fast völlig in Dunkelheit erstarrten Raumes reflektiert. Dieser Sternenhimmel symbolisiert die alte Lehrmeinung des Talmuds, der zufolge die Seelen der Nichtbegrabenen in ihren endlosen Wanderungen durch das Universum nie Ruhe finden können. In der Stille der Halle sind die Namen der ermordeten Kinder und ihr jeweiliges Geburtsdatum zu hören. Das vielfache Licht der Kerzen und die hörbaren Namen der ermordeten Kinder, das Gedenken und die Individualität durch Namen: die Konzentration auf das Wesentliche.

An diesem Ort spürten wir die Tiefe des Gedenkens und die Würde mit der dies geschieht als unumstößlichen Baustein der Erinnerungskultur.

Etwa 40 Minuten fahren wir von Haifa mit Michael, Tosha und ihrem Schwiegersohn in südöstlicher Richtung, fast parallel zum Carmelgebirge über Landstraßen, abseits der großen Verkehrswege. Unser Ziel ist der Kibbuz „Ramot Menashe". Wir wollen dort Michaels Freund Abram Diamant und seine Frau besuchen. Michael und Abram hatten als junge Männer in der gleichen Metallfabrik im Ghetto Lodz gearbeitet und sich im Widerstand gegen die Nazis engagiert. Bereits kurz hinter der Einfahrt erwartet uns Maryla, Abrams Frau, um uns den richtigen Weg zu ihrem Haus zu weisen. Nach einer herzlichen Begrüßung zeigen sie uns ihr entsprechend den kollektiven Regeln gebautes, relativ einfaches, aber behagliches Haus und erzählen uns von der Geschichte dieses Kibbuz und die jahrelange harte Aufbauarbeit direkt nach dem Zweiten Weltkrieg. Abram berichtet, dass diese Besiedelung auf sehr steinigem Gelände erfolgt war und er und seine Freunde damals viele Tage mit oft wunden Händen die Steine vom Boden entfernt hatten. Beim Anblick der heutigen weiten, perfekt bewirtschafteten Felder können wir uns diese frühere Steinwüste kaum vorstellen. Wir erfahren viel über den Aufbauwillen, über die Intention, die Generationen von jüdischen Einwanderern geprägt haben, um das Land fruchtbar zu machen. Das Dasein der meisten Kibbuzim hat sich in den letzten Jahrzehnten drastisch verändert. Oft dominiert im kollektiven Erwerbsleben nicht mehr die Landwirtschaft und der Obst- und Gemüseanbau, sondern die Produktion von Gebrauchsgütern. Wir sind dankbar für diese Erläuterungen vor Ort, für die Möglichkeit, einen Einblick in eine Welt zu bekommen, die uns die moderne Geschichte Palästinas, die Geschichte des Staates Israels deutlicher vor Augen führt. Nach einigen Stunden der so selbstverständlichen israelischen Gastfreundschaft inmitten einer blühenden Kibbuzlandschaft fällt uns der Abschied nicht ganz leicht. Wir wissen jetzt, dass ein längerer Aufenthalt, z.B. in einem der Kibbuzunterkünfte für Besucher, notwendig wäre, um die ganze Breite des Kibbuzlebens erfassen zu können.

Die historische und geografische Vielseitigkeit dieses Landes erreicht uns in sehr deutlicher Form, aber längst nicht erschöpfend, in der bedeutenden antiken Hafenstadt Akko und während einer Fahrt mit dem Bus von Jerusalem nach En Gedi am Toten Meer, vorbei an den Höhlen von Qumran. Hier im beginnenden Süden Israels tauchen in der Realität die gleichen Bilder, Stimmungen und biblischen Elemente auf, die uns seit der Kindheit durch europäische Künstler in Kirchen und Museen so vertraut sind. Fast fühlen wir uns ein wenig an das Bild der in unseren Breitengraden so beliebten Weihnachtskrippen erinnert.

Mit Tosha und Michael Checinski gehen wir in Haifa zum Postamt, um ein paar Briefmarken zu kaufen und uns anschließend bei der Bank den hebräisch beschrifteten Bankomat erklären zu lassen. Es ist eine völlig unspektakuläre Alltagsszene, die gerade durch ihre nüchterne Normalität unsere Sensibilität für das schärft, was sich durch die Parallelität des Augenblicks mit der auf Michaels Unterarm sichtbaren, eintätowierten Nummer B-8259 und der gemeinsamen, aber so entgegengesetzten Verbindung mit der Stadt Lodz offenbart. Ich erinnere mich an sehr ähnliche Gedanken und Wahrnehmungen etwa zwei Jahre zuvor in der Wiener Innenstadt. Ich begleitete damals Leon Zelman an einem regnerischen Winterabend von seinem Büro am Stephansplatz zu einer Veranstaltung ins Volkstheater. Der nächste Taxistand war nur knapp 200 Meter entfernt, Leon Zelman hakte sich bei mir ein und nach wenigen Minuten erreichten wir einen schützenden Wagen. 60 Jahre lagen zwischen Leon Zelmans, Toshas und Michael Checinskis Leiden im Ghetto Lodz und meinem Geschrei in einem wohlbehüteten Kinderbett in der großzügigen Villa des deutschen Oberbürgermeisters von Lodz ...

Auch in Israel musste ich mich früher oder später der Öffentlichkeit stellen. Denn Michael Checinski hatte mich gefragt, ob ich mit Interviews in der israelischen Tageszeitung „Ma´ariv" und dem israelischen Fernsehen über unseren Besuch und die Biographie meines Vaters einverstanden sei. Zunächst war ich ziemlich unsicher, so wie vor meiner ersten Reise nach Lodz 2001. Ich konnte nicht einschätzen, was mich erwartete, noch nie hatte ich vor laufender Kamera über meinen Vater und das mit ihm verbundene Erbe gesprochen. Heute weiß ich, dass es richtig war, sich den Fragen der gut vorbereiteten Journalisten zu stellen – ganz besonders hier auf israelischem Boden. Der jährliche Gedenktag an die Opfer der Shoah stand unmittelbar bevor, das ganze Land zeigt, wie stark die gemeinsame Erinnerung an die Vernichtung von sechs Millionen Juden die Identität des 1948 gegründeten jüdischen Staates prägt. Michael Checinski erwies sich als hervorragender Übersetzer im Gespräch mit dem Journalisten der Zeitung „Ma´ariv". Es war ein sehr langes Interview, immer wieder mussten Einzelheiten näher beschrieben und entsprechend übersetzt werden. Das kostete Zeit, erst kurz nach Mitternacht trennte man sich. Bereits zwei Tage später sollten die Fernsehleute aus Jerusalem zu uns nach Haifa kommen. Doch es gab eine Änderung der Regie. Mittags klingelte Michaels Handy, der verantwortliche Fernsehredakteur fragte an, ob wir – Katharina und ich – nicht am gleichen Tag, am Spätnachmittag, nach Jerusalem ins Studio kommen könnten, ihm sei es leider wegen der Hektik um den Besuch des russischen Präsidenten in Israel und des bevorstehenden Shoah-Gedenktages nicht möglich, sich auf den Weg nach Haifa zu machen. Es war bereits früher Nachmittag, als wir erneut den Bus Richtung Jerusalem bestiegen. In nur wenigen Minuten erreichten wir das Fernsehstudio in unmittelbarer Nähe des Busbahnhofes. Nach den üblichen Ausweiskontrollen am Eingang der Fernsehstation eilte der zuständige Redakteur, der auch das Interview führte, gleich mit uns in den Aufnahmeraum.

Ein paar Vorbemerkungen, eine kurze Absprache, schon schwenkte die Kamera bedrohlich auf mich zu, dicht über unseren Köpfen schwebte das Mikrophon. Ein geübtes Team sorgte für professionelle Hektik, die keinerlei Aufgeregtheit spüren ließ. Umso mehr hatte ich das Gefühl, dass sich alle Nervosität auf mich konzentrierte. Ein Gespräch vor laufender Kamera zu führen, war mir durch meinen Beruf bedingt zwar nichts Neues, doch hier in Jerusalem waren alle Gegebenheiten nicht mit dem Vertrauten vergleichbar. Ruhig und gezielt wurden mir Fragen gestellt, meinen Antworten – und das gebe ich unumwunden zu – war die innere Unruhe durchaus anzumerken. Zur Verdeutlichung der Thematik zeigte die Kamera einige Fotos meines Vaters, unserer Villa in Lodz zur NS-Zeit und vom Sederabend im Kreis der Familie unserer Gastgeber. Drei Tage später ging das Interview im Rahmen des Programms zum Shoah-Gedenktag über den Sender.

Auf der Rückfahrt nach Haifa – wir hatten noch den letzten Bus am Abend erreicht – legte sich die Anspannung allmählich, wir saßen in Fahrtrichtung auf der linken Seite und ließen noch einmal das Geschehen der letzten Stunden beim Anblick des verblassenden Lichtes der über dem Meer untergehenden Sonne an uns vorüberziehen.

Als Reaktion auf die vielen für uns überwältigenden Eindrücke in Israel kann es nur unsere sehr persönliche Antwort geben: Danke, liebe Tosha, danke lieber Michael!

Es ist der letzte Tag in Haifa vor unserem Rückflug nach Deutschland. Wir gehen mit Michael in einen Supermarkt, nicht weit von seiner Wohnung entfernt. Michael möchte uns unbedingt noch auf israelische Spezialitäten aufmerksam machen, die wir mitnehmen sollten. Beim Verlassen des Geschäfts begegnen uns einige fröhliche Schulkinder, die nach Unterrichtsende aus der gegenüberliegenden Schule in den Laden stürmen, um sich ein paar Süßigkeiten zu kaufen. Michael bleibt stehen, betrachtet die Kinder, schüttelt den Kopf und sagt: „Wie war es möglich, dass ein Volk wie das deutsche, ein Volk mit so hoher Kultur, mit so großen Namen wie Goethe, Schiller und Beethoven, Kinder ermordete?" Es war nicht das einzige Mal, dass Michael beim Anblick von Kindern diese Frage stellte. Auf dem Rückweg überqueren wir die Heinrich-Heine-Straße, nicht in Düsseldorf oder München, nein hier im Stadtteil Carmelia in Haifa, Israel …

Zwei Tage vor unserem Rückflug nach Deutschland fühlte ich mich gar nicht gut. Ich hatte einen fundamentalen Fehler begangen: nach dem Mittagessen türkischer Kaffee und anschließend eiskaltes Mineralwasser, viel zu hastig getrunken, mein Magen rebellierte zu Recht. Ich hatte zwar ein empfohlenes Medikament zur Hand, doch ein Erfolg blieb aus. Wie sollte ich in diesem Zustand die langwierige Prozedur am Flughafen und den 4-stündigen Flug problemlos überstehen? Michael, der mir aus seiner Hausapotheke ein anderes Medikament angeboten hatte, wollte ganz sicher sein: In liebevoller Besorgnis griff er spontan zum Telefon – es war bereits Mitternacht, in zwei Stunden erwarteten wir das Sammeltaxi – und rief in Schweden eine gute Freundin unserer Gastgeber aus der Zeit des Ghettos an. Zofia Kolczycka-Flajszman, Ärztin, 1928 in Lodz geboren, seit 1968 in Schweden ansässig, empfahl, was zu tun sei und hatte keine Bedenken in Bezug auf Unverträglichkeit oder Wechselwirkungen beider Medikamente. So erhielt ich per Ferndiagnose die richtigen und beruhigenden Hinweise, die mich auf symbolhafte Weise erreichten.

Als im August 1944 das Ghetto aufgelöst wurde, musste auch Zofia Kolczycka-Flajszman einen Viehwaggon nach Auschwitz besteigen. In ihren Erinnerungen schreibt sie über die dortige Selektion:

„Die Ärztekommission in Auschwitz sah folgendermaßen aus: Nackte Frauen marschieren schnellen Schritts durch ein Spalier uniformierter Deutscher, einer von ihnen zeigte mit der Reitgerte nach *Rechts* oder *Links* (zur Arbeit – ins Gas). Nach dem Krieg, als ich längst in der Klinik II für Innere Krankheiten der Medizinischen Akademie in Łódź, Sterling-Straße, tätig war, begegnete ich manchmal auf Ärztekongressen Professoren und Dozenten aus Deutschland, und ich konnte dann einfach den Gedanken nicht abschütteln, ob nicht vielleicht einer von ihnen in dieser „Kommission" gewesen war [...]"[284] *(Hervorhebung im Original, JJV)*.

Auch Michael erzählte uns oft von seinen ähnlichen Gedanken und Empfindungen, von seinem permanenten Misstrauen oder zumindest seiner Skepsis Deutschen gegenüber, die eine gewisse Altersstufe erreicht hatten. Und er berichtet in seinem Buch,[285] wie er durch einen Zufall den späteren Ehemann von Zofia Kolczycka-Flajszman, Jurek Flajszman, in Auschwitz vor der Gaskammer retten konnte. Nach dem Krieg arbeitete die Ärztin zusammen mit Marek Edelman, dem 2009 verstorbenen letzten überlebenden Anführer und Kämpfer des Warschauer Ghetto-Aufstandes und bekannter, angesehener Herzspezialist am Krankenhaus in Lodz.

Mit einem kleinen Team war ich im Rahmen eines Projektes für einen Dokumentarfilm über den Umgang mit einem schwierigen Erbe von Österreich nach Israel gereist. Nach Beendigung unserer Arbeit in Yad Vashem bestiegen wir ein Taxi, das uns in rascher Fahrt zum Haus des israelischen Schriftstellers Aharon Appelfeld brachte. Hier, auf einem der beeindruckenden Hügel vor Jerusalem, einer ruhigen Wohngegend, spürten wir nichts von der Hektik und der Aufgeregtheit in einigen Kilometern Entfernung. In einem nahen, zur kleinen Straße hin offenen Café saßen wir in der milden Winterluft bei frischem, grünem Pfefferminztee, serviert in großen Gläsern. Schnell kam das Gespräch auf das Lebensthema von Aharon Appelfeld, das Schicksal jüdischer Menschen in einer vielschichtigen multikulturellen Gesellschaft. In der Nähe von Czernowitz in der Bukowina kam Appelfeld am 16. Februar 1932 zur Welt. Er war acht Jahre alt, als seine Mutter von rumänischen Antisemiten ermordet wurde. Mit seinem Vater wurde er in ein

Lager verschleppt. Es gelang ihm, zu fliehen und sich in Wäldern bis zum Eintreffen sowjetischer Truppen 1944 zu verstecken. Über Italien erreichte er Palästina und konnte dort ein Studium an der hebräischen Universität in Jerusalem beginnen. Später wurde er Professor für hebräische Literatur an der Ben-Gurion-Universität in Beerscheba.

Appelfeld richtet seinen Blick auf den Überlebenden. In seinen Arbeiten klammert der Autor die Shoah aus, ihn interessiert mehr die Zeit vor und nach der Katastrophe, weniger die Erinnerung an sie. Gern benutzt er die Metapher des Schlafes, um den Gedanken des Selbstvergessens und einer Art Wiedergeburt zu artikulieren. Wir sprachen über seinen berühmten Roman „Badenheim", der ein erschreckendes Szenario im Vorfeld der nahenden Katastrophe treffend beschreibt. Die Geschichte spielt im österreichischen Kurort Badenheim, wo jedes Frühjahr die Stammgäste zusammenströmen, um den Auftakt des Kulturfestivals nicht zu versäumen. Niemand macht sich Gedanken wegen des neuerdings höchst präsenten Gesundheitsamtes, das für eine Reise „ins gelobte Land Polen" wirbt und die jüdischen Kurgäste und Bürger auffordert, sich registrieren zu lassen. Es wird immer bedrohlicher, der Kurort wird Sperrbezirk, Ausflüge werden untersagt, Telefone gesperrt. Dennoch widmen sich die Menschen trotzig ihren kulturellen Bedürfnissen. Eines Morgens wird der Befehl zur Abreise erteilt, schnell kauft man sich am Kiosk noch Zeitungen und Zigaretten, dann erwarten die Menschen schmutzige Viehwaggons zur Abreise. Der herausgehobene Protagonist des Romans, Dr. Pappenheim, bemerkt bei der Abreise: „Wenn die Abteile so schmutzig sind, kann das nur heißen: weit geht sie nicht, unsere Reise". Es ist der Übergang von der Normalität ins Unvorstellbare.

Hellwache Augen, ein leicht verschmitzter Gesichtsausdruck, gepaart mit Liebenswürdigkeit, unaufdringlicher Erzählkunst und scharfem Verstand sind die einprägsamsten Elemente meiner Erinnerung an Aharon Appelfeld.

Wie durch ein weit geöffnetes Fenster konnte ich in diesen wenigen Stunden etwas Neues aus einer mir bisher nur wenig bekannten Welt entdecken, wieder war es eine Begegnung, die mich bewegte und beeindruckte. Die Teegläser waren fast geleert, es wurde zum Aufbruch gemahnt. Das milde Licht über den Hügeln von Jerusalem kündigte die Dämmerung an. Aharon Appelfeld ließ es sich nicht nehmen, uns zur Bushaltestelle zu begleiten. Sein entwaffnender Charme ließ jeden noch so leisen Einwand wegen des für ihn vielleicht beschwerlichen Weges gar nicht erst aufkommen. Der Weg führte uns durch einige Straßen eines Viertels, in dem heute eingewanderte Juden aus Äthiopien leben, die nach einer gewissen Zeit in anderen Regionen Israels Lebensgrundlagen erhalten. Bis unmittelbar zur Haltestelle dauerte unser lebhaftes Gespräch mit Aharon Appelfeld. Mit hohem Tempo fuhr unser Bus nach Tel Aviv hart an die Bordsteinkante, es blieb nur noch Zeit für eine herzliche Verabschiedung und für ein kurzes Winken.

In einer gänzlich entgegengesetzten Umgebung, am Fuße der Hohen Tauern, gab es zwei Jahre später ein für unwahrscheinlich gehaltenes Wiedersehen: Aharon Appelfeld war Gast der Rauriser Literaturtage, berichtete dort über seine Kindheit und las aus seinen Werken. Der in Jerusalem begonnene Dialog fand in einem alpenländischen Wirtshaus seine Fortsetzung.

Warschau

Januar 2009. Wir hatten uns in der Lobby des Hotels „Metropol" verabredet, mitten in Warschaus City, schräg gegenüber dem im stalinistischen Zuckerbäckerstil erbauten Kulturpalast, das von den Warschauern als ungeliebtes Geschenk aus Moskau empfundene protzige Monument der Nachkriegszeit. Nur wenige Meter vom Hotel „Polonia Palace", dem einzigen Gebäude in der Innenstadt, das dem Zerstörungswahn der Deutschen standhielt und nach Kriegsende mit seinen geräumigen Zimmerfluchten Botschaften und Diplomaten aus aller Welt ein erstes Domizil bot, eilte Marian Turski aus dem vormittäglichen Verkehrsgewühl mir entgegen.

Fünf Jahre lagen zwischen unserer ersten Begegnung in Bernried am Starnberger See und heute. Wir trafen uns damals im „Museum der Phantasie" (Buchheim-Museum), Marian Turski interessierte sich besonders für die Werke deutscher Expressionisten, die an diesem landschaftlich so reizvollen Ort präsentiert werden. Anschließend hatten wir beim Nachmittagskaffee in unserer Wohnung – wir lebten damals in Bernried – Gelegenheit zum längeren Gedankenaustausch. Doch mir war bald bewusst, dass die Zeit wieder einmal nicht ausreiche, um meine vielen Fragen zu beantworten.

Marian Turski, 1926 in Druskienniki in Polen (heute Litauen) geboren, wurde ins Ghetto Litzmannstadt und im August 1944 nach Auschwitz deportiert. Er überlebte den Todesmarsch und das KZ Buchenwald. Nach 1945 arbeitete er in der Jugendorganisation der Polnischen Arbeiterpartei und seit 1958 leitet Marian Turski die Redaktion für Geschichte des renommierten Wochenmagazins „Polityka". Im Frühjahr 2007 wurde er mit dem Verdienstkreuz Erster Klasse des Verdienstordens der Bundesrepublik Deutschland ausgezeichnet.

Jetzt standen wir uns in Warschau wieder gegenüber. Vorbei an dicht gedrängten Menschentrauben eilten wir zur Tram-Haltestelle, um zur Redaktion von „Polityka" zu gelangen, die Tickets hatte Marian Turski bereits besorgt, ich brauchte nichts mehr zu tun, als ihm zu folgen. Während der etwa 12-minütigen Fahrt gab er mir Erläuterungen zum Wiederaufbau Warschaus, die das Ausmaß der damaligen Katastrophe zumindest erahnen ließen. Wir hatten uns weitab von den hektischen Redaktionsbüros einen ruhigen Platz gesucht und tranken Tee. Es fiel meinem Gesprächspartner spürbar schwer, von seinen Erfahrungen, Erlebnissen und Gefühlen im Ghetto zu erzählen. Ich wollte ihn nicht drängen, doch er las in meinen fragenden Augen. Marian Turski lebte im Ghetto im Haus gegenüber des Gebäudes der deutschen Kripo, nahe dem Kirchplatz *(Plac Kościelny, JJV)*, sein Vater arbeitete im Ghetto als Verwalter des Kohlenplatzes. Und plötzlich bricht es dann doch aus ihm heraus: „Wissen Sie, für die Nazis war ich nur ein Insekt, das man zertritt." Es klang wie eine verkürzte Zusammenfassung dessen, was mein Gesprächspartner erleiden musste, gleichzeitig aber auch wie ein auflodernes Lebensfeuer, das die Botschaft in sich trägt: Sie haben es nicht geschafft, uns zu vernichten. „Das Schlimmste für uns war", so berichtete Marian Turski, „der ständige Hunger, ich hatte die Möglichkeit, einige Monate in einer Fleischerei im Ghetto zu arbeiten und konnte dort gelegentlich kleine Mengen Fleisch stehlen. Aber fast größer noch war die Sorge, die Ungewissheit was der nächste Tag bringen würde, die ständige Angst vor Deportationen."

Marian Turski lud mich zu einem reichhaltigen Mittagessen in die Kantine des modernen Redaktionsgebäudes ein. Wir hatten einen schönen und ruhigen Tisch gefunden. Das Herantragen des Essens und das spätere Abräumen des Geschirrs wollte selbstverständlich ich übernehmen, doch mit sehr liebenswürdigen Gesten, die keinen Widerspruch duldeten, verbat sich Marian Turski meine Hilfe. Schließlich sei ich sein Gast und der solle sich entspannen und das Essen genießen. Mir begegnete die ausgeprägte Gastfreundschaft, gepaart mit Bescheidenheit, Witz, Humor und entwaffnendem Charme, was ich besonders bei polnisch-jüdischen Menschen wahrnahm und mich sehr beeindruckte.

Anders als viele Überlebende der Shoah hat Marian Turski seine Erinnerungen an die Zeit des Nazi-Terrors bis heute nicht zu Papier bringen können. Ihm lag mehr daran, andere Menschen mit dem gleichen Schicksal dazu zu motivieren. Mit den Worten: „Die Geschichte unseres Jahrhunderts, der Schatten des Holocaust, eine Epoche der Öfen definierte die Dramatik der Szenen, die man nicht vergessen kann. Es geht um Berichte über Ereignisse, selbst solche, die die Berichtenden lieber vergäßen, um niemals zu ihnen zurückzukehren"[286] rief die Redaktion der „Polityka" anlässlich des 50. Jahrestages des Aufstandes im Warschauer Ghetto die Leser auf, „Szenen" beiderseits der Ghettomauern zu schildern, „die man nicht vergessen kann". 225 Texte wurden eingesandt, 30 davon in einem bedrückenden, aber auch hoffnungsvollen Band publiziert. Im letzten Satz dieses Buches zitiert Marian Turski Willy Brandt: „Selbst wenn wir zur Kenntnis nehmen, dass in Polen die Juden auf Antisemitismus gestoßen sind, sollten wir nicht vergessen, dass die Nazis Deutsche waren."[287] Der Schatten meines Vaters verschwand nicht.

Das anschließende Gespräch mit dem „Polityka"-Redakteur Adam Krzeminski, zu dem ich schon länger Kontakt unterhielt, führte überwiegend in die Zeit der jüngeren Bundesrepublik, der Adenauer-Ära. Auch die Auseinandersetzung mit dem Nationalsozialismus in deutschen Familien nach Kriegsende und den daraus entstandenen Generationskonflikten war Thema eines Treffens, das mir mehr Informationen über historische und politische Einschätzungen in meinem Geburtsland und so manchen kritischen, aber auch freundschaftlichen Blick von Ost nach West lieferte. Das erste Mal bin ich Adam Krzeminski im Ernst-Bloch-Zentrum in Ludwigshafen während einer Tagung zum 100. Geburtstag von Karola Bloch im Januar 2005 persönlich begegnet. Dort hielt er ein Referat über „Deutsch-Polnische Verspiegelungen – Sechzig Jahre nach der Befreiung von Auschwitz." Die Rückreise traten wir gemeinsam an. Ich erinnere mich, wie wir die kurze Strecke zwischen Ludwigshafen und Mannheim im Zug saßen, der gerade den Rhein überquerte und über das Buch „Fazit" von Melita Maschmann sprachen. Adam Krzeminski, dem ich erzählt hatte, dass meine Mutter BDM-Führerin gewesen sei, empfahl mir die Lektüre dieses Buches vor allem deshalb, weil die Autorin, ebenfalls in der HJ stark verankert und aktiv, von ihren Erinnerungen an ihre Tätigkeit im Warthegau und in Lodz berichtet. Krzeminskis Tochter hatte „Fazit" soeben ins Polnische übersetzt, es gab Gesprächsstoff für viele Stunden, der Kontakt sollte nicht abreißen. Ich notierte mir Autorin und Titel des Buches, es könnte mir wichtige Hinweise zu einem Kapitel der Biographie meiner Mutter geben. In Mannheim trennten sich unsere Wege, der eine von uns bestieg den ICE nach Norden, der andere in Richtung München.

Grand Hotel

Januar 2009. Für ein paar Tage war ich in meine Geburtsstadt gekommen, um mehr von diesem Ort als bisher in mir aufzunehmen. Ich wohnte im „Grand Hotel", das mit dem „Savoy" zu den bekanntesten und geschichtsträchtigsten Häusern der Stadt zählt. Die Nazis nannten das Hotel treu nach ihrem deutschen Geist „Fremdenhof General Litzmann" und zollten so dem Namensgeber ihrer Stadt erneut ihre Referenz. Ein merkwürdiges Gefühl befiel mich, als ich die Hotelhalle betrat: Genau an diesem Ort empfing mein Vater zusammen mit Gauleiter Greiser und Regierungspräsident Uebelhoer am 6. Juni 1941 den Reichführer SS Heinrich Himmler.

> „[…] In der festlich geschmückten Vorhalle des Fremdenhofes „General Litzmann" vor dem Posten der SS aufgezogen waren, wurde der Reichsführer SS mit seiner Begleitung vom Regierungspräsidenten und Gauinspekteur Uebelhoer, dem Führer des SS-Abschnittes, Brigadeführer Fiedler, Oberbürgermeister Ventzki, dem Polizeipräsidenten SS-Brigadeführer Dr. Albert, den Führern aller in Litzmannstadt tätigen SS- Dienststellen sowie zahlreichen anderen Vertretern von Partei und Staat empfangen […]."[288]

Die Fotos dieses Tages aus der damaligen „Litzmannstädter Zeitung" waren mir sehr präsent, während ich an der Rezeption das Anmeldeformular ausfüllte. Nun saß ich knapp 70 Jahre später am selben Ort in einem bequemen Sessel in der Hotellobby und ließ meinen Gedanken freien Lauf. Doch wenig später sollte der Zufall mich zu einer weiteren, mir bisher unbekannten Spur meines Vaters von besonderer Brisanz führen.

Nach einer ermüdenden Anreise befiel mich das Bedürfnis nach ein wenig Erholung und Ruhe in der Abgeschiedenheit des Hotelzimmers. Ein bequemer Stuhl vor einem kleinen Sekretär bot die gesuchte Gelegenheit. In dem großen Raum, an dem sich das fast ebenso große Badezimmer anschloss, wirkte das zierliche Möbelstück ziemlich verloren. Meine Aufmerksamkeit richtete sich auf die zwei Schubladen, dessen goldene Griffe zur Betätigung zwangen. Ich erwartete nichts Besonderes, rechnete damit, das Lodzer Telefonbuch oder die Bibel vorzufinden. Doch zu meinem Erstaunen fand ich dort ein in polnischer Sprache verfasstes Buch über die Geschichte des Grand Hotels vor.[289] Interessiert blätterte ich in dieser Publikation, widmete mich mehr den Fotos, als dem mir nicht verständlichen Text. Plötzlich stutzte ich: Ich las den Namen meines Vaters, las etwas von „alkoholowe" und von „wódki" und malte mir aus, was sich möglicherweise bestätigen sollte. An der

Rezeption fragte ich nach, ob ich das Buch erwerben könne. „Oh nein", gab man mir zur Antwort, „das brauchen Sie nicht, es ist ein Geschenk des Hauses an unsere Gäste." Am nächsten Morgen bat ich beim Frühstück einen mir bekannten, vertrauenswürdigen und hilfsbereiten Hotelgast, mir diesen Absatz aus dem Kapitel über die Geschichte des Hotels während der deutschen Besatzung zu übersetzen.

Tatsächlich berichten die Autoren der Hotel-Chronik, dass mein Vater als Oberbürgermeister der Stadt Angehörige der Nazi-Elite und dazu passende ausgewählte Gäste zu opulenten Empfängen in den Goldenen Saal des Grand Hotels geladen hatte. Serviert wurden feinste Delikatessen wie Krevetten, Austern und Froschschenkel. Für die Empfänge, die mein Vater in unserer damals bewohnten Villa ausrichten ließ, bediente er sich des Hotelpersonals. Makaber auch die Szene, die unweigerlich ins Bild rückt: In den Akten der Stadtverwaltung wird eine Rechnung über alkoholische Getränke aufbewahrt, die dokumentiert, dass laut Abrechnung des Grand Hotels während des Abschiedsempfangs meines Vaters, bevor er seinen Dienst bei der Waffen-SS antrat, am 23. Juli 1943 in unserer Villa 105 Liter Bier und 364 Gläser Wodka konsumiert worden sind.[290] Die Anzahl der Gäste dieses Abends ist unbekannt, doch muss es sich um ein lautstarkes Fest gehandelt haben, wie berichtet wird. Die politische und administrative Leitung der Stadt war geladen, man verstand zu feiern ... Vermutlich weilten unter den Gästen auch der Verwaltungsrat und Stadtkassendirektor Karl Hinkel und Stadtoberverwaltungsrat Schmidt sowie der Verwaltungsrat Karl Giersemehl vom Wirtschafts- und Ernährungsamt. Mein Vater stand mit allen dreien noch nach Kriegsende in Kontakt, alte „Seilschaften" wurden gepflegt. Dass auch Hans Biebow anwesend war, ist anzunehmen.

Schon immer spielte das „Grand Hotel" in der Geschichte der Stadt eine bedeutende Rolle. Bekannte Persönlichkeiten aus Politik, Kultur und Wissenschaft bevorzugten den Komfort des im Stadtzentrum gelegenen Hauses. Auch die Nazis wussten das Ambiente und die zweckmäßige Lage des Hotels sehr zu schätzen, so dass es auch während der deutschen Besatzung im Zentrum des gesellschaftlichen Lebens stand. Reichsführer-SS Heinrich Himmler, Reichsmarschall Hermann Göring, Robert Ley, Führer der Deutschen Arbeitsfront (DAF), und andere NS-Prominenz bezogen hier Quartier.

Einen wirklichen Abschied aus seinem Amt stellte die Party in unserer Dienstvilla für meinen Vater nicht dar. Denn obwohl mein Vater bei Gauleiter Greiser politisch in Ungnade gefallen war und im Sommer 1943 vom Leiter der Gestapo Litzmannstadt, SS-Obersturmbannführer Dr. Otto Bradfisch, vom Posten des Oberbürgermeisters kommissarisch abgelöst wurde und sich möglicherweise aus diesem Grund zum Dienst bei der Waffen-SS gemeldet hatte, zeigte er im Selbstbewusstsein ungebrochen Präsenz. So auch durch seine Teilnahme an der Tagung der Oberbürgermeister und Landeshauptmänner am 12. und 13. Februar 1944 in Posen unter Leitung des seit August 1943 auch als Reichsinnenminister amtierenden Heinrich Himmler, für die er vom Dienst bei der Waffen-SS beurlaubt wurde.[291] Und am 15. Juni 1944 berichtet die Getto-Chronik vom Besuch einer deutschen Kommission, der auch mein Vater angehörte.[292] Er selbst zweifelte nicht daran, nach dem siegreichen Ende des Krieges wieder an seinen Schreibtisch als Oberbürgermeister der deutschen Großstadt Litzmannstadt zurückzukehren. Schließlich war er bis 1953 für das Amt des Stadtoberhauptes ernannt.

Das „Grand Hotel", nach 1945 Herberge von Persönlichkeiten wie Artur Rubinstein, Swiatoslaw Richter, David und Igor Ojstrach, Juliette Greco, Gilbert Becaud, Ive Montand und Kirk Douglas, übernahm zu jeder Zeit seines Bestehens die Rolle eines Seismographen der Stadtgeschichte.

„Fest stehen immer, still stehen nimmer"

„Fest stehen immer, still stehen nimmer", mit diesen Worten über dem Portal des Rathauses von Stolp, der Geburtsstadt meines Vaters, wurden die Besucher der örtlichen Verwaltungsbehörde empfangen und gleichzeitig ermahnt, sich im Leben eine innere Standfestigkeit zu bewahren und dennoch nicht in einem Stillstand zu verharren. Es war auch der Leitspruch, unter den mein Vater sein Leben gestellt hatte, es war sein Lebensmotto. Dem ersten Gedanken dieses Spruchs ist mein Vater bis an sein Lebensende ohne Abstriche gefolgt, sich die zweite Ermahnung trotz vieler Veränderungen in seinem Leben auch innerlich zu eigen zu machen, dazu war er wohl nicht fähig. Es wäre ihm wie ein Verrat seines eigenen Weges vorgekommen. Mein Vater ist sich in seinen Überzeugungen bis zum Ende seiner Tage absolut treu geblieben, hat, soweit ich mich erinnere, niemals ein Zeichen des Verlassens seiner Irrwege gegeben. Nach dem Tod meiner Mutter äußerte er gegenüber seiner Schwiegertochter Katharina ganz unverhohlen, er sei Antisemit, Antikommunist und Antidemokrat (!). Sein demonstrativer Stillstand wirkte wie eine riesige Barrikade, die zu überwinden mir unmöglich war. Er hat mich mit einem schweren Gepäck allein gelassen. Gefragt habe ich ihn zu wenig, das ist mein Anteil an der trennenden Barriere.

Oft habe ich mehr als Ermahnung, „nicht zu weit zu gehen", die Aufforderung gehört, „Geschichte aus der Zeit" heraus zu verstehen. Gemeint ist damit, nicht vorschnell ein abschließendes Urteil zu fällen. Allerdings habe ich bei solchen Bemerkungen meist unüberhörbare Untertöne wahrgenommen. Gut, es ist unabdingbar, den Kontext geschichtlicher Abläufe zu kennen, um dem tatsächlich Geschehenen auf die Spur zu kommen. Doch sollte damit nicht mehr gesagt werden, „du kannst das gar nicht richtig beurteilen, du hast damals nicht gelebt?" Sollte hier nicht eine gewisse Relativierung, eine Art Generalamnestie für die Handelnden der Vergangenheit angeboten werden? Dann jedoch werden fragwürdige Argumente ins Feld geführt, die den Nachgeborenen die Fähigkeit einer eigenständigen Geschichtsbetrachtung absolut absprechen. Damit würde die für so manche Bevölkerungsgruppen so verführerische „Schlussstrich-Mentalität" zur tragenden Säule eines falsch verstandenen Geschichtsverständnisses.

Hannah Arendt sprach von der „Fabrikation von Leichen"[293] und prägte in ihrer Reflexion auf die von Adolf Eichmann „aufgekündigte mitmenschliche Solidarität" den Begriff „Verbrechen an der Menschheit". Die Gewissheit, dass mein

Vater an diesem Verbrechen beteiligt war, ist ein Teil meines Lebens, ob ich es will oder nicht.

„Wie hätte ich mich verhalten?" – diese Frage stellte sich Jan Philipp Reemtsma in einem Vortrag, den er im Januar 2000 in einer Veranstaltungsreihe des Lehrstuhls für Jüdische Geschichte und Kultur an der Universität München hielt. In Hinblick auf das Nazi-Regime eine immer wieder so formulierte Fragestellung, die das Individuum mit dem Anspruch absoluter Moralität verknüpft. Für mich ist trotz allem eine solche Frage besonders problematisch, da sie die Gefahr einer – aber hier nicht gemeinten und vertretenen – Relativierung der Nazi-Verbrechen in sich birgt.

Reemtsma weist, nicht als einzige Erklärung und schon gar nicht als Entschuldigung für das Versagen, auf den Begriff des „Helden" hin, dessen Existenz nicht zu den weit verbreiteten Erscheinungen in unseren Gesellschaften zählt. Nein, in der überwiegenden Mehrheit sind wir keine Helden, die sich zum Widerstand gegen Unterdrückung, Verfolgung und Missstände aller Art berufen fühlen. Doch Reemtsma sagt auch: „Die Zivilisationskatastrophe der Jahre 1933 bis 1945 hat nicht darin bestanden, dass so viele Menschen der Gewalt gewichen sind, und darum das Böse geduldet haben. Sie hat in dem hohen Grad an Freiwilligkeit bei der Beteiligung an Taten bestanden, deren Amoralität ganz außer Frage stand."[294]

Eine fast im gleichen Atemzug formulierte Frage schloss sich oft an, wenn ich ein wenig von meinen archäologischen Arbeiten berichtete. „Warum tust Du dir das alles an? Du trägst doch keine Schuld!" Unfähig, weil meine Bereitschaft fehlte, eine in meinen Augen überflüssige Erklärung zu geben, nannte ich nicht als Flucht, sondern als allein genügenden Hinweis für die von mir gewollte Tiefe meines Grabens die Namen Paul Celan, Nelly Sachs, Ernst Bloch und Ingeborg Bachmann.

„Hindelang einkreisen" sind die wichtigsten Notizen und Stichworte in meiner Kladde überschrieben. Immer wieder blättere ich darin und vergegenwärtige mir meine einzelnen Gedankenstationen der letzten Jahre. Dabei stoße ich regelmäßig auf topographische Fixpunkte, real und während meiner Reise in die Vergangenheit im übertragenen Sinn. Auch dies finde ich in meinen Aufzeichnungen:

„Was ist es, das mich seit vielen Jahren bewegt, beschäftigt und nicht loslässt? Es ist ‚ein Verlangen nach beleuchteter Weite, mehr: nach Karte, Kompass, Unterweisung, Klarheit. Ein Verlangen nach der Kunst, mit dem Sextanten zu arbeiten, um die Länge und Breite zu bestimmen, auf der man sich befindet. Ein Verlangen, der Richtung gewiss zu werden und auch noch die Umwege zu verstehen, auf denen das Schiff in schwierigem Fahrwasser fährt.'" (Ernst Bloch)[295]

Statt eines Epilogs

„Die Wahrheit ist den Menschen zumutbar." (Ingeborg Bachmann)

„Erinnern ist nicht produktiv als Erinnern an das, was war, sondern wird nur dann fruchtbar, wenn es zugleich an das erinnert, was noch zu tun ist." (Ernst Bloch)[296]

Anmerkungen

1 „Festiwal Dialogu Czterech Kultur 2007"
2 Heinz Schlüter: „...für die Menschlichkeit im Strafmaß bekannt...", Das Sondergericht Litzmannstadt und sein Vorsitzender Richter, Juristische Zeitgeschichte NRW, Bd. 14, Recklinghausen 2006, S. 153/54
3 Holger Otten: Entnazifizierung und politische Säuberung in Kiel, in: Arbeitskreis „Demokratische Geschichte" (Hrsg.), Wir sind das Bauvolk, Kiel 1945 bis 1950, 1985, S. 305
4 Posener Provinzialblätter, Illustrierte Rundschau des Posener Tageblattes, vermutlich Anfang Dezember 1908, Original ohne Datumsangabe, Archiv JJV
5 Gerlach, Helmuth: Von Rechts nach Links, Frankfurt/M. 1987 (Reihe: Verboten und Verbrannt/ Exil), S. 108 f., zitiert nach Paul W. Massing, Vorgeschichte des politischen Antisemitismus, S. 248/49
6 Sieg, Ulrich: Deutschlands Prophet, Paul de Lagarde und die Ursprünge des modernen Antisemitismus, München 2007, S. 292 ff.
7 ebenda, S. 173
8 BA (ehem. BDC) NSDAP-Mitgliedskarteikarten „Zentral- und Gaukartei", Werner Ventzki
9 Unser Wille und Weg, Januar 1935, S. 15/16
10 ebenda, S. 17
11 Mann, Julia: Ich spreche so gern mit meinen Kindern, Berlin 1991, S. 146 ff
12 Die Bücherei, Zeitschrift der Reichsstelle für das Volksbüchereiwesen, Leipzig, Heft 5/Mai 1938, S. 304
13 Klee, Ernst: Das Personenlexikon zum Dritten Reich. Wer war was vor und nach 1945?, Frankfurt 2003, S. 611/12
14 Klein, Peter: Die „Gettoverwaltung Litzmannstadt" 1940–1944. Eine Dienststelle im Spannungsfeld von Kommunalbürokratie und staatlicher Verfolgungspolitik, Hamburg 2009, S. 236
15 Wildt, Michael: Volksgemeinschaft als Selbstermächtigung. Gewalt gegen Juden in der deutschen Provinz 1919 – 1939, Hamburg 2007, S. 244/45
16 ebenda: S. 196/97
17 Gellately, Robert: Hingeschaut und Weggesehen. Hitler und sein Volk, München 2002, S. 173, siehe auch: „Lagebericht der Staatspolizeistelle Stettin an das Geheime Staatspolizeiamt über den Monat August 1935" (4. September 1935) in: Robert Thévoz u.a. (Hg.), Pommern 1934/35 im Spiegel von Gestapo-Lageberichten und Sachakten (Quellen), Köln 1974, S. 129
18 Pommersche Zeitung, Stettin, 12.11.1938, S. 9
19 BA (ehem. BDC) NSDAP-Mitgliedskarteikarten „Zentral- und Gaukartei", Erna-Maria Ventzki, geb. Brandenburg
20 Bernsee, Hans: NS-Volkswohlfahrt in der Welt voran, in: Unser Wille und Weg", 4/1935, S. 133
21 Schriften des Deutschen Vereins für öffentliche und private Fürsorge, Heft 175/176, Schriften 1938 – 1940, siehe auch: „Pg. Ventzki sprach in Würzburg", Bericht in: Pommersche Zeitung, Stettin, 25.5.1938, S. 3
22 Das Schwarze Korps, 18. März 1973, S. 9
23 Bookhagen, Rainer: Die evangelische Kinderpflege und die innere Mission in der Zeit des Nationalsozialismus/Rückzug in den Raum der Kirche, Bd. 2: 1937 – 1945, Göttingen 2002, S. 395/96
24 Pommersche Zeitung, Stettin, 1.01.1939 (Jahresrückblick auf 1938), S. 16
25 YVA, Jerusalem, Registratur-Gruppe 0.68, Ordner-Nr. 871, Bl. 7–10, Original BAB 119000/4158 (BDC – PK) u. ZA I 5613 A.5
26 Pommersche Zeitung, Stettin, 29.11.1938, S. 13
27 ebenda, 26.5.1938, S. 7
28 ebenda, 20.11.1938, S. 15
29 ebenda, 13.5.1938, S. 7
30 ebenda
31 In der Literatur über die „Zweite Generation" immer wieder als ein bestimmender Faktor beschrieben.

32 APŁ, Akta Miasta Lodzi – Zarzad Miejski w Lodzi (Stadtverwaltung Litzmannstadt) – Zarzad Getta (Gettoverwaltung) 1940–1944, Nr. 30790, Bl. 5–6
33 Jüdisches Museum Frankfurt/M., Ausstellung Getto Lodz, Themenordner 11, Original in: APŁ, Akt miasta Łodzi, Wydział do Spraw Getta (Gettoverwaltung), „Kleiderkammer [Sprawa dostaw dla NSV]" 1942 r, sygn.30790
34 Friedländer, Saul: Die Jahre der Vernichtung. Das Dritte Reich und die Juden, Bd. 2 1939–1945, München 2006, S. 417
35 APŁ, Bestand 221/IX, Stadtverwaltung Litzmannstadt, Gettoverwaltung, Mappe 208 (alte Zählung), Bl. 5
36 Aussage meines Vaters am 19. April 1968 vor dem Amtsgericht Bonn in der Strafsache gegen den früheren SS-Obersturmbannführer Rolf-Heinz Höppner, BArch 162 (Ludwigsburg)/20047, Bl. 137
37 Bloch, Ernst: Viele Kammern im Welthaus. Eine Auswahl aus dem Werk, hrsg. von Friedrich Dieckmann und Jürgen Teller, Frankfurt/M. 1994, S. 678
38 zitiert nach: Bloch. Eine Bildmonographie, herausgegeben vom Ernst-Bloch-Zentrum, Frankfurt 2007, S. 19 (Gespräch mit Jean-Michel Palmier, 1976, in: Tagträume vom aufrechten Gang, a.a.O., S. 109 f)
39 „Lodscher Zeitung", 12.11.1939
40 Klein, Peter: Die „Gettoverwaltung Litzmannstadt" 1940 – 1944. Eine Dienststelle im Spannungsfeld von Kommunalbürokratie und staatlicher Verfolgungspolitik, Hamburg 2009, S. 79
41 ebenda, S. 79
42 APŁ,G.V. 116, abgedruckt in: Loewy, Hanno, Schoenberner, Gerhard (Red.): „Unser einziger Weg ist Arbeit". Das Getto in Łódź 1940–1944, Wien 1990, S. 152–154
43 APŁ, Kripo 67, abgedruckt in: Berg, Silke: Wenn sich Vergangenes zunehmend mit Nacht bedeckt, MEMENTO, Schriftenreihe der Ernst-Ludwig-Chambré-Stiftung zu Lich und der Arbeitsstelle für Holocaustliteratur der Universität Gießen, Frankfurt/M. 2000, S. 13
44 Nasarski, Peter (Hrsg.): Lodz – die Stadt der Völkerbegegnung im Wandel der Geschichte, in Zusammenarbeit mit Albert Heise, Eugen Ihle und Adolf Kargel, vermutlich jener Adolf Kargel, der während der deutschen Besatzung von Lodz höchst regimefreundlich in der „Litzmannstädter Zeitung" regelmäßig – auch über Auftritte meines Vaters – berichtete
45 Bloch, Karola: Aus meinem Leben, Mössingen-Talheim, 1995, S. 15
46 Marta Kijowska: Die Tinte ist ein Zündstoff. Stanisław Jerzy Lec. Der Meister des unfrisierten Denkens, München, 2009, S. 53
47 Bloch, Karola: Aus meinem Leben, Mössingen-Talheim 1995, S. 264
48 Siehe Anmerkung Nr. 45
49 Scherer, Irene, Schröter, Welf (Hg.): Karola Bloch, Architektin, Sozialistin, Freundin. Eine Neuentdeckung des Wirkens der Bauhaus-Schülerin, Mössingen-Talheim 2010, S. 382/383., mit freundlicher Genehmigung des Talheimer Verlages (Mössingen-Talheim), dem ich für die spontane Übermittlung der Brieftexte danke.
50 ebenda, S. 383/384
51 Hilberg: Die Vernichtung der europäischen Juden, Bd. 1, S. 240, Tabelle 31
52 Borodziej, Włodzimierz, Ziemer, Klaus (Hg.): Deutsch-polnische Beziehungen 1939, 1945, 1949, Osnabrück 2000, S. 105
53 Archiv Muzeum Tradycji Niepoldleglosciowych w Lodzi (Museum der Unabhängigkeitsbewegung Lodz, Abteilung Radogoszcz), Nr.: A – 2587
54 Klee, Ernst: Das Personenlexikon zum Dritten Reich. Wer war was vor und nach 1945?, Frankfurt/M. 2003, S. 380
55 Smelser, Ronald M., Syring, Enrico: Die SS: Elite unter dem Totenkopf, Paderborn 2000, S. 334
56 Longerich, Peter: Heinrich Himmler. Biographie, München 2008, S. 404
57 Longerich, Peter: Heinrich Himmler. Biographie, München 2008, S. 303
58 ebenda, S. 299
59 Longerich, Peter: Heinrich Himmler. Biographie, München 2008, S. 391, BAB NS 19/3973, Lebensborn-Grundsätze, 13. September 1936

60 Der Reichsführer SS und Chef der deutschen Polizei, SS-Befehl für die gesamte SS und Polizei vom 28.10.1939, BA NS 2/276
61 1. Korinther, 16, 13
62 Gemeint ist mein Vater, Werner Ventzki, der vom 8.5.1941 bis Ende des Krieges Oberbürgermeister von Litzmannstadt/Lodz war, aber ab Sommer 1943 wegen seines Einsatzes bei der Waffen-SS von SS-Obersturmbannführer Dr. Otto Bradfisch kommissarisch im Amt vertreten wurde
63 Feuchert, Sascha, Leibfried, Erwin, Riecke, Jörg: Letzte Tage – Die Lodzer Getto-Chronik Juni/Juli 1944, Göttingen 2004, S. 91/92
64 Klein, Peter: Die „Gettoverwaltung Litzmannstadt" 1940–1944. Eine Dienststelle im Spannungsfeld von Kommunalbürokratie und staatlicher Verfolgungspolitik, Hamburg 2009, S. 621
65 Mostowicz, Arnold: Der blinde Maks oder Passierschein durch den Styx, Berlin 1992
66 Alberti, Michael: Die Verfolgung und Vernichtung der Juden im Reichsgau Wartheland 1939 – 1945, Wiesbaden 2006
67 ebenda, S. 54
68 BArch B 162/22001, Bl. 135
69 BArch B 162/520, Bl. 7, um welche Generalstaatsanwaltschaft es sich handelte, ist aus den vorliegenden Kopien nicht eindeutig ersichtlich.
70 BA, R 1501, Bd. 5313, Bl. 237–239
71 Alberti, Michael: Die Verfolgung und Vernichtung der Juden im Reichsgau Wartheland 1939–1945, Wiesbaden 2006, S. 332
72 Jahrbuch der Kaiser-Wilhelm-Gesellschaft zur Förderung der Wissenschaften" 1941, S. 72
73 BArch B 162/520, Bl. 7–8, Aussage meines Vaters vor der Generalstaatsanwaltschaft am 23.4.1963 in Bonn (um welche Generalstaatsanwaltschaft es sich dabei handelte, geht aus der vorliegenden Kopie leider nicht hervor.)
74 Rieß, Volker: Die Anfänge der Vernichtung „lebensunwerten Lebens" in den Reichsgauen Danzig-Westpreußen und Wartheland, Frankfurt/M. 1955, S. 58
75 ebenda, S. 64
76 Dienstreisenotiz OB Ventzki, APŁ, 221/VII, Band 77, unpag.
77 Telegramm Marder an OB Ventzki, z.Zt. Stettin, Hotel „Preußenhof", 7.10.1942, APŁ, AML Nr. 28561, unpag.
78 Vermutlich Adolf Kargel
79 Die Formulierung „Machen Sie aus Lodsch eine deutsche Stadt" findet sich bereits Ende 1939/Anfang 1940 als Auftrag des damaligen Oberbürgermeisters Schiffer an den von ihm nach Lodz geholten und dort mit dem Amt des Stadtbaudirektors betrauten Wilhelm Hallbauer, siehe auch: Gutschow, Ordnungswahn, Architekten planen im „eingedeutschten Osten" 1939–1945, Basel 2001, S. 144.
80 Heinemann, Isabel: „Rasse, Siedlung, deutsches Blut". Das Rasse- und Siedlungshauptamt der SS und die rassenpolitische Neuordnung Europas, Göttingen 2003, S. 32
81 Alberti, Michael: Die Verfolgung und Vernichtung der Juden im Reichsgau Wartheland 1939–1945, Wiesbaden 2006, S. 54
82 ebenda, S. 65
83 Klein, Peter: Die „Gettoverwaltung Litzmannstadt". Eine Dienststelle im Spannungsfeld von Kommunalbürokratie und staatlicher Verfolgungspolitik, Hamburg 2009, S. 231
84 ebenda, S. 233
85 ebenda, S. 233
86 ebenda, S. 235
87 ebenda, S. 236
88 ebenda, S. 236
89 APŁ, 221/VII, Bd.61, Bl. 174
90 APŁ, 221/VII, Bd. 67, Bl. 227
91 Gutschow, Niels: Ordnungswahn. Architekten planen im „eingedeutschten Osten" 1939–1945, Basel 2001, Umschlagrückseite, Original: Hamburgisches Architekturarchiv, Nachlaß Helmuth Baur
92 ebenda., Ordnungswahn, S. 146
93 APŁ, 221/VII, Bd. 67, Bl. 251

94 ebenda. Bl. 252
95 Litzmannstädter Zeitung, 10.9.1942, „Der Tag in Litzmannstadt"
96 Vossen, Johannes: Der öffentliche Gesundheitsdienst im „Reichsgau Wartheland" und die Durchführung der nationalsozialistischen „Volkstumspolitik" 1939–1945, in: Hüntelmann, Axel, Vossen, Johannes, Czech, Herwig (Hrsg.): Gesundheit und Staat. Studien zur Geschichte der Gesundheitsämter in Deutschland, 1870–1950, Husum 2007, S. 242
97 So gab es zum Beispiel keine Heilanstaltskuren für an Tuberkulose erkrankte Polen
98 Klein, Peter: Die „Gettoverwaltung Litzmannstadt" 1940–1944. Eine Dienststelle im Spannungsfeld von Kommunalbürokratie und staatlicher Verfolgungspolitik, Hamburg 2009, S. 451 f, das Schreiben ist abgedruckt in: Faschismus, Getto, Massenmord. Dokumentation über Ausrottung und Widerstand der Juden in Polen während des Zweiten Weltkrieges, hrsg. vom Jüdischen Historischen Institut Warschau, Berlin 1960, Dok. 212, S. 278
99 Ventzki an Blome, 06.08.1942 (APŁ, 221/VII, Bd. 4, unpaginiert)
100 Litzmannstädter Zeitung, 24. 8.1941, S. 6
101 Blome an Greiser, 18.11.1942, betr. Tuberkulose-Aktion im Warthegau, abgedr. In: Łuczak, Czesław (Hg.): Położenie ludności polskiej w tzw. Kraju Warty w okresie hitlerowskiej okupacji. Wybór źródeł i opracowanie… Poznań 1990 (= Documenta occupationis. Bd. 13), S. 42–44, hier: 43
102 Himmler an Greiser, 03.12.1942 (BA, NS 19/1585, Bl. 29)
103 Pommersche Zeitung, Stettin, 6.1.1939, S. 7
104 Alberti, Michael: Die Verfolgung und Vernichtung der Juden im Reichsgau Wartheland 1939–1945, Wiesbaden 2006, S. 177, siehe auch Klein, Die „Gettoverwaltung Litzmannstadt" 1940–1944, S. 202
105 Klein, Peter: in Newsletter Nr. 32, S. 8, Fritz Bauer Institut, Frankfurt/M.
106 Klein, Peter
107 APŁ, 221/VII, Bd. 67, Bl. 186
108 BArch B 162 /20047, Bl. 13
109 BArch B 162/3360, Bl. 84
110 Klein, Peter: Die „Gettoverwaltung Litzmannstadt" 1940–1944. Eine Dienststelle im Spannungsfeld von Kommunalbürokratie und staatlicher Verfolgungspolitik, Hamburg 2009, S. 510/11
111 Alberti, Michael: Die Verfolgung und Vernichtung der Juden im Reichsgau Wartheland 1939–1945, Wiesbaden 2006, S. 254
112 ebenda., S. 255
113 BAB, N 2313/20, Bl. 57–59
114 Sara Plager-Zyskind: Auf immer verlorene Jahre. Ein junges Mädchen überlebt den Holocaust in Polen, München 1993, S. 67 f.
115 Die Chronik des Gettos Lodz/Litzmannstadt, herausgegeben von Sascha Feuchert, Erwin Leibfried, Jörg Riecke, Göttingen 2007, Band 1942, S. 247
116 ebenda, Band 1943, S. 74
117 gemeint ist mein Vater, Werner Ventzki
118 Die Chronik des Gettos Lodz/Litzmannstadt (siehe Anmerkung oben), Band 1943, S. 287
119 BArch B 162/20047, Bl. 135/136
120 OB Ventzki an Regierungspräsident Uebelhoer, 24.09.1941, BA-Berlin, NS 19/2655 (Akten des persönlichen Stabes des Reichsführers-SS), Bl. 25
121 ebenda
122 BArch B 162/3361, Bl. 348 (Verfahren gegen Fuchs und Bradfisch)
123 Die Chronik des Gettos Lodz/Litzmannstadt, Band 1944, S. 361
124 Alberti, Michael: Die Verfolgung und Vernichtung der Juden im Reichsgau Wartheland 1939–1945, Wiesbaden 2006, S. 488–493
125 Litzmannstädter Zeitung, 31.12.1941, „Tag in Litzmannstadt"
126 ebenda
127 Litzmannstädter Zeitung, 2. 2. 1943, „Tag in Litzmannstadt"
128 Loewy, Ernst: Literatur unterm Hakenkreuz, Frankfurt/M. 1990, S. 307, siehe auch: Klee, Ernst: Kulturlexikon, S. 59/60
129 Klee, Ernst: Das Kulturlexikon zum Dritten Reich, Frankfurt/M. 2007, S. 466

130 aus dem Bericht des ehemaligen Leiters der Schulabteilung beim Regierungspräsidenten in Litzmannstadt, Wendt: „…außerdem beteiligte ich mich finanziell an der Unterstützung der Litzmannstädter Universitätsgesellschaft (gegründet durch den Oberbürgermeister Ventzki, jetzt im Bundesflüchtlingsministerium)… (Lübeck, den 28. August 1955)", abgedruckt in: Hansen, Georg, Ethnische Schulpolitik im besetzten Polen, Der Mustergau Wartheland, 1995, S. 86/87
131 Litzmannstädter Zeitung, 17. Juli 1942
132 „Das Posener Tagebuch des Anatomen Hermann Voss", zitiert nach: Aly/Chroust/Heilmann/Langbein; Biedermann und die Brandstifter, Materialien zur deutschen Täter-Biographie, Beiträge zur nationalsozialistischen Gesundheits- und Sozialpolitik: 4, 1987, S. 58/59
133 zitiert nach Klee, Ernst: Das Personenlexikon zum Dritten Reich, 2003, S. 646
134 ebenda, S. 646
135 Münchner neueste Nachrichten, 7.10.1941, S. 1 und: APŁ, 221/VII, Bd. 4, unpaginiert
136 Handbuch der Deutschen Aktiengesellschaften, 1943 (48. Jahrgang), Bd. 5, Berlin, S. 5235
137 Litzmannstädter Zeitung, 17. 5.1943 (Der Tag in Litzmannstadt)
138 Browning, Christopher: Die Entfesselung der „Endlösung". Nationalsozialistische Judenpolitik 1939–1942, München 2003, S. 470
139 BA-Berlin, NS 19/2655 (Akten des persönlichen Stabes des Reichsführers-SS)
140 ebenda, Bl. 22
141 Österreich und der Zweite Weltkrieg, herausgegeben vom Dokumentationsarchiv des österreichischen Widerstandes (DÖW), Wien 1989, S. 133
142 Die Chronik des Gettos Lodz/Litzmannstadt, Band 1941, S. 266
143 BArch B 162/20047, Bl. 137 u. 138
144 Zelman, Leon: Ein Leben nach dem Überleben. Aufgezeichnet von Armin Thurnher, Wien 1995, Neuauflage 2005
145 „profil", Nr. 3, 13.01.2003, S. 46–48, siehe auch „Das Jüdische Echo", Vol. 56, Oktober 2007, S. 50/51
146 Singer, Oskar: Herren der Welt, Zeitstück in drei Akten, neu herausgegeben von Sascha Feuchert, Schriftenreihe des P. Walter Jacob-Archivs, Band 10, Hamburg, 2001
147 alle Angaben zu Waldemar Kraft aus: Ernst Klee: Das Personenlexikon zum Dritten Reich. Wer war was vor und nach 1945?, Frankfurt 2003, S. 334
148 Brandt, Willy: Erinnerungen, Berlin, 1989, S. 109
149 Taz-Magazin, Nr. 6002 v. 27.11.1999
150 Kargel, Adolf: Litzmannstädter Zeitung, 24.9.1942 (Tag in Litzmannstadt)
151 ebenda
152 ebenda
153 Reitlinger, Gerald: Die Endlösung, Hitlers Versuch der Ausrottung der Juden Europas 1939–1945, Berlin 1992, S. 76 f
154 Deutschlandsender (Berlin-Ost), 15.03.1960, DRA Deutsches Rundfunkarchiv Berlin, 2013704001
155 „Glos Robotniczy", Nr. 59, 10.03.1960, Lodz
156 DIE ZEIT Nr. 18 v. 6.05.1954
157 Pommersche Zeitung, Stettin, 22.11.1938, S. 6
158 Pommersche Zeitung, Stettin, 27.11.1938, S. 34
159 Die Chronik des Gettos Lodz/Litzmannstadt, Supplement und Anhang, S. 409
160 Klein, Peter: Die „Gettoverwaltung Litzmannstadt" 1940–1944. Eine Dienststelle im Spannungsfeld von Kommunalbürokratie und staatlicher Verfolgungspolitik, Hamburg 2009, S. 136 und Nachlass Werner Ventzki (Archiv JJV)
161 Heinemann, Isabel: „Rasse, Siedlung, deutsches Blut". Das Rasse- und Siedlungshauptamt der SS und die rassenpolitische Neuordnung Europas, Göttingen 2003, S. 615
162 zitiert nach: Heinemann, Isabel: (siehe oben), S. 223, siehe auch: Aly: Endlösung. S. 83
163 Hessisches Hauptstaatsarchiv Wiesbaden, Abt. 461, Nr. 33580
164 August Scholtis: 1958–1969, Band 2, Briefe von August Scholtis, hrsg. Von Joachim J. Scholz, Schriften der Stiftung Haus Oberschlesien, Literaturwissenschaftliche Reihe, S. 412/13, Berlin 1992
165 Isabel Heinemann: „Rasse, Siedlung, deutsches Blut". Das Rasse- & Siedlungshauptamt der SS und die rassenpolitische Neuordnung Europas, Göttingen 2003, S. 197

166 ebenda, S. 197/98
167 BArch B 162/520, Bl. 7, um welche Generalstaatsanwaltschaft es sich handelte, ist aus den vorliegenden Kopien nicht eindeutig festzustellen.
168 DER SPIEGEL, Hamburg, 32/1964, S. 32
169 Fischer, Torben, Lorenz, Matthias N. (Hg.): Lexikon der „Vergangenheitsbewältigung" in Deutschland, Bielefeld 2007, S. 142/143
170 Klee, Ernst: Das Personenlexikon zum Dritten Reich. Wer war was vor und nach 1945?, Frankfurt/M. 2003, S. 345
171 Heiber, Helmut: Goebbels Reden 1932–1939, Düsseldorf 1971, Bd. 1, S. 240/41
172 Litzmannstädter Zeitung, 4.7.1941
173 ebenda
174 Litzmannstädter Zeitung, 3. Juli 1941, „Der Tag in Litzmannstadt"
175 Unser Wille und Weg 1936, 11/1936, S. 6/350
176 de Rougemont, Denis: Journal aus Deutschland 1935–1936, (1938 Paris, 1968 Wien), hier: 2001 Berlin, S. 73
177 Unser Wille und Weg 1936, 10/1936, S. 2/346
178 Festschrift zum 75-jährigen Bestehen des Deutschen Studentenheims, herausgegeben von der Deutschen Studentenheim GmbH, Breul 23, Münster/Westf. und Verein alter Breulianer (VaB) e.V., Münster 2003, S. 64, die Interviewpartner werden leider nicht genannt.
179 ebenda, S. 64
180 Wenzel, Mirjam: Gericht und Gedächtnis. Der deutschsprachige Holocaust-Diskurs der sechziger Jahre, Göttingen 2009, S. 327
181 Unser Wille und Weg, 1/1935, S. 27
182 Pommersche Zeitung, Stettin, 29.11.1938, S. 8
183 ebenda
184 Heinemann, Isabel: „Rasse, Siedlung, deutsches Blut". Das Rasse- und Siedlungshauptamt der SS und die rassenpolitische Neuordnung Europas, Göttingen 2003, S. 38
185 APŁ, G.V. 2180, abgedruckt in: Loewy/Schoenberner, „Unser einziger Weg ist Arbeit", S. 155
186 BArch B 162/3361, Blatt 350 (Verfahren gegen Fuchs u. Bradfisch)
187 BArch B 162/3361, Bl. 406/407 (Verfahren gegen Günther Fuchs)
188 zitiert nach: Weltgeschichte im Aufriss, Bd. 2, Verlag Diesterweg, Frankfurt/M. 1978, S. 191
189 ebneda
190 Maubach, Franka: Führerinnen-Generationen?, in: H-Soz-uKult, 10.062003, internet: http://hsozkult.geschichte.hu-berlin.de/forum/id=331&type=diskussionen, S. 5/6
191 Litzmannstädter Zeitung, 28.10.1942, „Der Tag in Litzmannstadt"
192 Maschmann, Melita: Fazit. Kein Rechtfertigungsversuch, Stuttgart 1963
193 Pommersche Zeitung, Stettin, 13. 11. 1938, S. 15
194 ebenda, 22. 11.1938, S. 9
195 Longerich, Peter: Heinrich Himmler. Biographie, München 2008, S. 709/10
196 Vermerk der Kriminalpolizeistelle Litzmannstadt v. 30.8.1941, OK (Okręgowa Komisja Badania Zbrodni Hitlerowskich w Łodzi/Bezirkskommission zur Untersuchung der Hitlerverbrechen in Łódź PJVL), abgedruckt in: Loewy, Hanno/Schoenberner, Gerhard: „Unser einziger Weg ist Arbeit", Frankfurt/M./Wien, 1990, S. 188
197 ebenda, S. 280
198 Lodzer Martyrologium, hrsg. vom Museum der Unabhängigkeitsbewegung Lodz, Abteilung Radogoszcz, Łódź 2005, S. 54
199 Zorn, Gerda: Nach Ostland geht unser Ritt. Deutsche Eroberungspolitik und die Folgen. Das Beispiel Lodz, Köln 1988, S. 126
200 Litzmannstädter Zeitung, 16. 12. 1942
201 ebenda, 16.12.1942
202 Klee, Ernst, Das Kulturlexikon zum Dritten Reich, Frankfurt/M. 2007, S. 240
203 Litzmannstädter Zeitung, 16.8.1941
204 Litzmannstädter Zeitung, 23.1.1943
205 vergl. Maschmann, Melita: Fazit. Kein Rechtfertigungsversuch, Stuttgart 1963, S. 76 ff

206 Lodzer Martyrologium, Museumsführer Radogoszcz, herausgegeben von: Muzeum Tradycji Niepodległościowych w Łodzi, Łódź, 2005, S. 43
207 ebenda, S. 44
208 Moltke, Helmuth James von: Briefe an Freya 1939–1945, München 1988, S. 308
209 Litzmannstädter Zeitung, „Der Tag in Litzmannstadt", 27.8.1942
210 Oberbürgermeister von Litzmannstadt, Ventzki, an Regierungspräsident Uebelhoer, 29.9.1941; BA, NS 19/2655/fol. 8, auch abgedruckt in: Loewy, „Unser einziger Weg ist Arbeit", S. 114
211 Klemperer, Viktor: Ich will Zeugnis ablegen bis zum letzten/Tagebücher 1933–1945, Berlin 1995, Bd. 1, S. 680
212 „Litzmannstadt Ghetto", Drehbuch u. Regie: Mariusz Olbrychowski, Time after time international & Akson Studio, 2009
213 BA-Berlin, NS 19/2655, S. 24/25
214 FZH, Forschungsstelle für Zeitgeschichte in Hamburg, 11/K11 Krogmann-Tagebuch 1943
215 ebenda
216 Rede von Mordechai Chaim Rumkowski am 4.09.1942, abgedruckt in: Loewy, Hanno/Schoenberner, Gerhard: „Unser einziger Weg ist Arbeit" Das Getto in Lodz 1940–1944, Frankfurt/M./ Wien 1990, S. 233/234, das Original der Rede befindet sich im Staatsarchiv Lodz (AP), 278/1091
217 Bericht Genia Herszenhaft, zitiert nach: Löw, Andrea: Juden im Getto Litzmannstadt, Lebensbedingungen, Selbstwahrnehmung, Verhalten, Göttingen 2006, S. 304
218 zitiert nach: Feliks Tych, Alfons Kenkmann, Elisabeth Kohlhaas, Andreas Eberhard (Hrsg.), Kinder über den Holocaust, Frühe Zeugnisse 1944 – 1948, Interviewprotokolle der Zentralen Jüdischen Historischen Kommission in Polen, Berlin 2008, S. 118
219 Litzmannstädter Zeitung, 11.5.1943
220 Eichengreen, Lucille: Von Asche zum Leben. Erinnerungen, Bremen 2001, S. 79/80, auch zitiert in: Löw: Juden, S. 432/33
221 Klee, Ernst: Das Kulturlexikon zum Dritten Reich. Wer war was vor und nach 1945?, Frankfurt/M. 2007, S. 531
222 Aster, Misha: „Das Reichsorchester" Die Berliner Philharmoniker und der Nationalsozialismus, München 2007, S. 209
223 ebenda, S. 283/4
224 Litzmannstädter Zeitung, 3.3.1943
225 Zitat aus Schreiben Himmlers, Tgb.–Nr. A/29/59/41, an Pg. Uebelhoer, 10. Oktober 1941, in: BA, NS 19/2655, Bl. 38–39
226 Longerich, Peter: Heinrich Himmler, Biographie, München 2008, S. 105
227 ebenda, S. 105 ff
228 BDC – SSEM, Werner Ventzki
229 ebenda
230 ebenda
231 Klein, Peter: Die „Gettoverwaltung Litzmannstadt" 1940–1944. Eine Dienststelle im Spannungsfeld von Kommunalbürokratie und staatlicher Verfolgungspolitik, Hamburg 2009, S. 578 ff
232 Abschrift. Der Reichsstatthalter im Warthegau, I/13:022/150, an den Herrn Oberbürgermeister in Litzmannstadt, betr. Steuerliche Behandlung der Judenarbeiten, abgedruckt in: Klein, Peter: Die „Gettoverwaltung Litzmannstadt"…, S, 581, Original in: APL, 221/VII, Bd. 28561 neu, unpaginiert
233 Aussage meines Vaters vor der Staatsanwaltschaft beim Landgericht Hannover am 24.02.1962 im Verfahren gegen Fuchs und Bradfisch, BArch B 162/3362, Bl. 345
234 Alberti, Michael: Die Verfolgung und Vernichtung der Juden im Reichsgau Wartheland 1939–1945, Wiesbaden 2006, S. 227
235 Litzmannstädter Zeitung, 24. September 1941, S. 5
236 Klein, Peter: Die „Gettoverwaltung Litzmannstadt" 1940–1944, S. 612, Berlin 2007
237 ebenda, S. 614
238 BArch B 162/3361, Bl. 406/407
239 BArch B 162/3361, Bl. 348 (Verfahren gegen Fuchs u. Bradfisch)
240 ebenda, Bl. 348/49
241 BArch B 162/21993–21994, Bl.162

242 Schumann, Eva (Hrsg.): Kontinuitäten und Zäsuren, Rechtswissenschaft und Justiz im „Dritten Reich" und in der Nachkriegszeit, Göttingen 2008, S. 255
243 Nationalrat der Nationalen Front des Demokratischen Deutschland, Dokumentationszentrum der staatlichen Archivverwaltung der DDR (Hrsg.): Braunbuch – Kriegs- und Naziverbrecher in der Bundesrepublik, Berlin 1965
244 ebenda, S. 283
245 Bloch, Ernst: „Die Nazis im Untergrund" in: Freies Deutschland (Mexiko), Heft 8, Juli 1944, S. 13
246 Schreiben des Bundesministeriums für Vertriebene, Flüchtlinge und Kriegsgeschädigte vom 8. Juli 1958, Nachlass Werner Ventzki (im Besitz des Autors)
247 zitiert nach: Helmut Schaller, Der Nationalsozialismus und die slawische Welt, Regensburg 2002, S. 80/81
248 ebenda: S. 95
249 zitiert nach: Rupnow, Dirk: Vernichten und Erinnern. Spuren nationalsozialistischer Gedächtnispolitik, Göttingen 2005, S. 240
250 Goebbels, Joseph: Die Tagebücher von Joseph Goebbels, Sämtliche Fragmente, Teil 1: Aufzeichnungen 1923–1941, Bd. 7: Juli 1939–März 1940, S. 157 (zitiert nach Friedländer, Vernichtung, S. 47)
251 ebenda, S. 172
252 ebenda, S. 177
253 Klee, Ernst: Das Personenlexikon zum Dritten Reich. Wer war was vor und nach 1945?, Frankfurt/M. 2003, S. 199
254 Alberti, Michael: Die Verfolgung und Vernichtung der Juden im Reichsgau Wartheland 1939–1945, Wiesbaden 2006, S 56
255 ebenda, S. 56
256 siehe auch: Klee, Ernst: Das Personenlexikon zum Dritten Reich, S. 199 u. Feuchert/Leibfried/Riecke, Die Chronik des Gettos Lodz/Litzmannstadt, Supplement-Band, S. 410
257 APŁ, 221/VII, Bd. 39, Bl. 185–188, auch in: Alberti, Michael: Die Verfolgung und Vernichtung der Juden im Reichsgau Wartheland 1939–1945, Wiesbaden 2006, S. 442
258 APŁ, 221/VII, Bd. 39, Bl. 190/91
259 Klein, Peter: Die „Gettoverwaltung Litzmannstadt"1940–1944. Eine Dienststelle im Spannungsfeld von Kommunalbürokratie und staatlicher Verfolgungspolitik, Hamburg 2009, S. 449–450
260 Klein, Peter: Die „Gettoverwaltung Litzmannstadt" 1940–1944. Eine Dienststelle im Spannungsfeld von Kommunalbürokratie und staatlicher Verfolgungspolitik, Hamburg 2009, S. 333–334 auch: Alberti, Michael: Die Verfolgung und Vernichtung der Juden im Reichsgau Wartheland 1939–1945, S. 382/83
261 APŁ, GV 345, Bl. 282
262 APŁ, GV 1743, Bl. 259
263 Loewy, Hanno, Schoenberner, Gerhard: „Unser einziger Weg ist Arbeit". Das Getto in Łódź 1940–1944, Wien 1990, S. 6
264 Loewy, Hanno, Schoenberner, Gerhard: „Unser einziger Weg ist Arbeit". Das Getto in Łódź 1940–1944, Wien 1990, S. 79
265 Trunk, Isaiah: Lodz Ghetto – A History, Published in association with the United States Holocaust Memorial Museum, Bloomington/Indianapolis/USA, 2006
266 dtv-/Brockhaus-Lexikon, 1972, Die Zeit/Das Lexikon, 2005
267 Shmuel Krakowski: Das Todeslager Chełmno/Kulmhof. Der Beginn der „Endlösung", Göttingen 2007, S. 40
268 Klein, Peter: Die „Gettoverwaltung Litzmannstadt" 1940–1944. Eine Dienststelle im Spannungsfeld von Kommunalbürokratie und staatlicher Verfolgungspolitik, Hamburg 2009, S. 384
269 ebenda, S. 384
270 Die Chronik des Gettos Lodz/Litzmannstadt, herausgegeben von Sascha Feuchert, Erwin Leibfried, Jörg Riecke, Göttingen 2007, Bd. Supplement und Anhang, S. 165
271 aus Lanzmann, Claude: Shoah, Grafenau 1999 (deutsche Ausgabe), S. 11 u. 12, mit freundlicher Genehmigung des Trotzdem Verlages, Frankfurt/M.
272 ebenda, S. 13, mit freundlicher Genehmigung des Trotzdem Verlages, Frankfurt/M.

273 Krakowski, Shmuel: Das Todeslager Chełmno/Kulmhof. Der Beginn der „Endlösung", Göttingen 2007, S. 45
274 ebenda, S. 69
275 BArch B 162/3362, Bl. 350
276 Hering, Sabine, Münchmeier, Richard: Geschichte der sozialen Arbeit, Weinheim/München 2000, S. 184
277 ebenda, S. 184
278 BArch 162/22001, Bl. 136
279 Archiv Muzeum Tradycji Niepodleglosciowych w Lodzi, A-2585/Mf-1975/19
280 BA Berlin (BDC) - SS EM Werner Ventzki
281 Dieses Kapitel ist die leicht veränderte Fassung des gleichnamigen Textes, der 2006 (Tischri 5767), in Vol. 55 des Magazins „Das Jüdische Echo" (Wien) publiziert wurde
282 Checinski, Michael Moshe: Die Uhr meines Vaters, Frankfurt/M., 2001, Eichborn Verlag, Erstveröffentlichung: My father's watch, Jerusalem 1994
283 Eichmann-Prozess in Jerusalem: Protokoll der Sitzungen 1-114 (8 Bde.) - Protokolle der Sitzungen 115-121 (1 Band-Urteil) - Nicht offizielles Urteil (1 Band) - Legal Material (1 Band) - Protokolle nichtöffentlicher Sitzungen des Amtsgerichts Nuernberg (1 Band) - Eichmann Trial Administra.
284 Schwarze Jahre. Zeugen des Holocaust erinnern sich, Leipzig 1997 (Originalausgabe: Vereinigung der Kinder des Holocaust in Polen, Warszawa 1997), S. 282
285 Checinski, Michael Moshe: Die Uhr meines Vaters, Frankfurt 2001, S. 177
286 Schwarze Jahre - Zeugen des Holocaust erinnern sich, Warschau 1997 u. Leipzig 1997, S. 317
287 ebenda, S. 322
288 Litzmannstädter Zeitung, 8.06.1941, Titelseite
289 Badziak, Kazimierz, Olejnik, Leszek, Pełka, Bolesław: Grand Hotel w Lodzi 1888-1988, Łódź 1988, S. 69/70
290 ebenda, S. 70
291 BArch 162/21993, Bl. 171
292 Feuchert, Sascha, Leibfried, Erwin, Riecke, Jörg (Hrsg.). Die Chronik des Gettos Lodz/Litzmannstadt 1944, Schriftenreihe zur Łódzer Getto-Chronik, hrsg. von der Arbeitsstelle für Holocaustliteratur (Universität Gießen), Göttingen 2007, S. 361
293 Hannah Arendt im Interview mit Günter Gaus, gesendet am 28.10.1964 im ZDF
294 Jan Philipp Reemtsma: „Wie hätte ich mich verhalten?", Veröffentlichungen des Lehrstuhls für Jüdische Geschichte und Kultur Universität München, München 2000, S. 23
295 Bloch, Ernst: Viele Kammern im Welthaus. Eine Auswahl aus dem Werk, hrsg. von Friedrich Dieckmann und Jürgen Teller, Frankfurt/M. 1994, S. 488/489
296 Albrecht, Richard: „Zerstörte Sprache - Zerstörte Kultur", Ernst Blochs Exil-Vortrag vor siebzig Jahren - Geschichtliches und Aktuelles, in: Träume gegen Mauern, Bloch-Jahrbuch 2009, herausgegeben von Francesca Vidal, Mössingen-Talheim 2009, S. 227

Mit Förderung der EU, des Polnischen Außenministeriums, der Stiftung für deutsch-polnische Zusammenarbeit und der Stadt Łódź entstand 2009 der Dokumentarfilm „Ventzki, Kinder der Täter, Kinder der Opfer".

Quellen und Literatur

Archive

APŁ   Archiwum Państwowe w Łodzi (Staatsarchiv Lodz)
BA   Bundesarchiv Berlin
BA 162 Bundesarchiv Außenstelle Ludwigsburg
YVA   Yad Vashem Archiv Jerusalem
Archiv Muzeum Tradycji Niepoldległościowych w Łodzi (Museum der Unabhängigkeitsbewegung Lodz, Abteilung Radogoszcz) Lodz
Jüdisches Museum Frankfurt am Main

Bildarchive

bpk – Bildarchiv Preußischer Kulturbesitz Berlin (Sammlung Alfred Kiss)
Jüdisches Museum Frankfurt am Main

Bibliographie (Auswahl)

Alberti, Michael, Die Verfolgung und Vernichtung der Juden im Reichsgau Wartheland 1939–1945, Wiesbaden 2006 (Deutsches Historisches Institut Warschau, Quellen und Studien, Bd.17)

Aster, Misha, „Das Reichsorchester". Die Berliner Philharmoniker und der Nationalsozialismus, München 2007

Bar-On, Dan, Die Last des Schweigens. Gespräche mit Kindern von NS-Tätern, Frankfurt/M. 1993 (erweiterte Neuausgabe Hamburg 2003)

Becker, Jurek, Jakob der Lügner. Roman, Berlin und Weimar1969

Berg, Silke, Wenn sich Vergangenes zunehmend mit Nacht bedeckt…Bilder vom Ghetto Lodz 1940–1944. Bilder von Orten vor 1995. Portraits von Juden in Lodz 1995/Gdy przeszłość coraz bardziej oddala się w noc… Obrazy z getta w Łodzi 1940–1944. Obrazy miejsc 1995. Wizerunki Żydów z Łodzi 1995, herausgeben von Klaus Konrad-Tromsdorf und Sascha Feuchert, Frankfurt/M. 2000

Bloch, Karola, Aus meinem Leben, Mössingen-Talheim 1995

Bloch. Eine Bildmonographie, herausgegeben vom Ernst-Bloch-Zentrum, Ludwigshafen, bearbeitet von Karlheinz Weigand, Frankfurt/M. 2007

Borodziej, Włodzimierz, Ziemer, Klaus (Hg), Deutsch-polnische Beziehungen 1939 – 1945 – 1949. Eine Einführung, Einzelveröffentlichungen des Deutschen Historischen Instituts Warschau, Bd. 5, Osnabrück 2000

Browning, Christopher, Die Entfesselung der „Endlösung". Nationalsozialistische Judenpolitik 1939–1942, München 2003

Browning, Christopher, Der Weg zur „Endlösung". Entscheidung und Täter, Bonn 1998

Canetti, Elias, Masse und Macht, Hamburg 1960
Checinski, Michael Moshe, Die Uhr meines Vaters, Frankfurt/M. 2001, die Originalausgabe erschien unter dem Titel My Father´s Watch, Jerusalem 1994
Dedecius, Karl, Ein Europäer aus Lodz. Erinnerungen, Frankfurt/M. 2006
Eichengreen, Lucille, Von Asche zum Leben. Erinnerungen, Bremen 2001
Eichengreen, Lucille, Rumkowski, der Judenälteste von Lodz, Hamburg 2000
Feuchert, Sascha, Leibfried, Erwin, Riecke, Jörg (Hrsg.), Die Chronik des Gettos Lodz/Litzmannstadt, Schriftenreihe zur Łódzer Getto-Chronik, hrsg. von der Arbeitsstelle für Holocaustliteratur (Universität Gießen) und dem Staatsarchiv Łódz, 5 Bände, Göttingen 2007
Feuchert, Sascha, Leibfried, Erwin, Riecke, Jörg sowie Julian Baranowski (†) und Krystyna Radziszewska (Hrsg.), Letzte Tage. Die Łódzer Getto-Chronik Juni/Juli 1944, Göttingen 2004
Frei, Norbert, Vergangenheitspolitik. Die Anfänge der Bundesrepublik und die NS-Vergangenheit, München 1996
Friedländer, Saul, Die Jahre der Vernichtung. Das Dritte Reich und die Juden 1939 – 1945, München 2006
Gleisner, Henry H., Dem Schicksal entgegen. Die bemerkenswerte Geschichte eines Juden, der im Nazi-Europa überlebte, Wien 2008
Gutschow, Niels, Ordnungswahn. Architekten planen im „eingedeutschten Osten" 1939–1945, Basel 2001
Hartmann, Geoffrey, Der längste Schatten. Erinnern und Vergessen nach dem Holocaust, Berlin 1999
Heinemann, Isabel, „Rasse, Siedlung, deutsches Blut". Das Rasse- und Siedlungshauptamt der SS und die rassenpolitische Neuordnung Europas, Göttingen 2003
Hensel, Jürgen (Hrsg.), Polen, Deutsche und Juden in Lodz 1820 – 1939. Eine schwierige Nachbarschaft, Einzelveröffentlichungen des Deutschen Historischen Instituts Warschau, Osnabrück 1999
Hilberg, Raul, Die Vernichtung der europäischen Juden, Berlin 1982 (deutsche Erstausgabe) u. Frankfurt/M. 1990 (Taschenbuchausgabe)
Hilberg, Raul, Die Quellen des Holocaust. Entschlüsseln und Interpretieren, Frankfurt/M. 2002
Kaden, Helma, Nestler, Ludwig (Hrsg.), Dokumente des Verbrechens. Aus Akten des Dritten Reiches 1933 – 1945, Berlin 1993
Kershaw, Ian, Hitler. 1889 – 1936, Stuttgart 1998
Kershaw, Ian, Hitler, 1936 – 1945, Stuttgart 2000
Kijowska, Marta, Die Tinte ist ein Zündstoff. Stanisław Jerzy Lec. Der Meister des unfrisierten Denkens. Mit einem Vorwort von Karl Dedecius, München 2009
Kitzmantel, Raphaela, Eine Überfülle an Gegenwart. Soma Morgenstern. Biografie, Wien 2005
Klee, Ernst, Das Personenlexikon zum Dritten Reich. Wer war was vor und nach 1945?, Frankfurt/M. 2003
Klee, Ernst, Das Kulturlexikon zum Dritten Reich. Wer war was vor und nach 1945?, Frankfurt/M. 2007

Klein, Peter, Die „Gettoverwaltung Litzmannstadt" 1940–1944. Eine Dienststelle im Spannungsfeld von Kommunalbürokratie und staatlicher Verfolgungspolitik, Hamburg 2009
Klemperer, Victor, Ich will Zeugnis ablegen bis zum letzten. Tagebücher 1933–1945, herausgegeben von Walter Nowojski unter Mitarbeit von Hadwig Klemperer, 2 Bd. Berlin 1995
Klemperer, Victor, LTI. Notizbuch eines Philologen, Leipzig 1975
Krakowski, Shmuel, Das Todeslager Chełmno/Kulmhof. Der Beginn der „Endlösung", Göttingen 2007
Lanzmann, Claude, Shoah. Mit einem Vorwort von Simone de Beauvoir, aus dem Französischen von Nina Börnsen und Anna Kamp, Grafenau 1999 (die Originalausgabe erschien 1985 unter dem Titel „Shoah" in Paris)
Les Vrais Riches. Notizen am Rand. Ein Tagebuch aus dem Ghetto Lodz, hrsg. von Hanno Loewy/Andrzej Bodek, Leipzig 1997
Lewy, Guenter, „Rückkehr nicht erwünscht". Die Verfolgung der Zigeuner im Dritten Reich, München/Berlin 2001
Löw, Andrea, Juden im Getto Litzmannstadt. Lebensbedingungen, Selbstwahrnehmung, Verhalten, Schriftenreihe zur Łódzer Getto-Chronik, herausgegeben von der Arbeitsstelle Holocaustliteratur (Universität Gießen) und dem Staatsarchiv Łódź, Göttingen 2006
Longerich, Peter, Heinrich Himmler. Biographie, München 2008
Lodzer Judaica in Archiven und Museen, Muzeum Historii Miasta Łodzi, Łódź, Gegen Vergessen – Für Demokratie e.V., Bonn 1996
Lodzer Matyrologium, hrsg. vom Museum der Unabhängigkeitsbewegung Lodz, Abteilung Radogoszcz, Redaktion Henryk Siemiński, Łódź 2005
Maschmann, Melita, Fazit. Kein Rechtfertigungsversuch, Stuttgart 1963
Moltke von, Helmuth James, Briefe an Freya 1939 – 1945, München 1988
Mostowicz, Arnold, Der blinde Maks oder Passierschein durch den Styx, herausgegeben von Andrzej Bodek, Berlin 1992
Neumark, Zenon, Im Freien verborgen. Ein jüdischer Flüchtling überlebt die Nazizeit in Warschau und Wien, Wien 2009 (erweiterte Fassung des amerikanischen Originals „Hiding in the Open", Portland/Oregon 2008)
Portret Miasta Łódź (Portrait der Stadt Lodz), Łódź 2008
Reiter, Margit, Die Generation danach. Der Nationalsozialismus im Familiengedächtnis, Innsbruck 2006
Reitlinger, Gerald, Die Endlösung. Hitlers Versuch der Ausrottung der Juden Europas 1939–1945, Berlin 1992
Reymont, Władysław Stanisław, Das gelobte Land, Roman, Leipzig 1984
Rosenfeld, Oskar, Wozu noch Welt. Aufzeichnungen aus dem Getto Lodz, hrsg. von Hanno Loewy, Frankfurt/M. 1994
Schaller, Helmut, Der Nationalsozialismus und die slawische Welt, Regensburg 2002
Schlüter, Holger, „…für die Menschlichkeit im Strafmaß bekannt…". Das Sondergericht Litzmannstadt und sein Vorsitzender Richter, Juristische Zeitgeschichte

NRW, Band 14, herausgegeben vom Justizministerium des Landes NRW, Recklinghausen, ohne Jahresangabe

Schneider, Peter, „Und wenn wir nur eine Stunde gewinnen…" Wie ein jüdischer Musiker die Nazi-Jahre überlebte, Reinbek bei Hamburg 2002

Schumann, Eva, Kontinuitäten und Zäsuren. Rechtswissenschaft und Justiz im „Dritten Reich" und in der Nachkriegszeit, Göttingen 2008

Schwarze Jahre. Zeugen des Holocaust erinnern sich. Mit einem Vorwort von Władysław Bartoszewski, aus dem Polnischen ausgewählt und übertragen von Karin Wolff, Leipzig 1997

Seidler, Horst, Rett, Andreas, Das Reichssippenamt entscheidet. Rassenbiologie im Nationalsozialismus, Wien/München 1982

Sieg, Ulrich, Deutschlands Prophet. Paul de Lagarde und die Ursprünge des modernen Antisemitismus, München 2007

Singer, Oskar, „Im Eilschritt durch den Gettotag…". Reportagen und Essays aus dem Getto Lodz, hrsg. von Sascha Feuchert, Erwin Leibfried, Jörg Riecke sowie Julian Baranowski, Krystyna Radziszewska und Krzysztof Woźniak, Berlin/Wien 2002

Tavernaro, Thomas, Der Verlag Hitlers und der NSDAP. Die Franz Eher Nachfolger GmbH, Wien 2004

Trunk, Isaiah, Łódź Ghetto. A History, Bloomington/Indianapolis (USA) 2006

Unger, Michal, The last Ghetto. Life in the Lodz Ghetto, Jerusalem 1995

"Unser einziger Weg ist Arbeit". Das Getto in Łódź 1040–1944, Redaktion: Hanno Loewy/Gerhard Schoenberner (Katalog der Ausstellung im Jüdischen Museum Frankfurt/M. 1990), Wien 1990

Ventzki, Jens-Jürgen, „Nächstes Jahr in Jerusalem…". Eine Reise ins Heilige Land oder: Von München nach Jerusalem – via Lodz, in: Das Jüdische Echo Vol. 55 (2006), S. 273–279

Ventzki, Jens-Jürgen, Ein Leben in aufrechter Haltung. Über Ernst und Karola Bloch, in: Das Jüdische Echo Vol. 54 (2005), S. 263–268

Ventzki, Jens-Jürgen, (60 Jahre danach) – Das Ghetto Łódź und das bürgerliche Litzmannstadt: Zwei Welten in einer Stadt, in: Bloch-Jahrbuch 2005: Ein Leben in aufrechter Haltung. Zum 100. Geburtstag von Karola Bloch, herausgegeben von Francesca Vidal u. Irene Scherer, Mössingen-Talheim 2005

Ventzki, Jens-Jürgen, Unerwünschte Transporte. Die reichsdeutschen Juden und die österreichischen Sinti und Roma im Ghetto Lodz, in: Das Jüdische Echo Vol. 53 (2004), S. 141–146

Ventzki, Jens-Jürgen, Wenn sich der Schleier hebt… Eine persönliche Wahrnehmung des Lodzer Ghettos, in: *Das Jüdische Echo* Vol. 52 (2003), S. 135–139

Ventzki, Jens-Jürgen, Z Litzmannstadt do Łodzi. Podróz do świata przeszłości, in: Kronika miasta Łodzi 2003, Heft 1, S. 22–28

Welzer, Harald, Moller, Sabine, Tschuggnall, Karoline, „Opa war kein Nazi". Nationalsozialismus und Holocaust im Familiengedächtnis, Frankfurt/M. 2002

Wenzel, Mirjam, Gericht und Gedächtnis. Der deutschsprachige Holocaust-Diskurs der sechziger Jahre, Göttingen 2009

Wojak, Irmtrud, Eichmanns Memoiren. Ein kritischer Essay, Frankfurt/M. 2001

Wulf, Joseph, Lodz: Das letzte Ghetto auf polnischem Boden, Schriftenreihe der Bundeszentrale für Heimatdienst, Heft 59, Bonn 1962

Young, James E., Formen des Erinnerns. Gedenkstätten des Holocaust, Wien 1997

Zelman, Leon, Ein Leben nach dem Überleben, aufgezeichnet von Armin Thurnher, Wien 1995

Zorn, Gerda, Nach Ostland geht unser Ritt. Deutsche Eroberungspolitik und die Folgen. Das Beispiel Lodz, Köln 1988

Abkürzungen

APŁ	Archiwum Państwowe w Łodzi (Staatsarchiv Lodz)
BA	Bundesarchiv Berlin
BArch B 162	Bundesarchiv Außenstelle Ludwigsburg)
BDC	Berlin Document Center (jetzt BA Bundesarchiv)
BDM	Bund Deutscher Mädel in der HJ (Hitler Jugend)
DAF	Deutsche Arbeitsfront
EWZ	Einwandererzentralstelle
Gestapo	Geheime Staatspolizei
GV	Gettoverwaltung
NSDAP	Nationalsozialistische Deutsche Arbeiterpartei
NSV	Nationalsozialistische Volkswohlfahrt
OB	Oberbürgermeister
Pg	Parteigenosse
SD	Sicherheitsdienst
SA	Sturmabteilung
Sipo	Sicherheitspolizei
SS	Schutzstaffel
Stapo	Geheime Staatspolizei
UWZ	Umwandererzentralstelle
VDA	Verein für das Deutschtum im Ausland
VoMI	Volksdeutsche Mittelstelle
WHV	Winterhilfswerk
YVA	Yad Vashem Archiv Jerusalem

Bildnachweis

Abbildung 1:   © privat (JJV)
Abbildung 2:   © APŁ Archiwum Państwowe w Łodzi (Staatsarchiv Lodz)
Abbildung 3:   © APŁ Archiwum Państwowe w Łodzi (Staatsarchiv Lodz)
Abbildung 4:   © privat (JJV)
Abbildung 5:   © bpk – Bildarchiv Preußischer Kulturbesitz Berlin (Sammlung Alfred Kiss)
Abbildung 6:   © Archiv Muzeum Tradycji Niepoldległościowych w Łodzi (Museum der Unabhängigkeitsbewegung Lodz, Abteilung Radogoszcz), NP 134/Film 10/16, Lodz
Abbildung 7:   © privat (JJV)
Abbildung 8:   © bpk – Bildarchiv Preußischer Kulturbesitz Berlin (Sammlung Alfred Kiss)
Abbildung 9:   © privat (JJV)
Abbildung 10: © Jüdisches Museum Frankfurt/Main
Abbildung 11: © Andrea Löw
Abbildung 12: © Andrea Löw

Personenregister

Adenauer, Konrad: S. 95, 107, 157
Albert, Wilhelm: S. 60,121, 177, 199
Alberti, Michael: S. 151, 165
Alexander I, Zar: S. 40
Appelfeld, Aharon: S. 195 f.
Arendt, Hannah: S. 177, 201
Arndt, Ernst Moritz: S. 123
Bachmann, Ingeborg: S. 202 f.
Baerwald, Hedwig Auguste: S. 23
Baum, Max: S. 41
Bautze, Adolf: S. 67
Becaud, Gilbert: S. 201
Becht (Landrat und Kreisleiter): S. 180
Beethoven, Ludwig van: S. 118, 147, 164, 194
Biebow, Hans: S. 33, 36, 60, 79 ff., 88, 90, 103, 124, 145, 151, 155 f., 169, 174, 178 f., 180 ff., 200
Bloch, Ernst: S. 39, 40, 46 f., 158, 173, 202 f.
Bloch, Jan Robert: S. 13 f., 47, 171 ff.
Bloch, Karola: S. 13, 40, 47 ff., 172 f. 198
Blome, Kurt: S. 77
Blunck, Hans Friedrich: S. 83 f.
Böhm, Karl: S. 147
Borowieki, Karol: S. 41
Bradfisch, Otto: S. 60, 75, 151, 156, 200
Brandenburg, Erna-Maria: S. 23
Brandenburg, Gustav Emil: S. 23
Brandt, Willy: S. 51, 99 f., 198
Bruckner, Anton: S. 146
Bürckel, Josef: S. 31
Cassirer, Bruno: S. 109
Celan, Paul: S. 202
Chamberlain, Houston Stewart: S. 159, 160 f.
Chamberlain-Wagner, Eva: S. 160
Checinski, Michael Moshe: S. 89, 186 ff., 192 ff.
Checinski, Tosha: S. 186 ff., 192 ff.
Chopin, Frédéric: S. 163

Corinth, Lovis: S. 143
Dan, Gabriel: S. 45
Dedecius, Karl: S. 40, 46
Derichsweiler, Albert: S. 116 f.
Diamant, Abram: S. 192
Diamant, Maryla: S. 192
Diamant, Max: S. 100
Dohm, Hedwig: S. 23
Douglas, Kirk: S. 201
Dürer, Albrecht: S. 114
Edelman, Marek: S. 195
Ehrlich (Lagerkommandant): S. 132
Eichengreen, Lucille (geb. Landau): S. 147 f.
Eichmann, Adolf: S. 87, 109, 111, 190, 201
Enigl, Marianne: S. 91
Eschen, Fritz: S. 40
Fichte, Johann Gottlieb: S. 129
Fiedler, Richard Kurt: S.150, 177, 199
Fiehler, Karl: S. 85
Fircks, Otto Freiherr von: S. 106
Flajsman, Jurek: S. 195
Forster, Albert: S. 165
Frahm, Herbert: S. 101
Freund, Florian: S. 92 f.
Freundlich, Otto: S. 19
Freytag (Stadtbaurat): S. 75 f.
Friedrich, Caspar David: S. 142
Frick, Wilhelm: S. 26, 132
Fuchs, Günter: S. 60, 80, 105
Galen, Clemens August Graf von: S. 187
Genewein, Walter: S. 32 f., 62, 86, 93, 176 f., 180
Gerlach, Helmut von: S. 20
Giersemehl, Karl: S. 200
Giulini, Carlo Maria: S. 14
Globke, Hans: S. 25
Goebbels, Joseph: S. 22, 111, 162
Göring, Hermann: S. 167, 200
Goethe, Johann Wolfgang von: S. 194

Greco, Juliette: S. 201
Greiser, Arthur: S. 16, 42 ff., 50, 57, 62 ff., 67, 70, 73 ff., 77 f., 82 ff., 106, 112, 150 f., 165 f., 174, 177, 184 f., 199 f.
Greiser, Ingrid: S. 43
Grimm, Hans: S. 84
Grosse, Margarethe Bertha Elisabeth: S. 23
Gundermann, Oskar: S. 76
Hallbauer, Wilhelm: S. 73 f.
Heinemann, Isabel: S. 69
Heinzel, Julius: S. 58
Hempel, Wolfgang: S. 187
Hess, Rudolf: S. 30, 116
Hesse, Hans: S. 134
Hesse, Hermann: S. 134
Heydrich, Reinhard: S. 73, 88, 132, 146
Hilberg, Raul: S. 49/50
Hilgenfeldt, Erich: S. 30, 31
Himmler, Heinrich: S. 27, 54, 56 f., 60, 75, 77 f., 87 f., 109, 131, 149, 176 ff., 185, 199 f.
Hindenburg, Paul von: S. 55
Hinkel, Karl: S. 200
Hippler, Fritz: S. 162
Hirsch, Friedmann Jehoschua: S. 145
Hitler, Adolf: S. 20, 22, 30 f., 42, 55, 115, 134, 160, 165 ff.
Hoffmann, Hilmar: S. 177
Höppner, Rolf-Heinz: S. 80, 82, 90
Hube, Fritz: S. 66
Hunsche, Otto: S. 109 ff.
Jablonski, Dariusz: S. 62
Jochum, Eugen: S. 146 f.
Johst, Hanns: S. 84
Joseph, Max: S. 19
Kargel, Adolf: S. 67, 102, 113
Karajan, Herbert von: S. 147
Kaufmann, Karl: S. 143
Keller, Symcha: S. 142
Kennedy, John F.: S. 108
Keuck, Walter: S. 121, 183 f.
Kiss, Alfred: S. 71 f., 114
Klee, Ernst: S. 160

Klein, Peter: S. 80, 165, 170, 180
Klemperer, Otto: S. 40
Klemperer, Victor: S. 138
Knappertsbusch, Hans: S. 147
Knüppel (Oberinspektor Stettin): S. 66
Koch, Ilse: S. 154
Koch, Karl: S. 154
Kolczycka-Flajszman, Zofia: S. 195
Kon, Ascher: S. 138
Koppe, Wilhelm: S. 150
Kraft, Waldemar: S. 95
Krogmann, Carl Vincent: S. 143
Kronig, Marta: S. 102
Kropiwnicki, Jerzy: S. 142
Krumey, Hermann: S. 109 ff.
Krzeminski, Adam: S. 198
Kuby, Erich: S. 101
Lanzmann, Claude: S. 183
Leandros, Vicky: S. 38
Lec, Stanisław Jerzy: S. 46
de Legarde, Paul: S. 22
Ley, Robert: S. 200
Liebermann, Max: S. 40, 143
Lindner, Fritz: S. 26
Litzmann, Karl: S. 42
Lorenz, Werner: S. 54 f.
Lübke, Heinrich: S. 158
Luitpold, Prinzregent von Bayern: S. 168
Mahler, Gustav: S. 164
Mann, Katja: S. 23
Mann, Thomas: S. 23 f.
Marcel, Gabriel: S. 126
Marder, Karl: S. 68, 71 f., 73, 81, 151, 169
Maschmann, Melita: S. 127 f., 198
Maul, Wilhelm: S. 117
Mauz, Gerhard: S. 111
May, Heinrich: S. 180
Mazuw, Emil: S. 66
Menzel, Adolf: S. 142
Mickiewicz, Adam: S. 134
Mohr, Trude: S. 127
Moltke, Freya von: S. 136

Moltke, Helmuth James von: S. 135
Montand, Ive: S. 201
Moser, Walter: S. 81
Mostowicz, Arnold: S. 62
Mozart, Wolfgang Amadeus: S. 14, 93, 118
Noske, Gustav: S. 18
Oberländer, Theodor: S. 97, 102 f.
Ojstrach, David: S. 201
Ojstrach, Igor: S. 201
Olejniczak, Mirosław: S. 69
Pages, Annika: S. 138
Pallenberg, Max: S. 40
Penderecki, Krzysztof: S. 142
Peperkorn (Ratsherr): S. 143, 148
Perz, Bertrand: S. 92
Pfeiffer, Kurt: S. 147
Pfundtner, Hans: S. 25, 65, 73 f.
Piotrkowska, Andziula (geb. Tagelicht): S. 47 ff.
Piotrkowska, Helena (geb. Engelmann): S. 48 f.
Piotrkowska, Karola: S. 46
Piotrkowska, Maryla: S. 47 f.
Piotrkowski, Izio: S. 47 ff.
Piotrkowski, Jerzyk: S. 47
Piotrkowski, Maurycy: S. 46, 48 f.
Piotrusiak, Wieslaw: S. 14 f.
Pippel, Otto: S. 101 f.
Planck, Max: S. 65
Podchlebnik, Mordechai: S. 181
Poznański, Israel Kalman: S. 41, 58, 138
Preußner, Eberhard: S. 84
Pringsheim, Katja: S. 23
Quay, Wilhelm: S. 81
Rathenau, Walter: S. 20
Reemtsma, Jan Philipp: S. 202
Reitlinger, Gerald: S. 102
Resnais, Alain: S. 99
Reymont, Wladyslaw Stanislaw: S. 41
Richter, Swiatoslaw: S. 201
Roth, Joseph: S. 45
Rosenblatt (Rozenblat), Leon: S. 60
de Rougemont, Denis: S. 116
Rubinstein, Arthur: S. 39, 58, 163 f., 201
Rumkowski, Mordechai Chaim: S. 33, 36, 44, 59 f., 143 ff., 153, 177 ff.
Sachs, Nelly: S. 202
Safdie, Moshe: S. 192
Schäfer, Johannes: S. 120
Scharoun, Hans: S. 13
Scherer, Irene: S. 47, 172
Schiffer, Franz: S. 73
Schiller, Friedrich von: S. 194
Schmidt (Stadtoberverwaltungsrat): S. 200
Schmidt-Isserstedt, Hans: S. 147
Schneider, Rolf: S. 117
Schneider, Romy: S. 99
Schröter, Welf: S. 47, 172
Scholtis, August: S. 109
Scholz-Klink, Gertrud: S. 128
Schubert, Franz: S. 147
Schulz, Robert: S. 65
Schwede-Coburg, Franz: S. 26 f., 30, 128
Siegmund, Harry: S. 85, 105
Singer, Oskar: S. 94
Sommer-Bloch, Anne-Monika: S. 173
Spiegel, Szaja: S. 147
Srebnik, Simon: S. 181, 183
Stoecker, Adolf: S. 20
Störtebeker, Klaus: S. 17
Strauß, Richard: S. 40, 147
Strecker, Reinhard: S. 101
Stromberg, Alfred: S. 60
Stuckart, Wilhelm: S. 25, 65, 67, 74
Suchoi, Dudu: S. 189
Suchoi, Eitan: S. 189
Suchoi, Pavel: S. 189
Tau, Max: S. 109
Tschaikowsky, Pjotr Iljitsch: S. 118
Treitschke, Heinrich von: S. 20
Trotha, Adolf von: S. 18, 184
Trunk, Isaiah: S. 180
Turski, Marian: S. 140, 197 f.
Tuwim, Julian: S. 164

Uebelhoer, Friedrich: S. 42 ff., 50, 73, 79 f., 88, 90, 141, 149, 177, 181, 199
Ventzki, August: S. 54 f.
Ventzki, Charlotte: S. 54
Ventzki, Ilse: S. 24
Ventzki, Oskar: S. 18
Ventzki, Oskar Eugen Julius: S. 18, 23
Ventzki, Rudolf: S. 55
Ventzki, Werner: S. 18, 20, 25, 27, 31, 33, 44 f., 50, 54, 62, 64 f., 67, 71, 73 ff., 80, 82, 84, 95, 102 ff., 108 ff., 112, 114 ff., 119, 137, 143, 146 f., 149 ff., 169, 174 f., 177 f., 180, 185, 199
Vesper, Will: S. 84
Voss, Hermann: S. 84
Wagner, Cosima: S. 160
Wagner, Richard: S. 159
Walser, Martin: S. 40
Walter, Bruno: S. 40
Weber, Carl Maria von: S. 147
Welt, Moryc: S. 41
Wentzke (gemeint ist Werner Ventzki): S. 60
Wiedenbrüg (Medizinalrat): S. 76
Wolff, Ludwig: S. 73
Wolff (Gauwirtschaftsberater): S. 143
Zeitler, Karl: S. 33
Zelman, Leon: S. 43, 89, 91 f., 143, 145, 187, 193